오지 않는
버스를
기다리는
아이

청각장애 아이를 둘러싸고 벌어지는 **감동 실화소설**

토마스 S. 스프래들리
제임스 P. 스프래들리 **공저**
이준우 번역

오지 않는 버스를 기다리는 아이

초판발행	1999년 03월 15일
초판 6쇄	2003년 10월 15일
전면개정 1쇄	2016년 04월 30일
전면개정 2판 1쇄	2021년 12월 10일

지은이	토마스 S. 스프래들리 / 제임스 P. 스프래들리 공저
옮긴이	이준우

펴낸이	조병성
기획	박미희
편집	송누리
펴낸곳	밀알
등록번호	2009-000263
주소	서울시 강남구 광평로 295 사이룩스 동관 207호
전화	02.3411.6896
팩스	02.3411.6657
디자인 / 인쇄	도노디자인 02 2272 5009

ISBN 978-89-963258-4-0 03800
값 17,000원

*파본 및 잘못된 책은 교환해 드립니다.

오지 않는 버스를 기다리는 아이

청각장애 아이를 둘러싸고 벌어지는 **감동 실화소설**

토마스 S. 스프래들리
제임스 P. 스프래들리 공저
이준우 번역

| 차례 |

전면 개정판을 내면서 · 8
초판 추천사 · 12
전면 개정판 추천사 · 16
번역을 마치고 · 22

| 1장 | 지극히 정상이래요 · 29
| 2장 | 천둥이 그렇게 치는데도 · 47
| 3장 | 다정한 말조차 · 63
| 4장 | 조용한 결의 · 81
| 5장 | 볼 수 있는 대화로 가득한 집 · 103
| 6장 | 보통 아이처럼 · 123
| 7장 | 아이가 댁의 말을 듣지 못한답니다 · 143
| 8장 | 훈련, 훈련, 훈련 · 163
| 9장 | 희망과 함께 섞인 슬픔 · 187
| 10장 | 린은 어디에 · 209

A kid waiting for a bus that's not coming.

| 11장 | 한 개의 촛불 · 231
| 12장 | 입술을 읽는 예술가들 · 255
| 13장 | 오지 않는 버스를 기다리는 아이 · 277
| 14장 | 계속해야 한다는 용기를 얻는다는 것 · 299
| 15장 | 다른 애들이 웃으면 그 애도 웃었다 · 321
| 16장 | 구화인가 수화언어인가 · 337
| 17장 | 여러분의 자녀는 수화언어를 알아야 합니다 · 355
| 18장 | 린이 수화언어를 배울 수만 있다면! · 377
| 19장 | 엄마가 새로 만든 놀이? · 401
| 20장 | 할머니는 너와 이야기 하려고 수화언어를 배우신 거야 · 439

에필로그 · 458

전면 개정판을 내면시...

<오지 않는 버스를 기다리는 아이>가 1999년에 처음 번역되어 나왔고, 2003년까지 여러 번 그 쇄를 거듭하면서 많은 사람들에게 청각장애를 갖고 있는 농인들과 그들의 말인 수화언어에 대해 바른 이해를 가져다주었습니다. 부족하지만 번역자로서 보람을 느끼고 있었습니다.

그런데 많은 독자들로부터 과분하리만큼 큰 사랑을 받았던 이 귀한 책이 책을 출간하던 한국밀알선교단의 재정적 어려움으로 더 이상 나올 수 없게 되었습니다. 안타까웠지만 어쩔 수 없었습니다. 그리고는 꽤 시간이 흘렀습니다. 처음 번역 출간한 지 17년 가까운 세월이 훌쩍 지나갔으니까요. 그동안 농 사회와 농인, 수화언어와 관련하여 우리 사회에도 많은 변화가 있었습니다. 작년(2015년) 12월 31일에 그토록 염원했던 「한국수화언어법」이 마침내 국회를 통과했습니다. 올해(2016년)에는 구체적인 시행령이 만들어지고 그에 따른 실질적인 후속 조치들이 가시적으로 이루어질 것입니다. '수화'라고 사용되었던 용어도 '수화언어'의 줄임말인 '수어'로 통칭될 수 있게 되었습니다. '청각장애인'이 '농아인' 혹은 '농인'으로 불려지고, '정상인' 내지 '일반인'이라는 말도 '청인' 혹은 '건청인'으로 바뀌게 되었습니다. 이제 우리나라에서도 '수화'를 공식적인 언어로 보기 시작하게 된 것입니다. 농인을 단지 장애인으로서만이 아니라 언어적·사회문화적 소수집단의 한 구성원으로 바라보게 된 것입니다. 자연스레 농인에 대한 인식이 크게 좋아질 수 있는 사회적 기반이 조성되고 있습니다.

실은 지금부터가 중요합니다. 전 국민이 수화언어에 대한 올바른 이해를 가질 수 있는 계기를 자꾸 만들어 주어야 하는 거지요. 특히 어린 농인 자녀를 둔 부모님들이 수화를 언어로서 인식하고 자녀들이 수화언어를 사용하는데 부담을 느끼지 않도록 해야 합니다. 수어를 사용하는 것이 구화를 배우거나 청인 중심의 사회 속에서 성공적인 삶을 사는데 결코 방해가 되지 않는다는 것을 알게끔 도와야 합니다. 또한 특수교사들과 사회복지사들, 심리치료사들과 언어재활치료전문가들 또한 수어를 자신들의 서비스개입실천에 방해가 되는 것으로 보던 시각에서 벗어나 농인의 모어(母語)로서 수어를 이해할 수 있어야 합니다. 부모와 전문가들이 수어를 인정하고 적극적으로 받아들이는 일이 보편화되어야 합니다.

그래서 이 책을 다시 출간해야 한다는 마음이 계속 들었습니다. 이 책의 내용이야말로 「한국수화언어법」의 본격적인 시행을 맞이하고 있는 우리나라에서 크게 유용하리라고 번역자로서 확신했습니다. 그 어느 때보다도 이 책은 바로 지금 우리나라의 상황에서 아주 요긴할 것입니다. 이 책은 젊은 청인 가족이 자신의 아이가 농인이라는 사실에 어떻게 반응하는가를 있는 그대로 다루면서 결국 수어의 소중성을 체험적으로 알아가는 내용이 실화소설의 형태로 엮여져 있습니다. 때론 눈물겹고, 또 때로는 가슴이 환해지는 기쁨을 가져다주는 흥미진진하면서도 뭉클한 감동을 주는 정말 좋은 책이기에 어떻게든 다시 이 책을 살려보고 싶었습니다.

그러던 중 한국밀알선교단의 출판사역이 재개되는 은혜로운 현실이 펼쳐졌습니다. 그리고 이 책이 또 한 번 세상에 나오는 것으로 결정되었습니다. 깔끔하면서도 품격 있는 편집과 디자인으로 다시금 출판된 것입니다. 한국밀알선교단으로서는 이 책을 잘 만들기 위해 상당한 투자를 한 겁니다. 번역자로서는 감격스럽습니다. 아울러 재출간하게 되면서 그간 놓쳤던 부자연스런 번역과 오역을 전면적으로 수정할 수 있어서 독자에 대한 번역자로서의 책임을 다한 마음입니다.

더욱이 이번에 출간된 번역본은 거의 대부분의 내용을 처음부터 새롭게 번역했습니다. 이 일에 아내 박송이가 적극적으로 함께 했습니다. 영어 원문과 제가 초역

했던 초판의 내용을 꼼꼼히 대조하면서 교정과 교열을 정성껏 봐 주었습니다. 부분적으로 오역되었던 부분들을 수정해 주기도 했습니다. 어색한 문장들은 매끄럽게 고쳐 놓았습니다. 너무 어려워서 이해가 도무지 안 된 나머지 슬그머니 번역을 빼먹고는 상상해서 제가 채웠던 몇 군데도 신기할 정도로 잘 찾아내고는 멋지게 번역해서 덧붙였습니다. 솔직히 한국밀알선교단이 책만 펴내는 전문 출판사가 아니기에 항상 교정과 교열에 염려가 많았는데 아내 박송이가 이 부분의 부족을 잘 채워주었습니다. 그 어떤 출판사의 편집자보다도 제게는 큰 힘이 되었습니다. 아내 박송이에게 고마운 마음입니다.

이렇게 이제 전면 개정판을 출간하게 되니 가슴이 설레고 심지어 '콩닥콩닥' 뛰기까지 합니다. 따뜻한 커피 한 잔을 마시면서 책상에 앉아 턱을 괴고 잠시 여백을 가져봅니다. 초판을 내던 순수했던 그 시절이 영화의 아련한 장면들처럼 떠오릅니다. 수어를 사용하면서 농인들에게 복음을 전했던 그 절절했던 때가 가슴에 사무칩니다. 어려움에 빠진 농인 형제자매의 고통을 내 것인 양 함께 붙들고 눈물로 기도하던 때가 눈앞에 보입니다. 눈물이 흐르다가 이내 입가에 미소가 번져 나갑니다. 하루에 많게는 10시간 이상 수어통역을 하면서도 농인들의 웃음소리 하나에 힘을 내던 때가 있었습니다. 정작 당사자들은 자신들의 웃음이 얼마나 호탕하고 시원했는지 몰랐겠지만 저는 농인 특유의 웃고 수다 떠는 그 소리가 그렇게 정겨울 수가 없었습니다. 아무런 조건이나 대가 없이 농인들과 그들의 언어인 수어를 세상에 바르게 알려야 하겠다는 일념으로, 농인 자녀를 키우면서 눈물 흘리는 부모들을 조금이나마 돕겠다는 마음으로 밤새껏 영어 사전을 뒤적이면서 번역하던 그 때가 주마등처럼 뇌리를 스쳐갑니다.

어느덧 저도 나이가 제법 들었습니다. 처음 번역할 때가 박사과정 재학 중이었는데 지금은 중견 교수가 되었습니다. 그 사이 막내딸인 신혜도 태어나서 벌써 중학교 2학년입니다. 큰 아이인 아들 신건이는 군대까지 다녀오고는 대학교 4학년입니다. 둘째인 딸 신영이는 대학교 2학년입니다. 제 아내도 머리에 하얀 이슬이 많이 내렸습니다. 물론 저도 만만치 않지요. 올해 초, 미국에 잠시 갔었는데 마침 간 김에 제가 주례하고 결혼해서 아이까지 낳아 잘 살고 있는 제자 커플을 만났습니다. 제자의 어린 딸이 저를 보고 "할아버지"라고 부르더군요. 세월이 참 빠릅니다.

이제 글을 마무리하려고 합니다. 그 무엇보다도 농인과 그들의 부모님께 감사하다는 말씀을 드리고 싶습니다. 청각장애라는 편견과 사회적 장벽을 극복하느라 수고가 많으셨기 때문입니다. 이 책이 나와서 많은 독자들에게 읽혀지고 그래서 세상이 농인과 수어에 대해 보다 깊은 이해로 다가가는 일이 많아졌으면 합니다. 그것으로 조금이나마 위로가 되고 격려가 되었으면 좋겠습니다. 다음으로는 이 책을 다시 출판하는 데에 한 마음이 되어 주신 한국밀알선교단 조병성 단장님과 간사님들께 감사를 드립니다. 특히 이 책의 기획과 출판의 모든 과정을 도맡아 수고해주신 박미희 간사님과 송누리 간사님께 감사한 마음이 큽니다. 또한 초판 추천사를 써 주신 홍정길 목사님과 강주해 목사님, 이번 전면 개정판을 추천해주신 이동원 목사님, 안일남 박사님, 김용익 목사님께도 고마운 마음을 드립니다.

이 모든 일을 허락해 주신 하나님께 감사드립니다.

2016년 3월 31일
이 준 우

초판 추천사

예수 그리스도께서 자신의 정체에 대한 질문을 받았을 때, 그분은 "소경이 보며 앉은뱅이가 걸으며 문둥이가 깨끗함을 받으며 귀머거리가 들으며 죽은 자가 살아나며 가난한 자에게 복음이 전파된다 하라"(마 11:5)고 장애인들의 고통을 풀어줄 메시아로서의 증거를 말씀했습니다. 실제로 주님께서는 이 땅에 계실 때 수많은 장애인 곁을 찾아가셔서 그들을 만져주셨고, 치료해 주셨으며, 하나님의 사랑이 어떠한 것인가를 보여주셨습니다.

그런데 오늘날 우리 한국 교회나 한국 사회의 모습을 보면 비장애인들과 장애인들이 함께 하는 경우를 거의 볼 수가 없습니다. 저들을 위한 배려가 없습니다. 그래서 장애인 본인이나 부모들은 그 장애를 극복하기 위한 온갖 노력을 하면서 평생 피해의식이나 상처를 갖고 살기가 쉽습니다. 처음에는 낯선 장애에 대한 두려움으로, 또 점차 좋아질 것이라는 낙관적인 기대로, 그러나 좀처럼 향상되지 않는 한계를 보고, 장애를 가졌기 때문에 사회에서 소외되고 위험에 처할 수 있는 현실에 부딪히면서 절망의 끝과 희망의 끝을 달리는 것이 장애인 가족들의 심정이요, 삶입니다. 그런 가족들과 장애에 대해 무관심하고 무지한 우리 사회에 많은 공감과 깨우침을 줄 책 한 권이 농아인 선교와 교육에 헌신하고 있는 이준우 목사에 의해 번역되어 나왔습니다.

이 책은 소설이나 연재 드라마를 보듯이 공감하며 흥미진진하게 빠져들 수 있는 한 편의 이야기입니다. 저자인 토마스 S. 스프래들리가 선천적으로 듣지 못하는

'린'이라는 딸을 양육하며 겪는 희노애락의 실제 경험을 엮었기 때문입니다. 아이를 갖고 풍진에 걸려 불안해하는 임신기에서부터 청각장애를 가진 딸 '린'이 수화언어로 어느 정도 의사소통을 하기까지의 과정을 섬세하게 구체적으로 그리고 있습니다. 사회생활에 적응할 수 있도록 하기 위해 장애인 자녀를 사랑으로 지지하며 온갖 방법의 교육과 훈련을 줄기차게 시키는 스프래들리 부부의 태도는 큰 감동을 줍니다.

우리 사회가 장애에 대해 열린 시각을 갖고, 장애인이 함께 어울릴 수 있는 사회적 분위기가 형성되며, 장애에 대한 전문성이 신장되는데 이 책이 일조(一助)할 수 있기를 바라며 추천합니다.

남서울은혜교회

홍 정 길 원로목사

초판 추천사

세상의 어느 부모치고 귀여운 2세가 태어날 때 기뻐하지 않는 사람이 어디 있겠습니까? 하지만 그 기쁨도 잠깐 그 아이가 소리를 못 듣는 '농아인'이라는 사실을 발견하였을 때 부모는 엄청난 충격과 당혹 그리고 슬픔에 휩싸이게 됩니다. 대개 부모들은 그런 경우 자식이 어떻게 해서든 정상인으로 회복할 수만 있다면 무슨 짓인들 못할까 싶은 절박한 심정이 되어버립니다.

여기서 중요한 것은 그런 대단히 가슴 아픈 현실을 만났을 때 그 현실을 직시할 수 있는 용기가 필요하다는 사실입니다. 우리나라 옛말에 "호랑이 굴에 들어가도 정신만 차리면 된다."고 했습니다. 현실을 받아들이면 올바른 정황 판단이 이루어질 수 있으며 따라서 그에 대한 효과적인 대처방안을 마련할 수 있기 때문입니다.

그러나 슬프게도 많은 부모들은 현실을 직시하기 두려워 합니다. 애써 외면하려고 합니다. 그래서 "우리 자식은 청각장애인이 아니다"라고 계속 부인(denial)하기만 합니다. 그 통에 농아 자녀들은 다른 어느 아이들처럼 여러 가지 많은 것을 배우면서 자연스럽게 성장할 수 있는 기회를 놓쳐버리는 어리석고 안타까운 예가 많습니다.

이준우 목사님께서 이번에 「Deaf like me」라는 책을 번역 출간하게 되었습니다. 이 책은 농아 딸(Lynn)을 둔 어느 미국인 부모의 성공적인 양육체험을 담은 책입니다 (Lynn은 이제 영원히 청각을 회복하지 못하지만 대학을 나와서 단순 노동이 아닌 화이트 컬러 계통의 전문직에 종사하고 있는 성공적이고 행복한 농아인이 되어 비장애인 앞에 조금도 꿀리지 않고 당당하고 자신 있게 살아가고 있답니다).

이 책은 농아 자녀를 둔 부모에게 희망과 가능성을 보여줄 뿐 아니라 농아 자녀 양육의 방향을 제시해 줍니다. 다시 강조하거니와 농아 자녀를 농아인으로 받아들이고 농아인으로 양육시키는 것이 보다 현실적이라는 것을 명심하는 것이 유익합니다. 농아 자녀가 농아인이라는 것을 부인함으로 농아 자녀에게 정체성 혼란을 야기하는 것은 전혀 득이 될 수 없다는 것을 알아야 합니다.

이 책은 스프래들리(Spradley) 부부가 린(Lynn)을 농아인으로 인정하고 그에 맞는 언어인 수화의 사용을 허락함으로 행복한 결말을 짓습니다. 여기서 많은 부모들은 농아 자녀를 농아인으로 키운다고 해서 그것이 반드시 불행한 결과를 안겨주는 것이 아님을 알아야 합니다. 이 추천의 글을 쓰는 저는 자식이 농아인이라는 것을 고통스럽지만 담대히 수용하고 각별한 관심과 노력 그리고 사랑으로 키워주신 어머님 덕분에 한국 장로교 최초의 농아 목사가 된 사람입니다. 그렇습니다. 농아인을 자녀로 두신 부모님들께 자신 있게 말씀드리고 싶은 것은 "절망은 없다"는 것입니다.

바라기는 이 책이 농아 자녀로 인해서 실의와 아픔 속에서 헤어나지 못하는 많은 부모들에게 용기와 힘을 주는 복음서 역할을 할 뿐 아니라 막연한 두려움은 다 떨쳐버리고 긍정적인 현실의 수용을 바탕으로 한 효과적인 양육을 전개함으로 당당하고 성공적인 농아 사회인을 양산할 수 있는 위대하고 자랑스러운 어버이가 되게 하는 길잡이 역할을 감당할 수 있기를 기대하면서 이 책의 출간을 두 손 들어 환영하는 바입니다.

주은농선교교회

강 주 해 원로목사

전면 개정판 추천사

요한복음 9장에서 날 때부터 앞을 보지 못하는 사람을 두고 누구의 죄 때문인지에 대한 제자들의 질문에 예수님께서는 "이 사람이나 그 부모의 죄로 인한 것이 아니라 그에게서 하나님이 하시는 일을 나타내고자 하심이라"고 단호히 말씀하셨습니다. 그것은 육신적 장애를 치료하는 일과 영혼구원을 위한 것이었습니다.

전인적 구원을 베푸시는 것은 메시아만이 하실 수 있는 사역으로 하나님께서 구약의 많은 선지자들을 통해 약속하셨습니다. 그 약속의 실현은 예수님의 메시아 되심을 증명하는 것이며 세상 속에 하나님의 나라가 강력히 임한 것을 알리는 것입니다. 이 모든 것이 하나님의 영광과 직결됨을 살펴볼 때 장애도 하나님의 영광을 드러내는 통로가 될 수 있을 것입니다.

그렇기에 장애인 사역은 바로 예수님의 사역입니다. 장애인과 함께 하는 방법은 장애의 유형만큼 다양할 수 있지만, 결코 간과할 수 없는 것은 영혼구원의 사역임을 잊지 말아야 할 것입니다. 또한 그 사역은 우리에게 허락하신 우리의 사역임을 잊지 말아야 할 것입니다.

그런 면에서 장애인들 가운데 소리를 들을 수 없는 청각장애인을 향한 사역은 한국사회와 한국교회가 지향해야 할 너무도 소중한 사명일 것입니다. 특히 의사소통의 어려움을 겪고 있는 청각장애인들에게 수어를 통해 복음을 전하고 필요한 정보를 제공하는 일이야말로 오늘날 그리스도인들이 해야 할 책무들 가운데 하나라고 봅니다.

이러한 차에 강남대학교 사회복지전문대학원 교수인 이준우 목사님께서 번역하신 이 책은 청각장애를 지닌 자녀를 둔 가정의 이야기입니다. 린과 린의 부모님이 너무나도 힘들고 어려운 구화교육을 거치다가 마침내 린 자신의 언어인 수어를 만나게 되어 가정과 사회 속에서 자신의 정체성을 찾게 되는 과정을 담은 감동어린 실화소설입니다.

다행스럽게도 2015년 12월 31일 「한국수화언어법」이 마침내 국회를 통과하여 구체적인 시행령이 만들어지는 가운데 있습니다. 그 시기에 맞추어 출간된 <오지 않는 버스를 기다리는 아이>를 통해 청각장애 자녀를 두고 있는 가정들이 힘을 내었으면 합니다. 나아가 가정과 가족이라는 작은 테두리 안에서뿐만 아니라 사회의 각 분야에서도 농인들이 장애인으로서가 아니라 사회의 한 구성원으로 함께 할 수 있게 되기를 바래봅니다.

지구촌교회
이 동 원 원로목사
한국밀알선교단 이사장

전면 개정판 추천사

책이 한 권 나오는 것은 임산부가 새 생명을 출산하는 것과 같은 기쁨이 있습니다. 17년 만에 다시 새롭게 번역된 책이 나오는 일은 쉬운 일이 아닐 것입니다. 독자로서는 책 한 권을 받아들고 읽는 것일지 몰라도 그 책이 나오기까지의 과정을 조금만 더 이해한다면 자신이 들고 있는 책 한 권의 소중함을 새삼 인식하게 될 것이라고 생각합니다.

이 책이 출간되기까지 도와주신 모든 분들의 노고가 책 안에 녹아있음을 볼 때 더욱 귀한 책임을 느끼며 새롭게 출간되는 책의 발행을 축하드립니다.

세상에 수없이 많은 책들이 쏟아져 나오고 있지만 농인 관련 책이 유독 한국에서는 적다는 것이 항상 안타까운 심정이었는데 이번에 이준우 교수가 새롭게 번역한 책을 세상에 선보이는 일이야말로 큰 건물을 하나 짓는 일보다 소중한 일이 아닐 수 없습니다.

농인 관련 책이 소중한 이유는 농인을 바로 알아야 그 다음에 언어도 배우고, 예의도 배우고, 학문도 배울 수 있으며, 더 나아가 그들에게 올바른 정체성과 하나님을 알게 해 줄 수 있는 기본 골격과 그들의 문화를 이해할 수 있는 틀을 갖출 수 있기 때문입니다.

농인이 편하게 쓸 수 있는 수화를 언어로 인정하고 그 언어로 부모 자식 간에 소통할 수 있는 환경이야 말로 농인이 가장 편하게 안정적으로 자신의 감정과 생각을 교류할 수 있는 통로가 된다는 것을 이 책은 잘 보여주고 있습니다. 세상에 많은 민족이 살고 있지만 아무리 적은 수가 사는 소수민족이라고 할지라도 부모 자식 간에 다른 언어로 어려서부터 자라고 교육받는 민족은 없는 것을 볼 때 청인 부모가 농인자녀를 두었을 때 어떤 식으로 농인 자녀를 양육하여야 하는지 상세히 그리고 실제적으로 이해하는데 이 책은 많은 도움을 줄 것입니다.

  영어를 그냥 영어실력이 있어 번역하는 것과 농인 사회를 체험하고 그들의 입장에 서서 현장을 돌아본 사람이 책을 번역하는 것은 아주 다른 것입니다. 역자의 경우 젊어서부터 농사회에 발을 디디고 많은 것을 경험하였으며 실제로 수화통역의 일을 담당하였던 일들이 이 책을 번역하는데 다른 누구보다 많은 이해와 설득력을 갖출 수 있었을 것임이 틀림이 없을 것입니다. 더욱이 사회적으로 농인에 대해 관심이 없던 시절에 역자가 1980년대 영롱회의 한 회원으로 일한 것을 이어 꾸준히 농사회에서 일하고 있는 모습은 농사회에 발을 디딘 많은 청인들에게 귀감이 되고 있습니다.

  이 책을 계기로 앞으로 농 관련 책이 더 많이 번역 출간되기를 기대하며 이로 인해 농인과 청인의 소통은 물론 농인들의 권리와 문화가 올바르게 인식되고 「한국수화언어법」 통과의 실제적인 효과가 달성되기를 기대해 봅니다. 다시 한 번 출판을 축하드리며 농인과 청인들로부터 사랑받는 책이 되기를 소망합니다.

안 일 남 박사
사단법인 영롱회 회장

전면 개정판 추천사

1980년대 영락농아인교회 농아전도사였던 저에게 수어를 배우러 찾아온 그 당시 신학생이었던 이준우 교수와의 만남이 바로 얼마 전 일 같은데 어느새 28년의 세월이 지났습니다. 그 인연이 이어져 와 이렇게 이준우 교수가 번역한 책의 추천사를 쓸 수 있어 매우 기쁘고 감사한 마음입니다.

농인 사회엔 이상한(?) 불문율이 있습니다. 수어를 배우고자 찾아온 청인을 대할 때, 농인들은 속으로 생각합니다.
"저 사람은 3개월 혹은 6개월짜리일까?"
"저 사람을 몇 년이 지나도 농아인 사회에서 볼 수 있을까?"

농인 세계에 수많은 청인들이 들어왔다 가고…
수어를 배우다가 포기하고 떠나가고…
어느 날 갑자기 아무 연락도 없이 사라지기 때문입니다. 수많은 청인을 떠나보낸 농인 사회에서는 찾아오는 청인을 이제는 처음부터 반갑게 맞이하지도 않고 마음의 문을 쉽게 열어 신뢰하지 못하게 되었습니다. 그런 점에서 28년 세월 동안 변함없이 꾸준히 농인을 이해하고, 가르치며, 수어 책을 펴내고, 수화언어통번역학과를 만들고, 관련 책자를 번역하여 세상에 농인을 알리는 등 많은 일들을 해낸 이준우 교수는 농인 사회의 오랜 친구라 할 만합니다.

<오지 않는 버스를 기다리는 아이>
이 책이 다시 번역되어 세상에 나오게 된 지금은 농인 사회에 매우 중요한 시기입니다. 오랜 세월 동안 청각장애인의 교육 방법에 있어서 수어교육과 구화교육 사이

엔 보이지 않는 팽팽한 싸움이 있었습니다. 이러한 때에 수어를 농인들의 언어라고 인정하는 「한국수화언어법」이 국회를 통과했습니다. 여기서 끝이 아니라 앞으로 농인의 교육과 삶의 구석구석에 더 필요한 요구들이 세상에 알려지고 관련 법들이 생겨나야 할 것입니다. 이렇게 중요한 시기에 <오지 않는 버스를 기다리는 아이>는 청각장애 자녀가 '어떻게 교육받고 살아가는 것이 가장 행복할 수 있는지?'를 알려주는 좋은 가이드 역할을 할 것입니다.

  이 책은 농인 당사자들뿐만 아니라 그들을 키우는 부모님들과 교육을 담당하여 가르치는 교사들, 그리고 수어를 배워 농인 사회에 발을 들여놓은 수어통역사들 모두에게 꼭 읽어보길 권하고 싶은 책입니다.

  이 책을 읽으며 가슴 뛰게 했던 장면을 옮기며 다시 한 번 이준우 교수가 세상에 내놓는 이 책을 농인의 한 사람으로써 감사와 사랑의 마음을 담아 추천합니다.

'나는 살아 움직이고 있어요. 나는 정상이에요. 그저 나의 언어만이 다를 뿐이에요. 보세요. 내가 얼마나 쉽게 이걸 배우는지. 그리고 이걸 사용하기를 얼마나 좋아하는지를 보시란 말이에요.'
  - 농아 아이의 마음

'우리는 그 아이의 청각장애를 인정하지 않고 그 애를 정상아처럼 대함으로써 실제로는 그 애가 소외감을 느끼도록 했다. 가장 일시적인 가족 간의 활동에 있어서조차 실지로는 듣지도 못하는데 그 아이가 들을 수 있는 것처럼 말함으로써 그 아이가 자신이 밖에 있는 이방인이라는 깊은 인식을 만들어 주었다.'
  - 부모의 마음

영락농인교회
김 용 익 담임목사

번역을 마치고[1]

작년(1998년) 2월에 밀알복지재단 상임이사이신 정형석 목사님[2]과 밀알학교 권정순 교장 선생님[3] 등 여러 선생님들께서 미국 연수차 가셨다가 마침 서점에서 좋은 책들을 발견하시고는 여러 권 구입해 오셨습니다. 정형석 목사님께서 그 책들을 읽어보라고 저에게 주셨는데, 그 중의 하나가 「Deaf like me」(나 같은 농인) 이었습니다. 늘 농인을 접하면서 살고 있는 저로서는 다른 어떤 책보다 관심이 갈 수밖에 없었습니다. 틈틈이 시간을 내어 읽고 또 읽었습니다. 짧은 영어라 그런지 다섯 번 정도 읽고 나서야 어느 정도 내용이 손에 잡혔습니다. 정말 가슴에 와 닿는 내용이 많았고, 재미있으면서도 깊이 있고 유익한 책이었습니다. 덕분에 항상 접하는 많은 농인들과 그들의 부모님들을 좀 더 바르게 이해할 수 있는 계기가 되었습니다.

그러던 중에 문득 이렇게 좋은 책을 혼자만 알고 있기에는 너무 아깝다는 생각이 들었습니다. 제가 몸담았던 '밀알'의 수화교실 수강생들과 제가 출강하는 몇몇 대

---

1) 초판을 낼 때 썼던 글인데 지금 읽어도 무방해서 그대로 실었다. '농아인'은 '농인'으로 수정했다. 다만 고유한 부서의 이름, 이를 테면 '농아부' 같은 명칭은 원래대로 두었다.
2) 정형석 목사님은 2016년 현재 사회복지법인 밀알복지재단 상임대표로 사역하고 계시며 한결같이 본 번역자를 지지해주시고 격려해주신다.
3) 권정순 교장 선생님은 밀알학교 초대 교장으로 사역하셨고, 임기를 마친 후 퇴직하셨다.

학교에서 장애인 복지와 재활을 전공하는 학생들에게만 읽힐 수 있어도 유익이 될 것 같았습니다. 또한 제가 현재 섬기고 있는 남서울은혜교회 농아부와 이전의 충현교회 농아부에서 신앙생활하는 성도들과 봉사자들에게도 분명 큰 도움이 될 것으로 확신하였습니다. 뿐만 아니라 농인 자녀를 두고 있는 부모님에게는 용기를 주고 더불어 자녀교육에 대한 중요한 통찰까지 줄 수 있을 거라고 여기게 되었습니다.

그래서 번역을 시작했습니다. 꼬박 일 년이 걸렸습니다.

마음은 급했지만, 밀알복지재단의 업무도 함께 해야 했기에 뜻대로 되지 않았습니다. 재단 사무국에서 하는 일이 대부분 행정 업무이기에 시간가는 줄 모르고 일하게 되는 특성이 있습니다. 행정과 셈에 그리 밝지 못한 사람이 사무국 업무를 한다는 것은 정말 벅차기만 합니다. 매일 밤 12시부터 1시까지, 혹은 점심시간이나 저녁시간의 일부, 황금 같은 휴일을 활용해서 번역에 임했습니다. 이렇게 힘들면서도 번역을 놓지 못한 이유는 많은 장애인의 삶에 기여한다는 사명감이 제 속에 자리 잡고 있었기 때문입니다. 이 책을 번역하면서 누렸던 기쁨과 보람은 제가 그동안 느꼈던 그 어떤 행복보다도 컸다고 할 수 있습니다. 부족한 저에게 이 모든 것을 허락해 주신 하나님께 감사드립니다.

책을 낼 때마다 제 주위에는 고마운 분들로 가득합니다.

무엇보다도 먼저 아름다운 언어인 수어로 부족한 저를 아껴주고 사랑해 줄 뿐만 아니라 함께 믿음 안에서 살아가고 있는 남서울은혜교회 농아부 형제자매들에게 고맙다는 말을 전하고 싶습니다. 청인 중심의 음성언어 세계에서 살아가면서도 늘 밝고 힘 있게 사는 그들이 없었다면 오늘의 저는 없었을 것입니다. 사실 저는 농인을 위해서 일하는 사람이 아니라 농인 덕분에 재능을 발휘하며 섬길 수 있는 기회를 갖고 사는 행복한 사람입니다.

다음으로 목회의 대선배이자 스승으로서, 큰 바위 얼굴처럼 제가 가야할 사역의 방향을 삶으로 보여주시는 홍정길 목사님께 감사를 드립니다. 너그러운 마음과 사랑의 품으로 참된 목회가 무엇인지 가르쳐 주시는 그 분 밑에서 일하기에 저는 정말 선택받은 사람이라고 생각합니다.

또한 사회복지라는 학문에 정진할 수 있도록 사랑으로 배움의 길을 걷게 해 주시는 숭실대학교 사회복지학과 박종삼 교수님께 감사를 드립니다. 목사로서, 사회복지사로서, 의사로서, 교수로서의 폭 넓고 깊이 있는 가르침뿐만 아니라 끊임없이 연구하시고 노력하시는 삶과 풍성한 인격을 통하여 주시는 제자를 향한 내리사랑에 가슴 깊이 감사한 마음입니다.

그리고 농인 목회를 할 수 있도록 지도해 주시고 배려해 주시는 강주해 목사님, 이영빈 목사님, 손원재 목사님, 임규현 목사님께도 감사드립니다. 장애인 선교와 복지에 비전을 갖고 준비해 가도록 큰 영향을 주신 베데스다선교회 양동춘 목사님[4], 밀알에서 일할 수 있도록 길을 열어 주시고 계속 성장해 갈 수 있도록 배려해 주시는 정형석 목사님께도 감사드립니다.

특별히 밀알선교단의 김근원 총무님과 출판부의 임순이, 허명호 간사님, 김주경 선생님께 더없는 감사를 표하고 싶습니다. 김근원 총무님은 본서의 제목과 각 장의 소제목을 만들어 주셔서 원서보다 더 좋은 책이 되게 해 주셨고, 편집과 교정 및 출판의 실무를 맡아 수고하신 임순이 간사님, 책의 판매와 홍보를 담당해 주시는 허명호 간사님, 컴퓨터 입력을 도와주신 여러 자매들과 김주경 선생님 등등, 이 분들의 수고가 없었다면 이 책은 빛을 볼 수 없었을 것입니다. 그리고 항상 원서의 번역 허락을 도맡아 감당해 주시는 미주 워싱턴 밀알의 정택정 목사님과 박찬효

---

4) 양동춘 목사님은 이 땅의 장애인선교를 위해 베데스다선교회를 세우시고, 사회복지법인 베데스다복지재단 대표이사로 사역하시면서, 장애인과 함께 하는 나눔교회 담임목사로 계신다. 본 번역자에게는 장애인 복지목회와 선교의 스승이 되신다.

집사님, 이미경, 이마리아 간사님께도 감사를 드립니다.

　끝으로 항상 바쁘다고 분주해하는 남편을 이해해주며 때로는 자극도 주면서 가정의 소중함을 함께 키워 나가도록 해주는 아내 송이와, 아빠가 출근할 때 항상 일어나 "아빠, 다녀오세요!"하고 의젓하게 인사하는 올해 초등학생이 될 아들 신건이, 퇴근하고 집에 들어가면 "아빠다!" 큰 소리로 외치며 반겨주는 귀여운 딸 신영이에게 고마움을 전합니다.

1999년 2월 24일

이 준 우 목사

| 일러두기 |

* 본문의 '수화'를 '수어'로 번역하고자 하였으나 상당 부분은 '수화'라고 옮길 수밖에 없었다. 왜냐하면 '수어'라고 표현할 때 우리말의 어감이 원문의 느낌을 충분히 살릴 수 없었기 때문이다. 그래서 '수화'라고 표기된 부분도 기본적으로는 언어로서의 수화 즉 수어를 뜻함을 말씀드린다.
* 본문의 '구화'를 '구어'로 번역해야 하나 우리말에서 '구어'라고 하는 것은 음성언어를 뜻하는 말로도 많이 쓰이기 때문에 이 책에서는 전통적인 방식대로 '구화'로 번역하였다.
* 본문에서 '정상인'으로 번역한 부분은 '청인'이나, '건청인'으로 해야 하지만, 원문 문맥의 흐름상 부득이할 경우는 '정상인'으로 했다.
* 본문에서 의성어(소리를 흉내 낸 말)를 강조하는 경우 한글번역 뒤에 영어 원문도 밝혀두었다.

오지 않는 버스를 기다리는 아이

청각장애 아이를 둘러싸고 벌어지는
감동 실화소설

토마스 S. 스프래들리
제임스 P. 스프래들리 공저
이준우 번역

| 제 1 장 |

지극히
정상이래요

지극히
정상이래요

아내 루이즈가 비명을 지르며 벌떡 일어나 앉았다. 식은땀으로 전신이 흠뻑 젖은 채였다.

"여보, 정신 차려요!" 나는 목쉰 소리로 그녀를 향해 나직이 소리치면서 어둠 속에서 팔을 내밀었다. "자, 이제 됐으니 마음 놓아요. 험한 꿈을 꾼 게 틀림없구려."

나는 아내의 긴장한 양 어깨에서 힘이 빠져 나가는 것을 느낄 수 있었다. 그녀는 이제 완전히 정신을 차린 듯했다. 그녀가 몸을 부르르 떨더니 북받치는 감정을 주체하지 못하고 흐느껴 울기 시작했다. 다시 누우며, 나는 아내를 바싹 끌어당겨 꽉 껴안았다.

"왜 그러는 거요? 무슨 일이오?"

아내는 아무 말도 하지 않고 잠시 동안 그대로 흐느끼기만 했다. 그러다가 흐느낌 사이로 곤혹스런 질문들을 쏟아냈다.

"여보, 왜 우리 아기가 고통을 당해야 하나요? 왜 하필이면 나지요? 장애아 자식은 정말 원치 않아요. 내 아기가 맹인으로 태어날 거라니 참을 수 없어요. 이건 정말 너무 잔인한 일이예요. 왜 그런 일이 일어나야 하죠?

왜? 무슨 수가 없나요? 우린 속수무책으로 그냥 가만히 있어야만 하나요?"

나는 당장 뭐라 대꾸하려 하지 않았다. 잠자코 누운 채 아내를 진정시킬 말을 찾았다.

"무엇이 문제인지 지금은 확실히 알 수 없어요." 나는 한껏 침착한 어조로 말했다. "설사 당신이 풍진을 앓았다 하더라도 아기에겐 아무 이상이 없을 수도 있는 거예요. 아기는 완전히 정상일거요. 베일즈 박사 말이 기억나지 않소?"

서랍장 위에서 재깍거리는 탁상시계 소리가 잠시의 침묵 사이로 끼어들었다. 나는 어둠속을 응시하면서 세 살 반짜리 아들 브루스가 옆방에서 잠을 자다가 우리 말을 듣지는 않았나 걱정이 되었다. 나는 위층의 학생들이 무슨 소리를 내지나 않는지 귀를 기울여 보았다. 그러나 아무런 소리 없이 정적이 흐르고 있을 뿐이었다.

1964년 11월 초, 루이즈는 임신 5개월째였다. 지난 수 주 동안 루이즈는 하룻밤에도 수차례씩 잠에서 깨곤 했다. 불안과 걱정에서 헤어나지 못하고 계속해서 괴로워했다. 우리는 그 잠재된 위험에 대해 자주 의논하고 두려움을 떨쳐버리고자 애를 썼다. 우리 부부는 모두 무력감을 느끼고 있었다. 그러나 루이즈의 경우 그녀의 몸이 새로운 생명을 받아들여 변화해 감에 따라 그 생명체는 이미 떼려야 뗄 수 없는 자신의 일부가 되어 있었기에, 내가 아무리 온갖 말로 그녀를 안심시키려 해도 그녀를 괴롭히는 불안한 전조와 조짐들을 떨쳐 버리게 할 수는 없었다.

이 일은 여섯 달 전에 시작되었다.

나는 일리노이 주 시카고 인근 휘튼 시에 있는 휘튼 대학에서 수학 교수로서의 첫해를 막 끝낸 참이었다. 우리는 9월 학기가 다시 시작할 때까지 여행을 다니기로 계획을 세웠다.

1960년형 볼보 승용차에 옷가방과 침낭 등 캠핑 장비를 싣고 친구들에게 작별을 고한 후, 90번 고속도로를 향해 무더운 여름을 날려버리기 위한 북행길에 나섰던 것이다.

"지금 어디로 가는 거예요?" 브루스가 짐으로 비좁아진 뒷좌석에 겨우 끼어 앉아 있으면서도 들뜬 기분으로 몸을 흔들며 물었다.

"미네소타로 가는 거야." 루이즈가 그에게 일러주며 우리가 지금부터 몇 주간 살게 될 기숙사에 대해 설명해 주었다. 마침 나는 그해 여름 미네소타 주 노스필드에 있는 칼튼 대학교에서 열리는 미국 국립과학재단(National Science Foundation) 수학교수 연수회에 참석하기 위한 특별 상여금을 받았다.

"거기서 할아버지와 할머니를 만나는 거예요?" 브루스가 물었다.

"아니야. 미네소타에서 일이 끝나면 캘리포니아로 넘어갈 거야. 할아버지와 할머니는 로스앤젤레스에 살고 계시거든. 네가 태어난 곳이란다." 브루스는 그 질문을 이미 수십 번도 더 했었다.

한 시간도 채 못돼서 시카고의 풍경은 사라지고, 위스콘신 주 남부의 옥수수 밭들이 끝없이 펼쳐졌다. 순식간에 칼튼 대학에 도착했고, 연수회 등록 수속을 마쳤다. 그 사이 연수회 관련 교수들을 만나고 몇몇 연수생들과 이야기를 나누기도 했다. 우리는 기숙사에 있는 조그만 두 개의 방을 배정받았다. 앞으로 5주 동안 살게 될 그 기숙사는 담쟁이 덩굴로 뒤덮인 벽돌 건물이었다. 루이즈와 나는 짐을 풀어 정리하기 시작했고, 브루스는 같은 층에 머물게 된 다른 아이들을 찾아 나갔다.

여름 연수회의 첫 주는 정말 빨리 지나갔다. 매일 오전에는 수학 강의들이 있었고, 아침, 점심, 저녁 세 끼 식사는 기숙사 지하에 있는 카페테리아에서 제공되었다. 루이즈는 그림도 그리고 오랜 시간 산책도 하면서 브루스를 보살폈다. 나는 매일 오후 여러 연수생들과 함께 어울려 공부를 했고, 저녁 먹을 때가 되면 너나할 것 없이 수학이라면 진절머리가 날 지경이 되곤 했다. 눅눅하고 습기 찬 저녁에는 모든 가족들이 집안에 있지 못하고 집밖으로 나와서 시간을 보내야 했다. 대여섯 세대가 서늘한 잔디밭이나 기숙사 현관 계단에 모여 앉아 자기들이 근무하는 대학에서의 생활에 관해 이야기꽃을 피우곤 했다. 해가 지고나면 어김없이 구름떼 같은 모기들이 덤벼들어 우리들을 집안으로 몰아넣기 일쑤였다. 주말이 되면 미네소타의 시골들을 탐험했다.

 그곳에서의 첫 주가 끝나가던 어느 날 아침, 브루스가 친구들과 놀기 위해 내려갔다가 이내 낙담한 표정으로 되돌아왔다. "조니와 빌리가 너무 아파서 놀 수가 없대요."

"그럼 다른 친구들을 찾아봐야겠구나." 루이즈가 건성으로 대꾸했다. 사실 기숙사에는 어린아이들로 우글거리다시피 했고, 대부분은 대학이 주관하는 여름 특별활동 프로그램에 참여하고 있었기 때문에 금방 다른 친구들을 사귈 수 있을 터였다.

 그날 아침 늦게 조니와 빌리의 어머니가 루이즈에게 찾아왔다. "애들이 풍진에 걸렸어요. 가벼운 사흘 홍역인 것 같아요. 별로 심하게 아픈 것 같지는 않거든요. 한 이틀만 집안에 잡아두면 될 거예요."

 그리고 그 일은 그걸로 그만이었다. 우린 그 문제를 두 번 다시 생각조차 하지 않았다. 나는 수업을 하러 갔고, 루이즈는 집밖에 이젤을 세우고 나머지 아침 시간을 그림을 그리며 보냈다. 그날 오후에 브루스는 자기보다 더 큰 아이들 둘을 알게 되어 그들과 함께 캠퍼스 안에 있는 호수 주변에서 놀면서 개구리도 잡고 오리들에게 먹이도 주었다.

그로부터 열흘 쯤 후 어느 날 아침, 브루스가 잠에서 깨어 방밖으로 나오면서 투덜거렸다. "엄마! 나 아파요. 기분이 안 좋아!" 아이의 가슴과 복부에 선홍색 발진이 돋아있었다. 좁쌀 같은 붉은 점들이 여기저기에서 서로 합쳐지며 큼직한 얼룩이 되어 번지고 있었다.

"아무래도 체온을 재봐야겠어요." 루이즈가 말할 때 나는 면도를 하고 있었다. 잠시 후 브루스의 방에서 아내가 외치는 소리가 들렸다. "체온이 너무 높아요. 병원에 가야겠어요." 우리는 서둘러 지하식당으로 내려가서 급히 아침을 때우고, 브루스 몫으로 주스를 챙겼다. 그때까지 브루스는 침대에 누워있었다. 루이즈는 조니와 빌리의 어머니에게서 아이들을 진찰해준 의사의 이름을 알아냈다. 별로 심해 보이지는 않았지만 돌다리도 두드려 보고 건너자는 심정이었다.

오전 수업이 끝나고 기숙사에 돌아와서 내가 물었다. "의사는 뭐래?"

"풍진이래요. 요새 한창 유행이라나 봐요."

"심한 건 아니겠지?"

"그건 아니래요. 그런데 나더러 임신 가능성이 있냐고 묻더군요. 그래서 아직은 잘 모르겠는데 애를 하나 더 갖길 바라고 있다고 했어요. 만약 임신을 했다면 요 며칠 사이의 일일 거라고도 했고요. 그랬더니 나더러 다시 오래요. 내가 만약 임신을 했다면 풍진 때문에 선천성 장애아가 태어날 수도 있다는 거예요."

"선천성 장애?" 나는 우려의 빛을 띠지 않으려고 노력하면서 물었다. "구체적으로 어떤 식의? 의사가 말을 하긴 했어요?"

의사는 자신이 한 말이 무엇을 의미하는지 정확하게 설명하지 않았다. 루이즈도 물어보지 않았다. 우리는 루이즈의 임신 가능성에 대해 이야기를 나누었고, 앞으로 있을 수 있는 일들에 관해 말없이 궁금해 하기도 했다. 브루스가 태어났을 때에도 루이즈가 곧잘 했던 말은 "남자아이건 여자아이건 상관없어요. 그저 건강하기만 하면 돼요."라는 것이었다. 그런데 지금은 선천성 장애라는 위험에 관해 생각하지 않으려고 노력하는 상황이 된 것이다.

이삼일쯤 지나자 브루스는 밖에 나가 놀게 해달라고 조르면서 두 방을 요란스럽게 들락거리며 난리법석을 피웠다. 몸에 돋았던 발진들은 거의 사라지고 없었다. 그러나 루이즈와 나에게 그 여름은 처음에 의도했던 것과는 전혀 다른 것이 되어 있었다. 그녀는 그림 그리는 일에 흥미를 잃어버렸다. 나 역시 고등 수학의 어떤 문제를 열심히 풀고 있다가도 마음속에서 문득 뭔가 불안한 생각이 스멀스멀 올라오곤 했다. 다른 사람들과 저녁을 함께 하는 경우에도 전에 했던 그대로 웃고 떠들긴 했지만, 마음 한구석에서는 겉으로 드러나지 않은 걱정과 당혹감을 느끼는 것이었다.

"임신은 아닐 거예요. 확실해요." 루이즈는 하루에도 여러 번 다짐하듯 말하곤 했다. 그사이 두 주일이 지나갔다. 매일 그녀는 혹시 발진의 징후가 있지 않을까 하여 전신을 살펴보기를 소홀히 하지 않았다.

"오늘 기분은 좀 어때요?" 나도 하루도 빠짐없이 그렇게 묻곤 했다. 우리 두 사람 모두 그게 무슨 뜻인지 잘 알았다. 풍진 증세가 없느냐, 임신의 징후는 없느냐.

어느덧 두 주일이 더 흘러 수학연수회는 끝이 났다. 우리는 새로 사귄 많은 친구들에게 작별을 고하고 미네아폴리스, 세인트 폴, 노스 우즈,

캐나다로 가는 35번 고속도로에 올라 북쪽으로 향했다. 길고 긴 자동차 여행이 시작되자 마치 우리 인생의 짧은 한 장을 갈음하듯 루이즈가 말했다. "아하, 내가 풍진에 걸릴 체질이라면 한두 주일 만에 앓아눕게 되었을걸요. 어쩌면 어렸을 적에 풍진을 앓았는지도 몰라요. 이건 평생 한 번 걸리면 다시는 걸리지 않는 병이라잖아요."

우리는 온타리오에서 캐나다 횡단 도로를 타고 서해안을 향해 야영을 하면서 여행을 계속했다. 캐나다 록키 산맥의 동쪽에 위치한 반프 국립 공원 도로를 벗어날 때 루이즈가 복통을 호소했다. "LA(역자 주: Los Angeles(로스앤젤레스)의 약자)에 도착하면 예전에 다니던 의사를 찾아가 임신 여부를 확인해야겠어요."

그날 밤에는 텐트를 치지 않기로 하고, 브리티쉬 컬럼비아의 프레이저 강 옆에 있는 어느 한적한 모텔에서 잠을 잤다. 루이즈는 잠을 이루지 못하고 이리저리 뒤척이며 뜬 눈으로 잠을 지새우는 눈치였다. 자정이 훨씬 지나서 나는 화들짝 놀라 잠에서 깼다.

"온 몸에 발진이 돋았어요!" 루이즈가 울부짖었다. 나는 브루스를 깨우지 않도록 조심하면서 불을 켰다. 루이즈가 꿈에서 보았다는 그 작은 붉은색 발진들을 샅샅이 훑어 찾았으나 허사였다. 아무 것도 없었다. 우리는 다시 잠에 빠져들었다.

일주일 후 황량한 테하챠피스의 갈색 구릉지가 사라지고 로스앤젤레스 교외지역에 들어서자, 얽히고 설킨 옛 추억들이 홍수처럼 우리 두 사람을 덮쳤다. 우리는 여기에서 자랐고 이글락 침례교회에서 결혼식을 올렸다. 우리는 회상에 잠긴 채, 교통 표지판들을 눈여겨 살펴보면서 산 페르난도에서 북 헐리우드로, 또 글렌데일로, 마침내 콜로라도 대로를 따라 이글

락에 이르기까지 고속도로를 놓치지 않고 익숙하게 쫓아갔다. 이글락은 양가 부모님들이 아직까지 살고 계신 곳이었다.

루이즈는 생리를 한 번 거른 상태였기 때문에 임신했을지도 모른다고 생각하고 있었다. 그러나 어떻게 된 셈인지 이제 그 모든 일들이 그리 대수롭지 않게 생각되는 것이었다. 우리는 일리노이로 돌아갈 때까지 기다려 보기로 결정했다. 그곳에 가면 주치의에게 진찰받을 수 있을 것이었다. 우리는 옛 친구들을 찾아보거나 어린 시절의 추억들로 가득 찬 정겨운 곳들을 방문하고 친척들과 만나 정담을 나누는 일에 열중하느라 여념이 없었다.

루이즈가 그것을 처음 본 것은 토요일 오후였다. 그녀가 양팔을 들어올리고 믿을 수 없다는 어조로 외쳤다. "여보! 바로 그거예요. 발진이 돋았어요. 발진이!"

마치 축소형 화산들처럼 수백 개의 진홍색 돌기들이 그녀의 양팔 안쪽에 곧게 퍼져있는 것이 아닌가. 우리는 서로 마주보았다. 조용히 사라지고 있던 그 모든 불안과 두려움들이 갑자기 형체를 갖추어 우리의 삶 속으로 쏜살같이 뒷걸음쳐 들어오고 있었다. 루이즈는 그녀의 상상을 쫓아 북미 대륙을 횡단해 오기까지 한 자주빛 붉은 반점들이 갑자기 사라지기를 기대하고 있기라도 한 것처럼 자신의 양팔을 한참 동안 바라보고 있었다.

나는 앤더슨 박사의 전화번호를 찾아 다이얼을 돌리고 그녀에게 전화기를 건네주었다. 접수계원이 전화를 연결시켜 주었다.

"안녕하세요? 앤더슨 박사님, 저는 루이즈 스프래들리라고 하는데요, 한 일 년 전쯤까지 박사님 환자였어요. 지금은 일리노이 주에 살고 있는데 이번에 휴가차 이곳에 다니러 왔답니다."

앤더슨 박사는 기억하고 있었고, 루이즈는 자신의 증상을 설명하고 박사의 질문에 답을 했다. 네, 임신했을 수도 있습니다. 아니오, 풍진을 앓았던 적이 있는지는 잘 모르겠어요. 네, 한 달 전쯤에 풍진에 노출된 적이 있습니다. 아니오, 발진은 팔에만 났어요.

"월요일 아침에 모든 일을 다 제쳐두고 병원으로 오세요." 의사가 루이즈에게 말했다. "금년에는 풍진이 크게 번지고 있어요. 그런데 이 병은 태아에게 뇌손상, 시각장애, 청각장애, 심장질환 등을 야기할 수 있어요. 하지만 임신 초기 삼 개월 동안 산모가 풍진을 앓았을 경우에만 해당되는 것입니다. 그러니 확실하게 알게 되기 전에 미리 걱정하고 안달할 필요는 없습니다."

"그게 만약 풍진이라면," 루이즈가 물었다. 그녀의 음성이 떨리고 있었다. "낙태 수술을 받을 수 있을까요?"

"어림도 없어요. 캘리포니아 주에선 안돼요." 앤더슨 박사가 말했다. "일리노이 주에서는 어떤지 모르지만, 지금 이곳에서는 풍진을 앓은 산모를 낙태시켰다는 혐의로 의사 세 사람이 재판을 받고 있는 중이에요."

"알겠습니다. 그럼 월요일 아침에 뵐게요." 루이즈는 전화를 끊고 눈물을 흘리며 주저앉았다.

월요일 아침, 우리는 병원에 도착해서 차를 세워두고 뒷문을 통해 들어갔다. "혹시 정말 풍진에 걸린 경우라면, 대기실에서 다른 환자들에게 감염시킬 우려가 있으니까요." 앤더슨 박사가 주의를 주었기 때문이었다. 루이즈는 곧바로 진찰실로 들어갔고, 나는 앤더슨 박사의 방에서 기다렸다.

"자, 부인께서 임신하신 게 맞습니다. 확인되었습니다." 루이즈와 함께 들어온 앤더슨 박사가 나에게 말하면서 자기 자리에 앉았다. "발진에 관해서는 아직 그렇게 분명하지는 않습니다."

그가 루이즈의 팔을 살펴보면서 덧붙여 말했다. 그는 그녀 목 뒷부분에 부풀어 오른 임파선을 세심하게 살펴보았다. "풍진일 수도 있겠지만 그렇게 생각되지는 않는군요. 그런데 말입니다. 이건 만반의 대비를 하자는 이야기입니다만, 풍진에 대한 항체를 지니고 있는 감마 글로불린 주사를 한 대 놔드리겠습니다. 이 발진이 풍진이 아니더라도 예방을 하게 해줄 겁니다. 여하튼 태아는 보호를 받게 될 테니까요."

막막하고 답답한 심정은 그곳에 들어갈 때와 달라진 것이 전혀 없었다. 며칠 후 우리는 일리노이로 돌아왔다. 지난 한 주간 동안의 사건들이 마치 검은 구름처럼 우리의 일상을 무겁게 짓누르고 있었다. 루이즈가 임신을 했다. 나는 그것을 확실하게 알았다. 그러나 풍진, 그것은 여전히 오리무중이었다. 만약 그 발진이 다른 어떤 이유 때문이라면 걱정할 필요가 없었다. 그러나 어떻게 자신할 수가 있겠는가? 또 감마 글로불린 주사 한방이 아기를 보호해 주리라고 확신해도 좋을까?

휘튼에 도착한 바로 그날 의사와 진료예약부터 했다. 대학에서 수업이 시작되기 전 눅눅하고 구름이 짙게 낀 어느 날 가족 주치의인 베일즈 박사를 만나러 갔다. 30대 중반의 상냥한 남자인 그는 우리가 그 여름의 일들을 차근차근 설명하는 동안 주의 깊게 경청해 주었다. 그는 풍진 때문에 생기는 결함들에 관해서 말하고는 얼른 덧붙여 말했다. "걱정하지 않아도 될 것 같은데요. 두 분께서 캘리포니아에서 만나본 그 의사 선생님은 틀림없이 풍진에 관해서는 누구 못지않은 전문가인 것 같습니다. 그의 진단은 아마 틀림없을 것입니다. 설사 부인께서 풍진을 앓았다고 하더라도 아기가 완전히 정상일 가능성은 아주 높아요."

"낙태 수술을 받을 수 있을까요? 제가 가볼만한 곳이 있나요?"

"아뇨, 전혀 불가능한 일이에요." 그가 한마디로 잘라 말했다. "일리노이 주에서는 안돼요. 불법행위가 되는 거죠. 있을 수 없는 일이에요. 또 그런 수술을 할 수 있는 다른 어떤 곳에 대해서 아는 바도 없고요."

우리는 떨쳐버릴 수 없는 막막한 심정에 영원한 포로가 되어 의사와 작별을 했다. 이럴 수도 저럴 수도 없는 당혹감에 싸여 이제 무슨 뾰족한 수가 없을까만 궁리하기 시작했다.

그러나 늦가을의 따사로운 날씨가 우리의 나날들을 밝게 해주고 기분을 산뜻하게 바꿔주었다. 우리집에서 보이는 길 건너 맞은편의 캠퍼스 잔디밭에 여름 내내 짙은 그늘을 드리워 주던 느릅나무와 단풍나무의 잎사귀들도 녹색에서 황금색으로 바뀌나 싶더니 어느새 땅바닥으로 흩날려 내려 앉고 있었다. 우리는 추수감사절과 며칠간의 짧은 휴가를 학수고대했다. 우리는 대학 소유의 커다란 기숙사 아래층에서 살고 있었는데, '페리스 하우스'라고 불리는 이 집에는 16명의 학생들이 위층에 기숙하고 있었고, 우리는 그들의 부모 역할을 맡은 셈이었다. 귀향을 하지 못하는 학생들이 여러 명이어서 우리는 그들을 추수감사절 칠면조 만찬에 초대하였다.

그 주 화요일, 루이즈는 쇼핑을 하기 위해 시내로 나갔다. 그녀는 상쾌한 11월의 공기를 흠씬 마시면서 행운이 우리 편일 거라는 믿음에 가벼운 발걸음으로 걸어 다녔다. 그 순간만은 드넓은 하늘이 마음 속 깊이 자리잡은 여러 감정들을 그대로 품어 주었다. 그 때 멀리서 네 명의 자녀를 거느린 젊은 엄마 하나가 루이즈를 향해 걸어오고 있었다.

"저 강아지들 좀 보세요, 엄마." 브루스가 엄마의 손을 잡아당겼다.

그들은 애완동물 상점 진열장 앞에 멈춰 서서 네 마리의 콜리견 강아지들을 바라보며 감탄했다. 그리고 나서 걷기를 계속했다. 좀 전에 루이즈의 눈에 띄었던 그 가족이 이젠 바로 코앞에 다가와 있었다. 마치 하나의 섬광이 보이지 않던 풍경에 조명을 비추기라도 한 것처럼, 그 아이들 중 제일 작은 꼬마에게 루이즈의 시선이 가서 멈추었다. 그 작은 양쪽 귀에서 커다란 플라스틱제 리시버가 삐죽이 머리를 내밀고 있지 않은가! 꼴사나운 선들이 그 아이의 가슴에 묶여 있는 작은 상자에 연결되어 드리워져 있었다.

갑작스럽게 엄습하는 두려움에 루이즈는 가장 가까운 가게 안으로 뛰어들었다. 그 아이와 엄마가 지나갈 때까지 거기에 그렇게 서 있었다. 쏟아지려는 눈물을 간신히 억누르고 차를 세워둔 곳으로 걸어가 집으로 돌아왔다. 그 후 수 주일 동안 그 작은 여자아이의 모습이 그녀를 두고두고 괴롭혔다.

겨울은 일찍 찾아와서 늦게까지 머물렀다. 기온은 더욱 낮게 떨어졌고, 바람은 더욱 세게 부는 것만 같았다. 눈은 더욱 높이 쌓여갔고 진흙으로 범벅이 된 눈길은 사라질 줄 모르고 한없이 계속 질퍽거리기만 했다. 나뭇가지가 움트는 속도는 왜 그리 더딘지! 그러나 우리 아기는 엄마의 뱃속에서 정상적으로 무럭무럭 자라고 있었다. 루이즈는 매월 정상적으로 체중이 늘고 있었다. 태아의 발길질도 느낄 수 있었다. 나는 아직도 브루스가 그 작은 손을 제 엄마의 배에 대어보고 배 안의 움직임에 그 큰 눈을 휘둥그레 뜨던 모습을 눈앞에 그릴 수 있다. 아기의 심장소리도 예정대로 시작되었다. 베일즈 박사는 청진기로 그 소리를 듣고 "아주 건강하군요."

라고 말했다. 아기는 어렵지 않게 위치를 바꾸었다. 우리의 그 긴 드라마도 이제 대단원의 막을 내릴 때가 가까워지고 있었다.

"이제 분만할 때가 거의 된 것 같군요." 베일즈 박사가 루이즈에게 말했다. 4월초 마지막 검진이 끝나고서였다. 그러나 일주일이 그대로 지나갔다. 휘튼 대학의 학생들 대부분은 부활절 휴가로 떠나고 없었다. 공기 중에 긴장된 정적이 맴돌았다. 나는 한밤중에 갑자기 잠에서 깨어 병원까지 차를 몰고 가기를 여러 번 했다. 병원에 가는 중에 진통이 아닌 듯하면 다시 돌아와 잠을 청했다.

루이즈가 내 팔을 잡아 당겼다. "진통이 시작되었어요."

"세시 삼십분." 화창한 금요일 새벽이었다.

나는 동생 조에게 전화를 했다. 조도 휘튼에서 강의를 하고 있었는데, 그와 그의 아내인 마릴린이 브루스를 맡아 주기로 했기 때문이다.

"진통이 더 심해졌어?" 브루스를 맡기고 병원으로 떠나면서 내가 루이즈에게 물었다.

"약간이요. 하지만 괜찮아요."

게리 거리의 벽돌 건물들이 급하게 사라졌고, 나는 쥬얼 거리로 들어서서 서쪽으로 차를 몰았다. 우리는 이제 막 밭갈이가 끝난 경작지들을 지나갔고 나는 계속 가속 페달을 밟았다. 카운티 팜 거리를 앞두고 팔각형의 '정지'표지가 보였다. 양쪽 방향 모두 어두웠기에 접근하는 차량이 없음을 알았다. 나는 속도를 줄이지 않고 교차로를 그냥 통과했다.

"가진통이 아니면 좋겠는데."

나는 루이즈의 손을 꼭 잡으면서 말했다.

"아닌 것 같긴 해요. 하지만 만약 가진통이면 이번엔 진짜로 애 낳기 전까진 집에 안 갈 거예요."

루이즈가 희미하게 웃으며 말했다. 그리고 다시 진통이 시작된 듯 그녀가 점점 심해지는 통증을 안간힘을 다해 참아내고 있음을 감지할 수 있었다.

자그마한 도시 윈필드의 커뮤니티 병원이 희미한 모습을 드러내자 우리 두 사람은 각기 침묵에 빠져 들었다. 수개월에 걸쳐 우리를 감쌌던 그 불확실성과 견디기 어려웠던 기다림이 이제 끝나려 하고 있었다. 우리 두 사람 누구도 마음으로 가장 절실하게 바라고 있는 것이 무엇인지 내놓고 말할 수 없었다. 차에서 내리는 루이즈를 말없이 부축해 주는 것 외에는 무슨 말을 해야 할 지 아무런 생각도 나지 않았다. 한 시간이 못 되어 간호사 한 사람이 루이즈를 분만실로 데리고 들어갔다.

나는 텅 비어있는 대기실로 걸어가서 자리를 잡고 앉았다. 옆 테이블 위에 놓인 잡지 한 권을 손에 잡히는 대로 집어 들었다. 나는 오래된 〈오늘의 건강〉이라는 잡지의 책장을 건성으로 한 장 한 장 넘겨보았다. 그와 동시에 아내의 마지막 진통이 얼마나 고통스러울지 궁금해 하며 밤새 계속되지 않기만 바라고 있었다. 문득 어느 페이지에선가 커다란 글씨들이 내 시선을 붙잡았다. 나는 그 페이지를 자세히 들여다보고 흥미를 끄는 기사제목들에 주의를 기울였다.

<u>흉부손상</u>
<u>물 알러지(알레르기)</u>
<u>건강한 신생아들</u>
<u>풍진의 위협!</u>

나는 제일 밑에 있는 기사를 탐독하기 시작했다.

새로 개발된 검사를 통해 풍진에 노출된 임산부가 실제로 풍진에 걸렸는지 여부를 알 수 있게 되었다. 풍진 바이러스로 인한 감염은 태어날 아기에게 지적장애나 다른 장애를 유발할 수 있기 때문에 감염 여부를 아는 것은 매우 중요하다. 임산부가 실제로 이 병에 감염되었다면 치료적 유산이 바람직할 수도 있다. 가벼운 징후들은 감염 여부를 놓칠 수 있지만 이 검사는 정확하게 확인할 수 있다고 필라델피아의 스탠리 A. 플로킨 박사는 AMA(American Medical Association: 미국의사협회) 저널을 통해 발표하였다.

새로운 검사 방법! 지적장애! 치료적 유산! 어안이 벙벙해지기도 하고 화가 나서 피가 목덜미까지 솟구치는 느낌이었다. 왜 의사들은 이런 가능성에 대해 우리에게 알려주지 않았을까? 걱정과 두려움으로 보낸 지난 수개월이 주마등처럼 눈앞을 스쳐 지나갔다.

아마 그 검사 방법이 최신 방법일지도 모르지. 나는 잡지 표지에서 발행일을 찾아보았다. 1965년 1월호였다. 그런데 오늘은 1965년 4월 16일 아닌가? 그 기사는 잡지의 발행일보다 적어도 한 달 전에 쓴 것이리라. 게다가 AMA 저널에 실린 플로킨 박사의 주장은 그 이전의 일이었을 것이다. 그런 검사가 이용가능하게 되는데 얼마나 오랜 시간이 걸릴까? 나는 그 대목을 다시 읽었다.

나는 산부인과 병동의 긴 복도를 서성거리며 오르내렸다. 그런 검사가 있다는 것을 우리는 왜 몰랐을까? 루이즈가 걸렸다면 정말 알 수 있었을까? 베일즈 박사에게 그 검사에 관해 알고 있었는지 물어보아야 할까?

내가 루이즈에게 뭐라고 말해야 할까? 우리 아기는 정상일까?

이미 때는 너무 늦어 버렸다. 곧 어떤 검사도 우리에게 알려 줄 수 없는 것들까지도 다 알게 될 것이다. 내가 아직도 그 잡지의 기사 내용을 곱씹고 있을 때 간호사가 문 앞에 나타났다. "이젠 분만실로 들어오셔도 됩니다, 스프래들리씨. 아주 건강한 공주님이 태어났답니다."

커다란 안도감이 나를 휩쓸고 지나갔다. 간호사를 따라 복도를 걸어가며 손목시계를 흘깃 내려다보았다. 6시 40분이었다.

나는 분만실 밖에서 베일즈 박사를 만났다. 그의 파란 눈이 자랑스럽게 빛나고 있었다. 그가 말했다. "정말 예쁜 따님을 얻으셨어요. 부인께서도 잘 견디고 계시구요."

나는 일순간 불안감에 싸였다. 비록 그가 자신감과 권위를 겉으로 내보이고 있긴 하지만 그가 말하고 싶지 않은 뭔가를 감추고 있지는 않은지 궁금해졌다.

"풍진 때문에 생긴 문제는 없나요?" 내가 주뼛거리며 물었다.

"없습니다. 염려 놓으셔도 됩니다. 따님은 아름다움과 건강 그 자체입니다. 풍진에 영향을 받는 아기들의 비율은 극히 낮으니까요. 뭐 잘못된 게 있다면 그냥 알 수 있기도 하구요. 손가락이 하나 없다든가 발가락이 하나 모자란다는 그런 식으로요. 따님은 완전히 정상입니다. 댁으로 가셔서 푹 쉬기나 하십시오."

"자, 따님 여기 있습니다." 간호사가 분만실의 회전문을 밀고 나오면서 말했다. 하얀색 병원용 강보에 싸인 우리 딸 린은 주름살투성이로 분홍색을 띠고 아주 작아보였다.

나는 루이즈를 보러 안으로 들어갔다. "손가락이 하나 없다든가 발가락이 모자란다."는 의사의 그 말이 아직 내 귓전을 맴돌고 있었다. 고작 그 때문에 지난 수개월 동안 우리가 걱정하고 괴로워했단 말인가? 아니면 뭔가 없는 게 있어야 보다 심각한 장애가 있는지 확인해 보는 빌미가 된다는 말인가? 베일즈 박사가 한 말이 정말 그런 뜻이었는지 나로서는 알 수가 없었다.

루이즈는 나를 보고 힘없이 미소 지었다. 나는 그녀의 손을 꼭 쥐었다. 내가 뭐라고 입을 열기도 전에 그녀가 물었다. "의사 선생님이 아기에 대해 뭐라 말했어요?"

"다 좋다고 하시더군. 지극히 정상적이래요. 아무런 문제도 없다는 거요. 이제 마음 놓이지?"

루이즈도 말없이 내 말에 동의한다는 표시로 내 손을 힘차게 잡았다. 두 눈을 슬며시 감으면서 그녀의 양 볼에는 눈물이 주르르 흘러내렸다.

훗날 린이 태어난 그 순간을 루이즈를 이렇게 회상했다. "딸이로군요." 베일즈 박사가 말했다.

"그 아이가 앞을 볼 수 있을까요?" 루이즈가 물었다.

간호사가 어이없다는 듯이 베일즈 박사에게 말했다. "세상에! 뚱딴지같이 별 걸 다 묻네요."

| 제 2 장 |

천둥이
그렇게 치는데도

천둥이
그렇게 치는데도

"완벽하게 정상적인 여자아이!"

병원에서 집으로 차를 몰고 오면서 보이는 사람 모두에게 그렇게 외치고 싶었다. 공중에 붕 떠 있는 기분이었다. 나는 동생네 집 앞에서 차를 세웠다.

"딸이야. 완전히 정상이구." 조와 마릴린도 풍진 때문에 우리와 함께 걱정해오던 터였다. 그래서 루이즈의 안부를 물으면서 함께 기뻐해 주었다. 아침을 먹는 동안 브루스가 일어났고, 그에게도 소식을 전했다.

"나도 여동생이 생겼다." 브루스가 사촌 대니에게 자랑스럽게 말했다. 그리고 나서 졸랐다.

"병원에 가서 엄마와 여동생을 만나게 해주세요, 네?"

"여자 아이예요. 완전히 정상이구요." 나는 아침 내내 그렇게 말하고 또 말했다. 같은 말을 지겨운지도 모르고 되풀이했다. 양가의 부모님들과 루이즈가 풍진을 앓았다는 것을 알고 있는 휘튼의 모든 친지들에게 전화를 했다.

그러나 그날 저녁 루이즈를 보러 다시 병원에 갔을 때 나는 우리 두 사람 다 그 두려움으로부터 완전히 벗어나지 못했다는 것을 깨달았다. 웬일인지 우리는 그 좋은 소식을 마음 놓고 믿을 수가 없었다.

"우리 아기가 정말 괜찮을까요?" 루이즈는 매일 아침 베일즈 박사가 회진을 하러 올 때마다 물었다. 그가 뭔가 장애를 탐지해내기를 흡사 기대하고 있기라도 한 것처럼 말이다. 그러나 그때마다 우리 아기 린의 완벽한 상태에 관한 새로운 다짐이 있을 따름이었다.

나는 신생아실 창문을 통해 린을 관찰했다. 나는 그 아이의 이목구비를 하나씩 하나씩 찬찬히 살펴보았다. 나는 아기가 작은 팔을 내저어 흔드는 모습과 가늘고 긴 다리로 발길질하는 것을 지켜보았다. 아기가 잠을 자고 있을 때와 울고 있을 때도 나는 그 아이를 관찰했다. 젖을 먹이기 위해 아이를 데려올 때마다 루이즈는 숨은 장애를 드러내줄지도 모를 단서가 혹시 있을까하여 아기를 살피고 또 살피곤 했다. 그러나 린은 신생아실의 다른 모든 건강한 아기들과 똑같아 보였다. 브루스가 그 또래였을 때와 마찬가지로 정상으로 보였다. 린은 요란스럽게 울어댔고 열심히 먹고 평화스럽게 잠을 잤다.

나는 그들이 병원에서 집으로 오던 날을 기억한다. 브루스는 앞좌석의 루이즈와 나 사이에 앉아 린이 알아듣기라도 하는 것처럼 린에게 계속 말하고 있었다. "안녕, 린. 너, 우리집에서 같이 살게 될 거야. 우리집 이층에는 학생들이 많이 있단다. 내 세발자전거를 타도 좋아. 내가 허락하니까." 그는 린의 작은 손에 자기 손가락 하나를 가져다 대었다. 아기가 손가락을 꽉 쥐자 그는 기뻐서 큰 소리로 물었다. "언제 말을 할까요?"

"배우게 될 거야." 루이즈가 설명했다. "막 태어났을 때는 말을 못한단다. 하지만 곧 배우게 될 거야. 두 살 쯤 되면 린도 옹알거리기 시작할 거야. 네가 그랬던 것처럼 말이야."

"베일즈 박사가 오늘 린에 관하여 뭐 더 말한 건 없소?" 내가 루이즈에게 물었다.

"오늘 아침에 소아과 전문의가 린의 퇴원 검진을 했다고 하더군요. 의사들은 린이 아무런 문제가 없다고 확신한다는 거예요. 아무 문제도 없다고 했어요. 나도 풍진을 앓은 것이 아니래요. 기적이나 다름없다나요."

"소아과 전문의가 어떤 종류의 검사들을 했는지도 말했소?"

"네, 린의 피부, 머리의 크기와 모양, 린의 반사작용 능력 등을 검진했대요. 특수장비를 사용하여 린의 눈과 귀는 물론 입과 목구멍까지도 들여다보았다던데요. 베일즈 박사는 자기들이 린의 심장과 폐도 검진했는데 그것도 완전히 정상이라고 말했어요. 또 다른 검사도 했다는데 다 기억나지는 않아요. 하여튼 만사 오케이라는 거예요."

우리가 집에 도착할 때쯤에는 한결 가벼운 기분이 되어 있었다. 같은 기숙사에 거주하던 학생들이 몰려와서 아기와 첫 대면을 하고 브루스가 새로 생긴 누이동생의 잠재능력을 떠벌리는 것을 잘 들어주었다. "내 동생이 지금은 말을 못하지만 두 살이 되면 나처럼 말을 잘하게 될 거예요." 브루스가 큰 소리로 말했다.

학생들은 호주머니를 털어서 한 달간 산후조리를 도와줄 사람을 고용해주었다. 그해 봄 우리 형편으로는 더할 나위없는 최고의 선물이었다.

린이 집에 와서 첫 일주일 동안 브루스는 린이 젖병을 빨거나 고사리 같은 손으로 자신의 손가락을 꼭 쥐곤 할 때마다 넋이 빠진 듯 즐거워하며 지켜보곤 했다. 그러다가 집안에 아기가 있는 일에 점차 익숙해지자 다시 밖으로 나가 이웃 아이들과 어울려 놀기 시작했다. 봄 학기의 나머지 기간이 덧없이 흘러갔고, 우리 모두는 린이 하루하루가 다르게 주변의 일들에 반응을 보이는 것을 보고 놀라워하곤 했다. 이윽고 학기말 시험을 치를 때가 되었고 지나간 여름의 그 심란한 사건들은 아득한 옛날이야기처럼 여겨졌다.

7월 4일, 독립기념일에 하늘은 구름 한 점 없이 맑고 태양은 빛났다. 우리집 잔디밭을 영롱하게 장식하고 있던 아침 이슬은 순식간에 사라졌다. 나는 아기를 위해 유모차를 현관 층계참에 놓았다. 루이즈가 린을 데려와 눕혔다. 그 앙증맞은 다리를 작은 모포로 느슨하게 감싸주었다. 브루스는 누구보다 자기가 먼저 유모차 조종사가 되고 싶어 양손을 머리 위로 들어 올렸으나 키가 제대로 닿지 않았다. 독립기념일 축하 퍼레이드가 한 시간이 채 못 되어 시작될 것이었지만 우리에겐 시간 여유가 충분했다.

장모님과 장인어른이 우리 옆에서 함께 걸었다. 그분들은 며칠 전 무더운 오후에 오헤어 국제공항을 통해 우리집에 오셨다.

"아기를 이리 다오. 한번 안아보자꾸나." 짐을 차에 싣자마자 장모님이 말했다. 그녀는 린을 자애로운 눈길로 한참 동안 내려다보았다. "정말 건강하고 착해 보이는구나." 그런 후에 마치 린이 알아듣기라도 하는 것처럼 직접 린을 상대로 말하기도 했다. "참 착한 아이로구나. 그럼 그렇지. 그렇고말고. 이렇게 착한 아기가 어디 또 있을까!" 린도 열심히 반응을 보였다. 미소를 짓고 사방으로 손과 발을 휘저으며 몸을 흔들었다. 이제 그 문제에 관해서 더 이상 할 말이 없었다.

우리는 집에서 다섯 블록 떨어진 메인 가에 있는 커다란 느릅나무 그늘 밑에 자리를 잡았다. 지역 주민들이 주관하여 열리는 축제를 구경하기 위해 많은 사람들이 모여들었고, 이미 멀리서 울려 퍼지는 고등학교 밴드부의 경쾌한 행진곡 소리를 들을 수 있었다. 루이즈와 장모님은 린에 관한 이야기를 계속 했고, 그 아이는 유모차에 누워 있었지만 잠을 자지 않고 눈을 커다랗게 뜬 채였다. 브루스는 외할아버지를 상대로 쉴 새 없이 신나게 뭔가를 조잘대고 있었다. 아마 친구 빌리와 그들이 나무에 매달 계획을 세우고 있는 그네에 관한 이야기인 듯했다.

아직 보이지 않는 밴드가 연주하는 소리가 점점 더 커졌다. 바로 그때 선두 차의 모습이 시야에 들어왔다. 그건 신형 시보레 무개차로 군사령관이 뒷자리에 앉아있었다. "얘 브루스! 저것 좀 봐라!" 내가 외쳤다. 브루스가 시선을 그쪽으로 돌렸고 사령관은 그에게 손을 흔들어 보였다. 선두차는 우리 앞을 느리게 지나갔다.

"할아버지! 저기 우스꽝스러운 사람 좀 보세요! 정말 웃기게 생겼어요." 브루스가 크게 웃으면서 광대 분장을 한 사람을 가리켰다. 린은 유모차에서 만족스러운 모습으로 그 모든 소리를 듣고 있었다. 그 아이는 주변에서 나는 시끌벅적한 금속성 소음들에도 불구하고 전혀 관심이 없는 듯 미동도 하지 않고 있었다. 희귀한 골동품 자동차들이 오색 테이프로 치장을 한 채 지나갔다. 휘튼 라이온스 클럽 전시품들도 무개차 트럭에 실려 천천히 움직이며 지나갔다. 그러자 또 다른 악대가 나타났다. 거대한 자루를 멘 어릿광대 하나가 길 양 옆에서 손을 내밀고 서 있는 사람들에게 사탕을 던져주며 지나갔다. 도처에서 사람들은 미소 짓고 손을 흔들어댔다. 깊고 푸른 하늘까지도 무사태평한 축제일 분위기와 빈틈없이 어울렸.

11시 15분이 되자 퍼레이드는 거의 끝나고 마지막 대 피날레가 다가오는 것을 들을 수 있었다. 브루스는 들떠 있었고 외할아버지는 그를 어깨에 얹어 목말을 태워 더 잘 보이게 해주었다. 이제 그들이 보이기 시작했다. 퍼레이드의 마지막인 15대의 소방차들 중 첫 차였다. 사이렌을 귀청이 터져라 울려대며 천천히 길거리를 지나갔다. 거대한 사다리차가 앞장서서 가고 있었는데 그 몸체는 방금 닦은 것처럼 반짝반짝 윤이 나고 있었다. 검은 헬멧을 쓴 소방대원 한 사람이 제일 높은 곳에서 우리를 향해 손을 흔들었다. 사다리를 오르락내리락하도록 조종하는 자리였다. 그 뒤에는 펌프차가 따라왔는데 누렇게 광택을 낸 노즐과 돌돌 말린 호스들이 실려 있었다. 브루스는 트럭에 타고 있는 사람들에게 손을 흔들다가 날카로운 사이렌 소리로부터 귀를 보호하려고 귀를 막곤 했다. 그 소리들은 정말 귀를 멍하게 했다. 내 옆에 서 있는 장인어른이 하는 말이나 브루스에게 외쳐대는 내 자신의 고함소리가 더 이상 귀에 들리지 않았다.

린이 그 뼈 속까지 파고드는 듯한 불협화음에 놀랐을지도 모른다는 생각이 문득 나에게 떠오른 것은 그로부터 불과 몇 초 지나지 않아서였다. 그 아이가 깨어있으면서도 조용하고 편안하게 누워 머리 위의 느릅나무를 뚫어져라 바라보고 있는 것을 보고서 나는 안도의 숨을 내쉬었다.

바로 그때 나는 무언가 본능적인 힘에 이끌려 좀 더 면밀하게 살펴보았다. 린은 겁을 내거나 몸을 돌리지도 않았다. 그렇게 엄청난 반향을 일으키며 공기를 진동시킨 이 모든 소리들을 듣고 있다는 것을 암시해 줄만한 어떤 동작도, 어떤 반응의 흔적 같은 것도 전혀 없었다. 그 아이는 마치 여름날의 고요를 즐기며 자신의 침실 한가운데 홀로 누워있기라도 한 것처럼 거기 그렇게 있었다. 소방차들이 한 대 한 대 지나칠 때마다 이상한 기분이 조금씩 더 깊게 파고들면서 척추를 타고 기어 올라왔다. 마지막 사다리차가 메인 가를 따라 사라져갔다. 내가 생각할 수 있는 것이라고는 베일즈 박사가 다짐한 말뿐이었다. "… 뭐 잘못된 게 있다면 그냥 알 수 있기도 하고요. 손가락이 하나 없다든가 발가락이 하나 모자란다는 그런 식으로요." 내 머릿속에서는 우리가 놓쳤을지도 모르는 단서를 찾아서 수많은 생각들이 지난 3개월을 섬광처럼 거슬러 올라가고 있었다. 선천성 장애가 수개월씩이나 커지면서 숨어있을 수 있을까?

구경꾼들이 흩어지기 시작했다. 사람들이 삼삼오오 떼를 지어 떠나갔고, 부모들은 자녀들을 단단히 붙잡은 채 자동차를 향해 가거나 가까운 곳에 있는 집을 향해 가고 있었다. 나는 린의 유모차를 크게 회전시켜 집으로 발길을 돌리면서 아이를 살펴보았다. 귀를 멍하게 하는 사이렌 소리와 해결되지 않은 의문들이 여전히 내 귀속에서 울리고 있었다.

"거기서 구경 잘하고 있니?" 장인이 브루스와의 대화에 열중하고 있었다. 브루스는 아직도 외할아버지의 어깨 위에서 목말을 탄 채였다. 그는 마치 국민들을 굽어보고 있는 젊은 왕자인양 해산 중인 군중들을 사열하고 있었다. 나는 린과 소방차에 관해서는 아무 말도 하지 않기로 결심했다.

나는 린이 우리가 하는 말을 틀림없이 들었을 그 많은 순간들을 돌이켜 생각해 보았다. 린이 깨어 있을 때는 언제나 루이즈와 내가 그 아이에게 직접 말을 하고 웃어주고 노래를 불러 주었다. 아이가 이해를 하고 못하고가 중요한 것 같지는 않았다. 그럴 시간은 앞으로 많을 터였다. 처음부터 우리는 자연스럽게 우리의 대화에 린을 끼워 넣었다. 그리고 브루스도 우리만큼 린에게 많은 이야기를 해주었다. 그는 아기 침대 곁에 서서 우리가 있건 없건 자기가 하는 일들을 오래오래 설명해 주곤 했다. 그리고 린이 우리 목소리에 반응을 보인 적도 있었다. 그 아이가 처음으로 미소로서 우리를 기쁘게 해준 것은 불과 3주일 전의 일로 엄마가 기저귀를 갈아주면서 말을 걸었을 때였다.

린의 청력에 관하여 의심을 품은 적은 결코 없었고 오히려 눈에 대해 걱정을 하고 있었다. "여보, 저 아이가 볼 수 있다고 정말로 생각하고 있는 거죠?" 루이즈가 처음에 물었었다. 6월 초에 우리는 린이 움직이는 물체를 눈으로 뒤쫓는지는 알아보기 위한 검사도 해보았다. 풍진에 대해 마지막까지 남아있는 작은 의심이라도 없애기 위해서였다. 린이 초점을 맞추기 시작하고, 우리가 가까이 다가가면 시선을 돌려 보기 시작하자 우리는 마음을 놓았다. "이것 봐요. 아이가 시선을 돌려 곰인형을 바라보는 모습 좀 보라고요." 어느 날 린의 시력을 검사하던 중 내가 말하기도 했다. 그런 경우에도 소리가 그 아이의 성장 체험에 있어서 중요한 일부라는 사실은 분명해 보였다. 린이 딴 곳을 바라보고 있으면 내가 딸랑이를 흔들었고 그러면 거의 틀림없이 시선을 돌려 그것을 바라보았다. 그렇다. 린이 정상적으로 성장하고 있다고 우리는 확신하고 있었던 것이다.

그날 밤, 어스름이 동쪽 하늘을 채우기 시작할 때, 우리는 린이 태어난 병원으로부터 멀지 않은 윈필드 가에 있는 칸티니 전쟁기념관에 갔다. 주차장 가까이 전시된 탱크와 대포들이 먼 외국에서의 전쟁터와 폭발하는 포탄들의 이미지로 브루스의 상상력에 불을 질렀고, 그는 가장 가까이 있는 암록색의 무한궤도 포차위로 냉큼 기어 올라갔다. 한때는 꽁무니에 거대한 대포를 달고 다녔을 것이다. 많은 사람들이 사방에서 공원 안으로 쏟아져 들어왔다. 그들은 잔디밭에 모포를 펼치거나 휴대용 의자를 펼쳐놓고 화려한 독립기념일 불꽃놀이를 구경하기 위해 자리를 잡았다.

더운 저녁이 점점 어두워졌다. 한줄기 바람에 연막탄과 폭죽 냄새가 실려 왔다. 별들이 하나씩 나타났다. 장인과 장모도 함께 와있었다. 린은 모포 위, 루이즈와 나 사이에서 이내 잠이 들었다. "언제 시작하지?" 기다림에 조바심이 난 옆자리의 사람들이 서로 묻고 있었다.

아무 예고도 없이 최초의 폭발음이 대기를 흔들었다. 기다리고 있던 군중들에게서 환호성이 터졌다. 불꽃 하나가 하늘을 가로질러 포물선을 그리며 섬광을 발했다. 거의 동시에 수백 개의 불꽃들이 빛을 발했고, 잔디밭과 나무 밑에서 일시에 탄성이 터졌다. 루이즈와 나는 린에게서 시선을 뗄 수가 없었다. 루이즈 역시 시가행진이 있을 때 린의 무반응을 눈치 채고 있었던 것이다.

꽝! 펑! 요란스러운 두 번째 폭발음이 밤공기를 흔들었다. 그 폭발은 귀로 듣는 것과 동시에 피부로도 느낄 수 있을 정도였다. 나는 지극히 희미한 변화를 감지했다. 린의 손 근육이 순간적으로 조여졌다가 다시 풀리는 것이었다. 그 폭음이 린을 놀라게 한 것이다! 나는 아내를 살펴보았다. 그녀도 역시 그것을 보았다. 그 작은 한 번의 경련이 있은 후 움직이는 또 다른 근육은 없었다. 잠에서 깨지 않은 채 숨결이 고르게 계속되며 평화스러운 숙면의 리듬을 타고 깊고 곤한 잠속으로 빠져드는 린! 순간 그 아이를 만지면 혹 잠에서 깨게 할 수 있지 않을까 생각했다. 다시 한 번 공중에서 폭발이 일어나 현란한 색채의 분수가 솟아오르며 그 잔광들이 마치 무수한 낙하산처럼 지상으로 흩날리며 떨어질 때 그 생각을 거두었다. 그 뒤로도 폭발은 그 현란한 색채의 폭포와 더불어 하나씩하나씩 연이어 계속되었다. 그러나 린은 끝까지 내내 잠을 잤다. 우리가 소지품을 거두고 자동차를 향해 걷기 시작해서야 잠에서 깨어났을 뿐이었다.

며칠 후 장인과 장모가 떠난 후에야 우리는 그 일에 관해 이야기를 나누었다.

"아무래도 린이 그 소방차에서 나는 소리를 듣지 못했던 것 같아요.

전혀 그런 낌새가 없었던 게 분명해." 나는 말했다.

"네, 그래요. 그러나 전쟁기념관에서 폭죽 터지는 소리에는 아주 작기는 했지만 움찔하고 반응을 나타냈어요." 루이즈가 덧붙여 말했다. 그녀 음성에는 어쩔 수 없는 당혹스러움이 배어있었다.

"어쩌면 사이렌 소리를 그저 무시해버렸을지도 모르지. 아마 그 소리가 너무 컸을지도 몰라."

"하지만 여보, 정상적으로 듣는 아이라면 놀라 울면서 깨지 않았을까요? 그 폭죽 소리는 정말 귀가 멍멍할 정도였다고 생각하지 않아요?"

"알 수 없는 일이야. 린이 그저 잠귀가 어두운 탓 아닐까?"

그때 갖가지 우려를 버리지 못한 아내가 또 다른 목격담들을 기억해냈다. "내가 젖병을 들고 그 애 방에 가면 린은 거의 항상 머리를 돌려 내가 들어오는 것을 지켜보곤 해요. 아기가 항상 내 기척을 듣는다고 생각했어요. 병을 들어 올리거나 아기 앞에서 흔들면 젖 빠는 시늉을 하면서 팔을 휘젓곤 한다고요.

그런데 어제 열 시쯤 당신과 브루스가 외출하고 없을 때 아기 방에 들어가 보니 린이 깨어있더군요. 그래서 그냥 거기 서서 아기침대위에 걸린 장난감들을 아기가 살피고 있는 것을 지켜보았죠. 퍽도 행복하고 만족스러워 보였어요. 한 일분쯤 정말 조용히 거기 서 있었어요. 린이 나를 보지 못했음을 확인할 때까지 그렇게 서 있었죠. 내가 나직이 "린"하고 부르자 내 쪽으로 눈을 돌렸는데 마치 내가 거기 갑자기 나타나기라도 한 것 같은 표정이었어요. 미소를 지으며 팔을 휘젓는 거예요. 장난이라도 치는 것처럼 말이에요. 나는 계속 꼼짝하지 않고 있다가 다시 불렀죠. 우리 아기, 린. 젖병 여기 있다. 그러나 아기는 머리를 돌리지도 않고 전혀 어떤 반응도 보이질 않았어요.

마침내 내가 한껏 큰소리로 이름을 불렀죠. 그래도 반응이 없자 아기 침대로 갔죠. 곧바로 시선을 내 쪽으로 돌리는 거예요! 미소 짓고 손을 흔들면서요. 방에서 나올 때 뱃속이 이상해지는 걸 느꼈어요. 뭔가 끔찍한 일이 일어날 것만 같은 그런 느낌말이에요. 그걸 멈출 수도 없었어요. 혹시 우리 아기가 귀가 먹은 것은 아닐까요, 여보?"

귀머거리! 그 말이 별안간 나를 거세게 후려쳤다. 누군가가 창문으로 쇠막대기를 던져 넣어 우리 아기의 그 야릇한 침묵에 대한 구실과 핑계로 내가 만들어 놓은 모든 보호막들을 산산이 부셔버린 것처럼 말이다. 그리고 그 단어와 마치 용접이라도 된 듯 오래전부터 붙어서 사용되는 말들이 내 머릿속에 떠다니기 시작했다.

<u>귀머거리 바보!</u>
<u>농아! 벙어리!</u>

그 말들은 나도 모르게 연쇄반응을 일으키듯 터져 나왔다. 나는 귀가 멀었다는 것이 어떤 것인지 전혀 몰랐다.

루이즈는 청력이 별로 좋지 않은 숙부 한 분을 기억하고 있었다. 그 분이 귀에 손을 대고 귀를 기울일 때면 사람들은 그에게 고함을 질러대곤 했다. 여럿이 모여 있으면 그 숙부는 대화에 끼지 못해 시종일관 묵묵히 앉아 있곤 했다는 것이다.

내 기억은 20년도 넘게 까맣게 잊고 있었던 어느 일요일 아침으로 되돌아갔다. 로스앤젤레스의 번화가에 있던 대형 오순절 교회인 베델 교회에서 예배드리던 어느 날, 여덟 살도 채 되지 않았던 나는 등이 딱딱한 긴 의자에 형들과 함께 앉아있었다. 그날 아침에도 여느 때와 마찬가지로 그 한 시간 반의 지루한 예배시간이 어서 빨리 지나가기를 기다리고 있었다. 그림도 그리고 형이랑 소곤소곤 떠들기도 하고 잠시 졸기도 하면서, 작은 사고가 일어나서 예배가 빨리 끝나기를 바라면서 앉아있었다.

나는 우리에게서 얼마 떨어지지 않은 앞자리에서 누군가가 사람들을 향해 서서 뭔가 몸짓을 하고 있는 것을 발견했다. 내가 손가락으로 가리키자 엄마가 작은 목소리로 설명해주었다. "저 사람들은 오늘 예배에 참석 중인 청각장애인들이야. 저 부인은 목사님의 설교를 통역해주고 있는 거란다." 나는 그 부인의 손놀림이 허공에 그려내는 복잡 미묘한 그림에 완전히 매료되어 넋을 잃고 앉아있었다. 올라갔다가 내려가고, 찌르는가 하면 비틀고, 소용돌이를 그리며 주먹을 쥐었다 펴고, 손을 흔들어대다가 손가락질을 하고, 손바닥을 건드리고 서로 엇갈려 미끄러지게 하며 양 팔을 교차시키는가하면, 이리저리로 내뻗는데 그때마다 그 동작이 워낙 부드럽고 빠르게 이루어져서 나를 계속 끌어당기는 것처럼 보였다.

그날 나는 예배시간 중에 나가게 해달라고 아버지에게 부탁하는 것조차 잊어버리고 예배가 끝날 때까지 그대로 앉아있었다. 예배가 끝난 뒤에도 문으로 냅다 달려가지 않고 뒤에 남아서 예배당 앞좌석에 앉아있던 그 사람들이 일어나서 나가는 것을 지켜보았다. 그들의 손과 몸짓들이 살아 움직이기 시작했다. 미소 짓고 머리를 끄덕이며 고개를 갸웃한 채 손가락을 움직이고, 얼굴 표정도 손동작을 따라 움직이는 말없는 몸짓이 되어 내 마음 속에 간직되었던 것이다. 그들의 손과 얼굴을 분리시키는 것은 어려웠다. 그 둘은 일체가 되어 보이지 않는 리듬에 따라 변화했다. 어떻게 된 셈인지 기묘하면서도 아름다운 그 모든 동작들 이면에 숨어있는 또 하나의 다른 세계를 느낄 수 있었다. 전에 전혀 본 적이 없는 그래서 그 일부가 될 수 없었던 그런 세계를 그 일요일 아침에 나는 처음으로 보았던 것이다. 그 후 여러 날 동안 그 사람들에 대해 생각했다. 그들은 누구이며 어디로 갔는지가 몹시 궁금했다. 시간이 지나 그들을 잊었지만 이제 그 기억이 되살아난 것이다.

"우리가 괜한 걱정을 하고 있는 건 아닐까?" 내가 말했다. "너무 성급하게 결론을 내린 것 같아요. 지금 가서 확인해 봅시다."

우리는 함께 아기 방으로 가서 조용히 들여다보았다. 아이는 위에 걸린 딸랑이를 잡으려고 하는 것처럼 양팔을 휘젓고 있었다. 우리는 살금살금 아기 방으로 들어갔다. 숨조차 쉬지 않고 오랫동안 지켜보았다.

"린!" 루이즈가 조용히 불렀다.

아이의 머리가 우리 쪽으로 향했고, 우리가 와서 자기 이름을 불러주기를 기다리고 있었던 것처럼 활짝 웃었다. 믿을 수가 없어서 루이즈와 나는 서로의 얼굴을 바라보았다. 우리는 동시에 웃음을 터뜨렸다.

"아기가 틀림없이 소리를 들은 것 같군." 내가 말했다.

"네, 그래요. 전에는 못들은 척한 건가 봐요." 루이즈가 답했다.

8월이 되자 덥고 눅눅해졌다. 어느 날 오후 구름이 무겁게 드리워지고 대기는 찌는 듯이 더웠다. 루이즈와 나는 뒤뜰에서 잔디밭용 긴 의자에 누워있었고 브루스는 풀장에서 물장구를 치고 있었다. 잠시 후 어두워지면서 구름이 녹색을 띠기 시작했다.

"폭풍이 불 모양이군." 내가 말했다.

의자들을 접고 있을 때 빗방울이 후드득 떨어졌다. 그때 바로 우리 머리 위에서 째지는 듯한 금속성의 천둥소리가 울렸다.

"당신은 린을 챙기구려." 루이즈에게 말했다.

잠시 후 아내가 모포에 싸인 아기를 안고 부엌으로 들이왔다. 아내가 아기를 보는 눈이 심상치 않았다. 나는 또 그 일이 일어난 걸 알아차렸다. "아기가 깨질 않았어요, 여보. 잠이 깊이 들었어요. 천둥이 그렇게 치는데도 말이에요." 루이즈가 말했다.

내가 뭐라고 말을 하기도 전에 라디오의 음악이 끊기고 아나운서가 침착하지만 심각한 어조로 말했다. "토네이도 경보가 시카고 서부지역 전역에 내려졌습니다. 이 경보는 오후 네 시까지 유효합니다." 부엌의 전등불이 라디오 소리와 함께 꺼졌다가 잠시 후에 들어왔다. 나는 손전등과 라디오를 찾아들었다. 그 후 한 시간 동안 비바람이 허리케인과 같은 위력으로 내리치는 동안 우리 모두는 지하실에 모여 앉아 폭풍이 지나가기를 기다렸다. 천둥이 무서운 소리를 내며 집을 흔들고 지나갈 때마다 나는 린을 살폈다. 그 아이는 잠시 깨었다가 다시 잠들었다. 수수께끼는 풀리지 않은 채 우리 마음 속 깊은 곳으로 밀려들어와 자리를 잡았다. 다섯 시가 되자 폭풍은 지나갔다. 하늘이 맑게 개이고 공기는 다시 깨끗하게 느껴졌다. 몇 그루의 나무가 넘어졌을 뿐 별다른 피해는 없었다.

8월 중순의 어느 날에는, 린이 잠시 동안 우리의 걱정을 잠재우기도 했다. 우리는 더위를 식히고자 뒤뜰에 나가 앉아있었다. 기저귀만 차고 있는 린이 우리 발치에 펼쳐놓은 모포 위에서 바깥세상을 올려다보고 있었다. 루이즈가 그 애를 안아들고 말을 했다. 머리를 앞뒤로 끄덕거리며 웃어 보이기도 했다. 그러자 린이 갑자기 큰 소리로 웃어대는 것이었다!

"이 애 웃는 소리 좀 보세요!" 아내가 기뻐서 소리쳤다. 린은 다시 웃어댔고 또 다시 웃었다. 우리는 둘 다 얼이 빠진 사람들처럼 앉아있었다. 마치 짙은 구름의 갈라진 틈으로 햇빛이 쏟아져 들어오듯 그 잠깐 동안의 경쾌한 웃음소리로 하여 우리는 새로운 희망을 품게 되었다. 아이가 큰 소리로 웃을 수 있다면 틀림없이 들을 수 있음이 분명하다. 우리는 그렇게 생각했다.

| 제 3 장 |

다정한 말조차

다정한 말조차

 그 후 수개월 동안 린은 미소를 짓고 웃어대고 뜻 모를 소리를 크게 웅얼거리기도 했다. 때가 되면 일어나 앉아서 그만한 때 브루스가 했던 그대로 했다. 새로운 발달상태를 보일 때마다 우리의 희망도 솟아올랐다. 어떤 때는 수일씩 계속해서 그 애가 우리 말을 듣는다는 것을 믿을 수밖에 없다고 생각되곤 했다. 그러다가 린은 우리의 음성을 완전히 무시해버리기도 하는 것이었다. 그렇게 되면 이전의 그 모든 의심들이 물밀 듯 되돌아왔고 우리는 절망했다.
 11월에 린은 생후 7개월이 되었다. 린이 머리를 떨구고 눈을 굴리기 시작했다. 혼자 앉을 수 있게 된지 얼마 되지 않아서였다.
 "여보! 린이 왜 이래요?" 루이즈가 겁에 질린 듯한 음성으로 연이어 외쳤다. 나는 침실에 있는 아내에게로 뛰어갔다. 아기 침대 한쪽 끝에 기대서서 린이 머리를 앞뒤로 흔들면서 나무 칸막이에 머리를 부딪치고 있었다. 그 애의 머리가 부딪칠 때마다 아기 침대가 조금씩 들썩거리며 움직였다. 그러다 멈추면서 눈을 위로 굴렸다. 마치 속눈썹을 보려고 하는 것처럼. 눈동자가 전혀 보이질 않고 흰자위만 드러났다.

"뭔가 잘못된 게 틀림없어요. 여보! 정신지체일지 몰라요! 뇌 손상을 입은 건 아니겠죠?"

내가 재빨리 린을 안아 올리자 그 애의 눈은 제자리로 돌아갔다. 미소를 짓는 그 아이는 흡족한 표정이었다. 나는 눈물을 참으면서 짐짓 단호한 어조로 말했다. "걱정할 일은 아니라고 생각해요. 린의 행동이 브루스랑 똑같지는 않지만 어떤 경우에도 성급한 결론은 금물이에요. 원래 아이들은 다 다른 법이니까."

그러나 12월이 다 가고 1월이 시작될 때까지 우리의 희망과 의심은 서로 꼬리를 물고 되풀이되었다. 일종의 악순환이었다. 마치 수사관들처럼 우리는 때와 장소를 가리지 않고 린에 관한 진실을 밝혀내고자 노력했다. 머리를 떨구고 눈을 굴리곤 하는 린의 버릇은 여전히 계속되었다. 우리 말을 '들었다 못들었다' 식의 장난질도 그러했다. 맥이 풀리고 의기소침해졌다가도 이내 우리 린은 아무렇지도 않은 게 틀림없다는 근거 없는 확신에 찬 다짐을 하는 것이었다. 그러면 또 우리의 희망도 며칠씩 붕! 떠올라 있었다. 다람쥐 쳇바퀴 돌듯 우리는 돌고 또 돌았다. 나로서는 그 애가 들을 수 있느냐를 궁금해 하는 것만으로도 충분했다. 그 애의 두뇌가 손상되었을 수도 있다는 가능성은 생각조차 할 수 없는 일이었다.

1월에 루이즈가 린을 데리고 생후 9개월 차 검진을 받았다. 루이즈는 진찰실에 앉아 베일즈 박사가 린의 반사행동을 테스트하고 심장박동 소리를 듣는 것을 지켜보았다.

"우리 아기는 착한 아기랍니다. 나름대로 민감하기도 하고요. 그렇지만 지난 여름 7월 4일 독립기념일 축제 때에는 요란한 사이렌 소리나 폭죽 소리를 못 듣는 것 같았어요. 지난 수개월 동안 우리는 십여 가지 다른 방법으로 아이를 테스트해 보았답니다. 눈치 채지 않게 살금살금 뒤로 다가간다든가, 요란한 소리를 낸다든가, 아기가 자고 있을 때 아기 방에 소리없이 들어가 이름을 불러보는 식으로 말이에요. 우리 소리를 들을 수 있는 것 같기도 하고 어떤 때는 못 듣는 것 같기도 하거든요." 루이즈가 말했다.

베일즈 박사는 참을성 있게 경청하고 나서 끝에 전등이 달린 귀를 검사하는 작은 기구에 다시 손을 내밀었다. 그는 린 위로 몸을 숙이고 그 기구를 통해 린의 귀를 다시 들여다보았다. 양쪽을 모두 꼼꼼하게 적어도 일분 이상 검사를 하였다.

그리고 난 뒤 그가 루이즈에게 말했다. "으음, 귀에는 전혀 이상이 없어요. 적어도 보이는 데는 그렇습니다. 가끔 신생아들이 소리를 무시하는 경우들이 있긴 하죠. 린이 잠들 때까지 기다렸다가 큰 소리를 내고 약간이라도 반응이 있는지 지켜보시는 게 어떨까요? 제 생각으로는 전혀 걱정할 일이 아닌 듯한데, 하여튼 나이가 좀 더 들어야 확실한 것을 알 수 있을 겁니다."

루이즈와 의사는 머리를 찧고 눈을 굴리는 린의 버릇에 대해서도 이야기를 나누었다. "걱정할 것 없어요. 그런 아기들이 있으니까요. 계속 그렇게 행동하면 다음에 저에게 알려주세요."

루이즈는 진찰실에서 린을 안고 나오면서 일말의 당혹감을 느끼지 않을 수 없었다. 베일즈 박사는 우리가 괜한 신경과민이라고 생각하고 있는 걸까? 어쩌면 우리가 풍진에 대해 너무 신경을 쓴 나머지 있지도 않은 일들을 보게 되었는지도 몰랐다.

그러나 이제는 우리 두 사람 다 마음이 놓였다. 루이즈가 우리의 의구심들을 설명했고 동시에 전문적인 소견을 받은 것이다. 몇 주일 안 가서 린의 머리 찧기는 줄어들었다. 2월쯤에는 완전히 사라졌고 그 아이의 눈알굴리기는 여자다운 매력 포인트로 변화했다. 린은 우리들을 외면하면서 방바닥으로 내려가, 곁눈질로 우리를 천천히 살펴보아 끝내 우리를 웃게 만들곤 했다. 그러면 자기도 함께 크게 미소 짓고 다시 처음부터 같은 행동을 되풀이하고 또 되풀이하곤 하는 것이었다.

우리는 부지런히 자고 있는 그 애를 테스트하곤 했다. 린이 그 시험에 합격하는 때도 있었고 떨어질 때도 있었다. 그러나 합격, 불합격 여부가 불확실한 경우가 대부분이었다. 린이 오후에 잠을 잘 때 루이즈는 진공 청소기를 요란스럽게 틀어놓고 아기방 청소를 했지만 린은 태평스럽게 내쳐 자기만 했다. 몇 번인가 우리는 아기 방으로 살금살금 기어들어가서 풍선을 린의 머리 가까이에서 터뜨리기도 했다. 눈에 띄게 움찔하고 반응을 보이긴 했지만 잠을 깨지는 않았다. 우리가 만지면 금방 잠을 깨곤 하면서도 말이다.

워낙 깊은 잠을 자는 아이라는 것이 그러한 테스트가 있은 후 내가 펴는 주장이었고, 아내도 군말 없이 동의했다. 브루스 역시 한번 잠들면 잘 깨지 않는다는 것을 우리 두 사람은 알고 있었다. TV를 보다가 잠든 브루스를 안아서 자기 방에 눕혀도 세상모르고 자는 것이 보통이었다. 더욱 놀라운 일은 야간에 지나가는 열차소리에도 잠에서 깨지 않는 것이었다.

우리가 처음 휘튼에 도착했을 때 페리스 하우스에 입주한 것은 어두워진 후였다. 시카고 행 통근열차가 우리집 마당 뒤쪽 50미터도 채 안되는 곳을 통과한다는 것을 우리는 모르고 있었다. 약간의 짐만 풀고 몹시 지쳐 잠자리에 들었다. 새벽 두 시쯤 우리는 기관차가 우리 침실을 덮치는 것 같은 소리에 놀라 잠에서 깼다. 브루스는 여전히 깊은 잠에 빠져있었다. 이후 3년 동안 단 한 번도 야간열차의 요란한 기관차 소리나 쇠바퀴가 철로에 부딪칠 때 나는 철거덩 소리에 잠에서 깬 적이 없었다. 린은 이제 겨우 10개월인데 브루스보다 더 민감해야 할까?

린은 계속해서 많은 소리에 반응했다. 오후에 퇴근해서 현관으로 들어오면 그 애는 가끔 내가 있는 쪽을 바라보기도 했다.

"당신이 들어오는 소리를 아기가 듣는 게 사실이에요."라고 루이즈가 논평을 한 것이 한두 번이 아니었다.

3월 어느 날 오후 나는 여느 때와 다름없이 집에 도착했지만 현관문을 조용히 열었다. 나는 린이 내게로 시선을 주고 있는지 확인하고자 부엌을 들여다보았다. 린은 엄마가 빵을 굽기 위해 밀가루를 반죽하고 있는 모습을 지켜보고 있는 중이었다. 아무 생각 없이 문을 꽝 소리가 나게 닫았다. 린이 화들짝 놀라면서 즉시 올려다보았다. 아이의 고개는 내 쪽으로 향했으나 나와 눈길을 마주치는 게 아니라 그 소리의 진원지, 아니면 그가 느끼는 진동의 출처를 찾고 있었다.

루이즈는 내가 다시 문 여는 소리를 듣고 또 하나의 실험이 진행 중에 있다는 것을 감지했다. 그녀는 올려다보거나 무슨 말을 하거나 하지 않았다. 나는 슬며시 밖으로 나와 집 뒤로 돌아갔다. 소리를 죽여 가며 집안으로 들어가서 조용히 등 뒤로 문을 닫았다. 이제는 내가 눈에 띄지 않고 린에게 접근할 수 있었다. 나는 발끝으로 걸어서 아이 뒤쪽으로 다가섰다.

"린." 나는 조용히 고른 음성으로 아이의 이름을 불렀다.

린은 움직이지 않았다. 나를 곁눈질로 보고서도 "아빠, 거기 있는 줄 알지만 모른 척 할래요." 놀이라도 할 셈인가?

"린."

이번에는 더 큰소리로 불렀다. 그 애의 주의를 끌만한 어떤 동작도 하지 않으려고 세심한 주의를 기울였다. 그러나 역시 소용이 없었다. 아이의 시선에 털끝만치의 동요도 없었다. 근육 하나 꼼실거리지 않았다. 전혀 관심 없이 아는 채조차 하지 않았다. 약간이나마 나의 기척을 아이가 알아차리게 하고 싶지 않았다. 아이의 시야에 내 그림자가 들어가게 하지도 않았다.

"린!"

방 안이 반향으로 메아리쳤다. 린이 즉시 엄마를 올려다보았다. 그 얼굴에는 희미하나마 의문의 표정이 떠올랐다. 그러더니 나를 완전히 무시한 채 루이즈 옆의 쟁반에 놓여 있는 컵과 스푼에 시선을 다시 돌리는 것이었다. 루이즈와 나는 서로 마주 보았다. 낭패를 당한 당혹감에 싸여 함께 목격한 그 증거를 인정하고 싶지 않다고 생각했다. 그런 상태로 일 분도 지나지 않아 나는 말없이 부드럽게 린의 어깨를 쓸어주었다. 그 애는 팔다리를 내저어 휘두르고 함박웃음을 터뜨렸다.

나는 루이즈를 보고 그녀의 표정에서 테스트 결과를 읽었다. 우리 두 사람 다 알고 있는 사실을 차마 말하지 못하고 있었다. '린이 듣지 못해요.' 적어도 브루스가 그 또래일 때 했던 만큼도 아니었고 다른 어떤 애들이 그 또래일 때 했던 정도가 아니었음에도 차마 그 사실을 믿을 수 없을 것만 같았던 것이다. 그녀는 고통을 느끼지도 않았고 불편해 하지도 않았다. 애통해 하고 있는 것은 더욱 아니었다. 그저 이야기해 볼 사람만 있다면, 귀먹은 아기에 대해 알고 있는 사람과 이야기해볼 수만 있다면! 우리와 마찬가지로 이 곤혹스러운 문제와 다투고 있는 다른 부모들이 있을까? 우리는 어디에서부터 그런 부모를 찾기 시작해야 하는지조차 모르고 있었다.

4월에 우리는 린의 음성에서 이상한 낌새를 눈치 챘다. 태어나던 날부터 린은 소리 내어 울었고 나중에는 옹알거리기도 했고 웃을 때도 소리를 내며 웃었다. 생후 넉 달이나 다섯 달이 되었을 때 그 애는 우리의 음성에 부드럽게 "아-으" 소리와 "우-으" 소리를 내어 반응했고, 생후 여섯 달이 되자 옹얼거리기 시작했고 그것은 서서히 "가가가"와 "바바바", "니니니", "무무무", "두두두두", "따따따" 같은 무의미한 아기 말로 변해 갔다. 브루스가 그 또래일 때 내곤하던 일련의 자음이나 모음이 반복되는 짧은 소리였다.

최근 수개월 동안 우리는 아이가 옹얼거리는 횟수가 점점 적어지는 것을 눈치 채고 있었다. 한번 무의미한 음절들을 옹얼거리기 시작하면 수 분씩 계속하곤 했던 브루스와는 사뭇 다른 현상이었다. 우리가 린으로 하여금 그런 식으로 옹얼거리게 하고자 여러 번 시도해 보았지만 번번이 허사였다. 우리는 린이 더 많은 소리를 내기를 원했다. 우리가 린에게 말을 거는 것은 브루스에게 했던 것보다 몇 배나 더 많았다.

린의 첫돌 며칠 전, 루이즈는 저녁식사 후 소파에 앉아서 브루스에게 그가 좋아하는 동화책인 〈스킨 다이빙〉을 읽어주고 있었다. 루이즈가 린을 안고 있었는데 그 애는 책 속의 그림과 엄마의 생기발랄한 음성을 맘껏 즐기고 있는 듯했다. 루이즈는 물속에서 의사소통을 하기 위해 사용되는 수신호에 관해서 큰 소리로 읽어주었다. 올라감, 내려감, 나는 좋아, 나는 공기가 필요해, 시간이 됐어, 등등. 루이즈가 책을 덮고 그들

셋은 함께 즐겁게 놀았다. 린은 활기차 보였고 브루스가 미소를 짓고 얼굴을 찡그리고 무서운 표정을 지어 보이자 흥겹게 웃었다.

"마 마 마 마 마." 루이즈가 린에게 전에 여러 번 했던 그대로 소리를 들려주었다. 나는 방 건너편에 앉아 책을 읽고 있었는데 루이즈가 낮은 소리로 말했다. "여보, 이리 와서 린을 좀 봐요. 처음으로 말을 하려고 하는 것 같아요!" 나는 루이즈 옆으로 가서 지켜보았다. 루이즈가 "마 마."라고 말할 때마다 린은 소리는 내지 않더라도 입모양을 정확하게 "마 마." 하고 움직여 대꾸하고 있었다. 우리는 매 음절을 하나씩 하나씩 발음하면서 린이 따라하도록 유도했다.

"마 마." 그 애의 입술은 분명하게 모양을 만들어 내었지만 여전히 소리는 나지 않았다. 우리는 몇 번이고 되풀이했다. 그러나 역시 린은 그 작은 입모양만 만들어낼 따름이었다. 위아래 입술을 함께 다물었다가 넓게 벌리곤 했지만, "마" 소리를 형성하는 자음과 모음이 소리로 나오지는 않았다. 입술 동작에 수반되는 숨소리마저도 들리지 않았다. 몇 주일 후 린은 "다 다." 하는 입모양을 뚜렷하게 만들어 보였으나 윤곽만 분명할 뿐 소리는 없었다.

그 후 6월 학기가 끝나기 바로 직전 비슷한 일이 다시 일어났다. 루이즈와 내가 거실에 앉아 TV에서 초저녁 뉴스를 볼 때 린이 화면을 바라보는 경우는 거의 없었다. 그러나 이번에는 아이가 텔레비전 쪽으로 기어가서 TV 수상기 옆에 서서 작동 스위치를 향해 손을 내밀더니 그걸 누르려고 했다. 그 작은 손으로는 필요한 동작을 제대로 할 수가 없는 일이었다.

"노우, 노우!" 나는 힘차게 말했다. 머리까지 흔들어대며 나는 아이를 안아올려서 방바닥에 내려놓았다. TV에서는 월터 크롱카이트가 월남의 분쟁 중인 파당들 간의 점점 치열해지는 갈등에 관한 해설을 막 끝내고 있는 중이었다. 곧이어 광고 방송이 나왔다. 린이 손을 스위치에 갖다 댔다. 우리는 그 애가 하고자 하는 일을 끝내 해내는지 보기 위해 잠시 그대로 보고 있었다. 그러다가 다시 월터 크롱카이트가 나타나자 그 애는 손을 스위치에 댄 채 약간은 짓궂은 미소까지 지어보이면서 우리를 향해 시선을 돌렸다.

"노우! 노우!" 린은 뚜렷하게 입술 모양을 동그랗게 지어보이면서 머리를 천천히 좌우로 흔들었다. 그저 음성만 빠져있을 뿐이었다.

며칠 후 또 다른 TV프로그램이 방송되고 있을 때 린이 수상기 앞에서 몸을 일으켜 세우고 조정 손잡이들 중 하나를 만지작거려 결국 화면이 꺼지게 했다. 그 애는 돌아서서 우리는 바라보았다. 자기가 한 일에 만족하고 있음이 분명했다. 바로 그 다음 순간 그 애가 손바닥을 위로 하여 손을 우리 쪽으로 내밀었다. 린이 자기 몫의 음식을 다 먹을 때마다 엄마가 해 보이곤 했던 몸짓이었다.

"모두 사라졌어(All gone)!" 동시에 그 애가 입모양을 해보였다. 여전히 소리는 없었다.

나는 놀라서 루이즈를 바라보았다. 그리고 흥분해서 외쳤다. "이 애가 방금 두 마디를 말했는데 그 의미를 알고 하는 거 아니겠소! 그런데 왜 목소리가 나지 않는 거지?"

"소리를 들어본 적이 없어서 그럴 거예요." 루이즈가 조용히 솔직하게 대꾸했다.

루이즈의 말이 마음속에 새겨지는 데에는 잠시 시간이 필요했다. 그러나 그 다음 순간 마치 시간 조절이 되어 있는 장치처럼 그 말들이 지닌 의미가 내 마음속에서 폭발했다. 린은 자신의 음성에 관해 알지 못한다! 린은 소리를 '듣지' 못하므로 소리를 '만들지' 못하는 것이다. 처음으로 듣기와 말하기 간의 완전한 관계가 강력한 자석처럼 함께 맞물려 떠올랐다.

나는 린이 소리를 배우지 못하고 보낸 그 숱한 나날들에 관해 생각해 보았다. 소리를 내는 근원을 찾아봐야 했을 기회들, 각기 종류가 다른 소리들을 식별하고 이 음성과 저 음성을 구별해 볼 수 있는 기회, 입술의 움직임과 소리를 연결할 능력을 갖출 수 있는 기회, 그 모든 기회들이 왜 린에게는 없었단 말인가? 브루스는 얼마나 쉽게 배웠던가! 소리와 입술과 혀의 신속한 움직임의 관계를 그래서 마침내는 소리와 자신의 목소리와의 관계를 브루스는 자연스럽게 터득했다.

우리는 린도 그러하리라고, 소리의 역할을 그저 당연한 것으로만 여기고 있었다. 린이 놓친 것은 무엇일까? 다시 시간을 거슬러 올라가고 싶었다. 아이가 태어났던 그 첫 해부터 다시 살고 싶었다. 이번에는 이 아이가 들을 수 있겠는지에 관해 조바심치지 않고 살고 싶었다.

윈필드 커뮤니티 병원 신생아실에서부터 소리가 존재하지 않았음이 분명하다. 아이는 방을 가득 채웠던 그 활기찬 울음소리들을 들을 수가 없었던 것이다. 다른 신생아들의 울음소리로 시끌벅적한 신생아실에서조차 린은 침묵 속에 조용히 누워 그 훈련되지 않은 음성들의 합창이 공기를 가득 채우는 것을 알아차리지도 못하고 있었던 것이다. 배가 고파서 혹은 달리 불편해서 울어댈 때 자신의 울음소리조차 제 귀에 닿지 않고 말이다. 간호사들이 이 아이에게 했던 다정한 말들조차 귀에 잡히지 않고 허공을 맴돌다 사라지고 말았다는 말인가?

그런데도 그동안 내내 우리는 린이 우리 말을 듣기를 원하고 있었던 것이다. 보다 중요한 문제인 "이 아이가 '자신의 목소리'를 들을 수 있는가?"에 대해서는 생각해 본적이 없었다. 우리는 린이 우리 음성을 듣고 있다고 믿었고, 우리 음성을 듣는다면 자기 자신의 음성도 듣고 있다고 단정해버렸던 것이다.

린이 "모두 사라졌어(All gone)!" 라고 입모양을 만들고 몸짓까지 할 수 있으면서도 그 두 마디 말을 음성으로 표현할 수 없는 이유를 우리는 딱 부러지게 이해할 수 없었다. 이윽고 뭔가 이상한 일이 일어나고 있다는 것을 깨달았다.

린이 다른 모든 것을 능숙하게 흉내 내면서도 우리 음성만은 그렇게 하지 못한다는 것이다. 린은 우리의 얼굴 표정을 그대로 따라했다. 우리의 입술 움직임을 모방했다. 우리가 무의식적으로 하는 몸짓들을 이용했다. 그 애의 웅얼거림은 점점 드물어졌고 완전히 사라졌다. 린은 활기차게 미소 짓다가 찡그리고 머리를 끄덕거리다가 어깨를 흠칫해 보이며 짓궂은 표정을 지어보이다가 의문스러운 표정을 짓는 등 이상한 조화를 부리는 아이였다. 더욱이 말없이 손으로 하는 동작들은 헤아릴 수도 없이 많았다.

브루스의 경우, 그저 아무렇게나 해대는 웅얼거림의 소리들로 하여 소리를 듣는 것과 소리를 내는 것을 구별할 수 있었다. 그는 이런 종류의 순환작용을 숨 쉬는 것만큼이나 자연스럽게 경험했다. 아기침대에 누워 있을 때부터 브루스는 자신의 입술로 그리고 자신의 혀로 자기 숨결과 음성을 실험했다. 그러다가 날이 가고 달이 가면서 그는 간단하면서도 심오한 결론을 내렸을 것이다. 즉 "저 소리들은 다 내게서 나오는 것이다! 내가 듣는 소리를 내가 만들어낸다!"

브루스는 이러한 필수적인 관계를 파악하자 자신이 내는 소리들을 제어

하고 우리가 내는 소리들을 모방하기 시작할 수 있었을 것이다. 그는 재빨리 초기의 뜻 모를 외마디 소리로부터 하나의 낱말로, 짧은 문장으로 진보해갔다. 그리고 얼마 후에는 우리의 도움을 전혀 받지 않고도 수다스러운 질문상자가 되어갔다. 네다섯 살쯤 되자 그는 우리가 사용하는 언어를 유창하게 구사할 수 있게 되었다.

그러나 린은 어떤가? 그 아이는 이 첫 번째 학습 기회를 놓친 것이다. 인간언어를 습득하는 사슬에 있어서 이 고리를 자연스럽게 마련할 수 있는 기회가 찾아오지 않았던 것이다. 언어학습의 첫 번째 단계는 이렇게 우리가 알지도 못한 채 지나가 버렸다. 그것은 마치 언어 습득이라는 층계의 첫 계단을 린이 저 혼자 기어오른 것과 같았다. 잠시 첫 계단에 서 있다가 우리가 린이 정말 듣지 못하는 아이인지 궁금해 하고 있던 바로 그 시기에 조용히 다시 내려서고 있었던 것이다.

이제 뭔가 절박한 감정이 우리 생활을 가득 메웠다. 그럼에도 여전히 나는 무엇을 어떻게 해야 할지를 확실하게 알 수 없었다. 망설이고 주저하면서도 우리는 불안해서 다투고, 다투다 보면 노여움이 불길처럼 타올랐다. 나는 성급히 결론을 내린다고 아내를 책망했고, 그녀는 그녀대로 린이 듣지 못한다는 명백한 사실을 인정하려 하지 않는다고 나를 비난했다.

"나하고 같이 가서 베일즈 박사를 만나보지 그래요?" 루이즈가 화를 내며 말했다.

"그게 무슨 소용이 있겠어? 당신에게 했던 말밖에 더 할 말이 있겠어?" 무슨 이유에서인지 나는 베일즈 박사와 마주하고 싶지 않았다. 단정적인 답변을 강요하고 싶지 않았다.

마침내 루이즈는 린의 청력 결함에 관한 몇 가지 증거를 더 가지고 베일즈 박사를 다시 찾아갔다. 그녀는 눈물을 흘리며 귀가했다. "그 의사는 내 말을 진지하게 받아들이지 않는 것 같아요." 말을 하기 시작하자 그녀의 눈물은 분노로 바뀌었다. "린이 아직 너무 어려서 어느 것도 확실히 알 수가 없다는 거예요. 당신과 함께 갔더라면 좋았을 텐데. 당신 말이라면 제대로 경청할 테니까요." 그렇게 말해놓고 아내는 다시 울음을 터뜨렸다.

우리는 한참 동안 말없이 있었고, 감정을 추스르기 위해 노력했다. 마침내 루이즈가 조용한 음성으로 말했다. "캐시 앤드류스에게 전화해 볼 생각이에요. 적어도 린과 데비를 비교해 볼 수는 있을 테니까요."

린을 낳을 때 루이즈는 캐시와 같은 병실에 있었다. 캐시의 딸 데비는 불과 몇 시간 먼저 태어났다. 너그러운 성격의 캐시는 어린 애들에 관하여 엄청나게 많은 상식을 지닌 어머니라는 인상을 루이즈에게 남겨주었다. 캐시는 또한 풍진 때문에 겪고 있던 루이즈의 마음고생에 관해서도 많은 것을 알고 있었다. 루이즈는 퇴원 후 캐시와 통화를 해 본적은 없으나 전화를 걸자 이내 옛정이 살아났다.

"두 분께서 절대로 과민반응을 하고 있는 건 아니라고 생각해요." 캐시는 단호하게 말했다. "린에게 무슨 문제가 있다고 생각하지는 않아요. 하지만 나 같으면 의사의 말을 액면 그대로 받아들이진 않을 거예요. 아이들에 관해서 많은 것을 알고 있긴 하겠지만 모든 것을 다 알고 있다고 할 수는 없잖아요. 모르는 것도 있다는 것을 인정하려고 하지 않을 뿐이죠. 아암, 그렇고 말구요. 나도 신통치 않다고 생각되면 소아과 의사를 바꾸기도 해요. 내가 린의 엄마라면 전문의를 보게 해달라고 요구하겠어요. 혹시 그 의사가 소용없는 짓이라고 하면 두 분이 직접 찾아보세요."

베일즈 박사는 우리를 귀전문의 즉 이비인후과 의사에게 보냈다. 그가 직접 그 전문의에게 전화를 걸어주었다. 가장 빠르게 할 수 있는 진료약속은 그로부터 이주일이나 후인 7월 중순이었다.

시카고까지는 30분밖에 걸리지 않았다. 오클랜드 가 모퉁이에서 우리는 작은 붉은 색 벽돌 건물을 찾아냈다. 흰색의 조립식 주택들로부터 그리 멀지 않은 곳이었다. 현관 가까이 세워진 간판에서 나는 그 전문의의 이름을 확인했다. "이비인후과 전문의 조지 윌리엄스 박사." 우리는 접수원에게 우리의 이름을 알려주고 구석에 앉아 기다렸다.

나는 낡은 크롬제 의자들이 놓여있는 대기실을 둘러보았다. 작은 테이블 위에는 몇 권의 〈오늘의 건강〉 잡지가 흩어져 있었다. 텅 빈 의자들이 우리를 노려보고 있는 것 같았다. 나는 얼마나 많은 아기 아빠엄마들이 우리처럼 해결되지 못한 문제를 안고 여기에 왔었는지 궁금했다. 우리는 윌리엄스 박사가 린의 청각 결함에 관하여 명백한 해답과 그 문제를 치료할 수 있는 방법에 관하여 말해주기를 바라고 있었다.

"스프래들리 부부님, 들어오세요." 문 앞에서 간호사 한 사람이 말했다. "윌리엄스 박사님이 지금 진료하실 겁니다."

나는 루이즈에게서 린을 받아 안으며 그녀에게 희망에 찬 미소를 지어보였다.

체구가 크지는 않지만 유능해 보이는 윌리엄스 박사는 잠시 미소를 짓더니 시선을 위아래로 옮겼다. "아기를 안으시고 여기 앉으세요." 그가 나에게 말했다. 그리고 나서 그는 린의 목과 귀를 검사하기 시작했다. 자신의 흰 가운 여기저기를 만지작거리며 무엇인가를 찾더니 가까이 있는 선반에서 음차(소리 나는 쇠막대)를 꺼내 들었다. 그가 음차를 톡 쳐서 소리를 내고 린이 제 엄마 쪽을 보자 그것을 린의 왼쪽 귀 가까이에 가져다 대었다. 동시에 어떤 반응이 있는지 린의 얼굴을 지켜보았다. 그는 그것을 다시 톡 치고 린의 오른쪽 귀에 대고 똑같은 절차를 반복했다. 나는 혹시 무슨 낌새라도 놓치지 않기 위해 윌리엄스 박사의 얼굴을 주시했다. 그러나 소득은 전혀 없었다.

음차 다음에는 깔때기 모양의 기구가 등장했다. 린은 그 차가운 금속 도구가 귀안으로 들어가자 몸을 비틀어 댔지만 곧 조용하고 편한 자세로 돌아갔다. 윌리엄스 박사는 불이 켜진 그 도구를 통해 린의 귓속을 열심히 들여다보았다. 루이즈와 나는 그의 동작 하나하나를 빠짐없이 지켜보았다. 그가 무엇을 알아냈으며 어떻게 하라고 권유할 것인지가 궁금했다. 그는 깔때기처럼 생긴 것을 다시 린의 오른쪽 귀에 대고 들여다보았다. 한쪽 눈을 찡그려 감고 한 눈으로만 열심히 들여다보았다. 그가 드디어 몸을 바로 세우고 허리를 쭉 폈다. 그 도구를 선반 위의 원래 있던 곳에 놓았다.

우리를 향해서 돌아서면서 그가 말했다. "글쎄요, 아이의 귀는 아무렇지도 않은데요. 음, 이 아이가 청각장애라면 신경에 문제가 있는 것 같군요. 어린이 메모리얼 병원의 청각전문의에게 애를 데리고 가시는게 좋겠습니다. 아마 보청기를 사용해야 할 것 같습니다. 거기 가시면 여기서보다 더 정확한 진단이 나올 겁니다."

워낙 짧은 시간 내에 검진이 끝나고 그 진단이 불확실한 점과 그가 내뱉은 말들이 워낙 단정적이라서 우리는 정신을 가다듬기가 어려웠다. 그 혼란스러움으로부터 미처 헤어나기도 전에 그는 방에서 나가버렸다. 우리는 어안이 벙벙해지고 화가 나서 서로 바라보았다. 나는 뛰어 나가서 그를 쫓아가고 싶었다. 조언을 해달라고 간청하고 이것저것 묻고 싶었다. 반대로 나는 루이즈를 바라보며 내 마음속에서 솟아오르는 무력감을 물리치려고 안간힘을 다했다. 걱정, 불안, 설익은 희망이 마음속에서 얽히고 설켜서 할 말조차 잊어버리고 서로의 얼굴만을 망연자실하여 바라보았다. 전문의가 할 수 있는 일이 고작 이것뿐이란 말인가?

우리는 필사적으로 감정을 추스르고 앞으로 가야할 길을 찾으려고 갖가지 궁리를 다하면서 귀가했다. 우리는 린이 청각장애라는 데 동의했다. 우리가 전문의를 찾아간 것은 우리가 모르고 있는 어떤 사실을 알아내기 위함이 아니었다. 우리는 확인이 필요했다. 우리는 조언이 필요했다. 우리는 청각장애에 관하여 뭔가를 알고 있는 사람과 대화가 필요했던 것이다. 우리의 낙심은 어떻게 해야 할지를 모르는데서 생기는 무력감에서 비롯했다. 우리는 도움을 받기를 바라고 거기에 갔었던 것이다. 이제 우리가 린을 도와주기 위해서 무슨 일부터 시작해야 할 것인가?

다음날 아침, 내가 대학에서 여름학기 수업을 하고 있는 동안 루이즈는 어린이 메모리얼 병원의 청각전문의에게 전화를 했다. 적어도 3개월 안에 청력 테스트 일정을 잡기란 불가능했다. 10월 23일이 가장 빠른 날짜였다. 루이즈는 설명하기 시작했다. "이건 우리의 의구심을 떨쳐버리기 위한 그저 단순한 일상적 테스트가 아니랍니다. 우리는 이미 의사 선생님 두 분께 가보았거든요. 그래서 우리 딸이 청각장애라고 확신하고 있답니다. 우리는 도움이 필요해요. 그것도 지금 당장 말입니다. 아이에게 보청기가 필요할 지도 모르거든요. 우리는 아이의 청각장애 정도와 그 애를 돕기 시작할 방법에 관하여 알고 싶은 거랍니다."

"죄송합니다. 10월까지 기다리셔야 해요. 하지만 부인의 의문점들에

답해 줄 수 있는 몇 가지 자료들은 보내 드릴 수 있습니다." 병원 사무실에서 들려오는 말소리였다.

　루이즈는 그나마 받아들이지 않을 수 없었다. 지지부진한 청력 테스트를 위한 시간예약 때문에 화도 나고 마음도 상하기도 해서 루이즈는 자기 어머니에게 전화를 했다. 장모님은 그녀에게 남가주 대학교 근처에 있는 세계적으로 유명한 소아 청각장애 치료 전문병원에 관해 말해 주었다. "내가 린을 위해 진료 예약을 해두면 너희들이 휴가를 내서 캘리포니아로 올 수 있겠니? 그때쯤이면 여름학기 강좌도 끝날 텐데."

　5주일 후 우리는 차를 몰고 캘리포니아로 긴 여정에 올랐다.

| 제 4 장 |

조용한 결의

조용한 결의

수요일은 눈부시게 밝고 청명했는데, 전형적인 이글락의 9월 아침이었다. 나는 린을 안고 차의 시동을 걸기 위해 밖으로 나갔다. 존 트레이시 클리닉에서의 진료예약이 10시 30분으로 되어 있었다.

나는 떡갈나무 덤불로 덮인 눈에 익은 산등성이를 쳐다보았다. 루이즈는 글렌데일과 파사데나 사이의 구릉지대에 옹기종기 모여 있는 이 작은 지역 사회에서 성장했다. 우리는 결혼한 후에도 여기에 살면서 대학공부를 계속했고 대학 강의를 시작했었다.

루이즈와 장모님이 차에 올라탔다. 우리는 파사데나 고속도로를 향해 하일랜드 파크를 지나 달리면서 내가 어렸을 때 살았던 집을 지나쳤다. 나는 내 여덟 형제자매들이 각기 다른 시간에 아침을 챙겨 먹고 각기 다른 학교들을 향해 출발하는 모습을 아직도 생생하게 기억할 수 있다. 우리들 중 누군가가 대학이나 대학교에 다니고 있지 않던 때를 나는 기억하지 못한다. 어느 해 6월 우리 아홉 형제자매가 아홉 개의 학교를 동시에 졸업했고, 지역 신문에 그 기사가 실렸다. 우리 아버지는 하일랜드 파크 지역 신문인 "헤럴드 뉴스"에서 오려낸 신문 기사를 만나는 사람들에게 자랑스럽게 보여주곤 했었다.

　우리집에서 교육의 가치는 매우 중요한 것이었는데, 부모님들이 그 기회를 놓친 경험을 하신 분들이었기 때문이다. 어머니는 캘리포니아의 소읍 윌밍턴에서 고등학교의 모든 필수과정들을 완수했지만 조기 졸업이 허용되지 않자 열여섯 살 때에 학교를 그만두고 아버지와 결혼했다. 결혼 전에 아버지는 워싱턴 대학교에 입학했다. 한 학기를 다니고 산타클라라의 퍼시픽 대학교로 전학을 해서 농구 선수를 하다가 자퇴를 하고 취직을 했다고 하는데 아버지는 그 일을 평생토록 두고두고 후회하시는 것 같았다.

　우리 부부는 브루스와 린에게 주어지는 교육의 기회가 우리 두 사람에게 주어진 것보다 당연히 더 많아야 한다고 여겼다. 우리 부부가 우리 부모님보다 더 좋은 교육을 받았던 것처럼 말이다. 존 트레이시 클리닉의 전문가들이 린의 청각장애를 우리가 의심하고 있는 대로 확인해 주리라 예상하고, 린의 교육을 준비하기 위해 우리가 무슨 일을 해야 할 지를 궁리하면서 클리닉으로 향했다. 우리는 항상 어린아이들의 관심을 끄는 일들에 관해 브루스와 이야기를 하곤 했다. 아무튼, 브루스가 자기 주변 세계의 의미를 발견하기 시작한 것도 말을 통해서가 아니었던가.

　서애덤스 대로에서 존 트레이시 클리닉을 보았다. 외벽이 베이지 색으로 치장된 2층 건물이었다. 그 건물은 길에서 약간 들어간 곳에 있었다. 인도와 주차장을 구분해주는 높은 벽돌 담장과 생울타리 뒤에 거의 보이지 않게 숨어있었다. 우리는 커다란 유리문을 밀고 접수실로 들어갔다.

　"톰 스프래들리라고 합니다. 우리 딸 린의 진료예약이 되어 있어서 왔습니다." 나는 접수원을 향해 미소 짓는 린을 보고 머리를 끄덕이며 말했다.

"아, 예. 그렇지 않아도 기다리고 있었어요. 이쪽으로 저를 따라 오세요."
　접수원은 복도를 따라 내려가 어느 작은 방으로 통하는 문으로 걸어갔다. 그 방에서 우리는 임상심리학자인 머피 박사에게 소개되었다. 무테 안경을 끼고 청색투피스 차림을 하고 있는 대략 마흔 다섯쯤 되어 보이는 여성이었다. 그녀는 격의 없는 상냥한 태도로 말을 하면서 우리들에게 의자를 권하며 린의 할머니까지 오셔서 정말 반갑다고 말했다. 나는 마음을 편히 놓기 시작했다.
　"린이 몇 살이죠?" 그녀가 우리 모두를 대화에 포함시키는 투로 물었다.
　"16개월이 좀 넘었어요."하고 루이즈가 대답했다.
　"이 애가 청각장애일지 모른다고 의심을 품은 건 얼마나 되었나요?"
　"글쎄요. 린이 소리에 반응을 보이지 않는다는 걸 처음 알아차린 것은 생후 6개월쯤 되어서였어요. 하지만 그보다 훨씬 더 전에 의심을 하기 시작했던 것 같아요."
　"퍽 일렀군요." 머피 박사가 머리를 끄덕이며 말했다. "다른 곳에서 아이의 청력을 테스트를 해 본적이 있나요?"
　"아닙니다. 사실은 이 애를 존 트레이시 클리닉으로 데려오기 위해 휴가 중에 LA로 온 것입니다. 시카고의 이비인후과 전문의 한 분이 우리 아이를 검진해 보고 외이나 중이에는 이상이 없다고 하더군요. 신경성 청각장애가 아닐까 생각하는데요, 그렇지 않을까요?" 내가 말했다.
　"제가 린의 청력을 테스트하지는 않을 거예요. 그건 복도 저쪽 끝에 있는 청각전문의에게 받게 됩니다. 저는 린의 신체적·정신적 발달을 평가할 수 있는 과제를 린에게 주려고 합니다."
　우리는 린에 관하여 격의없는 이야기를 나누었다. 우리의 두려움과 풍진에 관해서 그리고 우리가 겪은 그 수개월에 걸쳤던 당혹과 좌절감에 관해서도 대화를 나누었다. 머피 박사는 경청하고 질문을 하고 미소를 지어 보이고 머리를 끄덕였다. 그리고는 질문을 몇 마디 더 했다. 우리와 동일한 경험을 한 다른 부모들을 수백 명씩이나 보았다고 그녀는 말했다.

나는 린을 팔걸이가 높은 작은 의자에 앉혔다. 머피 박사는 널빤지 하나를 그 팔걸이 위에 걸쳐 놓아 테이블 윗면처럼 만들었다. 박사는 린을 마주보고 앉아서 그 임시 테이블 위에 세 개의 초록색과 노란색 블록을 놓았다. 린은 즉시 그것들을 쌓아 올려놓고 잠시 나를 쳐다보았다. 얼굴에 만족스러운 표정이 역력했다. 그러더니 그 블록더미를 쳐서 쓰러뜨렸다.

"린이 이제 걷기 시작했나요?" 머피 박사가 물었다.

"아뇨. 그렇지만 기는 건 잘해요. 의자나 우리 손을 붙잡고 걷기는 합니다." 루이즈가 말했다.

나는 머피 박사가 하는 일을 면밀히 주시했다. 그녀는 린을 향해 따뜻하게 미소를 지어보이고 나서 블록을 치우고 나무판 하나를 올려놓았다. 그 판에는 각각 삼각형 원형 정사각형 나무조각들이 끼워져 있었다. 그녀의 태도는 자신감이 있었고, "이건 정상적인 절차랍니다. 그리고 린은 정상적인 아이예요."라고 말하고 있는 듯 침착한 분위기를 풍기고 있었다.

"옷 입는 건 어떻습니까? 옷을 입힐 때 도움이 되도록 움직여 주나요?"

"예, 약간은요. 양말을 반쯤은 끌어당겨 신기도 하고 셔츠를 꺼내들면 지켜보다가 손을 들어 셔츠를 머리위로 씌워 입힐 수 있게 해준답니다. 바지를 끌어올려 입으려고도 하고 반 정도는 입은 것이나 다름없이 해놓기도 한답니다."

나무조각들이 사라졌고 그 대신 머피 박사는 린에게 작은 병 하나를 주었는데 높이가 채 5센티미터도 되지 않는 것으로 주둥이가 아주 좁은 것이었다. 박사는 병 옆에 작은 빨간색 구슬을 나란히 놓았다. 그러고 나서 그녀는 잠자코 앉아서 린을 지켜보았다. 린의 눈이 흥미를 느끼며 반짝였다. 머피 박사가 움직이는 대로 따라가며 보다가 린이 즉시 구슬 쪽으로 손을 내밀고 그것을 집어 들고 천천히 돌렸다. 장난기 어린 웃음이 린의 얼굴 전체에 퍼졌다. 그 아이는 그 작은 구슬을 병속에 떨어뜨리고는, 마치 "자, 다음엔 뭐죠?"라고 묻는 표정으로 머피 박사를 바라보았다.

"나이에 비해서는 좀 작은 편이군요." 머피 박사가 테스트가 다 끝났다는 투로 말했다. "신체적 발달이 약간 더디다고 생각되지만, 그 외엔 매우 정상적인 아이입니다. 특수 훈련을 받으면 어떤 애 못지않게 잘 배울 수 있을 거예요. 자 이제, 청력검사를 할 청각전문의에게 가봅시다."

나는 루이즈를 보았다. 그녀의 치켜 올려진 눈썹들이 나에게 "그래요. 그걸 알게 되니 속이 다 시원해지네요! 그동안 우리 생각은 처음부터 내내 옳았던 거예요. 린이 너무 예민하고 민감하고 영특해서 지적장애아일 수 없었어요."라고 말하는 것 같았다.

나는 린을 안아들고 머피 박사의 뒤를 따라 청각전문의에게로 갔다. 나는 존 트레이시 클리닉에 대하여 고마움을 새삼스럽게 느꼈다. 드디어 정답을 얻어내고 있었던 것이다. '이 사람들은 자신들이 할 일을 알고 있다.'라고 나는 혼자 생각했다. 캘리포니아까지 그 길고 긴 자동차여행이 처음 우리가 바랐던 것 이상으로 좋은 열매를 맺는 것 같았다. 불과 하루 전만 해도 나는 그저 예약을 확인해볼 셈으로 전화를 걸었다. 그러나 이 클리닉에서 청각장애아들에게 베푸는 모든 진료활동이 그 모든 테스트와 심지어는 청각장애아 양육에 관한 통신강좌까지도 무료라는 것을 알고 놀랐다.

우리가 휘튼을 떠나기 전, 어린이 메모리얼 병원이 보내준 〈만약 당신에게 청각장애 자녀가 있다면〉이라는 책자에서 이 클리닉에 관해 읽어보기는 했었다. 또 청각장애 아들에 관하여 루이즈 트레이시가 쓴 이야기가 우리에게 감동을 주었다. 아들이 청각장애라는 사실을 알게 된 지 몇 년이 지난 후 그녀는 처음 알았을 때의 일을 이렇게 회상했다.

우리 아들 존이 생후 약 10개월이 되던 어느 날 오후 아이는 휴게실에서 낮잠을 자고 있었다. 너무 오래 잔다고 생각되어 아이를 깨우기로 마음먹었다. 네 시쯤 되었을 때 나는 휴게실로 걸어가기 시작했는데 내가 콧노래를 흥얼거리고 있었던 것 같다. 어머니들이 으레 그러듯이 이제 일어날 때가 되었다는 식의 말을 하면서 다가갔다. 분명히 기억하지만 그때 나는 무척 요란하게 문을 꽝 소리가 나게 닫았다. 사람마다 어떤 순간의 일을 똑똑하게 기억하는 경우들이 있지 않은가 말이다. 그렇다. 나는 그 문을 꽝 소리가 나게 닫았다. 그러나 그 후에도 존은 잠을 깨지 않았다. 나는 아기침대 곁에 가서 섰다. 존에게 말했다. "아가 존, 일어날 시간이야." 그래도 그 아이가 계속 자는 것을 보고 더욱 가까이 다가가서 같은 말을 몇 번이고 계속 되풀이하다가 급기야는 그 아이의 귀에다 대고 냅다 소리를 질렀다. "존! 일어나!" 그러고 나서 나는 아주 가볍게 아이를 만졌다. 그가 눈을 활짝 뜨고 나를 쳐다보았다.
그 순간 나는 우리 아들이 청각장애라는 사실을 깨달았다.

루이즈와 스펜서 트레이시 부부는 아들 존이 신경성 청각장애를 가지고 있다는 것과 그 애의 청각을 회복시킬 수 있는 방법이 없다는 것을 알게 되었다. 그들이 맨 처음 찾아간 의사 역시 그들 두 사람이 할 수 있는 일은 별로 없다고 말했다. 존이 여섯 살이나 일곱 살쯤이 되면 그 아이를 특수교사들이 있는 청각장애아들을 위한 주립학교로 보낼 수 있을 것이라고도 했다.

루이즈 트레이시는 존을 데리고 뉴욕의 한 전문가를 찾아갔는데 그 사람은 그녀 필생의 사업을 위한 머릿돌이 된 다음과 같은 말을 했다. "댁의 아이가 독화, 즉 입술읽기를 배울 수 있습니다. 말하는 법을 배울 수도 있어요. 대학을 졸업할 수도 있을 것입니다. 그 아이는 정상아들이 할 수 있는 그 어떤 일도 할 수 있어요. 하지만 부인이 해야 할 일이 있습니다! 아주 흥미로운 일이 될 수도 있어요. 부인 자신에게 달려 있답니다."

그 후 수년 동안 루이즈 트레이시는 아들을 가르치고자 온갖 고생을 무릅쓰고 노력했다. 그녀는 다른 청각장애아 부모들도 도움을 필요로 한다고 확신하게 되었다. 1942년 그녀는 청각장애아들과 그 어머니들을 위한 보육원을 만들었다. 그들은 남가주대학교 캠퍼스내의 한 작은 건물에 모였다. 이듬해에 존 트레이시 클리닉 법인이 세워졌고, 스펜서 트레이시와 월트 디즈니가 여러 다른 인사들과 함께 초대 이사진이 되었다. 이 클리닉은 세월이 흐르면서 성장했고 자체 통신과정을 개발했다. 직원진도 증대되어 1952년에는 임상심리학자가 방금 우리 린을 검사했던 현대식 시설로 이주해 들어왔다.

청각전문의가 린의 청력을 검사할 작은 방으로 걸어들어 갈 때까지만 해도 우리는 우리가 있는 곳의 역사에 대해서 그저 피상적인 개요만 알고 있을 따름이었다. 우리는 존 트레이시 클리닉의 철학이나 그것이 린을 위해 함축하고 있는 의미들을 제대로 인식할 수 없었다. 그로 인하여 우리의 삶이 받게 될 영향도 알지 못했다. 그러나 그 하루가 채 가기도 전에,

우리는 우리가 이제 하나의 긴 여정에 있어서 겨우 첫 발자국을 내딛은 것임을 깨닫게 되었다. 우리가 여행하게 될 그 과정은 이해하는 데에만 수년이 걸릴 긴 여정이었다.

세 평 남짓한 그 방은 실세보다 더 커보였는데 그 이유는 그 벽에 부착된 양면 거울이 전자장비가 보관되어 있는 작은 조정실을 반사해주고 있어서였다. 나지막한 콩팥 모양으로 생긴 테이블이 방 한복판을 차지하고 있었다. 테이블 위에는 블록들과 미니어처 자동차, 여러 개의 플라스틱제 숫자와 붙였다 떼었다 할 수 있는 기관차를 달고 있는 목제 모형 열차 등이 흩어져 있었다.

"안녕하세요? 저는 콜드웰 부인입니다. 여기 존 트레이시의 청각전문의들 중 하나예요." 그녀가 말을 하자 눈 주위에 다정해 보이는 잔주름들이 보였다. 우리가 인사말을 하자 그녀는 말없이 우리에게 손짓해 앉기를 권했다. 나는 린이 테이블에 딸린 소아용 의자에 앉도록 도와주고 아이 옆에 앉았다. 테이블 맞은편에 루이즈가 앉았고 장모님은 조정실에서 우리를 지켜보았다. 맞은편 벽 양쪽 바닥에서 1미터가 좀 넘는 높이에 스피커가 하나씩 달려 있었다.

콜드웰 부인이 린을 마주보고 앉아서 우리에게 언제 린이 청각장애를 갖고 있을지도 모른다는 의구심을 처음 갖게 되었느냐고 물었다. 우리는 그녀에게 독립기념일 시가행진에 관하여, 그리고 그 이후 수개월에 걸친 우리들의 확인 노력에 관하여 말해주었다.

"임상심리학 테스트로 미루어볼 때 이 아이가 정상 지능을 소유하고 있으며 다른 문제는 없음을 알 수 있네요." 콜드웰 부인은 머피 박사에게서 받은 누런 서류철 속의 기록들을 읽었다. "저는 린의 청력을 테스트할 거예요. 처음에는 보통 음향을 이용하고 다음에는 청력계로 몇 가지 순수 음향을 테스트할 겁니다. 그렇게 하면 이 애가 어느 정도의 청력을 지니고 있는지 알 수 있답니다. 이 장난감들을 가지고 놀 수 있는지를 알아보는 것입니다. 자, 시작하겠어요."

린은 이미 그 목제 모형 열차를 가까이 끌어당겨놓고 기관차 조종실의 운전사 인형을 제자리에서 떼려고 하고 있었다. 콜드웰 부인이 일어서서 린의 뒤로 걸어갔다. 그녀는 천천히 조심스럽다고 할 정도로 움직였다. 그녀는 딸랑이 두 개를 집어 들었다. 그 중 작은 것을 한 쪽 손으로 쥐고 더 큰 것은 다른 손으로 잡았다. 약 1.5미터의 거리를 두고 그녀가 작은 딸랑이를 한동안 흔들다가 멈추었다.

린은 쳐다보지 않았다.

더 큰 딸랑이는 갑자기 요란스럽게 움직이기 시작해서 방안을 딸랑거리는 소리로 채웠다.

무반응.

콜드웰 부인은 좀 더 가까이 다가가서 작은 딸랑이를 다시 집어 들었다. 이번에는 린의 귀로부터 30센티미터쯤 되는 곳에서 흔들었다.

린은 돌아보거나 쳐다보는 법이 없이 어떤 반응도 보이지 않았다. 그 애는 빨간색의 '8'이라고 적힌 번호판을 잡으려고 손을 내밀었다. 마치 새로운 장난감을 가지고 놀 수 있는데 그따위 소리로 사람을 귀찮게 하지 말라는 투였다. 나는 테이블 너머로 루이즈를 바라보았다. 그녀는 이런 테스트는 이미 전에도 했고 아마도 같은 결과가 나올 거라고 생각하고 있는 듯했다.

콜드웰 부인은 더 큰 딸랑이를 다시 흔들었다. 린의 왼쪽 귀 가까이에서 빠르게 앞뒤로 왔다갔다 움직이며 흔들어댔다.

무반응.

그녀는 딸랑이를 내려놓았고, 별로 개의치 않는 듯 침착한 미소가 여전히 얼굴에 남아 있었다. 그녀는 끝에 세 개의 종이 달린 막대기 하나를 골라 들었다. 린으로부터 뒷걸음질해 물러서면서 그 종들을 흔들었다. 종들은 큰소리로 땡그랑 울렸다. 바닥을 덮은 카펫에 재빨리 흡수되는 것처럼 보이는 높게 울리는 소리였다. 린은 '8'번호판 위에 두 개의 블록을 쌓아 올리려고 노력했으나 허사였다. 이번에는 아이의 머리 가까이에서 종들이 다시 울렸다.

무반응.

뒤이어 종 하나만 소리를 냈다. 보다 깊고 맑은 소리로 오래도록 울렸다. 나는 열심히 지켜보았다. 린이 시선을 돌려 올려다보기를, 움찔이라도 해주기를 바라면서. 그러나 린은 블록 하나를 들고 엄마에게 보여주기만 했다. 콜드웰 부인이 소형 전축을 틀어놓고 잠시 음악이 나오게 해놓고 그걸 린의 머리 뒤로 가까이 가져갔다. 그 부인의 시선은 그동안 내내 린에게 집중되어 있었다. 순간 콜드웰 부인의 얼굴에 좀 의아스럽다는 표정이 스치는 것을 나는 놓치지 않았다. 그녀의 이마 한복판에 주름이 잡히는 듯했으나 그 미소는 여전히 자연스러웠다. 그녀가 물고기 모양을 한 장난감 나팔을 들고 높고 날카로운 소리로 한번 불었다.

무반응.

그녀는 공기의 진동으로 린을 방해하지 않도록 조심하면서 더 가까이 다가가 다시 불었다.

무반응.

불과 3, 4분이 지났을 뿐이었지만 한 시간처럼 느껴졌다. 나팔 소리 후 그 다음 소리와의 사이에 침묵은 더욱더 무겁게 가라앉았다. 내 목과 어깨의 근육들이 팽팽하게 당겨졌다.

"이번에는 다른 것들을 사용해서 낮은 음조를 내도록 해 보겠어요." 그녀는 린의 시야 안으로 걸어 들어가면서 말했다. 이번에는 장난감 북과 캐스터네츠 차례였다. 루이즈가 낮게 아주 낮게 한숨을 토하는 것을 알아챌 수 있었다. 아내는 팔짱을 풀고 한쪽 손이 무릎 위로 느슨하게 떨어지게 했다. 린이 위를 쳐다보고 북을 발견하고는 그것을 잡으려고 손을 내밀었다.

"자, 여기야 여기, 린. 이 블록들을 보렴." 나는 린이 보도록 블록 두 개를 쌓아올리면서 말했다.

콜드웰 부인은 잠깐 기다렸다가 바른손 주먹으로 네 차례 북을 두들겼다. "쾅"하고 울리는 낮은 소리가 방안에 울려 퍼졌다. 거의 동시에 린이 움찔했다. 아주 작은 움직임으로 보일 듯 말 듯 할 정도의 가벼운 움직임이었다. 루이즈 역시 그것을 보았다.

좀 더 가까이 다가서면서 콜드웰 부인은 한차례 더 낮은 북소리를 냈다. 마치 춥고 바람 부는 날 절벽으로 몰려들어 부딪치는 거센 물결이 내는 뇌성 같은 소리였다. 린이 즉시 올려다보았다. 그 고동치는 진동이 린에게 도달해 린의 주의를 끌었다는 뜻이었다. 린은 그 순간 나를 보았다. 잠시 나에게 머물던 시선이 자기 엄마에게로 옮겨갔다. 소리에 대해서는 더 이상 알아보려하지 않고 그 애는 다시 블록을 가지고 놀기 시작했다.

콜드웰 부인은 이러한 반응을 쉽게 알아보았다. 그러나 그 얼굴에는 알 수 없다는 표정이 역력했다. 그녀의 자신만만한 미소가 사라지고 이마에 잡힌 주름이 더욱 두드러졌고 그녀는 눈을 가늘게 뜨고 생각에 잠기는 듯했다. 캐스터네츠는 거칠게 딸가닥거리는 소리를 냈고 그 소리는 벽과 벽 사이에서 반향을 일으키며 왔다갔다 했다.

린은 꼼짝하지 않은 채 앉아있었다.

딸가닥 소리가 다시 시작되었다. 마치 시끄럽게 지저귀는 한 떼의 까마귀들처럼 이번에는 린의 귀로부터 십여 센티미터 정도 떨어진 거리였다. 린이 다시 눈에 띌 정도로 몸을 움찔했다.

나는 콜드웰 부인을 보았다. 그녀의 얼굴을 읽어보려고 했다. 그녀가 준비하고 있는 것으로 보이는 모종의 결론에 대한 단서가 될 만한 것을 찾아보려고 했다. 이마의 주름과 입모양으로 미루어 가볍기는 하지만 틀림없는 실망의 표정을 놓칠 수 없었다. 린의 수줍어하는 미소와 분홍색 머리장식으로 더욱 돋보이는 분홍색 드레스 때문에 그녀의 실망은 더욱 커지는 것 같았다.

린이 청각장애라는 사실을 받아들이기 위해 수개월 동안 해온 투쟁 과정을 통해 우리는 그 애의 청각장애 정도에 관하여 보다 구체적이고 상세한 질문을 하기 시작했다. 이게 완전한 청각상실인가? 소리를 조금이라도 들을 수 있는 것일까? 만일 그 애가 들을 수 있는 능력을 약간이라도 가지고 있다면 그건 어느 정도일까? 청각장애라는 잡힐 듯 말 듯 한 개념을 이제 잡았다 싶어지자마자, 그 개념은 여러 종류의 단계들이 되어 흩어지고 마는 것이었다. 우리가 처음 〈만약 당신에게 청각장애 자녀가 있다면〉이라는 책자를 읽었을 때 그 최초의 경계는 명백했다. 즉, 듣는 아이들 대 청각장애 아이들… 듣는 아이는 소리를 흉내 낼 수 있고 말을 쉽게 배울 수 있지만 청각장애 아이는 소리를 흉내 낼 수 없다. 듣는 아이는 어른들의 지시를 따르는 법을 재빨리 배울 수 있다. 청각장애 아이는 아무리 단순한 지시라도 이해하기가 어려운 것이다.

그러나 그때 우리가 읽은 글들을 통해서 또 다른 하나의 생각이 떠올랐다. 즉, '청각장애란 하나의 단일한 현상이 아니'라는 것이었다. 나는 숲 대신 나무들을 보기 시작했다. 청각장애의 수많은 이종과 변종들이 거기 있었다. 청각장애에 대한 어떤 분류들은 서로 용어를 바꿔 사용해도 무리가 없어 보였다. "만일 댁의 자녀가 난청이라면...", "만일 댁의 자녀가 심한 청각장애라면...", "만일 댁의 자녀가 전혀 듣지 못한다면...", "만약 댁의 자녀가 어느 정도의 청력을 지니고 있다면..." 이런 식으로 별 다른 설명도 없는 단서 조항들이 그 책 처음부터 끝까지 도처에 산재해 있었다.

실제로 귀가 먼
난청
완전히 귀가 먼
청력이 훼손된
심각하게 귀가 먼
심한 청력상실
감소된 청력
청력에 장애가 있는
경미한 청력상실
극심한 청각장애

이제 존 트레이시 클리닉에서 우리는 린이 정말 어느 정도의 청력을 지니고 있는지 알아낼 수 있기를 기대하고 있었다.

"저는 이제 조정실로 들어가겠어요." 콜드웰 부인이 거울 쪽을 가리키며 말했다. "스피커를 통해서 짧게 터지는 청력계의 순수한 음향이 나올 겁니다. 저는 그 안에서 관찰할 거예요. 한 가지 음향을 여러 차례 나오게 할 터인데 매번 조금씩 더 커질 거예요."

콜드웰 부인 등 뒤로 문이 닫히자 나는 청각장애의 존재 여부를 확인하는 일이 그렇게 어렵나 하고 갈피를 잡을 수가 없었다. 하물며 그 제각기 다른 청각장애의 여러 가지 등급을 측정하는 일에 관해서야 뭐라 말할 나위가 있겠는가?

높고 날카로운 기적 소리가 청각검사실의 정적을 깨뜨렸다. 순수한 음향은 약 3초쯤 지속되었다. 그리고 방 안은 조용해졌다. 린은 그 소리를 인식하지 못한 채 모형 자동차를 블록에 충돌시키며 놀고 있었다. 기적소리가 다시 울려 방 안 공기를 더욱 강도 높게 갈라놓았다.

무반응.

정적의 순간이 방을 가득 채우는 또 다른 하나의 가장 큰 파열음에 의해 깨뜨려졌다. 열심히 나는 린을 지켜보았다. 그 애가 듣고 스피커들을 바라보고 그 소리에 어떻게든 반응하기를 바라면서 말이다

무반응.

그 음향의 톤이 바뀌었다. 약간 더 낮아진 그 소리는 떨림이 전혀 없는 높은 테너음처럼 방 안을 관통했다. 침묵. 같은 음향이 이번에는 좀 더 크게. 침묵. 마지막 음향을 듣자 나는 귀를 막아버리고 싶어졌다. 그러나 조금이라도 움직이면 린의 주의를 끌게 될 것만 같아 그렇게 하지 못했다.

무반응.

청력계는 한 단계씩 꾸준히 음역을 낮추었다. 그 순수 음향은 하나하나 차례차례로 린의 고막에 가 부딪쳤을 것이다. 부드럽고 낮은 음향이 양쪽 스피커로부터 물 흐르듯 흘러나왔다.

린은 반응을 보이지 않았다.

다시 음향이 허공을 가득 채웠다. 음량이 갑자기 증폭되었다.

린은 관심 없어 보였다.

콜드웰 부인은 다이얼을 더욱더 높게 조절했고, 순수하고 맑은 소리는 내 척추를 타고 그 진동이 올라오는 것을 거의 느낄 수 있을 만큼 힘 있게 우리들을 후려쳤다. 마치 소리가 벽을 타고 내려와서 방바닥을 통해 치닫다가 내가 앉아 있는 의자 다리를 통해 흐르는 것 같았다.

린은 잠시 엄마를 쳐다보더니 다시 놀이를 계속했다. 아이가 들었을까? 나는 알 수 없었다.

마지막으로 가장 낮은 일련의 음향 테스트에서 린은 가장 큰 소리가 나고서야 쳐다보고 그 작은 방에 우리와 함께 있는 눈에 보이지 않는 존재를 찾아보기라도 하려는 듯 머리를 완전히 180도 회전시켰다.

콜드웰 부인이 조정실에서 나와서 전화선 잭을 창 가까이 있는 콘센트에 꽂았다. 그녀는 다이얼이 있는 작은 상자 하나를 테이블 위에 놓았는데 커다란 리시버 하나를 들고 와서 린의 왼쪽 귀에 덮어 씌었다. 그렇잖아도 작은 린의 머리가 더욱 왜소해보였다. 린은 잠시 걱정스러운 표정을 지으며 콜드웰 부인이 무슨 일을 하는지 알아보려고 하다가 손을 내밀어 리시버를 잡았다. 바로 그때 나는 리시버에서 나오는 맑고 투명한 음향을 들었다. 린이 그 음향에 반응을 보인건지 제 귀에 닿고 있는 이상한 물체에 반응을 보인건지 알 수는 없었다. 콜드웰 부인이 리시버를 다른 귀에 옮겨

대주고 재빨리 다이얼을 돌렸다. 그런 후 테이블에서 전선들을 치우고 장비를 조정실로 다시 가져갔다. 나는 루이즈를 보고 어깨를 움찔했다. 이 간단한 리시버 테스트를 어떻게 해석해야 할지를 몰라서였다.

콜드웰 부인이 방으로 들어와서 말없이 자리에 앉았다. 장모님은 루이즈 옆에 앉았다. 30초쯤 시간이 흐르는 동안 콜드웰 부인은 자기 앞에 놓인 서류철을 살펴보았고 우리는 그녀의 얼굴에 나타난 우려와 당혹의 표정을 보았다. 마침내 그녀가 우리를 쳐다보며 입술에 잠시 미소를 지어보이곤 루이즈와 장모님에게 테이블에 가까이 다가앉도록 손짓했다.

"누구에게나 약간의 청력은 있기 마련입니다." 그녀는 천천히 말했다. 그녀의 말은 주의 깊게 제어된 순서를 따르고 있었다. 그녀는 망설이다가 서류철을 테이블 위에 놓았다. "가장 심하게 귀가 먼 사람도 약간의 청력은 있답니다. 훈련을 받으면 거의 모든 청각장애인들이 자신들이 지닌 아주 보잘것없는 청력이나마 사용할 수 있게 되죠. 린은 청각상실이에요." 콜드웰 부인이 말하고는 재빨리 덧붙였다. "그러나 교육 가능한 상실이죠."

루이즈와 내가 뭐라고 묻기도 전에 콜드웰 부인은 눈길을 테이블 위의 서류철로 옮겨버렸다. 그녀는 서류철 안쪽으로 손을 넣어 그래프가 그려진 종이 한 장을 꺼내 우리 모두가 볼 수 있도록 테이블 위에 펼쳐놓았다. 그래프의 가로 눈금은 125 싸이클에서 시작하여 8,000 싸이클까지 올라가는 소리의 초당 주파수를 보여주고 있었다.

"여기에 있는 것처럼 전체 언어영역은 초당 250에서 4,000 싸이클이지만, 핵심 언어영역은 초당 300에서 3,000 싸이클입니다." 콜드웰 부인이 연필로 가리키며 말했다.

그래프의 세로 눈금은 청력 등급을 보여주는 것인데 최고 0 데시벨로부터 최저 100 데시벨까지 10씩 증가했다.

"언어영역 중심에서 듣기가 시작되는 단계는 정상적인 귀의 경우 0 데시벨 근처랍니다." 콜드웰 부인은 말을 계속했다. "언어영역 중심에서 린으로부터 반응을 얻어내려면 100 데시벨 이상의 소리압력이 필요했어요. 그건 30센티미터 거리에서 크게 외치는 정도보다 큰 소리입니다. 보시다시피, 250 싸이클에서 린의 청각상실은 90 데시벨입니다. 초당 500 싸이클에서는 95 데시벨이고 1,000 싸이클에서는 100 데시벨 혹은 그 이상입니다. 그 말이 의미하는 것은 이 주파수에서는 100 데시벨에도 반응을 보이지 않았다는 것이죠. 2,000 싸이클과 4,000 싸이클의 경우에도 동일합니다. 린은 심각한 청각장애를 가지고 있는 듯합니다."

나는 그 청력도를 멍하니 바라보며 그래프의 얽힌 선들을 풀어보려고 했다. 심각한 청각장애? 그건 어느 정도의 청력을 의미하는 것일까? 그래프의 연필로 그려진 그 선은 급히 하강하는 모습을 보였다. 우리가 알고 싶은 것을 수학적으로 정확하게 암시하고 있는 것이겠지. 심각한 청각장애라. 90 데시벨의 청각상실이라.

콜드웰 부인이 그 애가 완전한 청각장애라고 말한 것은 아니었다. 그저 심각한 청각장애라고 했을 뿐이었다. 그렇다면 회복될 수 있다는 말이기도 할 것이다. 혹은 강력한 보청기를 사용하면 청력도의 그 울퉁불퉁한 선을 정상이 되게 할지도 몰랐다. 콜드웰 부인의 말이 아직 계속되고 있는 순간에도 그녀의 말에는 사람을 안심시키는 힘이 들어있는 것 같았다. 그 그래프가 무엇이라고 하건 간에 우리에겐 더 중요한 관심거리가 있었다.

"이 애를 돕기 위해 이제 우리가 할 수 있는 일은 어떤 게 있을까요?" 나는 시선을 그래프에서 콜드웰 부인에게로 옮기면서 물었다.

"무엇보다도 먼저 린의 나이에 한 청력 테스트가 항상 믿을만한 건 아니라는 점을 기억하도록 하세요. 이 애가 더 자라서 소리를 더 인식하게 되면 다시 검사를 받아야 합니다. 오늘은 반응하지 않았던 많은 소리에 반응하게 될 겁니다. 현재 우리가 할 수 있는 말은 그저 아이가 심각한 청각상실 상태인 것 같다는 점뿐이에요. 린이 보청기를 사용하기 시작하면 크게 달라지는 것을 알 수 있을 겁니다."

고무적인 말이었다. 나는 루이즈를 보다가 잠시 그 청력도를 다시 보았다. 그게 이제는 더 이상 끔찍해보이지도 않았고 그렇게 비정해 보이지도 않았다. 그 불확실한 테스트 결과와 청각상실의 무수한 분류방식도 그 중요성을 잃기 시작했다. 이제 여기에 우리가 기댈 만한 것이 있었다.

콜드웰 부인의 음성이 약간 커지며 더 권위 있는 말투로 말했다. "가장 중요한 것은 아이를 보통 아이처럼 대하는 것입니다. 아이가 상대방의 말을 다 알아듣는 것처럼 항상 아이에게 말을 하세요. 말을 할 때는 아이를 똑바로 보고 하시고, 아이도 말하는 사람을 똑바로 보게 하세요. 될 수 있으면 자주 말을 해주세요. 린과 함께 있을 때는 항상 주변에 있는 것들에 관해 말해 주세요. 그 아이가 하고 있는 일에 관하여, 또 말하는 사람 자신이 하고 있는 일에 관하여 말해 주세요. 말은 많이 해줄수록 좋습니다."

"린은 매우 날카로운 관찰력을 가진 아이입니다. 이 아이가 현재 일어나는 일을 잘 파악하는 것은 상황적 신호를 이해수단으로서 훌륭하게 사용할 수 있게 되었기 때문이죠. 테스트 중에 내 입술의 움직임을 흉내 내는 걸 여러 차례 보았습니다. 심지어 몇 번인가 모음형의 소리를 내기도 하더군요. 린이 초기 언어 단계에 있다고 말할 수 있습니다."

"그러나 주의를 드리고 싶어요. 딱 한 가지 일에 관해서 말입니다. 린이 그렇게 예민한 관찰력을 지니고 있으므로 두 분께서 하시는 모든 손짓을 따라할 거예요. 경우에 따라서 린이 자신의 의사를 전달하기 위해 손짓을 이용하기도 할 겁니다. 그건 좋아요. 그러나 아이에게 손짓으로 대답하지는 마세요. 두 분께서는 따님이 손짓에 의존하게 되기를 원치는 않으실 겁니다. 만일 손짓에 너무 의존하게 되면 음성을 이용하는 법을 배우려고 하지 않을 거예요."

"이 아이를 그저 보통 아이처럼 대하세요." "린이 당신의 목소리를 들을 수 있는 것처럼 린에게 말을 거세요." 나는 그 말들을 마음속에서 천천히 되뇌어보았다. 콜드웰 부인이 말을 하고 있는 그 순간에도 나의 일부는 계속 묻고 있었다. "하지만, 다른 뭐가 좀 더 없을까요? 이 아이는 우리 말을 들을 수가 없단 말입니다!"

그러나 내면 깊은 곳에서는 또 다른 나의 일부가 이 작은 다짐을 이미 포착하기 시작했다. 린은 정상이 될 수 있다. 그렇게 그 애를 대하라. 그 애에게 말하라. 그러면 그 애도 말을 할 것이다. 벌써 희망이 자라기 시작했다. 그리고 우리가 그 클리닉을 떠나기도 전에 그 희망은 조용한 결의로 바뀌었다. 이 아이가 달라야할 이유는 없다. 이 아이는 성장할 수 있고 배우고 말할 수도 있는 것이다. 린은 보통 아이처럼 대우받을 수 있는 것이다. 브루스처럼. 우리가 갖기를 바랐던 아이처럼.

"이 아이는 이제 고작 17개월이에요." 나는 콜드웰 부인이 말하는 것을 들었다. "그런데 우리의 통신강좌 과정을 시작하려면 청각장애아의 나이가 두 살이 되어야 하거든요. 그러니 그 전에라도 두 분을 깨우쳐줄만한 자료들을 보내도록 하겠습니다. 린이 두 살이 되면, 통신강좌 과정을 시작할 수 있을 것이고 두 분은 그걸 통해 린이 독화를 배우고 말을 하도록 도울 수 있는 상세한 방법들을 배우게 될 겁니다."

루이즈는 자리에서 앉음새를 고치고 린을 무릎에서 들어 올려 자신의 어깨에 기대게 해서 다시 안았다. 그리고 그녀가 머뭇머뭇 말하기 시작했다. "시카고에서 출발하기 전에 어린이 메모리얼 병원에 진료 약속을 해두고 왔답니다. 청각 클리닉에요. 10월 말 이전에는 진료를 받을 수 없다고 했었거든요. 예약한 대로 다시 검사를 받아 볼까요?"

"좋은 생각이에요. 그렇게 하면 우리가 여기서 어떤 테스트를 했는지 확인해줄 테니까요. 게다가 린에게 어떤 종류의 보청기를 구해 주어야 할지도 알 수 있을 거예요."

우리는 콜드웰 부인과 스스럼없이 이야기를 주고받으며 청력검사실을 나섰다. 우리는 천천히 복도를 따라 접수실로 걸어갔다. 우리는 콜드웰 부인에게 그 모든 일을 해 준데 대해 감사인사를 했다. 콜드웰 부인은 린에게 미소를 지어주었다. 우리가 떠날 채비를 다하자 그녀는 마지막으로 다시 한번 주의를 주었다. "자, 이젠 언제나 반드시 린에게 말을 하셔야 합니다. 조만간 린은 두 분이 하는 말을 이해하게 될 것이며 자기 목소리를 사용하게 될 거예요."

| 제 5 장 |

볼 수 있는 대화로
가득한 집

볼 수 있는 대화로
가득한 집

며칠 후 우리는 친지들에게 작별을 고하고 일리노이로 떠났다.

집으로 돌아오는 여행에서 우리 부부는 린의 미래에 대한 생각을 대부분 하지 않았다. 그러나 캘리포니아의 뜨거운 사막을 횡단할 때나 아이오와 주의 끝없이 펼쳐진 옥수수 밭을 지날 때는 각자 린의 청각장애에 대해 생각하고 있는 자신을 발견했다. 우리는 존 트레이시 클리닉에 대해, 린에게 말하기를 가르치는 것에 대해 이야기를 나누었다. 청력 보조기구들과, 린의 청각장애 정도, 청각전문의가 했던 말 등 우리가 함께 만들어 가야 하는 퍼즐의 모든 부분들에 관해 이야기했다.

우리는 린에게 사용할 수 있는 청력이 조금은 남아있다는 것을 알게 되었다. 90 또는 100 데시벨이라는 청력상실이 린에게 문제가 되는 것 같지는 않았다. 린은 밝고 쾌활한 아기였다. 거의 언제나 우리가 하는 말을 알아들었고 브루스가 생후 18개월 때 했던 것과 거의 같은 정도로 의사소통을 했다. 그리고 우리는 린을 보통 아이처럼 다루었다.

우리는 풍진이 린의 청력을 다 망가뜨린 것은 아니라는 사실을 계속 돌이켜 보곤 했다. 바로 우리 자신의 눈으로 그 애가 청력 검사실에서 낮은 소리에 반응하는 것을 보지 않았던가. 우리는 린의 청각상실이 "교육 가능한" 것이라는 말도 들었다. 적은 양이지만 청력이 남아 있었다. 우리가 읽은 모든 서적과 팸플릿들은 그것을 "잔존청력"이라고 불렀다. 우리가 이해할 수는 없지만 잔존청력은 자라나서 향상되고 발달할 수 있다는 것이다. 린이 들을 수 있도록 실제적인 가르침을 받을 수 있을 것이다.

루이즈는 이렇게 표현했다. "아마 내 그림 솜씨와 같은 건가 봐요. 처음엔 파랑, 노랑, 빨강의 분명한 대비만 볼 수 있었어요. 그러다가 그림을 많이 그려보고 강의도 듣고 하면 할수록 더 많은 것을 볼 수 있게 되는 거예요. 다양한 음영의 노랑들과 색감을 섞을 때의 다른 미묘한 차이들을 말이에요. 연습을 하면 할수록 내가 이전에 보지 못했던 것들을 보게 되고 색조들이 얼마나 다양한 결들을 지니고 있는지를 알게 돼요. 더 잘 보는 법을 배운 거죠. 린도 마찬가지로 더 잘 듣는 방법을 배울 수 있을 거예요."

모하비 사막을 가로질러 15번 국도를 달리는 동안 그러니까 바스토와 라스베이거스 사이 어디쯤을 지나면서, 우리는 청력 보조기구에 대해, 얼마나 빨리 구입할 수 있을지, 가격이 얼마인지, 린이 잘 적응할 수 있을지에 관해 이야기했다.

"청력 보조기구가 린에게 정말 도움이 될 거라고 생각해요?" 루이즈가 물었다.

"많은 도움이 될 거라고 생각해요." 내가 말했다. "노스웨스턴 대학교의 교수가 쓴 글이 있어. 들어봐요." 나는 무릎 위 흩어져 있는 청각장애에 관한 글이 실린 신문과 팸플릿들 사이에서 전에 읽었던 한 기사를 찾아냈다. "모든 임상의학자들과 교사들은 한 때 완전히 귀가 멀었거나, 적어도 너무 심하게 귀가 멀어 보조기구를 사용해도 별 도움을 받을 수 없다고 판단된 아이들 중에서 나중에 이용 가능한 청력을 많이 지니고 있음이 밝혀진 경우들을 알고 있다." 루이즈가 추월선으로 진입하여 꾸준히 속도를 붙여 승합차 하나를 따라 잡고 다시 오른쪽 차선으로 무리 없이 들어서는 동안 나는 잠깐 읽는 것을 멈추었다. 텅 빈 도로가 끝없이 전방으로 뻗어 있었다.

나는 계속했다. "이 교수 말로는 보조기구의 사용 여부는 항상 도박이라는 건데, 그 이유는 아이가 보조기구의 사용법을 터득하느냐 그렇지 못하느냐를 미리 알기가 어려워서라는 거요. 그러나 도박을 해볼 만한 가치는 언제나 있다고 하네. 아마 우리도 일단 린에게 보조기구를 사주고 사용법을 린에게 가르치고 훈련시켜야 한다는 뜻이겠지. 이 글의 결론도 그렇고 나도 보조기구가 좋은 기회가 될 거라고 생각해요. 린이 결국에는 우리가 하는 많은 말들을 들을 수 있게 될 거야."

그러나 보조기구가 린의 청력을 개선시켜 주지 못한다고 할지라도, 어떤 이유로 해서 그 아이가 우리의 음성을 듣지 못한다 해도, 린을 정상적으로 자라게 하겠다고 우리는 결심했다. 클리닉에서 우리는 청각장애아들을 가르치기 위한 기본적인 원칙 몇 가지를 소개 받았다. 우리는 우리가 이 특수 분야에 관해 더 많은 것을 배움에 따라서 린도 꾸준히 진보하리라고 확신했다. 그 애는 손짓이나 종이에 하고 싶은 말을 쓰는 방식에 의존하지 않아도 될 것이다. 어떤 희생을 요구하든 그만한 값어치가 있는 일이었다.

나는 트레이시 부인이 쓴 글에서 이 도전을 명확하게 표현한 대목을 발견하였다.

들을 수 있는 아기는 듣기를 통하여 말을 배운다. 바로 이 방법으로 모든 듣는 사람들이 말하는 법과 말을 이해하는 법을 배운다. 우리 안에 존재하는 의사소통에 대한 욕구는 워낙 커서 어느 한 가지 방법으로 그것이 이루어지지 않을 경우 의사소통을 할 다른 방법을 찾아낸다. 들을 수 있는 사람들은 귀를 통해서 의사소통을 배우지만, 청각장애아는 입술 읽기(독화)를 통해 상대방의 말을 이해하는 방법을 배운다. 또한 그가 본 입술의 움직임과 선생님의 얼굴에서 느껴지는 진동을 흉내 냄으로써 결국에는 말을 배울 수 있게 된다.

물론, 손짓을 사용하여 자신을 표현하고 다른 이들의 손짓을 읽음으로써 이해하는 법을 배울 수도 있다. 이 문제는 부모에게 달려 있다. 아이가 입에 의존하게 되느냐 아니면 손짓에 의존하게 되느냐는 다름 아닌 바로 '가정'에서 결정되기 때문이다. 우리가 다 알고 있듯이 입에 의존한다는 의미는 구화와 독화를 사용한다는 뜻이다. 수화나 지화 같은 것을 사용하지 않고 말이다. 당연히 우리는 우리 아이들이 가능한 한 입에 의존하게 되기를 원한다. 그렇다면 말하라. 말하라. 말하라.

그녀가 제시한 도전이 지닌 논리는 이해하기 쉬웠다. 바로 그 귀가 여행 중에도 우리는 린이 몸짓에 얼마나 의존하고 있는지를 깨닫게 되었다.

둘째 날 오후 늦게 우리는 남부 유타 주에서 12번 국도를 벗어나서 브라이스 캐년 국립공원 야영장으로 들어갔다. 텐트를 치고 15분 쯤 지나자 모닥불이 지펴지고 그 연기가 숲으로 퍼져나갔다. 우리는 인스턴트 커피를 마시며 불 옆에 앉아 스파게티 소스와 고기가 익기를 기다렸다. 브루스는 낮게 드리워진 나뭇가지를 목마 삼아 올라타고 깡충깡충 뛰고 있었고 린은 흡족한 표정으로 제 엄마 무릎 위에 앉아 있었다. 잠시 동안 우리는 린에 대한 걱정을 마음 한구석으로 밀어놓았다.

그때 린이 내려가고 싶다는 손짓을 했다. 루이즈가 린의 손을 잡고 불길 쪽으로 내밀어 타오르는 열기를 느낄 수 있게 했다. "앗 뜨거! 뜨거! 뜨겁다!" 루이즈가 린을 똑바로 보면서 말했다.

린은 루이즈의 입술을 지켜보고, 잠시 불을 바라보다가 시선을 내게로 돌렸다. 나도 그 경고를 되풀이 했다. "뜨거워요! 뜨거워! 뜨거워요!"

흥미로워하던 린의 표정이 미소로 바뀌고 손이 올라갔다. 린은 두 번째 손가락으로 보이지 않는 커피 잔을 만지다가 얼른 손을 떼는 동작을 해 보였다.

내가 외쳤다. "저걸 좀 봐요! 린이 우리가 하는 말의 뜻을 알고 있는 거요."

얼마 전 여름날 아침 일찍 브루스가 부엌으로 뛰어든 적이 있었다. 그는 루이즈 옆 의자에 기어올라 식탁 위의 커피 잔에 무엇이 들었나 보려고 손을 내밀었다가 뜨거운 커피에 그만 손을 데고 말았다. 그날 저녁을 먹으면서 루이즈가 린의 작은 손을 붙잡고 좀 뜨겁다 싶은 커피잔에 살짝 닿게 한 후 재빨리 끌어당기며 말했다. "뜨거워! 뜨거워! 뜨겁다!" 린이 이 잠깐 동안의 수업에 열중하고 있을 때 나는 두 번째 손가락을 내밀어 똑같이 커피잔에 손가락이 닿게 하고나서 얼른 움츠리면서 힘을 주어 외치듯 말했다. "뜨겁다! 뜨겁다!"

린은 금방 나의 동작을 흉내 냈다. 이 새로운 표현을 걱정스러운 표정으로 강조하면서 말이다. 그 후 이 몸짓은 뜨거운 음식에 주의를 환기시킬 때마다 우리 음성을 따라다녔다.

린이 야영 모닥불을 돌아보고 두 번째 손가락으로 뭔가를 건드리는 시늉을 한 후 재빨리 손을 거두어 들였다. 린이 그렇게 빠른 동작으로 제스처를 할 수 있다는 사실 자체가 본질적으로 하나의 장애인 것 같았다. 곧 말을 배우리라는 우리의 희망에 드리워진 불길한 먹구름이었다.

나는 린과 시선을 마주보고 입술의 움직임이 확실하게 보이도록 한 후 아무런 몸짓도 하지 않고 다시 또렷하게 말했다. "뜨겁다! 뜨겁다!"

린은 혼란스러운 표정이었다. 나는 불을 가리키고 아이가 다시 시선을 돌려 내 얼굴을 볼 때까지 기다렸다가 그 말을 천천히, 분명하게 발음해 주었다. 알아차린 표정이 아이의 얼굴을 스쳤다. 린의 손이 다시 올라가서 '뜨겁다.'는 것을 나타내는 그 제스처를 분명하게 해보였다.

린이 나의 입술을 읽었을까? 아니면 그저 뜨거운 음식과 연결된 제스처에 모닥불을 포함시킨 것에 지나지 않은 것일까? 이 문제들에 대한 해답을 찾거나 우리가 말한 어휘들이 어떻게 그렇게 빨리 우리의 입속에서 사라지고 말았는가를 알게 되는 데에는 수년이 걸릴 것이었다.

우리가 '뜨겁다(hot)'와 같이 단순한 어휘를 사용하는 경우에도 린은 그저 경미한 움직임만을 보였다. 나의 입이 움직였다. 그건 분명했다. 그러나 린은 'h' 음을 만들어 내는 급하게 흐르는 공기를 볼 수 없었다. 진동하는 성대가 누구나 쉽게 들을 수 있는 모음 'o'를 만들어 내는 것도 볼 수 없었다. 감추어진 혀가 입천장으로 돌진하여 't' 음을 만드는 것을 볼 수 없는 것이다.

'뜨겁다'를 표현하는 우리의 간단한 손짓은 얼마나 다른가? 처음부터 끝까지 그건 이해하기 쉬웠고 흉내 내기도 쉬웠다. 우리 부부는 청각장애에 관하여 쓴 글마다 제스처 사용을 피해야 한다고 왜 그렇게 강조했는지 깨달았다. 손짓 한 가지가 말이나 입술읽기를 얼마나 쉽게 대신할 수 있는가? 사실, 미처 알지 못하고 아무 생각 없이 우리는 대부분의 시간 동안 몸짓으로 의사소통을 하고 있었던 것이다. 린은 아주 쉽게 우리의 몸짓을 따라하며 배웠다. 그 아이는 그 몸짓들을 효과적인 의사소통 방식에 끼워 넣었던 것이다.

내가 대학으로 출근을 할 때면 린은 "빠이빠이(bye bye)."를 손을 흔들어 표현했다. 아마 그 몸짓이 아이가 인식하고 사용하게 된 최초의 말이었을 것이다. 린은 가끔 완강한 거부의 표시로 머리를 흔들어 "노우, 노우(no, no)."를 표현했고, 어떤 경우에는 장난기 어린 표정으로 눈을 깜박이며 머리를 흔들었다. 재빨리 손바닥을 펴서 보여주는 "모두 사라졌어(All gone)!"가 수개월 동안 그 아이의 몸짓 어휘 중 하나였다. 린은 서로를 향해서 두 번째 손가락을 구부리면서 표현하는 "이리 와(come here)."라는 몸짓을 알아들었다. 어느새 우리 모두는 의식하지 못한 채 눈과 얼굴로 말하고 있었다. "헷갈려요.", "화났어요.", "장난이에요." 또는 "안 할래요." 라고 그 애의 표정이 말할 때 우리는 쉽게 이해했다. 우리는 끊임없이 손가락으로 가리키고, 어깨를 움직이고, 눈썹을 치켜 올려 의문의 뜻을 표현하곤 했다. 우리는 머리를 끄덕이거나 흔들어서 다양한 형태의 부정을 표현했다. 우리는 하품을 하고 말없는 동작으로 잠을 표현했다. 우리는 문자 그대로 무언의 언어를 창조했던 것이다.

우리가 만약 이러한 의사소통 수단을 개발하기 위하여 의식적으로 노력한다면 어떤 일이 일어날까? 이런 생각은 이미 오래전에 우리 마음을 스쳐간 적이 있었다. 우리는 우연히 린에게 "뜨겁다."와 "모두 사라졌어."를 표현하는 몸짓을 가르쳤고 이제 아이는 그 말들을 우리가 음성으로 하는 것만큼이나 쉽게 손으로 "말하고" 있는 것이었다. 우리가 그 연구를 계속한다면 유용한 몸짓 어휘들을 린에게 가르쳐줄 수 있었을 것이다. 어쩌면 청각장애인들이 자기네들끼리 사용하는 특별한 부호언어를 배우는 방법을 발견해낼 수 있을지도 모른다.

그러나 우리는 이러한 가능성들을 생각하는 것과 동시에 그 가능성을 거부했다. 결코 차선책에 안주할 수는 없었다. 린은 말을 하게 되어야 했다. 존 트레이시 클리닉의 청각전문의는 이렇게 경고했다. "두 분께서는 따님이 몸짓에 의존하기를 원하시지 않을 겁니다. 만일 아이가 그렇게 되면 자신의 음성을 이용하는 법을 배우려 하지 않을 거예요." 만일 우리가 의사소통을 몸짓에 의존하면 그로 인해 린의 장애에 끊임없이 주의를 기울이게 되고, 결국 청각장애인으로 낙인찍게 될 것이었다. 그렇게 되면 아이는 우리로부터 격리되어 말을 하지 못하는 청각장애인들의 세계로 가버릴 것이었다.

우리는 어둠 속에서 저녁식사를 마쳤다. 마지막으로 숯불에 마시멜로를 구워 먹고 잠자리에 들었다. 우리 네 사람은 2인용 텐트에서 함께 꼭 껴안고 잤다. 한참 시간이 흐른 후에 나는 린이 고르게 내쉬는 리드미컬한 숨소리를 들을 수 있었다. 물론 루이즈와 브루스의 숨소리도 꾸준하고 고른 리듬을 만들어내고 있었다. 나는 잠들지 못하고 누워서 린에 관하여 그리고 의사소통에 대해 생각했다. 낮에 읽었던 일리노이 청각장애아 학교의 언어전문가가 쓴 글이 떠올랐다. 그는 청각장애아들이 듣지 못한 탓으로 의사소통 능력을 상실한다고 했다. 그 말은 읽을 때는 이상한 것 같았지만, 이제는 그게 사실이 아니라고 생각했다. 적어도 린의 경우에는 그렇지 않았다. 그는 "청각장애 아이들이 소리를 사용해서 의사소통을 하는 능력을 상실한다."고 말하고 싶었던 것일까? 나는 몸짓을 사용하지 말라는 존 트레이시 클리닉의 권고를 따르기로 결심하고 잠이 들었다.

  우리는 기회만 있으면 린에게 말을 하고자 노력했다. 문장은 짧게, 어휘는 몇 번이고 되풀이하여 말하고, 린이 가지고 노는 물건들의 이름을 일러주었다. 우리가 하고 있는 일은 무엇이건 설명해 주었고, 린이 반드시 우리 입술을 보게 하려고 갖은 노력을 했다. 물론 항상 마음먹은 대로 되지는 않았다. 그건 지루한 작업이었고 차라리 아무 말도 하지 않고 있거나 책을 읽고 있는 채하거나 학교에서 다음날 해야 할 일의 계획을 짜면서 시간을 보내는 것이 더 쉽다는 것을 알게 되기도 했다. 아내 루이즈가 린과 말을 할 때 그 흐름이 더뎌지거나 끊기는 것은 지나치게 열중한 탓이거나 완전히 지쳐있을 때였다. 그럴 때면 린의 조용하고 뭔가 묻는 듯한 미소를 보고 우리는 그 아이가 말을 하게 되려면 우리가 말을 하고 또 해야 한다는 것을 상기하곤 했다.

  말을 해야 한다는 필요성과 우리 자신의 건망증이 우리 부부에게 불화를 일으키기도 했다. 우리 두 사람은 똑같이 충분하게 말을 하지 않는 것에 대해서 죄의식을 느꼈다. 때때로 내가 루이즈에게 화를 내면서 말을 충분히 하지 않는다고 책망하는 경우가 생겼다. 결국 우리는 당황하고 화를 내면서 언쟁에 휘말렸다. 그러나 우리는 두 사람 중 누구도 불가능한 일을 할 수는 없으며 자지 않고 깨어있는 매 시간을 린을 위한 대화에 바칠 수도 없다는 사실을 서서히 받아들였다. 우리는 기회만 있으면 취침 시, 목욕할 때, 차를 타고 갈 때, 놀이를 할 때, 이야기책을 읽을 때 등등 브루스도 함께 하려고 노력했지만, 우리가 린에게 관심을 집중한 탓으로 그가 소외감을 느낄 때가 없지 않았다. 그런 일이 생길 때면 우리 둘 중 하나는 특별히 시간을 내어 그와 대화하고 놀아주었다. 그리고 브루스에게 설명하려고 노력했다. "언젠가는 린이 우리가 하는 말을 이해하기 시작할거야. 오랜 시간이 걸리겠지만 우리 모두 다 같이 할 수 있는 한 그 애에게 말을 많이 해주어야 하는 거란다. 언젠가는 그 애도 너처럼 말을 하게 될 거야. 듣지는 못해도 말이야."

우리가 휘튼에 도착한 날은 따뜻한 목요일 아침이었다. 브루스와 린은 눈에 익은 건물들이 나타나자 뛸 듯이 좋아했다. 나는 세미너리 가로 접어들어 전에 우리가 살던 집을 지나 천천히 차를 몰았다. 브루스와 린에게 그 집을 가리키면서 루이즈가 말했다.

"저 집이 우리가 지난 번에 살았던 곳이야." 자신의 입을 린이 볼 수 있도록 머리를 돌리고 그녀는 계속 말했다. "우리가 저 집을 방문할 수는 있지만 이제 더 이상 저 집에서 살지는 않을 거란다."

나는 몇 블록 더 가서 에메랄드 421호 앞에 차를 세웠다. 이 집은 오래되긴 했지만 보존이 잘된 2층 건물로 벽에는 회색 페인트가 칠해져 있고, 흰색으로 장식이 되어 있었다. 앞뜰을 가로질러 가면 넓은 현관이 있었고 네 개의 널찍하게 자리 잡은 직사각형 기둥들이 무거운 지붕을 지탱하고 있었다. 넓은 마당 가운데에는 오래된 느릅나무 한 그루가 서 있어 현관으로 가는 길에 시원한 그늘을 드리워주었다. 우리는 캘리포니아로 떠나기 전에 거실에 짐을 옮겨 두었었다.

"여기가 우리 새 집이다." 보도를 따라 집으로 걸어가면서 내가 말했다. 역시 린을 보고서였다. 린은 엄마의 목에 팔을 감고 매달려 있었다.

"이 집은 현관이 크다."

"여기는 네가 놀 수 있는 현관이다."

"정문. 이것이 정문이다."

"여기 열쇠가 있다." 나는 열쇠꾸러미를 린이 볼 수 있도록 높이 들었다가 문을 열고 모두 함께 들어갔다. 희미한 곰팡이 냄새가 집안을 맴돌고 있었다. 루이즈가 거실의 블라인드를 감아올리고 창문을 열었다. 나는 차곡차곡 쌓여있는 상자들과 다른 짐들을 둘러보았다.

"상자들, 이건 상자들이야." 루이즈는 가장 가까이에 있는 골판지 상자 더미를 쓰다듬으며 린을 보고 말했다.

"여기는 데이비 브랜트 아저씨 집이었어." 브루스가 린을 보며 말했다. "나는 여기 많이 와봤어."

일 년 전 나는 데이브 브랜트가 작은 대학아파트에서 이 집의 넓은 거실로 가구를 옮기는 것을 도왔었다. 우리는 데이브가 오클라호마 대학교로 전근을 가자 이 집을 인수했다. 데이브는 휘튼 대학을 졸업하고 MA(문학석사) 학위를 취득하자 고향으로 돌아가 물리학 강의를 맡았다. 우리는 신출내기 전임 강사로 같은 시기에 이곳에 자리를 잡았었다. 우리는 블랜차드 홀 2층에 있는 사무실을 함께 사용했다. 갈색을 띤 빨간머리를 한 육중한 체구의 사내인 데이브의 유쾌한 유머 감각과 학생들과의 돈독한 관계를 보고 나는 많은 것을 배웠다. 데이브 자신은 그걸 모르고 있겠지만.

루이즈는 데이브의 아내인 멜바 브랜트와 쇼핑을 자주 다녔고 낮 시간 동안 서로 애들을 돌봐 주었다. 린에 대해서 맨 처음 알게 된 이웃이 바로 브랜트 부부였다. 그들은 이해와 격려를 잊지 않았다. 우리는 방들을 둘러보았고, 브루스는 어떤 비밀이 감춰져있는지 알아보기라도 하듯 앞서 뛰어 돌아다니며 기웃거리고 있었다.

"침실."

"여기는 침실이야." 루이즈가 말하자 린은 내 품에 안긴 채 지켜보았다.

"매트리스, 이건 매트리스야." 우리는 그 옆방으로 갔다.

"욕실. 이건 욕실이야." 루이즈가 일러주었다.

"여기 욕조가 있네." 내가 덧붙였다.

"물." 루이즈가 세면기의 수도꼭지를 틀면서 말했다. 내가 린을 가까이 데려가자 루이즈는 린의 손에 흐르는 물줄기를 대주었다.

우리는 아래층으로 내려와 거실로 들어가 창문 옆으로 갔다. 루이즈는 말을 계속했다.

"창문, 이건 창문이야. 저기 좀 보렴. 나무 사이로 블랜차드 홀이 보이네." 루이즈가 손가락으로 닫혀있는 창문을 가리켰다. 말없이 우리는 그 오래된 건물을 수 분 동안 바라보았다. 그 침묵은 린만 빼놓고 우리 발밑에서 참나무 마루가 삐걱거리는 소리 때문에 깨졌다.

10월 말에 잡혀있던 어린이 메모리얼 병원 청각전문의와의 진료예약이 다가오자, 루이즈와 나는 우리들의 말하기가 헛수고가 아니었음을 알아차릴 수 있었다. 린은 이제 우리가 말을 할 때는 거의 언제나 눈으로 경청했고 말하기에 한 발자국 더 가까이 다가서 있었다.

"모두 사라졌어.", "노우 노우", "빠이빠이", "뜨거워, 뜨거워"와 같은 말들을 입모양으로는 분명하게 따라했고, 언젠가는 거기에 음성도 첨가하게 되리라는 것을 알 수 있었다.

학생들도 가을 학기에 맞춰 돌아왔고, 고학년 학생들은 학교 일정에 익숙해졌다. 진료 예약이 있던 날, 오후에 있는 미적분 수업을 휴강하고 점심을 먹자마자 우리는 시카고를 향해 출발했다. 나는 병원을 쉽게 찾을 수 있을 줄 알았다. 스테이트 가를 따라 북쪽으로 올라가면서 나는 어디에서 방향을 바꿔야할지 알 수가 없었다. 속도를 줄이면서 육교 위를 올려다보고 있는데 갑자기 껌벅거리는 붉은 불빛 하나가 백미러에 나타났다.

"오, 이런! 하필 이런 때 딱지를 떼게 되다니." 차를 한쪽으로 세우면서 루이즈에게 내가 말했다.

주근깨투성이의 얼굴이 청색 제복과 선명한 대조를 이루고 있는 키가 큰 경찰관 한 사람이 차창 옆으로 다가왔다. 나는 운전면허증을 찾아 호주머니에 손을 댔다.

"무슨 일이십니까? 길을 잃으셨나요?" 그가 다정한 음성으로 물었다.

"그런 것 같군요." 나는 계면쩍어하면서 말했다. 마음이 놓이긴 했지만 나는 얼른 덧붙여 말했다. "우리 딸아이 때문에 어린이 메모리얼 병원을 찾아가야 합니다."

"따라 오세요." 그는 더 이상 아무 말 없이 돌아서서 순찰차에 올라탔다. 나는 그가 빨간불을 번쩍이며 차량행렬 속으로 들어가자 재빨리 뒤를 쫓았다. 다른 차들이 속도를 줄일 때 우리는 경찰차 뒤에서 속도를 높일 수 있었다. 3, 4분이 안되어 그가 우리에게 손을 흔들어 작별을 고했고 우리는 병원 옆 주차장으로 들어갔다.

어머니들, 꼬마들, 그리고 소수의 아버지들이 청각 클리닉의 길고 좁은 대기실 의자들을 다 차지하고 있었다. 30분을 기다리자 우리는 복도를 따라 내려가 청각전문의의 진료실로 안내되었다. 자신을 젠슨이라고 소개한 의사는 내가 예상했던 것보다 젊었다.

"아가야, 참 귀엽게 생겼구나!" 그녀가 린에게 말을 하고 나서 우리에게 손짓으로 앉으라고 권했다. 그녀는 서류와 서류철들이 흩어져 있는 커다란 책상에 등을 돌리고 빨간색 회전의자에 자리를 잡고 앉았다. 젠슨 의사는 린에 관해서 물었다. 다른 자녀들도 있나요? 어디에 사시죠? 린의 청력을 검사해 본적이 있나요?

"린이 청각장애를 가지고 있을지도 모른다고 언제 처음 생각했나요?"

"생후 3개월쯤이에요. 그런데 우리 의사 선생님은 제대로 알려면 두 살은 되어야 한다고 하시던데요." 루이즈가 말했다.

젠슨 부인은 천천히 머리를 흔들면서 입을 꼭 다물고 한동안 생각에 잠겼다가 말했다. "많은 부모들에게서 그 말을 듣죠." 그녀의 음성에는 약간의 짜증이 배어있었다. "하지만 린과 같은 청각장애아들의 장래는 전적으로 조기 발견에 달려있어요. 독화는 빨리 가르칠수록 좋으니까요."

린이 루이즈의 무릎 위에서 몸부림치더니 실내를 한번 둘러보았다. 젠슨 부인이 의자에 앉은 채 몸을 약간 앞으로 숙였다. 그리고 한마디 한마디에 힘을 주면서 말했다.

"대부분의 사람들은 물론 대부분의 의사들까지도 청각학이나 조기 발견의 중요성을 이해하지 못한다고나 할까요. 두 분은 그나마 운이 좋으신 거예요. 린이 생후 18개월밖에 되지 않았으니까요. 어떤 아이들은 세 살이나 되어서야 처음으로 청력검사를 받는 경우도 있거든요. 의사들 중 더러는 부모들에게 기다려라, 아이가 더 나이들 때까지 알 도리가 없다, 아이가 소리를 그저 무시하고 있을 수도 있다고 말하는 경우도 있어요. 청각장애를 조기 발견하는데 있어서는 캐나다와 호주, 영국이 미국보다 훨씬 앞서 있어요."

그녀가 말을 하면서 양손을 들어 크게 펼치는 동작을 해보였는데 청각장애아들의 조기발견과 조기교육이 반드시 필요하다는 것을 강조하는 것 같았다.

나는 문에 양방향 거울이 달린 카펫이 깔린 작은 방으로 린을 안고 들어갔다. 방 한가운데에 있는 낮은 테이블 위에는 몇 개의 장난감과 버튼이 달린 발신장치가 놓여있었다. 거울 가까이 있는 테이블에는 줄무늬 셔츠와 자루 같은 바지를 입고 얼굴에 페인트칠을 한 빨간 코의 어릿광대 인형이 놓여있었다. 우리가 자리에 앉자 젠슨 부인이 두 개의 벽걸이 스피커를 통해 우리에게 말을 했다.

"저는 지금 린이 소리에 반응하는 상황을 만들어 보려고 합니다. 그렇게 하면 그 애가 듣는 것을 더 잘 알 수 있습니다. 린을 주의 깊게 잘 지켜보세요. 만일 아이가 나오는 소리 중 어느 것이든지 듣는 것 같거든 그 아이의 손을 잡고 테이블 위에 있는 버튼을 누르세요. 그렇게 하면 인형의 빨간 코에 불이 들어옵니다. 그러면 키에서 손을 떼도록 하세요. 린이 또 다른 소리를 들을 때까지 키에 손대지 않도록 하세요."

일련의 높은 음조의 소리들이 나오는 동안 나는 줄곧 린을 주시했다. 두 번째로 나온 중간 음역의 소리에서 그 강도가 점점 높아지자 린이 뜻밖에 주위를 둘러보았다. 나는 즉시 그 애의 손을 잡아 키를 누르게 하고 린이 광대 인형의 불 켜진 코를 보고 놀라 눈을 크게 뜨는 것을 지켜보았다. 내가 얼른 린의 손을 떼자 코에서는 불이 깜박거리며 꺼졌다. 그리고 린에게는 모형 자동차 하나를 주었다. 린은 그것을 테이블 위에서 앞뒤로 밀었다 당겼다 했다. 그러나 그 동안에도 그 애의 시선은 광대 인형으로부터 떠날 줄을 몰랐다.

젠슨 부인은 같은 음조의 소리를 세 번 더 방 안을 꿰뚫고 지나가게 했다. 린과 나는 함께 버튼을 눌렀다. 어릿광대 인형의 코가 다시 살아나자 린은 좋아했다. 우리는 그 다음에 터진 가장 큰 소리에도 똑같은 일을 반복했다. 그 후에도 한 번 더 그렇게 한 후, 훨씬 더 낮은 소리가 스피커에서 나오자 린은 내 도움을 받지 않고 버튼에 손을 갖다 대더니 힘차게 눌렀다. 그 애는 두 눈을 자랑스럽게 반짝이며 나를 쳐다보았다. 나도 열심히 머리를 끄덕여주었다. 조바심을 내며 우리는 다음 소리를 기다렸다. 십 분 동안 린은 이 놀이에 대한 솜씨를 과시했다.

"자, 이제 진료실로 다시 오세요." 젠슨 부인의 맑은 음성이 스피커에서 들려왔다.

나는 루이즈 옆자리에 앉았다. 젠슨 부인이 이제는 눈에 익은 청력도를 우리가 볼 수 있도록 펼쳐들었다.

"린은 아직 아기예요." 그녀가 천천히 말을 하기 시작했다. 이번에는 더 머뭇거리며 말을 했다. "일 년만 더 있으면 똑같은 테스트에도 이 아이가 훨씬 더 많은 소리를 듣는다는 것을 알 수 있을 거예요. 아무튼 린은 들을 수 있어요. 이 애는 내가 소리를 65 데시벨로 증폭했을 때 250 싸이클의 소리에 반응했습니다. 이 소리는 피아노에서의 중간 C음에 가까운 소리예요."

린이 들을 수 있다는 것은 정말 신나는 말이었다. 우리는 이 소리가 정상적인 언어의 음역에는 미치지 못한다는 사실에는 눈을 감아버렸다. 언어 음역에서 린이 반응을 보인 것은 100 데시벨 이상의 음량일 때뿐이었다고 젠슨 부인이 언급했을 때에도 그게 그렇게 중요해 보이지 않았다.

린이 불과 65 데시벨의 소리를 들었다! 우리는 새롭게 드러난 이 사실에 매달렸다. 존 트레이시 클리닉에서는 90 데시벨 이하의 것은 어떤 소리도 듣지 못했었다. 어쩌면 이건 좋아지고 있다는 신호일지도 모른다. 즉 우리 린이 벌써 잔존청력을 이용하는 법을 배우기 시작했음을 의미했다. 그렇다면 앞으로의 테스트에서는 진일보한 진전을 보여줄 것이다.

"린은 두 살이 되면 한 번 더 테스트를 받아야 합니다. 그 후에 처방을 받아 보청기를 착용하게 될 거예요." 젠슨 부인이 말했다.

"보청기를 맞추기 위해서 6개월을 더 기다릴 필요가 있습니까?" 본심은 아니었지만 짜증 섞인 말투로 내가 물었다.

"보청기를 효율적으로 사용하기 위해서는 린을 위한 특별한 처방이 필요합니다. 두 살쯤 되면 정확한 판단을 내릴 수 있도록 린이 우리를 도울 수 있을 테니까요. 하여간 그때까지 기다리는 게 최선의 방법이에요. 하지만 그전이라도 린이 청력 훈련기를 사용할 수 있어요."

"청력훈련기가 뭐죠?" 루이즈가 물었다. 기다리는 동안 우리가 할 수 있는 일이 있다는 것을 알고 우리 두 사람은 기분 좋게 놀랐다.

"그건 아주 어린아이들에게 잔존청력을 이용할 수 있도록 가르치기 위해 고안된 전자장치예요. 마이크로폰과 증폭장치, 헤드폰으로 구성되어 있어요. 린이 다른 사람들의 음성을 인식하고 그 음성과 동작을 연결할 수 있도록 돕는데 사용합니다." 젠슨 부인은 보청기를 구입할 때까지 우리가 청력훈련기를 빌릴 수 있도록 시카고 청력협회에 편지를 써주겠다고 말했다.

청력훈련기는 보다 큰 증폭장치와 보다 효율적인 리시버들을 구비하고 있어서 음성을 포착해서 100 데시벨이 넘게 증폭할 수 있다. 증폭 정도를 조절할 수 있어서 린과의 의사소통이라는 특정 욕구에 맞도록 훈련기를 조정할 수 있다는 것이었다. 우리가 떠날 때 젠슨 부인이 말했다. "청력 훈련기를 매일 사용하는 것이 중요합니다. 그건 린이 나중에 보청기를 사용할 수 있도록 훈련시켜주는 아주 훌륭한 방법이기도 합니다."

집에 도착하자마자 나는 시카고 청력협회로 전화를 걸었다. 나는 그곳 사람들에게 어린이 메모리얼 병원의 청각전문의로부터 편지 한 통이 그쪽으로 갈 터인데 우리는 가급적이면 빠른 시일 내에 청력훈련기를 빌리고 싶다고 말했다. 그러나 크게 실망스럽게도 청력훈련기가 모두 사용되고 있어서 우리에게 빌려주려면 12월 중에나 가능할 것이라고 했다.

그 하루하루가 또 다른 기회의 상실로 여겨졌다. 우리는 이렇게 지체되는 것에 안달이 났지만, 린에게 말하는 훈련을 계속했고, 우리집은 그 애가 볼 수 있는 대화로 가득 채워졌다.

| 제 6 장 |

보통 아이처럼

보통 아이처럼

 "보통 아이처럼 대하세요."

 그 충고를 따르기는 어렵지 않았다. 린은 장애아 같지 않았고 또 린이 가진 장애라는 것이 눈으로 볼 수 있는 것도 아니었다. 그 애는 말없이 의사를 전달했고 우리는 거의 언제나 린의 의도를 이해했다. 우리가 말을 하면 린은 우리를 주시했다. 우리가 린에게 말을 하는 것은 브루스에게 하는 것이나 다름없었다. 린도 브루스처럼 우리 말을 이해하는 것은 마찬가지였다. 쌀쌀한 가을바람을 타고 나뭇잎들이 황금빛에서 빨갛게 변해가면서 우리의 낙천적인 기대도 더욱 커졌다.

 모든 점에서 린은 워낙 정상적이어서 우리는 가끔 그 아이가 침묵의 세계에 살고 있다는 점을 스스로에게 상기시켜야 했다. 린이 걷기 시작했다. 브루스와 즐겁게 놀고 다른 아이들과도 잘 어울렸다. 브루스가 그 또래일 때 했던 그대로 울기도 하고 웃기도 했다.

 아마 우리가 린을 쉽게 정상이라고 여기게 된 것도 사실은 그 애가 끊임없이 정상아처럼 행동하기 때문이었을 것이다. 린은 더욱더 활동적이 되어갔다. 음성이 시들어가던 바로 그 시기에도 그 애의 얼굴과 양손은 풍부한 표현력으로 더욱 살아 움직였다. 린은 책을 좋아했다. 자신의 독서등급에서 0순위에 해당되는 책이면 어느 것이든 일단 눈에 띄기만 하면 책장에서 뽑아들고 엄마를 찾아 거실의 소파에 앉으라고 의사표시를 하고 엄마의 무릎 위에 올라 앉아 엄마가 책을 펼치기를 기다리는 것이었다. 몇 번이고 되풀이하여 눈에 익은 페이지들을 훑어보기를 좋아했다. 자기가 아는 얼굴 그림이 보이면 손가락으로 가리키곤 했다. 개와 고양이들의 장난질에는 웃어댔고 자동차와 비행기들을 손동작으로 흉내냈다. 린은 손가락으로 가리키고 열심히 쳐다보며 자기가 이미 알고 있는 말들을 알아내고자 엄마의 입과 얼굴을 탐색하곤 했다.

학교에서 퇴근해 집에 왔을 때 린과 브루스가 현관 베란다에서 놀고 있는 것을 자주 볼 수 있었다. 다른 아이들까지 함께 어울려 있는 경우도 많았다. 그들은 현관 베란다를 요새, 지하감옥, 해적선, 또는 볼링장으로 바꿔 놓곤 했다. 헌 모포를 가져다가 의자 위에 걸쳐 놓고 천막 모양의 은신처를 만들어 놓을 때도 있었다. 그들은 오후 간식거리를 이 가상의 세계로 가져와 먹었다. 누구보다 먼저 린이 나를 보는 경우가 흔했다. 활짝 핀 미소가 그 애의 얼굴을 밝게 만들었고, 이내 손을 들어 흔들면서 층계 쪽으로 달려오는 것이다. 때로는 갑자기 방향을 바꾸어 돌아서는 바람에 무릎을 꿇고 넘어지고 계단 밑으로 구르기도 했다.

"안녕, 린?"

나는 아이를 번쩍 들어 안으며 말했다. 그 아이의 침묵이 대수롭지 않게 여겨지는 날들이었다.

린이 고집스럽게 느릅나무 쪽을 가리켰고 나는 그 애가 무엇을 원하는지를 알았다. 우리가 이사해 들어간 그 다음 주, 나는 두꺼운 밧줄 하나를 나뭇가지 하나에 단단히 묶고 맨 밑에 커다란 매듭을 만들어 두었다. 브루스가 달리다가 뛰어 오르기를 하여 그 매듭에 매달려 솟구쳐 올라 공중에 넓은 궤적을 그릴 수 있게 되었다. 그러나 린은 혼자서는 탈 수 없었다. 나는 린을 매듭 위에 앉혀 주었다. 그 짧은 다리로 매듭을 안전하게 감싸고 앉아서 단단히 매달렸다. 나는 하늘 높이 밀어 올려 주었다. 린은 신이 나서 두 눈을 크게 떴다. 물론 약간 두려운 기색이 어리긴 했지만 말이다. 그 애의 기뻐하는 미소는 더 높게 밀어달라고 말하는 듯 했다. 내가 등 뒤에서 밀어주는 동안 린은 아스라이 높은 느릅나무 꼭대기를 쳐다보곤 했다. 검은 색을 띤 가지들이 초가을의 단풍든 잎사귀들을 배경으로 뚜렷한 윤곽을 드러내 보이고 있었다. 그 애는 눈을 꼭 감아버렸다. 마치 그 짧은 암흑의 순간에 오르고 내리는 감각을 보다 완벽하게 즐길 수 있기라도 하는 것처럼. 마침내 나는 더 해달라는 항의의 제스처에도 불구하고 아이를 밧줄 그네로부터 안아 내려놓았다.

"지금은 안 돼, 나중에 하자꾸나. 지금 아빠는 들어가서 엄마를 보고 싶어요."

린은 좀 거친 감각을 느끼기를 좋아했다. 그런 느낌들이 자기가 전혀 알지 못하는 소리를 보충해 주는 셈이었다. 브루스와 린은 앞마당의 낙엽들을 긁어모았다. 보도와 잔디밭에서 모은 낙엽은 엄청나게 큰 낙엽더미가 되었다. 린은 그 황금색, 갈색, 빨간색의 폭신폭신한 낙엽더미에 머리부터 곤두박질하듯 뛰어들기를 좋아했다. 피부에 와 닿는 그 바짝 마른 잎사귀들이 주는 감각을 즐기고자 몇 번씩이고 뒹굴고 또 뒹굴었다. 양손 가득히 낙엽들을 퍼 담아 들고 까칠까칠한 표면을 느껴보고 그윽하게 해맑은 가을의 냄새를 맡아 보는 것이었다.

그 해에는 늦가을의 따사로움이 한창 절정일 때 할로윈이 찾아왔다. 호박들과 마녀들, 별의별 가면들이 갑자기 나타나자 린은 일종의 시각적인 황홀경에 빠져든 것 같았다. 돌이켜 보건데, 이제야 우리는 그 아이의 세계가 사람들의 얼굴을 중심으로 돌고 있었다는 것을 깨닫는다. 소리가 없으므로 그저 아주 제한적인 몸짓만으로 소통하던 린에게 있어 우리와의 가장 중요한 연결 고리는 우리의 입과 눈 그리고 주름진 이마를 지켜보는 것이었다. 즉 말하기를 결코 그치지 않는 우리의 표정들에서 왔다는 말이다. 그 해 그 할로윈 축제는 주변의 모든 것이 말하기 시작한 시발점이었다. 한도 끝도 없이 엄청나게 많은 얼굴들이 마치 누군가 영상을 틀어 주는 것처럼 그렇게 나타났던 것이다.

어느 오후 린은 의자 위로 기어 올라가 엄마가 여러 개의 호박에 미소 지은 얼굴과 찡그리고 있는 얼굴들의 밑그림을 그리는 것을 지켜보았다. 우리는 그린 선을 따라 호박을 파내어 움푹 패인 눈과 사악하게 보이는 이빨들이 나있는 커다란 입을 가진 호박등을 여러 개 만들었다. 린은 우리가 만들어 보여준 말하는 얼굴들을 놀란 눈으로 보면서 기대감에 싸여 날카로운 비명을 질렀다. 린은 손가락으로 호박등의 눈을 밀면서 알 수 없는 존재들의 내면을 만져 보기라도 하려는 듯 손을 내미는 것이었다. 그날 밤 늦게, 거실의 어둠 속에서 우리가 양초에 불을 켜자 린은 호박등에서 나오는 여러 줄기의 불빛에 놀라 꼼짝하지 않고 바라보기만 했다.

나는 브루스를 데리고 '장난을 칠까요, 먹을 것을 줄래요?(trick-or-treat)'[5] 놀이를 하러 나갔다. 린은 그날 저녁을 집안에서 가면을 쓴

---

5) 할로윈 때 아이들이 이웃집을 돌며 과자나 과일을 달라고 할 때 하는 말이고, 그 자체로 재미있는 활동이다.

아이들이 먹을 것을 얻으러 나타나기를 기다리며 보냈다. 아이들이 들이닥치면 그 애는 사탕을 나누어 주는데 자랑스럽게 한 몫 거들었다. 그 애가 "장난을 칠까요, 먹을 것을 줄래요?"라고 외쳐대는 그 애들의 음성을 전혀 듣지 못했을 것이 분명했다. 린이 그 소리를 들었으면 좋았을 터인데 말이다. 그러나 린은 아이들이 얼굴을 가리기 위해 쓰고 있는 가면들이 전하는 메시지를 읽었다. 앞으로 내민 손의 의도를 이해했다. 아마 그것은 린으로서는 처음 들어보는 음악과 같은 것이었을 것이다.

그 해 가을 우리가 린의 청각장애에 관하여 다른 사람들에게 뭐라고 말했는지 잘 기억나지 않는다. 대체로 우리는 아무 말도 하지 않는 편이었다. 친구들에게는 장애의 심각성을 낮추어 말하곤 했다. "린은 약간이지만 들을 수 있어요. 보청기를 사용하면 아마 크게 호전될 거래요." 우리는 친구들이 우리를 동정하거나 안쓰럽게 생각해 주기를 원치 않았던 것이다. 무엇보다 그들이 우리 린을 장애아처럼 대하는 것이 싫었다. 만일 우리가 린을 청각장애인으로 대하면 그 애가 농인이라고 간주되는 그 소외된 사람들의 특성을 그대로 갖게 되리라는 내용의 글을 어디에선가 읽은 적이 있었다.

우리는 위층에 사는 학생들에게도 말하지 않았다. 많은 학생들이 하루도 빠짐없이 날마다 린을 보았지만 그들은 린이 듣지 못하는 것을 모르고 지냈다. 11월의 어느 상쾌한 오후에 나는 위층에서 요란스럽게 웃어대는 소리를 들었다.

"스프래들리 선생님! 이리 올라 오셔서 린 좀 보세요!"

층계 맨 위쪽에 학생들이 텔레비전 시청실로 사용하는 작은 방이 하나 있었다. 의자 몇 개와 쿠션들이 놓여 있었고 네다섯 명의 학생들이 앉아서 미식축구 경기를 보고 있었다. 생물학과 3학년인 키가 큰 마이크가 TV 앞에 린과 함께 서 있었다.

"이것 좀 보세요, 스프래들리 선생님." 내가 방 안으로 들어가자 그가 이상하다는 표정으로 말했다.

그가 몸을 숙여 꺼져있던 TV를 켰다. 몇 초 만에 축구장을 가로질러 행진하는 대학 밴드부의 모습이 나타났다. 린은 어느 것 하나 잊지 않고 있었다. 화면이 살아나자마자, 린은 손을 내밀어 아주 권위 있는 태도를 보이면서 스위치를 끄고 학생들을 둘러보면서 "모두 사라졌어!"하고 소리 없이 입모양을 만들어 보였다.

린의 얼굴에 나타난 익살스러운 표정은, "미안합니다. 그러나 시합의 나머지 부분을 보도록 놔두지는 않겠어요."라고 말하는 것 같았다. 나는 학생들과 함께 웃었다. 어떻게 보든지 그건 의도적인 무언극 같았다. 마치 어떤 특수 효과를 노리고 침묵하고 있기라도 하듯이. 그들의 웃음 소리가 린에게 학생들의 주의를 환기시켰음을 알려준 셈이었다. 나에게는 그들 모두가 그 아이의 음성 없는 말들의 진정한 비밀을 모르고 있음을 알려 준 것이었다.

친구이자 이웃인 밥과 메리 휴스 부부만이 우리가 편하게 린에 관해 이야기하는 친구들이었다. 우리가 페리스 하우스로 이사하고 얼마 되지 않은 어느 날, 우리는 밥에게서 뭔가 이상한 낌새를 눈치 챘었다.

"저 사람 좀 봐요. 저 사람 우리 이웃 아니오? 그런데 저 사람이 자동차 운전하는 건 위험하지 않을까?"

나는 거실에서 루이즈에게 외쳤다. 우리는 서른 대여섯 살쯤 되 보이는 몸매가 호리호리한 사내가 무척 힘겹게 보도를 따라 거리를 걸어가는 것을 지켜보고 있었다. 그의 몸이 한쪽으로 기울었다가 다음에는 반대쪽으로 기울어졌고 양손은 허공에서 멋대로 움직이고 머리는 앞뒤로 흔들거리며 걷고 있었다. 몇 분 동안 걷던 그는 옆에 주차된 스테이션 왜건의 문을 열고 운전석에 앉았다. 제 몸 추스르기도 저렇게 힘든 사람이 자동차 운전은 어떻게 할까?

얼마 뒤 브루스가 그 집 아이들인 제인과 알렉스와 함께 놀기 시작했고, 브루스가 그 집 뒷마당의 나무에 올라가서 제인이 나를 불러 내려오게 한 적이 있었다.

"걔네 아빠 엄마는 말을 잘 못해요. 걷는 모습도 아주 재미있어요." 브루스가 건성으로 말했다.

"아마 뇌성마비 같아요." 루이즈가 말했다. 우리 두 사람은 우리와 다른 외모를 가진 이웃과 먼저 나서서 사귀는 것이 아무래도 좀 불안하고 내키지 않은 느낌이었다. 밥은 휘튼 대학에서 일했다. 나는 그가 블랜차드 홀로 들어가는 것을 본 적이 있었다. 그가 어떤 직책을 가지고 있는지 궁금했다.

내가 휘튼에 와서 채 일 년이 안 되던 어느 날 블랜차드 홀로 가는 길에 마침 밥을 만나게 되었다. 늦가을의 어느 서늘한 날이었다고 기억한다. 낙엽들은 이미 거의 다 져서 바람에 잔디밭 위를 굴러다니고 있었다. 밥이 저 앞에서 한 발자국 한 발자국 힘겹게 내딛으며 걷고 있는 것을 보았다. 나는 보도 위를 성큼성큼 걸어서 재빨리 그에게 다가갔다. 그는 마치 눈에 보이지 않는 장애물 코스를 통과하고 있는 것처럼 힘겹게 걸어가고 있었다. 남아있는 짧은 거리를 가는 데 5분씩이나 걸리는데 내가 옆에서 함께 걸어가면 그가 난처해할까?

"굿 모닝!" 내가 보도 옆에 있는 잔디 위로 내려서면서 말했다. 그를 향해 고개를 끄덕해 보이며 잠깐 보조를 늦추었다. 밥이 뭐라고 말을 했지만 나는 알아들을 수 없었다. 30초 만에 나는 성큼성큼 걸어서 블랜차드 홀 입구에 도착했다. 그를 위해 커다란 문을 열고 서 있는 동안 나는 그를 지나쳐 왔던 바로 그 지점에서 아직도 그가 버둥거리고 있음을 깨달았다.

우리는 밥과 메리 휴스에게 동정심을 품게 되었으나 그들의 장애 앞에서는 곤혹스러워지곤 했다. 그러다가 우리는 린의 청각장애를 알게 되었고, 하룻밤 사이에 밥과 메리에 대한 시각이 완전히 바뀌었다. 그들의 말하려는 노력, 엄청난 장벽들을 극복하려는 투혼, 용기, 그리고 그들 자체가 갑자기 큰 의미를 지니게 되었다. 루이즈는 린이 청각장애일지도 모른다는 의심을 품게 되었을 때 메리에게 제일 먼저 털어 놓았다. "음, 만약 린이 청각장애를 가지고 있다 하더라도 잘 적응할 수 있을 거예요. 그리고 특별한 도움이 필요하다면 충분히 받게 될 거예요." 메리가 루이즈를 안심시켰다. 루이즈는 메리의 학창시절 경험을 주의 깊게 들었다. 서서히 우리는 뇌성마비에 관하여 알게 되었다. 낙인처럼 붙어 다니는 남과 다르다는 인식, 그들이 다녔던 특수학교들, 말하기를 배우기 위해 애썼던 노력들을 알게 되었다.

"뇌성마비인[6]들은 사람들이 인식하는 것보다 실제로는 훨씬 더 많아요. 대부분은 다들 잘 살고 있죠." 밥이 우리에게 말해 주었다. 우리의 우정이 자라면 자랄수록 그들의 세계에 대한 우리의 이해도 자라났다. 폭풍우가

---

6) 우리나라의 장애인복지법 상으로는 뇌병변장애인으로 번역해야 하겠지만 원문의 내용은 뇌성마비를 뜻하기에 '뇌성마비'로 하였다.

지나간 어느 날, 밥이 전화를 걸어, 보일러 표시등이 꺼졌는데 잠시 건너와서 좀 살펴봐줄 수 있겠느냐고 물었다.

내가 부탁 받은 대로 해주고 문밖으로 걸어 나올 때 그가 물었다. "오늘 밤 잠시만 시간을 내서 우리집에 좀 들러 줄 수 있겠소, 탐? 친구들 몇 사람을 불러 파티를 열려고 하는데, 다 뇌성마비 장애인들이예요. 그 중 세 사람은 걷지를 못하는 데 나도 그들을 돕는 데는 별 수 없거든. 도움을 좀 주었으면 하는데, 어떻소?" 그 날 저녁, 휠체어에 타고 있는 세 사람을 한 명씩 거실로 밀고 들어가면서 나는 또 다른 사회와 맞닥뜨린 것 같은 느낌을 받았다. 나는 이전에는 그렇게 많은 이상야릇한 동작과 그렇게 많은 이상한 소리들을 일시에 보고 들어본 적이 한 번도 없었다. 그러나 동시에 똑같은 장애를 지닌 데에서 비롯되는 친밀감을 느낄 수 있었다. 낙인을 찍고 무시하고 벌레 보듯 피하고 무례하게 빤히 쳐다보는 사람들 속에서도 밥과 메리는 결코 외롭지 않았다. 그날 밤 늦게 나는 다시 그 세 사람을 밀어서 각기 차에 태워주기 위해 밥의 집에 갔었다.

"뇌성마비인들도 운전을 잘해요. 보통 사람들보다 오히려 더 나은 기록들을 보유하고 있거든요. 하지만 뇌성마비라는 이유로 보험 들기가 어려웠어요." 우리가 차도 가장자리에 서서 그 친구들이 차를 타고 떠나는 것을 배웅할 때 어둠속에서 밥이 한 말이었다.

그 해 가을 우리가 캘리포니아의 존 트레이시 클리닉을 다녀와서 에메랄드 가로 이사를 한 후에도 변함없이 밥과 메리의 집을 방문했다. 루이즈는 곧장 달려가서 메리에게 린의 청각장애에 관하여 알게 된 것들을 말해 주었다. 그들을 친구로 두어서 우린 운이 좋다고 느꼈다. 청각장애에도 불구하고 린에게 홀로서기를 권하고 돕는 방법을 우리에게 가르쳐 줄 사람을 우리가 애써 골랐다 할지라도 이들보다 더 참을성 있고 더 용기 있는 조언자나 교사를 구할 수는 없었을 것이다.

    밥과 메리네 옆집에 마지막으로 살았던 해의 어느 겨울 아침을 우리는 영원히 잊지 못할 것이다. 밤사이에 얼어붙을 듯 차가운 가랑비가 시카고 지역에 소리 없이 내렸다. 지붕들, 길거리들, 잔디밭들, 보도들, 자동차들, 이것저것 가릴 것 없이 온통 두꺼운 얼음 이불을 뒤집어 쓴 꼴들이 되고 말았다. 심지어는 전선과 나뭇가지들마저도 아침 햇빛을 받아 반짝이고 있는 것을 출근하면서 볼 수 있었다. 일부 학생들이 아예 스케이트로 갈아 신고 보도 위를 미끄러지듯 달려 수업을 받으러 가는 것을 보고 나는 웃음이 나오기도 했다.

    루이즈와 브루스는 현관 창문에서 밥 휴스가 세미너리 가를 횡단해 가고 있는 것을 내다보고 있었다. 거의 모든 사람들이 쩔쩔 매며 겨우 속도를 유지하면서 걷는 그 영롱하게 반짝이는 얼음의 세계에서 걸어가는 일이 밥에게는 불가능하다고 할 수는 없을지 몰라도 험난하기 짝이 없는 일임에 분명했다. 한 번에 한 발자국씩, 발 딛을 곳을 찾으려 애쓰며 동시에 몸의 균형을 유지하려 갖은 애를 쓰면서 밥은 조금씩 전진하고 있었다. 그때 일순간 루이즈와 브루스는 소스라치게 놀라고 말았다. 블랜차드 홀로 가는 보도를 거의 절반쯤 지났을 때 밥이 미끄러져 넘어지고 말았던 것이다. 그는 일어서려고 안간힘을 다하고 있었지만 한쪽 발을 딛고 어렵사리 일어서는가 싶으면 그 미끄러운 얼음판에서 다시 나동그라지고 마는 것이었다. 그는 보도 위에 누워 옴짝달싹 못하고 있었다. 루이즈는 외투를 찾으러 집 안으로 뛰어 들어갔고 그때 학생 둘이 그를 돕기 위해 다가서는 것을 보았다. 그들은 그를 일으켜 세우고 그를 부축해 사무실까지 걸어갔다.

12월 어느 날 아침, 잠에서 깨어보니 10센티미터 두께의 눈이 온 세상을 변화시켜 놓았다. 우리집 앞마당의 소나무들은 그 가지가 눈 무게에 눌려 축 늘어져 있었다. 나뭇잎 하나 없이 헐벗은 느릅나무 가지들은 그 위에 내린 눈 때문에 윤곽이 더욱 두드러지게 드러났다. 린은 아직 잠이 덜 깬 눈을 껌벅거리며 창밖을 내다보고 어리둥절한 표정을 지어보였다.

"눈, 저건 눈이란다, 눈." 루이즈가 물어보는 듯한 린의 얼굴을 보며 말했다.

아직 잠옷 차림 그대로이던 린이 자기 방으로 뛰어 들어가더니 이내 외투와 장화를 안고 나왔다.

브루스는 그때 이미 밖에 나가 있었다. "눈 좀 봐라! 눈이야, 눈!" 브루스가 눈을 뭉쳐 던지면서 린에게 외쳤다.

린은 모든 것을 덮고 있는 하얀 눈의 영롱함과 지붕에서 작은 폭포를 이루며 쏟아지는 태양빛이 어우러져 만들어내는 교향악 속에서 특별한 기쁨을 발견한 것 같았다. 아이의 입김이 허공에서 얼어붙어 흰 분말이 되어 햇빛에 반사되며 반짝거렸다. 린은 마당을 가로질러 달리면서 깊게 패인 자기 발자국을 돌아보며 손가락으로 가리켰다. 브루스와 내가 학교에 간 뒤에 루이즈와 린은 당근 코를 한 눈사람을 만들었다. 성탄절이 지나고 녹아 없어질 때까지 린에게 말을 걸어준 친절한 표정을 지닌 눈사람이었다.

브루스가 산타클로스를 들먹이기 시작했고 린은 휘튼의 메인가에 연이어 들어선 장식들을 가리키곤 했다. 우리는 그 아이에게 크리스마스에 관해 그림을 보여주며 설명하려고 애를 썼다. 작년 크리스마스에 찍은 사진들, 온통 전구로 장식된 크리스마스트리와 그 밑에 쌓인 선물 사진을 보여주었다. "크리스마스트리." "린." "브루스." 루이즈는 사진 한 장 한 장을 가리키며 말했다. 그녀는 또 잡지에서 산타클로스와 순록의 사진들을 찾아 보여주었다. 열성적으로 흥미를 보이면서도 린은 의아해하는 표정을 지으면서 우리를 보았다.

"며칠만 있으면 크리스마스가 될 거야." 우리는 브루스에게 하는 그대로 린에게 말했다. 그러나 듣지 못하고 잘 이해되지 않는다고 해서 린이 크리스마스 준비를 즐기지 못한다는 것은 아니었다.

우리집 뒤편의 공터에 소나무가 한 그루 서 있었는데, 유난히 큰 가지 하나가 매달려 있었다. 크리스마스트리를 어떻게 할지 고민하면 할수록 그 나뭇가지가 어울리지 않게 툭 튀어나온 것처럼 보이는 것이었다. 어느 날 오후 루이즈와 나는 좀 더 면밀히 살펴보러 나갔다. 그날 저녁 우리집 거실 한편 구석에 크리스마스트리가 하나 서게 되었다. 어느 모로 보던지 이제 막 돌진하려는 거대한 곰처럼 보이는 크리스마스트리였다. 루이즈가 장식용품들을 가져왔고 우리는 모두 덤벼들어 전구를 달고 붉은 색, 노란 색, 파란 색의 반짝이 공들과 사탕이 달린 수수깡과 금색실, 은색실 그리고 집에서 만든 장식들로 꾸몄다. 린까지도 합세하여 맨 밑 잔가지에 앙증맞은 금색 은색 실타래를 걸었다.

우리는 거실 등을 끄고 은은하게 반사되는 불빛들을 흡족한 마음으로 감상했다. 린은 완전히 매료되었다. 황홀해진 그 아이는 트리로 달려가서 빨간 전구를 만져보았다. 린은 급히 되돌아와서 손가락으로 브루스의 옆구리를 쿡쿡 쑤시며 가리켰다. 또 엄마의 옷자락을 잡아당기며 가리켰다. 그 후 날마다 린의 표정은 자신의 그 조용한 세계가 현란한 불빛과 장식으로 채색되는 것을 보면서 느낀 강렬한 기쁨에 관하여 말하고 있었다.

아침이면 일찍 일어나서 우리 방으로 들어와 이불을 잡아당겼다. 아이의 얼굴은 집안이 밝아져서 트리의 불빛이 희미해지기 전에 그것들을 볼 수 있게 해달라고 간청하고 있었다. 매일 저녁, 린은 자지 않고 기다렸다가 트리의 장식 전구가 초저녁의 어둠을 밝혀주는 것을 보고 싶어 했다.

 린의 얼굴이 어떻게 원하는 것을 우리에게 알리곤 했는지 말로 표현할 수가 없다. 그건 마치 우리의 표정을 그대로 가져가서 연습을 통해 더욱 다듬고 향상시켜 드디어는 자기가 원하는 것과 느끼는 것을 우리에게 알려주는 말없는 문장들을 구사하는 것 같았다. 우리에게서 아무런 가르침도 받지 않았으면서도 린은 의사소통하는 법을 익힌 것이었다. 브루스와는 달리 린은 하얀 이를 드러내며 싱긋 웃고 미소를 지어보이며 눈썹을 치켜 올리고 머리는 끄덕이거나 내저어 흔들기도 했다. 어깨를 흠칫해 보일 줄도 알았고 브루스보다 제스처도 풍부했다.

 사람들은 이렇게 말하곤 했다. "린은 무척 열성적이고 감수성도 예민해요." "정말 영리하고 표정도 풍부해 보이는군요."

 동시에 린은 우리에게서 자기가 이해할 수 있는 그런 종류의 표현력을 유도해 내기도 했다. 우리가 그저 말만 하는 경우에 우리 얼굴에는 웃음이나 노여움을 표현해 주는 요소들이 나타나지 않았다. 린은 이들보다 강한 감정들로 채워진 우리 얼굴을 보고 싶어 했다. 마치 우리의 입만을 지켜보는 것으로는 그 말소리가 충분히 크지 못하다고 여기고 있는 듯했다. 웃더라도 머리를 뒤로 젖히고 한껏 웃어야 하듯이 그런 표정의 움직임들이 그 아이의 청각장애가 만들어낸 틈을 메워주었던 것이다. 린은 웃는 것을 좋아했다. 그러다보니 그 애는 어느 사이엔가 작은 코미디언이 되었다.

어느 날 저녁, 루이즈는 린을 목욕시키기 위해 욕조에 물을 틀어 놓았다. 기저귀만 차고 홀랑 벗고 있던 린은 욕조 안에서 가지고 놀던 빨간 플라스틱 바가지를 움켜잡더니 머리에 쓰고 거실로 뛰어 들었다. 그 때 나는 거실에서 책을 읽고 있었는데 린은 크리스마스트리에서 커다란 막대 사탕을 잡아떼더니 엄마가 자기를 찾으러 오자 춤을 추기 시작했다. 나는 이 특별한 공연을 기록해 두고자 카메라에 손을 댔다. 그러자 린은 동작을 멈추고 요염한 포즈를 취하더니 플래시가 터질 때까지 그 모습을 유지하고 있다가 그 불빛이 사라지자 우리가 웃고 떠드는 동안 춤을 계속 추는 것이었다.

크리스마스 이브에 린은 그 흥분을 감지했다. 다음날 아침 린은 밝은 포장지와 리본에 정신을 빼앗겼고, 그 내용물에 더 흥분하면서 선물포장을 뜯었다. 입모양으로 하는 말은 없었다. 그 크리스마스에 아이는 아무 말도 듣지 못했던 것이다. 그러나 크리스마스가 무엇인지 이해했으며 상상력까지 없는 것은 아니었다. 어느 선물상자에선가 린은 작은 차 세트를 발견했다. 즉시 빈 잔을 입에 대고 몇 모금 홀짝홀짝 했다. 그러고 나서 엄마에게 한 잔 가득 부어주었다. 우아하게 권하는 몸짓도 잊지 않고 말이다.

그 크리스마스에 린에게 또 하나의 선물이 왔다. 우리는 그게 언제쯤 도착하나 궁금해 하면서 기다리고 있었다. 크리스마스 며칠 전 토요일 아침에 드디어 초인종이 울렸다. 루이즈가 나가 보았더니 집배원이 소포 하나를 건네주었다. 발신자 주소는 '시카고 청력협회'로 되어 있었다.

"청력훈련기가 왔어요!" 아내가 흥분해서 외쳤다.

우리는 소포를 부엌으로 가져가서 포장을 열심히 뜯기 시작했다. 상자 안을 가득 채우고 있는 포장지들 사이에서 헤드폰 한 벌과 다이얼이 달린 검정색의 조절기를 찾아냈다. 식탁 위에 조심스럽게 꺼내놓고 상자 바닥에서 사용안내서를 찾았다. 린이 부엌으로 들어와서 엄마 옆에 있는 의자 위로 기어 올라갔다.

나는 기대감에 싸여 루이즈에게 안내사항들을 읽어주기 시작했다. 청력훈련기는 건전지로 작동한다. 헤드폰과 마이크는 각각 조절기에 꽂는다. 작동 원리는 간단하다. 우리가 마이크에 대고 말을 하면 린이 헤드폰을 통해서 증폭된 소리를 듣게 된다. 음량조절 다이얼은 1에서 10까지로 되어 있다. 중간 레벨에서 시작하여 필요에 따라 조절해 나가야 한다, 등등.

"크리스마스 전에 도착해서 정말 반갑네요." 루이즈가 말했다. 그녀의 말은 안도감과 동시에 흥분으로 채워져 있었다. "우리 음성이 아주 희미하더라도 린이 약간이라도 들을 수만 있다면 얼마나 좋을까. 그렇게 된다면 정말 큰 변화를 가져올 수 있을 거예요."

"그리고 그렇게 되면 우리 입술을 읽는 것도 훨씬 쉬워질 거요." 내가 덧붙여 말했다. 나는 그때 벌써 건전지들을 제자리에 끼우려고 애쓰고 있었다. 나는 헤드폰을 들고 조절기에 잭을 꽂았다.

"당신이 먼저 시험 삼아 소리가 어떻게 들리는지 알아봐야 할 거예요, 여보."

나는 헤드폰을 내 귀에 씌우고 맞춘 후 마이크를 꽂았다. 다이얼을 3에 맞추고 마이크에 대고 말했다.

"안녕, 나는 아빠란다. 안녕 린!" 나의 음성이 헤드폰 내부에서 터무니없이 크게 진동했다. 그건 내가 내 귀에다 직접 고함을 질러대는 형국이었다. 나는 다이얼을 끝까지 올리고 조용히 말했다. "안녕, 린!"

나는 즉각 멈추고 헤드폰을 귀에서 떼어냈다. 내 음성이 천둥처럼 울리면서 바늘로 콕콕 쑤시는 듯 한 아픔이 고막을 때렸다. "린이 이 소리를 들어야 할 텐데." 나는 양쪽 귀를 문지르면서 루이즈에게 말했다.

린은 우리가 하는 행동을 빠짐없이 지켜보고 있었다. 의자 위에 서서 헤드폰을 향해 손을 내밀었다.

나는 "린의 책을 가져오겠소."라고 말하면서 동시에 뛰어 일어났다. 루이즈는 헤드폰을 린에게 씌워주면서 그 애가 좋아하는 책을 재빨리 찾아냈다. 나는 부엌으로 다시 돌아오면서 심장이 요동치는 것을 느꼈다. 청력훈련기는 존 트레이시 클리닉이나 어린이 메모리얼 병원에서 들었던 어떤 소리보다 더 큰 소리를 냈다. 린의 작은 머리가 그 방석 모양의 헤드폰 속에 들어 있으니 더욱 작아보였다. 린은 자랑스럽게 나를 보고 미소를 지었다. 나는 린 앞에 책을 놓고 첫 페이지가 나오도록 폈다. 거기엔 커다란 갈색 신발 한 켤레가 그려져 있었다. 나는 음량을 3으로 맞추었다. 신발을 손으로 가리키며 마이크에 대고 말했다. "신발."

린은 나를 보더니 다시 책장을 보았다. 그 애는 내가 하는 대로 신발을 가리켰다. 마치 이 새로운 놀이의 방식을 알아보려고 하는 것처럼. 나는 다이얼을 6까지 올렸다. 그 애가 나를 보자 나는 다시 말했다. "신발, 신발."

나는 아무런 반응도 탐지하지 못했다. 린은 다시 책으로 시선을 돌렸다. 그리고는 음량 다이얼을 위아래로 돌리려고 했다. 당황한 나는 음량을 10으로 완전히 올렸다. 나는 린이 왜 그 소리를 듣지 못하는지 이해할 수 없었다.

아마 6과 10사이에 커다란 차이가 있을지도 모를 일이었다. 음량을 최고로 하면 귀를 다치게 하지는 않을까? 이번에는 더욱 조용히 말했다.

"신발, 신발, 신발."

린은 올려다보지 않았고 그 대신 책장을 다음 그림으로 넘겼다. 나는 예리한 실망의 빛이 루이즈의 얼굴을 스쳐가는 것을 보았다. 나는 의심들을 애써 물리치며 다음 페이지의 그림을 가리켰다. 나는 불과 수분 전에 내 귀속에서 그 음량에서 일어났던 요란한 진동음들을 생각하면서 큰 소리로 마이크에 대고 말했다. "왜건, 왜건."

린은 헤드폰에 손을 대지조차 않았다. 내 음성은 전혀 관심 없다는 태도였다. 나는 스테이션 왜건[7] 그림을 가리키면서 다시 말했다. 린은 그 그림을 가리키면서 내 얼굴을 보고 나서는 조절기의 다이얼을 만지작거렸다.

"내 목소리를 들었을까?" 내가 침착해지려고 애쓰며 루이즈에게 물었다.

"아뇨, 전혀 반응이 없어요." 그녀가 천천히 말했다.

그 후 5분 동안 우리는 다른 그림들을 시도해 보았다. 우리는 린이 입술 읽기를 할 수 있는 단어들, 아이가 전에 우리 얼굴에서 보았다는 것을 알고 있는 단어들을 말했다. 우리는 린이 다른 곳을 보고 있을 때 그 단어들을 말했고, 다른데 관심이 쏠려 있을 때 그 단어들을 말해 보았다. 우리는 가리키고 또 말했다.

무반응.

검정 상자와 헤드폰 그리고 그 빛나는 마이크는 우리가 이전에 침묵 속에서 했던 다른 놀이들과 다름없는 것 같았다. 마침내 린은 조급해졌고 우리는 헤드폰을 벗겨 주었다. 나는 헤드폰을 식탁 위에 올려놓았다.

---

7) 스테이션 왜건은 세단의 변형 바디로 좌석의 뒷부분에 짐칸을 일체화시킨 화물승객 승용차이다.

린은 의자에서 엉금엉금 기어 내려가 거실로 뛰어가 버렸다.

루이즈가 나를 바라보았다. 나는 우리 앞에 놓인 전자장비를 물끄러미 바라보았다. 지독한 실망감이 우리를 휩쓸고 지나갔다. 이것이 우리가 그렇게도 기대하며 기다렸던 것인가? 왜 린은 반응을 하지 않을까? 확실히 소리는 충분히 컸는데 왜 그랬을까? 혹시 못 듣는 척 하는 건 아닐까?

마침내 내가 루이즈에게 말했다. "아무렴. 린이 워낙 오랜 시간을 우리 목소리를 듣지 못하고 살아왔으니 우리 목소리를 듣고도 그게 무엇인지 몰랐을 거야. 조만간 듣는 요령을 배우고 잔존청력을 이용할 수 있게 되겠지. 아마 그래서 이걸 청력훈련기라고 하지 않겠소? 이건 말을 가르치는 기계가 아니라 린이 나중에 사용하게 될 보청기처럼 청력을 사용하도록 훈련시켜주는 기계니 말이오. 우린 그저 이걸 가지고 린이 우리 음성을 알아듣기 시작할 때까지 반복 연습이나 시킵시다."

| 제 7 장 |

아이가 댁의 말을
듣지 못한답니다

아이가 댁의 말을
듣지 못한답니다

크리스마스 휴가가 끝났다. 학생들은 영하의 기온에도 캠퍼스로 복귀했다. 나는 매일 학교에서 미적분을 강의했고 집에서는 루이즈가 린에게 훨씬 더 어려운 과목인 소리 없는 언어를 가르치고자 고군분투했다.

말해. 말해 봐. 말해요. 이 말을 반복하는 비공식적인 수업은 린이 잠에서 깨는 순간부터 밤에 잠들 때까지 계속되었다.

"아침이야."

"브루스는 아침을 먹고 있단다."

"시리얼. 이건 시리얼이라는 거야."

"사발."

"우유."

"아빠. 엄마. 브루스. 린."

"나는 지금 설거지를 하고 있단다. 접시를 씻고 있는 거야."

"빗자루. 빗자루는 방을 쓸 때 사용해."

"전화. 전화로 할머니에게 말해요."

"잠옷. 린의 잠옷."

"바지. 셔츠. 신발."

"쿠키를 만들고 있어."

"밀가루. 이건 밀가루야."

"설탕. 달걀. 달걀은 깨질 수 있어."

"린을 위한 쿠키."

"장 보러 가는 거야. 차를 타고 가요."

"문. 운전대. 거울. 키."

"우리는 물건을 사러 가게로 가고 있어."

마치 자석처럼 루이즈의 움직이는 입술은 린의 관심을 끌었다. 우리는 린이 얼마나 많은 것을 알아듣는지는 알지 못했다. 그러나 린은 우리가 하는 말을 정확히 이해하는 것처럼 반응할 때가 많았다. 루이즈는 깊은 저수지와 같은 인내심을 지니고 있었고, 내가 갖지 못한 능력 즉, 비공식적으로 린을 가르칠 수 있는 능력을 가지고 있었다. 그녀는 지극히 일상적인 경험을 기회로 삼아 그것을 입술읽기라는 조용한 수업으로 전환시켰다.

어느 목요일 아침, 루이즈는 조수석에 앉은 린에게 여느 때처럼 말을 하면서 쥬얼 푸드 마켓으로 차를 운전해 가고 있었다. 상점 안에서 린을 카트의 아기 좌석에 앉히고 통로를 따라 걷기 시작했다. 통로 양편의 물품진열대에는 빵과 곡물, 커피 등이 가득 차 있었다.

"시리얼을 좀 사자." 루이즈가 시리얼 상자를 바구니에 넣기 전에 린에게 잠시 쥐어주면서 린을 보고 말했다. "시리얼. 시리얼이야." 린이 알았다는 듯 눈빛을 보냈다.

둘은 다음 통로로 들어가면서 린 또래의 사내아이를 데리고 있는 한 부인을 지나쳐 가게 되었다. 린이 부지런히 손가락질을 하면서 미소 짓고 손을 흔들었다.

"안녕! 안녕! 안녕! 안녕!" 그 꼬마 소년 역시 린처럼 카트의 아기 좌석에 앉아서 큰 소리로 외쳤다. 린은 그 사내아이가 통로 끝으로 사라질 때까지 지켜보면서 손을 흔들었다.

"쿠키. 쿠키. 이건 쿠키야." 루이즈가 오레오 상자를 바구니에 넣으면서 말했다. 린이 그 상자를 위아래로 살펴보다가 엄마의 얼굴을 보았다.

"우유. 너하고 브루스를 위해서 우유를 좀 사야겠구나." "달걀. 달걀. 여기 달걀이 있구나."

그런 식으로 수업은 계속 진행되고 있었다. 이 통로에서 저 통로로 이동하면서 장을 보았다. 몇몇 손님들은 린을 보고 미소 짓거나 모녀가 지나가는 것을 바라보았다. 루이즈는 계속해서 버터와 커피, 냅킨에 대해서, 종이 호일과 오렌지, 감자 같은 것들에 대해 쉬지 않고 이름을 말해 주었다. 그녀가 종이봉지에 사과를 담기 시작하자 나이 지긋한 남자 하나가 린을 향해 미소를 지어 보이며 말했다. "안녕! 꼬마 아가씨." 루이즈는 미소를 지어보이고, 사과의 무게를 달고 당근과 샐러리가 있는 쪽으로 옮겨갔다. 십 분쯤 지나 그녀는 식료품들이 가득 들어있는 손수레를 밀고 계산대로 가서 물건들을 이동벨트에 올려놓기 시작했다. 린은 카트 끝에 앉아 상점 안을 둘러보며 지나가는 고객들을 살피고 있었다. 루이즈는 계산대 점원이 계산할 수 있도록 잠시 손을 멈추었다. 카트는 반쯤 비워져 있었다.

"안녕, 꼬마 아가씨! 또 만났구나. 오늘은 네가 엄마를 돕고 있니?" 야채 코너에서 보았던 그 신사가 린 뒤에 서 있었다. 린은 반짝이는 눈과 밝은 미소, 그리고 열정적인 표정으로 자신의 의사를 전달할 수 있는 한에서 최선을 다해서 자기 의사를 전달했다.

"이런 손수레를 타고 밖에서 돌아다녀 본 적 있어요? 나도 누군가 그렇게 좀 밀어주면 좋겠어요, 꼬마 아가씨!" 그 다정한 신사가 가볍게 건드리며 큰 소리로 웃었다. 그는 루이즈에게 미소를 보내고 린에게 계속 말을 걸었다. "내겐 꼬마 아가씨보다 조금 어린 예쁜 손녀가 하나 있어요. 둘이 같이 놀면 좋겠지?"

약간 불안해진 루이즈는 나머지 물건들을 서둘러 올려놓았다. 그녀는 핸드백에서 수표책을 찾으며 그 남자를 흘낏 보았다.

"꼬마 아가씨, 이름이 뭐지?"

린은 말없는 미소로 답했다.

"틀림없이 자니일거야. 그렇지? 자 말해 봐요, 귀여운 꼬마 아가씨. 왜 이러실까? 꿀 먹은 벙어리가 됐어요? 아하, 오늘은 말할 기분이 아니라 이거로군!"

어떤 여인 하나가 신사 뒤로 줄을 서면서 역시 린을 보고 미소를 지었다. 이미 뭐라고 해명을 하기엔 너무 늦어버렸다. 그래봐야 이 다정한 노신사를 곤혹스럽게 할 뿐이리라. 루이즈는 재빨리 수표를 쓰고 손수레를 앞으로 끌어당겼다. 아직도 린을 향해 미소를 짓고 있는 그 신사에게 목례를 해보이곤 린을 손수레에서 안아 내렸다. 그들이 손수레 가득 물건을 싣고 앞서가고 있는 어떤 사람 뒤를 따라 밖으로 나갈 때 린은 자기 친구에게 눈으로 작별을 고하며 손을 흔들어 보였다.

그 일이 있은 후, 우리는 그런 식의 사교적 함정을 원천봉쇄하고자 노력했다. "아이가 댁의 말을 듣지 못한답니다. 귀가 멀었거든요." "이 애는 아직 말을 하지 못한답니다. 청각에 문제가 좀 있어서요." 이와 같은 간단한 해명 한 마디면 대체로 충분했다.

그해 겨울 동안 루이즈는 하루도 빠짐없이 청력훈련기를 사용했다. 그 시기에 내가 찍은 스냅사진이 어딘가에 있을 것이다. 그 사진은 모녀가 청력훈련기를 앞에 두고 함께 보낸 시간들을 포착해 둔 것이다. 린이 카메라를 의식했음이 분명한데 커다란 헤드폰을 머리에 쓰고 거실의 작은 테이블에 앉아 미소를 짓고 있고 그 맞은편에는 루이즈가 손에 신발 한 짝을 들고 앉아있다. 그 검정색 조절 박스와 마이크 옆에는 린의 커다란 빨간색 공과 조리용 스푼, 그리고 린이 좋아하는 책 한 권이 있다.

"신발. 신발. 신발. 신발." 한마디 할 때마다 루이즈는 린에게 신발을 보여주며 자신의 음성이 침묵의 장벽을 뚫고 지나갔음을 보여주는 징표를 찾았다. 그리고 린이 따라 해 주기를 바라면서 마이크를 린의 입에 갖다 대는 것이었다.

"공. 공. 공." 루이즈가 말하자 린은 한마디 한마디 지켜보았다. 그 작은 얼굴에 주름살까지 생기게 하며 집중하는 모습은 들으려고 열심히 노력하고 있다고 말하는 것 같았다. 자신에게 기대하는 것이 무엇인지 알아내려고 하는 것 같기도 했다.

가끔 루이즈가 마이크를 자기에게 내밀면 린은 소리 없이 입을 놀려 '공'이나 '신발'을 뜻하는 입모양을 흉내 내기도 했다. 1월과 2월 동안 날이면 날마다 우리는 연습을 하고 기다렸다. 2월 말쯤 되자 린은 헤드폰을 끼고 있을 때면 더 자주 "아아아아(aaaaaahhhhhh)." 나 "우우우우(uuuuuuhhhhhh)." 같은 소리를 냈다.

우리는 그런 식의 학습을 강행하는 것이 쓸데없는 일이라는 것을 깨닫게 되었다. 그래서 루이즈가 낮에 10분에서 15분 정도 수업을 하고, 내가 퇴근한 후 같은 일을 한 번 더 반복하기로 했다. 우리가 린의 흥미를 10분 이상 끌 수 있는 경우는 거의 없었다. 그러나 어떻게든 연습을 해두면 언젠가는 성과가 있을 거라고 생각했다. 언젠가 린은 소리를 인식하기 시작할 것이다. 언젠가 소리와 우리 입술에서 자기가 보는 어휘들 간의 관계를 파악하게 될 것이다. 언젠가 린은 우리에게 말을 할 것이다.

1월 중순 어느 날, 구름이 짙게 낀 캄캄한 저녁에 우리는 차를 타고 시카고로 갔다. 위층에 사는 4학년 학생인 존이 애들을 봐주러 내려왔다. 브루스와 린은 그를 즐겁게 맞았다. "열한 시까지는 돌아와야 하겠어요." 우리가 문을 나설 때 루이즈가 한 말이었다.

녹다가 다시 얼어붙은 눈으로 덮인 도로 사정으로 미루어 어려운 일 같았지만, 일단 고속도로에 오르자 제 속도를 낼 수 있었다. 시카고 청력협회는 청각장애아 부모들을 위해 정기 모임을 시작했고, 우리는 그 첫 모임부터 참석하고 싶었다. 비록 추운 겨울밤에 왕복 두 시간 이상을 도로에서 보낸다 할지라도 그만한 보람은 있을 터였다. 저 멀리 시카고의 마천루들에 입주한 사무실에서 흘러나오는 불빛들이 차가운 밤하늘을 밝게 물들이고 있었다.

우리는 건물을 찾아 천정이 높은 방으로 들어갔다. 40여 개의 접이식 의자가 놓여 있었는데 빈자리는 반이 채 못 되었다. 우리는 한쪽 줄 끝에서 두 개의 빈자리를 발견했다. 수분이 지난 후 녹색 슈트 차림의 친절해 보이는 부인 하나가 앞에서 일어났다.

"청각장애아동의 부모님들을 위한 첫 모임에 오신 것을 환영합니다." 그 여인이 말을 시작했다. 그녀는 시카고 청력협회에 관해 이야기하고 인간의 귀와 청각장애의 원인에 관한 영화 한편을 소개했다. 불이 꺼졌다. 우리는 편한 자세를 취하고 지켜보았다. 스크린에는 흑백의 숫자들이 빠른 속도로 연이어 깜박거렸다. 잡음 섞인 음악이 스피커에서 흘러나왔다.

"당신 주위의 사람들을 보세요." 해설자가 말하기 시작했다. 동시에 화면에서는 혼잡한 길거리를 따라 천천히 걸어가고 있는 한 눈먼 여인에게 초점을 맞추었다. "당신은 눈먼 사람들, 전신마비 환자의 휠체어를 볼 수 있습니다. 당신은 마비된 사람들과 사지가 절단된 사람들을 알아볼 수 있습니다. 그러나 청각장애인과 난청자는 알아보지 못할 것입니다. 거의 1,400만 명의 미국인들이 청각상의 장애를 지니고 있습니다. 그중 약 700만 명은 양쪽 귀에 현저한 청력상실 상태를 갖고 있습니다. 그리고 약 180만 명 정도는 농인으로 분류됩니다. 즉 그들의 청력이 일상생활에는 전혀 쓸모가 없다는 뜻입니다."

영화는 귀에 대한 이야기로 바뀌어 우리가 들을 수 있게 해주는 인체 내부의 복잡한 과정을 보여 주었다. 해설자는 귀의 각 부분이 작동하는 방법, 소리가 뇌에 도달하는 과정, 전도성 청각장애와 감각 신경성 청각장애 간의 차이점들을 오랜 시간에 걸쳐 설명했다. 영화는 45분 후에 잔존청력과 청각장애아동이 언어를 배우는 방법에 관한 이야기를 하고 끝났다.

전등이 켜졌다. 맨 앞에 있던 그 여인이 일어났다. 여러 사람들이 청각장애와 잔존청력에 관하여 질문들을 했다.

"우리 아들은 심한 청각장애인데 보청기가 도움이 될까요?" 한 남자가 물었다.

"그건 청각전문의가 답할 수 있는 질문이군요." 그 여인이 답했다. "가끔 처음 테스트에서는 심한 청각장애인 것으로 보였다가도 일 년 후 누구도 가능하다고 생각하지 못했을 정도로 많은 소리에 반응하기도 합니다. 그건 아마 그동안 부모가 아이의 잔존청력을 자극하기 위해 매일 노력을 했기 때문일 겁니다. 대부분의 청각전문의들은 도움이 될지 어떨지 확신이 서지 않더라도 보청기 사용을 권장합니다. 그리고 사실 그 결과가 놀랄 만한 경우가 흔하지요."

나는 보청기가 청력훈련기보다 더 효과적으로 소리를 증폭시켜 주는지 묻고 싶었다. 그러나 주제가 바뀌었고 잠시 기다리기로 했다. 토론이 거의 끝나가고 있을 때 우리는 빠져나왔다. 지금 출발해도 11시가 넘어서야 집에 도착할 것이었다.

일주일 후 우리는 같은 방에 앉아 있었다. 한 특수교사가 소개되었고, 이야기를 시작했다.

"청각장애 자녀를 둔 모든 부모의 첫 번째 소망이 자녀들이 말하는 것임을 알고 있습니다. 즉, 여러분의 자녀가 '엄마, 아빠 사랑해요.'라고 말하는 것을 듣기만 해도 그 동안의 모든 수고와 희생이 충분히 가치 있는 일이라고 여겨질 것이라는 말입니다." 청중의 소곤거림과 옷자락 스치는 소리가 모두 다 그치고 잠잠해졌다. 늦게 도착한 한 부부가 발끝으로 걸어 비어 있는 의자를 찾아가는 모습이 보였다.

이제 강사는 말이 모든 아동의 타고난 권리이나 그건 우리가 청각장애 아동을 가급적이면 조기에 가르치기 시작해야 하는 한 가지 이유에 불과하다고 강조했다. 청각장애 자녀와의 직접적인 의사소통을 원한다면 우리가 소리를 듣는 세계에서 살고 있다는 사실을 잊어서는 안 된다는 것이었다. 청각장애 아이는 일반 아이들과 함께 놀기 위해 집 밖에 나서자마자 듣는 세계와 부딪치게 된다. 그 이후에는 평생 일반인들과 경쟁을 하며 살아야 한다. 독화나 말할 수 있는 능력이 없다면 어떻게 청각장애인이 듣는 사람들의 세계에서 살아갈 수 있겠는가?

말로 의사를 전달하는 방법을 익힌 청각장애아는 성공할 수 있다. 또한 고용주들도 말로 의사를 전달하는 방법을 익힌 청각장애인을 고용하고자 하는 성향이 더 많아질 것이다. 사람들은 농인, 즉 몸짓이나 필담을 통해 지시사항을 전달해야 하는 사람을 고용하기를 더욱 꺼려할 것이다.

"구화교육은 정상적으로 듣는 아이를 키울 때와 똑같은 자녀 양육의 기쁨을 누릴 수 있게 해 줍니다. 자기 자녀가 성공적인 인생을 살아가는 모습을 볼 수 있다는 말입니다. 청각장애 아이들이 일반 아이들과 함께 고등학교를 다니고 졸업한 사례들을 저는 알고 있습니다. 그 중에는 대학에 진학해서 졸업하고 현재는 적성에 맞는 평생직업을 찾아 잘 해나가는 아이들도 있습니다."라고 그녀는 말했다.

나는 앉은 자리에서 자세를 고쳐 앉았다. 루이즈가 잠시 동안 나를 향해 미소를 지어보였다. 그녀는 외투를 벗어 어깨에 걸쳤다. 나는 실내를 둘러보았다. 우리 앞에는 건축공사용 장화를 신은 사내 하나가 작업복 차림으로 앉아 있었는데 그의 부인인 듯 한 여인이 그 옆에 지친 표정으로 앉아 있었다. 우리 왼편에는 흑인 부부 한 쌍이 자리 잡고 있었다. 두 줄 앞에는 아직 고등학교도 졸업하지 않았을 것 같은 젊은 남녀가 앉아 있는 것이 보였다. 그들 옆에는 양복을 입은 40세 쯤 되어 보이는 나이 지긋한 남자가 앉아 있었는데, 변호사나 아니면 회계사인 듯했다. 그 옆 자리에는 동양인 부부 한 쌍이 앉아 있었다. 그날 밤, 그곳에는 40에서 50명 정도의 부모들이 모여 있었다. 모두다 한결같이 청각장애라는 과제를 안고 거기에 모였던 것이다.

강사는 방안을 돌아다니던 내 생각들을 다시 강단으로 불러들였다. "처음부터 시작해 봅시다. 두 살짜리 자녀가 귀가 들리지 않는다는 사실을 이제 막 알아차렸다고 해봅시다. 비록 그것이 여러분 중 일부에게는 이미 과거사에 지나지 않은 일일지라도, 중요한 원칙들을 검토해 보는 것이 해롭지는 않을 것입니다."

나는 몇몇 사람들이 필기를 하는 것을 볼 수 있었다. 그 강사는 쉽게 말을 하면서 강조해야 할 부분은 권위 있는 어조로 또박또박 강조했다.

"여러분의 아들과 딸들을 보통 듣는 아이처럼 대하세요."

"자녀의 잔존청력을 자극하기 위해 끊임없이 노력하세요."

"자녀의 청각장애가 아무리 심각해도, 청능훈련을 통해서 개선할 수 있습니다."

"계속해서 청각상의 자극을 받지 않으면 아이가 조금이나마 가지고 있던 청력마저도 잃게 됩니다." "가장 중요한 일은 자녀에게 기회만 있으면 말을 하는 것입니다. 말을 할 때는 자녀의 얼굴을 똑바로 보고 하세요. 예를 들면 청각장애인 딸이 있는데 그 아이를 귀머거리 취급을 하면 그 아이는 정말로 귀먹은 아이처럼 행동하게 된다는 것을 명심하십시오. 부모가 하는 행동에 따라서 '아주 귀가 멀' 수도 있다는 말입니다."

강의가 결론으로 진행되면서 그녀는 아이가 커감에 따라 특수교육을 받은 교사가 필요하다는 점을 강조했다. 우리는 가능한 한 조기에 자녀를 특수교사들이 있는 학교에 입학시키라는 권유를 받았다. 어떤 아이들의 경우에는 세 살 정도의 이른 나이에도 교육을 시작할 수 있다는 것이었다.

그리고 마지막으로 마무리하기 전에 아직 뭔가 미진하다는 듯이 두 가지를 덧붙여 경고했다.

"여러분에게 우선 용기를 잃지 말라고 당부하고 싶습니다. 여러분을 낙심케 하려고 하는 사람들을 만날지도 모릅니다. 그들은 말하기를 독화는 너무 어렵다는 둥, 많은 소리들이 입술로 판독될 수 없다고도 말할 것입니다. 청각장애아들 중에서도 특히 재주 있는 소수만이 제대로 말을 하게 될 뿐이라고도 말할 것입니다."

"그따위 말들은 믿지 마세요!" 그녀의 음성이 권위 있게 울려 퍼졌다. "저는 수백 명의 청각장애 아이들을 대상으로 활동해 왔습니다. 그 중에 제대로 또는 썩 잘 말하지 못하는 아이들이 있는 건 사실입니다. 하지만, 그건 당연하지 않겠어요? 그 부모가 조기교육을 실시하지 않았기 때문이거든요. 자녀에게 진짜 순수하게 입에만 의존하는 환경을 만들어 주고자 단호하게 노력하지 않았으니까요. 만일 여러분이 청각장애 청소년 또는 성인들이 자유자재로 말하는 모습을 본 적이 있다면, 그것이 바로 여러분의 자녀가 듣는 사람들의 세계에서 효율적으로 의사소통할 수 있도록 성장할 수 있다는 증거 그 자체인 것입니다."

"두 번째로 여러분에게 경고하고 싶은 것은 의사소통의 지름길에 관한 것입니다." 그녀는 잠시 말을 쉬고 호흡을 가다듬었다. 마치 그 지름길이란 것이 얼마나 위험한 것인지를 강조하려는 듯이. "옆길로 빠지지 마세요. 어떤 사람들은 독화만큼 손짓발짓도 이용해야 한다고 말하기도 하는데 뭘 몰라도 한참 모르는 사람들입니다. 그렇게 하면 여러분의 자녀는 영원히 말을 할 수 없게 되는 겁니다. 여러분이 몸짓을 하면 여러분의 자녀도 몸짓으로 생각하기 시작할 것입니다."

그 말에 내 귀가 번쩍 열리는 것 같았다. 생각과 언어는 함께 묶여 있는 것이다. 언어가 없이 어떻게 생각을 할 수 있다는 말인가? 그림을 사용하여? 몸짓에 의하여? 린이 독화를 익히는 것이 얼마나 중요한지를 이전 어느 때보다 더 절실하게 느낄 수 있었다.

"나는 10대 청각장애인들이 한마디 말도 하지 못하고 서로 몸짓으로만 의사소통을 하면서 듣는 사람들의 세계로부터 완전히 소외되어 지내는 것을 봐왔습니다. 몸짓에만 의존하다 보면 여러분의 자녀는 귀머거리 인성을 발달시키게 되어 결국에 가서는 귀머거리로서만 행동하게 될 것입니다. 그 아이의 얼굴 표정은 부자연스러워지기 시작하고 기분 나쁜 이상한 소리를 내게 될 것입니다. 몸짓에 의존하는 청각장애인은 결국 청각장애인들만의 소굴 같은 곳에서 살다 죽게 될 것입니다."

강의가 끝나고 많은 질문이 쏟아졌다. 처음 손을 든 사람은 앞쪽에 앉아 있던 사람이었다. 나는 그가 누구인지 보려고 애를 썼다. 강사가 그녀를 지적하며 머리를 끄덕였다. 나이 지긋한 흑인 여성 하나가 일어났다.

"저는 할머니예요." 그녀가 머뭇거리며 말을 시작했다. 앉아 있는 사람들 전부를 한번 휘둘러보고서였다. "제겐 여덟 살짜리 손녀가 있는데 이름은 샐리예요. 샐리는 귀가 하나도 안 들린답니다. 아이 엄마는 오늘 밤에 올 수가 없었어요. 그런데 이 샐리 말이에요, 벌써 5년째 학교에 다니고 있어요. 세 살 때부터 다니기 시작했거든요. 아이의 아빠 엄마 모두 샐리에게 항상 말을 한답니다. 선생님들이 하라는 대로 꼭 그대로 하고 있는 거예요. 나도 물론 말을 하죠. 샐리의 형제자매들도 다 그렇게 하구요. 샐리는 우리 입술을 읽어서 썩 많은 것을 이해하는 것 같아요." 실내는 쥐죽은 듯 조용해졌다. 모든 시선들이 그 반백의 여인에게 집중되었다. 나는 그녀의 말을 한 마디도 놓치지 않으려고 귀를 세웠다.

"그런데 아직도 샐리가 말을 하지 않아서 이 할미와 엄마를 걱정시키고 있답니다. 겨우 네 다섯 단어만 말할 수 있을 뿐이에요. 대화가 전혀 안됩니다. 우리는 그 아이가 내는 소음들을 전혀 이해할 수가 없어요."

"제게는 손녀가 하나 더 있어요." 그녀는 더 큰 목소리로 더 감정적이 되어 말을 이어갔다. "이제 겨우 네 살인데, 항상 말을 하고 있답니다. 그런데 샐리는 자신이 어떤 기분인지, 뭘 원하는지, 무슨 생각을 하고 있는지 우리에게 말하지 못하는 거예요. 샐리는 자기 이름조차 말할 수 없다구요! 언제쯤 샐리가 말할 수 있으리라고 기대할 수 있을까요?"

사람들에게 엄습한 그 고요는 그 여인이 자리에 앉은 후에도 계속되었다. 마침내 누군가가 기침을 했다. 그 기침소리는 방안을 가득 채우고 있던 긴장을 깨뜨렸다. 우리는 강사의 답변을 기다렸다.

"우리 모두가 기억해야 할 일은 언제나 개인차가 있다는 점입니다." 그녀는 청중들을 한 사람 한 사람 둘러보면서 말했다. "말을 하기 시작하는 시점은 아이마다 다르다는 사실을 기억하십시오. 일반 아동들의 경우에도 그렇지 않습니까? 청각장애 아동들의 경우에는 개별적인 차이가 훨씬 더 두드러지게 드러난다는 말입니다. 청각장애 아동들 중에는 불과 네 살 때 말을 시작하는 아이가 있는가 하면 여섯 살이나 여덟 살이 되어서야 말을 시작하는 아이들도 있답니다."

"샐리에게 말을 계속하세요." 그녀가 그 할머니를 쳐다보면서 말했다. "그러면 언젠가 머지않아 말을 하기 시작할 테니까요. 저는 별로 말을 하지 않던 아이가 독화를 썩 잘하게 되더니 어느 날 거의 자연스럽다고 할 정도로 슬며시 말을 하기 시작하는 것을 여러 명 본 적이 있습니다.

인내심을 가져야 합니다."

그때 누군가가 존 트레이시 통신과정에 관해 물었다. 신청을 해야 좋을지, 그 과정이 심한 청각장애를 가지고 있는 아들에게 도움이 될지 궁금해 했다.

"그 문제를 제기해 주시니 반갑습니다." 그녀는 그 통신강좌 과정이 청각장애아들을 돕는 최선의 방법 중 하나라고 추천했다. 특히 그 과정은 아이들이 일반학교에 들어가기 전 초기 몇 년 동안 도움이 된다고 하였다. 그녀가 말을 마치자마자 가슴이 두툼하게 떡 벌어진 남자 하나가 손을 들면서 벌떡 일어났다. 그의 모직셔츠는 닳아 헤졌고 황갈색 머리칼 한 움큼이 뒤통수에서 삐죽 일어서 있었다.

"저는 그 존 트레이시 과정이라는 것을 좋아하지 않아요." 그가 우렁우렁 울리는 음성으로 내뱉듯 말했다. 이곳저곳에서 화들짝 놀란 사람들이 머리를 돌려 그 사람을 바라보았다.

"우리 아들놈, 그 앤 귀가 먹었어요. 그 애가 세 살 되던 해에 우린 그 강좌를 시작했어요. 그 애를 돕기 위해서라면 무슨 짓이든 하고 싶었거든요. 처음엔 잘 나갔죠. 그러더니 한 과 한 과 진도를 나가는 게 점점 어려워지더군요. 지금은 한번에 2분 이상 잠자코 있으려고 하질 않아요."

그의 음성이 점점 더 커졌다. 의자 뒷등을 붙잡고 있는 손가락 마디가 하얗게 힘이 들어가는 것을 볼 수 있었다.

"우리가 그 앨 가르치려고 하면 할수록," 그가 잠시 말을 멈추었다. "더욱더 그 녀석과 싸워야 했어요. 한 2년 동안은 우리 모두가 그럭저럭 참을 수가 있었죠. 제 생각으로는 우리가 그 애를 돕기 위해 할 만큼은 했다고 생각해요. 이제 여섯 살이 되었고 나이치고는 몸집도 큰데 온 식구들의 일상을 엉망으로 만들고 있어요."

숨을 돌리기 위해 그가 말을 잠시 멈추었다. 그 예기치 못했던 말의 홍수도 좀 느려졌다.

"우리는 그 아이가 하는 말, 두 세 마디 이상을 알아들을 수가 없어요. 식탁에 둘러앉아서 우리가 이야기를 할 때에도 그 애는 우리 말을 듣지 못하죠. 그러면 화를 내고 낭패한 표정이 역력해져요. 그러니 사람들 많은 곳에 아이를 데리고 다니는 것도 좋아하지 않게 되더군요. 식당이나 상점 같은 데서 화풀이를 해대기도 하는데 그럴 때면 우린 그만 몸 둘 곳을 몰라 쩔쩔 매는 거예요."

그가 말을 하고 있을 때 그 옆에 앉아있는 여인을 나는 볼 수 있었다. 그의 부인임에 틀림없었다. 때로는 동감을 표시하며 머리를 끄덕이기도 하고 또 어떤 때는 절망에 가까운 우려의 주름들이 그 얼굴을 덮곤 했다. 이제 사람들은 자기네 자리에서 불편한 모습으로 자세를 고치고들 있었다. 그러나 그 아버지의 말은 아직 끝난 것이 아니었다. 그가 정면의 강사를 똑바로 보면서 말을 계속했다.

"제가 알고 싶은 것은 왜 시카고 시당국이 청각장애 아이들을 위한 기숙학교를 세우지 않느냐 이겁니다." 그가 잠시 속도를 늦추어 말했고 나는 여러 군데서 애써 참는 놀라움의 탄성을 들을 수 있었다. "귀먹은 아이들이 한 주간 내내 함께 어울릴 수 있는 곳을 마련하지 못하는 이유가 도대체 뭡니까?" 그는 말하면서 양손으로 허공을 힘차게 내리치는 것이었다. "제 아들놈도 수백 명의 자신과 같은 아이들과 함께 지낼 수 있을 것이고 그 애들은 그렇게 하는 것이 훨씬 더 행복할 것이다 이 말입니다. 우리도 주말이면 아이를 집으로 데려올 수 있을 것이고요. 하지만 일주일 내내 그를 집에 두고 보기엔 다른 식구들에게 너무 힘든 일이라고요."

그는 갑자기 말을 끝내고 자리에 털썩 주저앉았다. 마치 그렇게 강렬하게 느끼고 있던 것을 죄다 털어놓는 데에 있는 힘을 다 쏟아 버린 것 같았다.

사람들이 다시 정면으로 머리를 돌렸다. 가까운 곳에서 속삭이는 듯한 탄성이 들려오기도 했다. 그런 식으로 의사표시를 한 사람들의 고개 숙인 모습을 볼 수 있었다. 나는 루이즈에게 알만하다는 눈짓을 했다. 그녀는 당혹스러운 표정이었다. 강사가 이 남자에게 뭐라고 말하나 보자는 심정으로 딱딱한 철제 의자 위에서 몸을 곧추 세웠다. 나는 강사가 안됐다고 느끼고 있었다. 그녀는 완전한 침묵 속에 오랫동안 서 있었다. 그녀의 얼굴이 빨갛게 달아올랐다. 그때 그녀가 용의주도하게 계산된 어휘들을 구사하며 말하기 시작했다.

"혹시 청각장애 아들에 대한 당신의 책임을 직시하기 싫다고 생각해 본 적이 있나요?" 그녀의 질문이 실내를 가득 채우고 있던 그 팽팽한 긴장을 일시에 누그러뜨렸다. 숨 막힐 듯 더운 날, 바람이 들어오도록 창문을 누군가 열기라도 한 것 같은 안도감이라고나 할까. 나는 동감임을 표시하여 힘차게 머리를 끄덕이고 싶었지만, 그 남자가 앉아있는 곳에서 나를 볼 수 있기 때문에 참았다.

"여러분은 부모입니다." 강사가 말을 이어갔다. "듣지 못하는 건 바로 여러분의 자녀입니다. 청각장애 자녀를 둔 삶이 쉬울 거라고 말한 사람은 아무도 없습니다. 이 분의 말을 들으니 마치 문제들을 다른 사람에게 떠넘기고 싶어 하는 것 같군요. 여섯 살이나 먹은 아이인데도 아들과 의사소통하기가 어려운 것도 사실이에요. 그러나 그런 어려움들을 다른 사람들에게 전가해 버리는 것이 그 문제를 해결해 주지는 않아요. 그렇게 해서는 여러분의 자녀가 말하는 법을 배우지 못합니다. 그렇게 하려면 시간과 인내심이 필요합니다."

그녀는 말을 멈추었다. 또 다른 질문이 없는지 청중들을 한 사람도 빠뜨리지 않고 둘러보았다. 누구도 질문을 하지 않았고 모임은 끝났다. 귀가하는 내내 우리는 그 남자와 그의 문제들에 대해 이야기했다. 나는 아직도 그의 얼굴에 드리워졌던 고통스러운 표정이 눈앞에 보이는 듯했다. 그의 음성에 스며있던 분노와 절망이 아직도 내 귀에 울렸다. 그 사람의 강변은 루이즈의 마음속에 새로운 의심들을 불러일으킨 듯했다. 우리도 그와 같은 문제로 린과 싸우게 될까?

"난 걱정할 필요 없다고 생각해." 루이즈가 표명한 의심은 물론 내 자신의 의심들을 가라앉히기 위한 말이었다. "린은 이제 겨우 생후 21개월일 뿐인데도 독화로 많은 어휘들을 이미 이해하고 있잖아. 벌써 상당수의 말들을 입모양으로 표현할 수도 있고. 린은 청력훈련기 학습도 즐기고 있다고."

그 주말에 나는 시카고로 출장을 가야 했다. 오가는 길 내내 그 아버지가 던졌던 질문들이 자꾸만 다시 떠오르곤 했다. 그로인해 나는 이전 어느 때보다 더 결연하게 각오를 다졌다. 린을 참을성 있게 계속 가르치겠다고, 그 남자가 한 것처럼 포기하는 일은 결코 하지 않겠다고!

그 후에도 여러 번 우리는 시카고 청력협회 모임에 가기 위해 되풀이해서 계획을 세우곤 했지만 갑자기 눈폭풍이 불거나 학교에서 강의 일정이 변경되어 실행에 옮기지 못했다. 어느 날 오후 학교에서 걸어서 퇴근하고 있을 때 눈이 오기 시작했다. 커다란 함박눈이 흩날리며 쏟아져 다음날 아침까지 거의 60센티미터에 가까운 눈이 내렸고 그치기 전까지 120센티미터라는 기록적인 눈이 쌓였다.

우리는 시카고 청력협회에서의 나머지 강의에 참석할 수 없어서 매우 실망했다. 그러나 청각장애아에 관한 우리의 교육에 차질이 생긴 부분은 어느 날 도착한 한 통의 커다란 갈색 봉투에 의해 곧 메울 수 있었다. 발신자 주소가 '존 트레이시 클리닉'이었다. 봉투 안에는 "청각장애 아기들의 부모를 위한 통신강좌 과정"의 첫 회분이 들어있었다.

나는 힘껏 봉투를 열었다. '마침내 제 1과를 받았구나' 하고 생각하면서 그 책장들을 한 장 한 장 넘겨보았다. 드디어 전문가들이 작성한 교과 내용들과 구체적인 연구 과제를 받게 된 것이었다. 나는 즉시 도입 부분부터 읽기 시작했다. 우리 앞에는 우리가 린과 함께 주어진 강좌를 해내는 대로 클리닉으로부터 찾아올 수많은 수업들이 기다리고 있었다.

| 제 8 장 |

훈련, 훈련, 훈련

훈련, 훈련, 훈련

나는 존 트레이시 통신강좌 과정의 첫 회분을 읽다말고 거실 저쪽에서 듣고 있던 루이즈를 쳐다보았다. 잠옷 차림의 린이 엄마의 무릎 위에 앉아서 동화책의 책장을 천천히 넘기고 있었다.

"자, 여기 날 때부터 중증 청각장애였던 어떤 사람의 사례가 있어요." 루이즈가 말을 시작했으나 린이 다른 책을 집으려고 무릎에서 몸을 비틀어 빠져나가자 자기 생각을 끝까지 토로하지는 않았다. 나는 그녀가 무슨 생각을 하고 있는지 알았다.

앨라배마의 어느 젊은 여성에 관한 이야기를 내가 그녀에게 읽어준 적이 있었다. 그 여성은 대학을 졸업하고 어느 대형 병원에서 실험실 기사로 일하고 있었다. 태어날 때부터 중증 청각장애를 가지고 있었지만 그녀는 직장 동료들에게 말을 하고 그들이 하는 말을 이해할 수도 있었다. 그녀는 듣는 세상에 적응했던 것이다.

존 트레이시 통신강좌 과정이 제공하는 것은 여러 가지 아이디어들과 린을 위한 학습내용, 청각장애에 관한 과학적인 정보 등 우리가 바라던 것 이상이었다. 무엇보다도 우리에게 뭔가 해야 할 일을 제시해 주었다.

우리는 린을 위한 수업계획을 세우는 요령을 알게 되었고, 무엇을 포함시켜야 할지를 이해하게 되었으며 수업을 단계별로 어떻게 가르쳐야 할지를 배울 수 있었다. 린은 몇 분 후 잠자리에 들었고 우리는 그날 저녁 대부분의 시간을 그 강좌를 읽고 토론하며 보냈다.

며칠 후, 토요일 아침에 나는 린과 함께 부엌의 식탁에 앉아 있었다. 밝은 햇빛이 창문을 통해 밀려 들어와 방을 가득 채우고 있었다. 나는 크리스마스 선물 포장을 하고 남은 파랑, 빨강, 주황, 초록, 노랑색 리본들을 찾아 한 색깔 당 두 개씩 대략 10여 센티미터 길이로 잘랐다. 린이 의자 위에 무릎을 꿇고 양손은 식탁에 얹은 채 턱을 받치고 엎드려 호기심에 싸여 나를 지켜보고 있었다.

"우리 이제 이 리본들을 색깔별로 짝을 맞춰 보자." 내가 말했다. 린은 그것이 존 트레이시 강좌의 무수한 수업 중의 첫 번째라는 것을 알 턱이 없었다. 그 아이는 알지도 못하면서도 내 입술을 바라보았다. 루이즈는 우리 뒤편의 싱크대에서 설거지를 하면서 듣고 있었다.

나는 리본들을 린 앞에 두 줄로 여러 가지 색이 아무렇게나 섞이도록 놓았다. 나는 첫 번째 줄에서 파란색 리본을 하나 집어 들고 린에게 내밀었다. 린의 시선이 나의 모든 동작을 쫒고 있었다. 동시에 다른 손으로 식탁 위 그 애 앞의 빨간 리본을 가리켰다.

"아니야!" 나는 강하게 부정하는 뜻으로 머리를 내저으며 말했다. 나는 초록색 리본을 가리켰다. "아니야!" 다시 머리를 흔들었다. 아직 파란색 리본을 손에 든 채 그것을 린에게 가까이 가져가서 식탁 위의 같은 색 리본을 가리키고 집어들어 내 손에 있는 리본과 나란히 보여 주었다. 그리고는 열성적으로 머리를 끄덕였다. 나는 두 개의 리본 사이에 가장 중요한 관계를 발견했음을 전달하기 위해 최선을 다했다.

"그래! 바로 이거야. 이게 맞는 거야. 이 리본도 파란색이거든. 자, 봐라! 이제 나는 두 개의 파란 리본을 가지고 있는 거야!"

린은 리본과 내 얼굴을 번갈아가며 살펴보았다. 멍한 표정이 관심을 대신했다. 그 아이는 가기 앞의 리본들에게 시선을 돌리고, 녹색 리본 하나를 잡으려고 했다가 식탁 위에 다시 떨어뜨리고 주위를 한번 둘러보고 시선을 엄마에게 맞추었다. 루이즈는 우리를 지켜보고 있었다.

"자, 이제 네가 색을 맞춰보렴." 리본들을 다시 배열하면서 내가 말했다. 나는 빨간색 리본을 집어 들어 린에게 내밀었고, 린은 그것을 받았다. 그 아이는 난처한 표정으로 나를 보고는 식탁에 떨어뜨렸다. 그런 후 신속하고 잽싼 동작으로 그 리본들 전부를 식탁 가장자리로 밀어붙여 한 무더기가 되게 했다. 여러 개가 방바닥으로 떨어졌다.

나는 나의 용기 있는 노력에 미소를 짓고 있던 루이즈를 바라보았다. 참을성 있게 리본들을 다시 주워 이번에도 두 줄로 늘어놓았다. 나는 십 분 동안 말하고 나누고 정돈하고 짝을 맞추고 머리를 흔들어 보이고 머리를 끄덕이고 손가락으로 가리키곤 했다. 마치 카드놀이라도 하는 것처럼 가지각색의 크리스마스 리본들을 이렇게도 맞추어 보고 저렇게도 맞추었다. 린은 놀아주려 하지 않았다. 아니 그러질 못했다. 누가 내 고집을 꺾어? 라고 결심한 듯 명백하고도 단호한 동작으로 의자를 밀어내고 방바닥으로 미끄러져 내리더니 뛰어가 버렸다.

"린은 이제 22개월이야." 나는 천천히 말했다. "트레이시 강좌 과정에 의하면 린보다는 좀 더 큰 아기들이 색 맞추기를 하고 싶어 한다는 거야. 조금 있다가 오늘 중에 봐 가면서 물건 맞추기를 한번 시도해 볼까 싶은

데. 지침서에는 무얼 하든지 우리가 린에게 어떤 일을 억지로 시켜서는 안 된다고 쓰여 있어. 때가 되면 린은 해낼 거야."

린이 오후 낮잠에서 깼을 때 루이즈는 신발, 스푼, 컵, 포크, 공, 블록 등을 각각 한 쌍씩 모아 놓았다. 이번에는 내가 지켜보았다. 린과 루이즈는 짝이 있는 그 물건들을 앞에 흩뜨려놓고 서로 마주보고 앉았다.

"이건 신발이야." 루이즈가 가장 가까이 있는 것부터 집어 들며 말했다. "같은 짝을 린이 찾을 수 있을까?" 린은 루이즈의 입술에 올려지는 말들에 어리둥절해 하는 모습이었다. 잠시 후 루이즈가 다른 한 짝의 신발을 집어 들고 한 켤레가 되게 하여 잠시 치켜들고 있었다.

"이것 봐. 짝이 맞았지? 이렇게 둘을 맞추면 짝이 맞는 거야." 그녀는 신발 한 짝을 다시 방바닥의 물건들 속에 내려놓았다. 린이 얼굴을 약간 찌푸렸다. 린이 그 신발을 집어 들고 마치 대발견이라도 한 듯이 높이 들어올렸다. 다른 손으로는 엄마가 들고 있는 신발을 가져다가 그 둘을 다시는 놓지 않으려는 듯이 가슴에 꼭 안았다.

"어머나, 착하기도 해라! 우리 린이 신발 짝을 맞추었네! 정말 영리한 아가씨예요!" 신발은 다시 물건더미로 돌아갔다.

"이건 스푼이야." 루이즈가 광택 나는 금속 집기를 들어올렸다. "이건 음식을 먹을 때 사용하는 스푼이야. 다른 스푼을 하나 찾을 수 있겠니?"

린은 엄마의 입술에 나타나는 무언의 기대감을 재보는 듯했다. 그 움직임이 갖는 의미를 알지는 못하면서도 말이다. 린은 다른 스푼을 손을 내밀어 잡았다.

그쯤 되자 나는 더 이상 구경만 하고 있을 수 없게 되었다. 나도 바닥으로 슬며시 내려앉으며 축하의 말을 덧붙였다. 그 시간 이후 내내 루이즈가 한 가지 물건을 보여줄 때마다 린은 재빨리 그 짝을 맞춰놓곤 했다. 짝 맞추기를 5분쯤 더 하고 나서 린은 좀 안절부절 못하는 것 같았다. 우리는 스푼을 한 번 더 시도하고 블록을 가지고 짝 맞추기를 하던 중 린이 블록을 방 저쪽으로 던져버리자 그 놀이를 끝낼 때가 되었음을 알아차렸다. 나는 물건들을 주워 모아서 종이봉투에 챙겨 넣고 소파 옆으로 치워놓았다.

그날 저녁식사 전에 내가 앉아서 신문을 읽고 있을 때 린이 그 종이봉투를 알아보고 끌고 와서 한 손으로 내 바지자락을 잡아당기면서 다시 놀자고 하였다. 다른 손에 든 종이봉투를 놓치지 않으려고 애를 쓰면서 간절한 눈으로 나를 보면서 매달리는 것이었다. 6, 7분 동안 우리는 신발, 스푼, 블록, 공, 컵들을 가지고 두세 차례씩 짝 맞추기 놀이를 했다. 린이 보인 날렵함에 나는 그 애가 무엇이든지 배울 수 있으리라는 확신을 갖게 되었다.

존 트레이시 과정은 처음부터 즉각적인 효과가 있었다. 그러나 의문점들이 생기기도 했다. 색 리본과 신발, 스푼 등을 짝짓는 것이 어떻게 린으로 하여금 말을 할 수 있게 준비시켜 줄 수 있다는 말인가? 입술을 읽을 수 있게 해준다? 우리가 린을 상대로 말을 하기 시작한지 수개월이 되었지만, 그 애는 불과 몇 마디만을 이해할 수 있을 뿐이며 입모양을 읽을 수 있는 단어도 극소수에 지나지 않는다. 왜 우리가 그저 파란색 리본을 들고 간단히 '파란색'이라고 말하면 안 되는가? 린이 그 색과 리본의 관계를 모르겠는가? 존 트레이시 강좌 과정은 심지어 우리에게 린이 색채와 물건의 이름을 독화로 읽을 수 있으리라고 기대하지 말라고도 했다. 그저 짝짓기만 하라는 것이었다.

나는 통신강좌 과정의 첫 2회분을 주의를 기울이며 다시 읽었다. 존 트레이시 클리닉의 심리학자들과 청각전문의들이 이 강좌를 고안했을 때 염두에 두고 있었던 것은 무엇일까? 제 1장의 각주 하나는 이 과정이 뉴욕시의 라이트 청각장애아를 위한 구화학교에서 사용된 한 과정에서 발전한 것임을 시사해 주고 있었다. 이는 우연히 이루어진 일이 아니었다. 아동성장과 발달에 관한 학문적 저서들에 관한 참조문들은 이 수업에 대한 우리의 신뢰를 더욱 두텁게 해주었다.

나는 예일대학교 아동발달 클리닉의 책임자였던 아놀드 게슬 박사가 쓴 특별 기고문을 읽고 큰 감명을 받았다. 그는 부모의 인내심 있는 도움을 받으면 청각장애아도 만족스러울 정도로 말하기를 배울 수 있다는 점을 강조했다.

그 강좌 과정의 바탕에 흐르고 있는 논리적 근거를 찾다가 우리의 많은 의문에 해답을 제시해 주는 글을 읽게 되었다. 청각장애아가 생후 처음 수년 동안에 배우는 일은 단 한 가지라도, 입술읽기나 말하기를 배우는 단어 하나, 지시를 받아 행하는 모든 동작, 이것들은 '누군가에 의하여 의식적으로 가르쳐진 것'이라는 내용이었다.

나는 그 문장을 다시 읽었다. 루이즈에게도 큰 소리로 읽어주었다. 브루스와는 얼마나 다른가! 브루스는 모든 것을 자연스럽게 배우는 것 같지 않았는가 말이다. 변기 사용법과 몇 차례 "안돼, 안돼." 했던 것을 제외하곤 그를 '의식적으로' 가르쳤던 것을 기억할 수 없었다. 그는 듣고 배웠고, 보고 기억했으며, 최초의 말도 힘들이지 않고 자연스럽게 입에서 흘러나왔다. 그를 위한 수업을 계획해 본 적도 없고 짝맞추기를 한 적도 없다. 특별히 따로 배우지 않고도 색채들을 알았다. 내부 깊숙한 어딘가에 순발력 있게 작용한 성장과 학습의 어떤 원리가 있었음에 틀림없다.

'청각장애'. 이 눈에 보이지 않는 장애가 얼마나 강력한지. 그건 우리의 말로부터, 우리의 생각으로부터, 우리가 아는 모든 것으로부터 린을 고립시켜 가둬버렸던 것이다.

우리는 모든 것을 의식적으로 가르쳐야만 할 것이다. '훈련' 이 말은 트레이시 강좌 과정 처음부터 끝까지 반복되는 말이었다. 청능훈련, 기억훈련, 집중훈련, 모방훈련, 관찰훈련, 연상훈련.

짝맞추기 놀이는 린에게 연상법을 훈련시키기 위해 고안된 것이다. 즉, 사물을 조합하는 능력이다. 색채와 물건의 짝을 맞추는 능력이 발달함에 따라 린은 그 다음 단계로 보다 쉽게 옮겨갈 수 있다. 즉 이는 우리의 입술 움직임과 연결 짓는 일이었다. 그러나 그건 더 많은 훈련을 필요로 했다. 두 개의 파란 리본과 두 짝의 헌 신발의 짝을 맞추게 하는 것은 쉬운 일이었다. 이러한 연상작용에서 리본을 '파란'을 뜻하는 작은 입술운동과 짝을 맞추는 일로 껑충 뛰어오르기는 훨씬 더 어렵기 마련이었다.

조만간 린이 "쓰러지기", "달리기", "뛰어오르기", "먹기"와 같은 말들을 실제 행동과 짝을 맞추어야 할 때가 올 것이다. 그건 더 많은 훈련을 필요로 하리라는 뜻이었다. 그리고 언젠가는 "정의", "사랑", "두려움"과 같은 말들 속에 들어있는 눈에 보이지 않는 개념들에도 입술 움직임을 짝맞추기 해야 할 것이다.

마지막으로 린은 또 다른 하나의 연상법을 익혀야 할 것이다. 다른 모든 일반 아이들이 당연하게 여기는 한 가지, 즉 '입술 움직임이 인간의 음성과 일치한다'는 사실이다. 그런 후에는 비록 듣지는 못해도 린이 그런 소리들을 낼 수 있게 될 것이다.

루이즈와 나는 우리가 해야 할 일이 엄청나다는 것을 차츰 깨닫기 시작했다. 그 일은 애초에 그저 '말하라. 말하라. 말하라.'로 시작해서 이제는 '훈련하라, 훈련하라, 훈련하라.'로 바뀌어야 하는 것이었다. 우리는 존 트레이시 과정이 감각훈련과 연상훈련이 건실한 토대임을 그렇게 강조했던 이유를 이해하기 시작했다. 그저 말만 계속 한다고 해서 구화와 독화가 터득되는 것은 아니다. 사소한 것일지라도 각 단계마다 구체적이고 상세한 교습이 이루어져야 하는 것이다. 우리 부부가 린의 첫 교사가 된 것이다.

늦은 저녁, 린과 브루스가 잠든 후, 우리는 린이 배워야 할 일들에 대해 토론했다. 우리는 그게 어떤 모습일지 상상해 보고자 노력했다. 나는 루이즈에게 음성을 사용하지 않고 내게 무슨 말을 해보라고 부탁했다. 그걸 내가 이해할 수 있는지 알아보기 위해서였다.

"내일... 린... 브루스... 학교." 루이즈의 입술이 워낙 빨리 움직여서 나는 그저 그 말들을 어림짐작으로 알아맞힐 수밖에 없었다.

"내일 린을 데리고 쇼핑하러 갈 거예요. 브루스가 학교에 가 있는 동안에 말이에요." 나는 루이즈의 움직이는 입술을 보고 판독할 수 없었던 단어들을 채워 넣었다. 나는 그녀가 그 말들을 하는 것을 수십 차례나 지켜보았다. 나는 다른 문장들도 입술읽기로 읽어보려고 노력했다. 나중에는 루이즈가 나의 입술을 읽었다. 가끔은 하나의 구절 전체를, 하나하나의 단어까지 완전히 이해할 수 있기도 했다. 심지어는 개별 단어가 입 안에 숨겨져 있어 잘 보이지 않는 경우라도 상대방이 의도하는 단어를 알아챌 수 있는 경우도 있었다. 그러나 그 단어들이 우리가 흔히 반복하는 표현들이라는 생각이 우리에게 떠오르지는 않았다. 우리가 이미 그 말들을 알고 있다는 사실을 미처 생각하지 못했다. 우리는 그 말들을 인식하기만 하면 되었던 것이다. 그러나 린은 백지 상태에서 시작해야 했다. 우리는 이미 일상적으로 사용하고 있는 언어의 문법을 숙지하고 있었다. 린은 그저 몇 마디의 고립된 어휘들만을 알고 있을 따름이었다. 우리에게는 군중 속에서 잘 아는 한 사람의 얼굴을 골라내는 것과 같은 일이지만, 린에게는 전에 한 번도 본 적이 없는 사람을 찾는 것과 같은 일이었다.

"저녁 뉴스를 소리를 죽여 놓고 한번 봐 봅시다. 얼마나 이해할 수 있는지 한번 해보자고." 내가 말했다. 10시가 좀 넘은 시간이었다. 지역 뉴스가 이미 시작하고 있었다. 우리는 앵커의 빠른 입술 움직임에 매우 열심히 집중했다. 수분이 엉겁결에 흘러갔다.

"...시 ...데일리... 월남... 주둔... 존슨 대통령... 시카고... 겨울 폭풍..."

나는 어안이 벙벙해졌다. 대부분의 말들이 이해 불가능했다! 앵커가 사라지고 현장 사진이 나왔지만 도대체 무슨 내용인지 해석할 수가 없었다. 그러자 앵커와 움직이는 입술이 다시 나타났고 서로 연결되지 않는 어휘들이 더 보였으나 그 뜻은 역시 알 수 없는 것들이었다. 무슨 말인지 이해하려고 정신을 집중해 보았지만 그저 여기서 한 마디, 저기서 한 구절 잘 알고 있는 것 같기는 하나 자주 사용하지 않는 단어들만 이해할 수 있을 뿐이었다. 나는 실망감에 싸여 루이즈를 보았다.

"정말 알아듣기 힘드네요." 그녀가 머리를 흔들면서 말했다.

"당신은 무슨 말인지 알아듣겠어요?"

"아니 별로."

"그런데 우리 린은 조심해서 살펴야 할 말이 어떤 것인지조차 모르고 있잖아요." 그녀는 말을 계속했다. "마치 누군가 소리를 죽여 놓고 TV에서 중국어를 하고 있는 것 같을 거예요. 입술만 보고 무슨 말인지 어떻게 알 수 있겠어요? 우선 중국어부터 배워야 하지 않겠어요? 그렇다 치더라도 어떤 언어를 전부 독화로 이해하려면 그야말로 초인적인 과업이 될 거예요. 우리 린이 정말 이렇게 어려운 걸 배울 수 있을지 알 수가 없네요."

"청각장애이기 때문에 오히려 쉬울지도 모르지." 대답은 했지만 사실은 내 자신을 설득해 보려는 마음이 더 컸다. "우리가 독화로 시도해 본 적이 없었던 것은 그게 우리에겐 필요가 없었기 때문이지. 린은 시간만 있으면 수시로 연습하고 있는데 아주 어릴 때부터 지금까지 그렇게 해 오고 있잖아요? 린이 아는 건 그것뿐이에요. 숙달된 교사만 있으면 우리 린도 해낼 수 있을 거라고 생각해요."

3월 초 어느 날, 나는 휘튼 대학에 다니는 한 대학원생의 아내가 호주에서 청각장애아 교육을 위한 훈련을 받았다는 것을 알고 놀라기도 하면서 기뻤다. 그녀는 직장에 다니지는 않고 시간제 일에 관심을 가지고 있다는 것이었다.

질 코리는 따뜻한 3월 오후에 도착했다. 마지막까지 남아있던 눈 흔적들까지도 다 사라졌고, 이웃의 자전거들이 보도를 누비고 다녔으며, 우리 집 앞마당의 키 큰 느릅나무에 새싹이 움트는 것을 볼 수 있는 날이었다. 루이즈는 밖에 나가 있었고 린은 질이 자기에게 다가오자 큰 소리로 요란스럽게 울어댔다. 나는 린을 방바닥에 내려놓고 질과 함께 앉아서 린의 청각장애에 관하여 그리고 질이 어떤 일을 할 수 있는지에 관하여 이야기를 나누었다.

질 코리는 젊고 쾌활했고 청각장애아를 가르치는 일에 열의를 가지고 있었다. 그녀는 학기말까지 매주 와 주기로 동의했다. 나는 그녀가 린을 가르치는 동안 수업하는 모습을 보고 싶다고 말했다. 관찰을 통해서 그녀의 기술을 배우고 싶기 때문이었다. 아는 것은 별로 없었지만 나는 그녀가 린을 무릎 위에 앉혀 놓고 자기가 말할 때 린의 손을 자신의 목에 대고 린이 이미 소리 없이 입모양을 만들 수 있는 단어들을 말하도록 가르칠 것이라고 대강 기대하고 있었다. 교사들이 청각장애아들을 그런 식으로 가르치는 그림을 본 적이 있기 때문이었다.

"린이 저랑 많은 것을 하기에는 아직 너무 어려요. 그렇지만 두 분께서 따님을 도울 수 있는 방법은 조언해 드릴 수 있겠군요." 질이 매우 사무적인 어조로 말했다.

나는 갑자기 엄습하는 실망감을 감추려 애를 썼다. "이 애가 정말 너무 어려서 말을 시작할 수 없을까요?" 내가 물었다. "린은 이미 단어들을 입모양을 만들어 표현하기도 하는데요. 거기다 음성만 첨가하면 될 텐데요. 우리는 그걸 어떻게 해야 하는지를 모르겠어요."

"린이 많이 어린 것은 아니에요. 그러나 현재로서는 입술읽기에 중점을 두는 것이 최선의 방법이에요. 나중에 제대로 말을 배울 수 있도록 탄탄한 토대를 구축해 주어야 하는 겁니다."

린은 시간이 좀 지나자 두려움이 없어졌는지 기어가서 질이 앉아 있는 의자 위로 올라갔다.

"한 단어부터 시작할 거예요. 그 단어를 어떤 상황에서도 입술 읽기를 할 수 있도록 가르쳐서 그 한 단어를 숙달하게 해야 한다고 말씀드리고 싶군요. 린에게 공이 하나 있나요?"

나는 짝 맞추기를 할 때 우리가 사용했던 공을 찾아냈다. 그리고 편한 자세로 지켜보았다. 질이 최초의 수업을 시작했다. 그녀는 린 앞에 무릎을 꿇고 앉아서 린의 주의를 끌기 위해 공을 방바닥을 가로질러 굴렸다.

"공이 굴러가는 것을 좀 보렴." 그녀는 말하는 동안에도 린을 주시했다. 이번에는 공을 린 쪽으로 굴리면서, "이건 빠른 공이야. 공 좋아하니? 그 공을 나에게 굴려 줄 수 있어?"

린은 조용히 지켜보았다. 질은 공을 집어 들고 장의자 위의 쿠션 뒤에 숨겼다. "공이 어디로 갔지? 린이 공을 찾을 수 있을까?"

린은 더 이상 잠자코 있을 수 없게 되었다. 그 애는 장의자로 가서 공을 찾아냈다. 우리가 그 놀이를 벌써 수십 번도 더 해 봤다고 질에게 말해 주고 싶은 생각이 목구멍까지 치밀어 올라왔지만 꾹 눌러 참았다. 나는 질이 무슨 생각을 하고 있는지를 알기 위해 기다렸다. 질은 공을 의자 위의 베개 뒤에 숨기고, 방바닥을 가로 질러 굴리고, 공중으로 높이 들어 올렸다. 그리고 거실 바닥을 가로 질러 공치기를 하는 것이었다. 공치기를 하는 사이 가끔 한 번씩 공을 아기처럼 품안에 껴안기도 하고 린 쪽으로 굴려 보내기도 하곤 했다. 그녀가 그 공을 바라보는 눈길, 공에 관하여 말하는 태도, 공을 다루는 방법 등. 그 모든 것들이 이 평범한 고무 장난감에 대한 경의를 보여 주었다. 린은 넋이라도 잃은 듯 그녀의 동작들을 뒤쫓고 있었다.

"'공'을 쳐라. '공'을 쳐라. 린은 '공'이 튀어 오른 것을 볼 수 있어요? 튀어 오르는 '공'. '공'을 쳐요."

몇 분 있다가 린은 흥미를 잃고 식당 쪽으로 가기 시작했다. 질이 뒤따라갔다. 그녀의 공에 대한 열성은 더욱 가중되었다. 그녀는 식당의 식탁 주위를 공을 치며 한 바퀴 돌았다. 그리고는 계속 공을 치면서 부엌으로 들어가서는 싱크대에 공을 숨기는 척 했다. 나도 따라 들어갔다. 야릇하게도 구경꾼 같은 느낌이었다. 거의 30분 동안이나 질과 린, 그리고 그 빨간색 공이 온 집안을 장악하고 독차지했다. 마침내 질이 공을 이리치고 저리치며 거실로 되돌아가서 앉았다.

"좋아요!" 질이 가쁜 숨을 고르며 말했다. "린은 영리한 아이에요. 이해력도 빠르고요. 린이 항상 두 분의 입술을 지켜보는 걸 보니 두 분께서 아이를 훈련시키려고 애쓰신 게 분명하네요." 나는 그녀가 말을 계속해 주기를 바라고 머리를 끄덕였다. 다음엔 무슨 일이 있을 것인지, 우리가 무슨 일을 할 수 있을 것인지를 설명해 주기를 바라면서 말이다.

"이번 주, 제가 린의 다음 수업을 하러 오기 전에, 공을 가지고 할 수 있는 놀이를 스무 가지 정도 생각해 두시길 바랍니다. 오늘 보신 것과는 다른 것들로요. 선생님과 사모님께서도 두 분이 같이 하루에도 여러 차례 린과 함께 이 놀이를 하셔야 합니다. 항상 말을 하도록 하시고 반드시 린이 두 분의 입술을 보게 하세요."

다음 주 질이 다시 오기 전에, 린은 "공"이라는 말을 우리 입술에서 적어도 천 번은 보았다. 린은 공을 가지고 잤고 공을 지닌 채 목욕을 했다. 식사를 할 때도 공과 함께였다. 우리 모두가 기회만 있으면 공을 가지고 놀았다. 아침에 일어나자마자 잠옷 차림 그대로 린을 데리고 공치기를 하면서 집안을 돌아다녔다. 그 공놀이가 나를 위해서도 꼭 필요한 일인 것처럼 말이다. 공은 린과 루이즈를 따라 쇼핑도 다녔고, 엄마가 빵을 굽는 걸 구경하는 동안에도 식탁 위에 놓여있었다. 낮잠 시간에는 아기 침대에 함께 누웠다. 혹시 누군가가 그 한 주일과 그 후 수 주일 동안 우리를 관찰했다면 우리 모두가 그 공을 살아 숨 쉬는 어떤 존재, 거의 신성한 초자연적인 어떤 것으로 믿고 있음이 틀림없다고 단정했을 것이다.

나는 질이 두 번째 수업을 하러 오기 전에 린의 독화능력을 테스트해

보기로 결심했다. 나는 린과 함께 방바닥에 앉아서 우리 둘 사이에 공, 신발 한 짝, 책 한 권, 스푼 한 개를 흩뜨려놓았다.

"나에게 '공'을 다오." 내가 말했다. 그러자 그 애의 손이 가장 가까이 있는 물건인 신발을 들어올렸다.

나는 다시 한번 시도했다. "어느 것이 '공'이지? '공.' '공'을 내게 줄 수 있겠니?"

이번엔 스푼을 나에게 주었다. 내가 물건들을 다시 배열할 때마다 린은 나의 입술을 면밀히 주시하고 나서 가장 가까이 있는 물건에 손을 내밀고 의기양양하게 그걸 들어 올리는 것이었다. 한줄기 무력감 같은 것이 나를 엄습했다. 나는 그 주 초에 숙제로 내주었던 대수 문제에 관해 물어볼 게 있다고 수업 후에 남아있던 한 학생이 기억났다. 수업 중에 나는 이미 그 문제를 설명했고 샌디를 제외하곤 모두가 다 이해했다. 나는 그녀의 질문을 이해할 수가 없었다. 나는 그 문제를 칠판에 쓰고 다시 처음부터 검토했다. 그러나 그녀는 멍한 시선으로 바라보기만 할 뿐 내가 써놓은 부호들을 이해하지 못했다. 수업 후에 나는 그 문제를 처음부터 끝까지 다시 설명했다. 문제 해결과정의 각 부분을 이해시키려 노력했다. 그녀가 놓치는 일이 없도록 각 단계를 천천히 옮겨가며 살폈다. 마침내 그녀는 천천히 고개를 흔들고 자기 물건들을 주섬주섬 챙기고 나서 눈물을 글썽이며 말했다. "제가 이해를 못하는 거군요!"

나는 린이 그 놀이에 싫증을 내고 방을 나간 후에도 오래도록 방바닥에 앉아있었다. 내 앞에 있는 공과 신발을 내려다보았다. 우리는 린이 말 몇 마디를 입술읽기하는 법을 익혔다는 것을 이미 알고 있었다. 나는 그 애가 정말 입술읽기를 한 것인지 의심하기 시작했다. 그 때의 상황을 그저 눈치로 읽었을 뿐일지도 몰랐다. 우리가 말한 것을 그 애가 이해할 수 있도록 많은 다른 단서들을 무심결에 흘렸음에 틀림없었다.

루이즈가 린의 옷을 입혀주면서 "신발" 하고 말했던 것은 바로 그날 아침의 일이었다. 린은 즉시 방을 가로질러 달려가 자기 신발을 엄마에게 가져다주었다. 그러나 "신발"은 일상적인 습관의 일부가 되어있었다. 아침에 옷 입는 시간이었고, 신발은 양말 뒤에 따라오는 옷 입는 과정의 일부였다. 린은 그 과정의 순서와 패턴을 읽고 있었던 것이다. 린은 우리의 입술만 읽고 단어를 알아들은 게 아니었다. "스푼"은 아침과 점심, 저녁 식사에 따라오는 단어였다. "모두 사라졌어."는 음식과 텔레비전 화면의 그림이 사라지는 것과 일치했다. "바이 바이"는 작별을 위한 그 모든 치밀한 준비, 핸드백이나 서류가방을 집어 들고 외투를 찾아 입고 마지막 순간의 포옹과 입맞춤에 따라다니는 말이었다.

나는 여러 차례 소리 없이 "공" 하고 혼잣말을 해보았다. 그리고 "스푼", "신발" 하고 말해 보았다. 거울을 보지 않고도 나는 그 각 단어를 입술로 표현할 때 사소한 움직임에는 별 차이가 없다는 것을 알 수 있었다. 나는 몹시 피곤했다. 장차 린을 기다리고 있는 그 지극히 어려운 일에 거의 압도당할 지경이었다.

질 코리는 두 번째 수업에서도 린의 공을 가지고 온 집안을 돌아다녔다. 방문을 끝낼 때 그녀는 공을 한 쪽으로 치워놓았다. 린이 자기에게 온 정신을 다해 집중하자 그녀는 갑자기 방바닥에 쓰러졌다. 린은 그만 허를 찔린 셈이 되어 큰 소리로 웃어댔다.

"쓰러지는 거야." 질이 재빨리 일어나 앉으면서 똑바로 린을 바라보고 말했다. 그녀는 다시 한번 쓰러졌다. 쓰러지는 순간에도 아까처럼 그 말을 되풀이했다. 몇 분 안 되어 린은 즐겁게 그 새로운 놀이를 흉내 냈다.

"'공'에 관한 학습을 계속하세요. 그러나 린이 지루해하면 쓰러지기로 바꿔 해도 됩니다." 질이 떠날 채비를 하면서 말했다.

자정이 훨씬 지나서까지 루이즈와 나는 린과 질 코리 그리고 존 트레이시 통신강좌 과정과 청능훈련기, 우리가 린에게 가르치기 시작한 온갖 것들에 관해 이야기를 나누었다. 비공식적인 끊임없이 말하기는 계속되고 있었다. 그러나 이제 우리는 공식적인 학습이 더 중요하다고 생각하기 시작했다.

마음속 깊은 곳에서 린이 학교에 가는 일에 대해 걱정하고 있었다. 브루스는 네 살 때 취학 전 준비반에 다니기 시작했었다. 지금 그는 유치원에 다니고 있다. 우리는 브루스를 보고 브루스의 말을 들을 때마다 린이 입술읽기와 말하기를 배우도록 돕기 위해 더욱더 수고해야 할 필요성을 절감하고 있었다.

"오늘 읽기 그룹을 시작했어요." 브루스가 어느 날 귀가해서 말했다. "알파벳 문자들을 다 알고 있는지 선생님이 복습을 시키셨어요. 아직도 그걸 잘 모르는 애들이 있거든요." 브루스는 매일 우리에게 담임선생님인 오웬스 부인이 계획하고 있는 특별활동과 견학들에 관하여 그리고 누가 못된 행동을 했는지, 어떤 친구와 함께 놀았는지 말하곤 했다. 그는 친구들에게 전화를 걸고 친구네 집을 방문하기도 했다. 친구들을 데리고 와서 점심을 먹고 오후 내내 집에서 함께 놀기도 했다. 우리는 린의 청각장애가 학교에 다니기 어렵게 할 뿐만 아니라 린을 다른 아이들로부터 소외시킬 수도 있다는 것을 깨닫기 시작했다.

우리는 존 트레이시 과정에서 제시된 과제들을 린에게 가르치는 노력을 배가했다. 이상하게도 그 과제들은 린에게 도움이 되는 만큼 우리에게도 도움이 되었다. 우리에게 할 일이 있었으므로 걱정도 줄어들었다. 우리는 린의 장애와 듣는 사람들의 세상에 아이를 준비시켜야 할 우리의 책임을 더 쉽게 받아들일 수 있었다. 린이 언젠가 말을 하게 되리라고 서로에게 다짐을 하곤 했다. 우리는 존 트레이시 과정에서 보고된 성공한 청각장애인들의 사례들을 기억했다. 우리는 질 코리와 논의하기도 했다. 그녀는 린의 영리함에 감명을 받고 있었다. "린은 말하게 될 겁니다. 학교에도 가게 될 거에요." 그녀는 우리를 안심시켰다. 우리는 "청각장애아가 배우는 말은 그 한마디 한마디가 모두 누군가에 의해 의식적으로 가르쳐져야 한다."는 사실을 천천히 인정하게 되었다.

3월 셋째 주에 봄방학이 시작되었다. 우리는 야영장비를 싣고 인디애나를 지나 테네시 주의 그레이트 스모키 국립공원을 향해 길을 나섰다. 집에 두고 갈 수 없는 중요한 한 가지는 린에게 입술읽기와 말하기를 가르치는데 사용해야 할 시간이었다. "짝 맞추기용 리본을 좀 가져갑시다." 내가 루이즈에게 넌지시 말했다.

길에 올라 불과 두 시간 남짓한 사이 나는 세 차례나 루이즈를 채근했다. "린이랑 짝 맞추기를 좀 하지 그래?"

"이번만이라도 좀 쉬면서 경치를 구경하고 싶어요." 루이즈가 짜증 섞인 음성으로 말했다. "며칠만이라도 당신이 선생님이라는 걸 좀 잊을 수 없겠어요? 브루스와 린도 가끔은 보통 아이들처럼 생활할 필요가 있단 말이에요."

"하지만 린이 보통 아이처럼 되려면 우리가 기회 있는 대로 그렇게 되도록 린을 도와야 하잖아?"

루이즈는 일 분이 넘도록 차창 밖을 바라보며 말없이 앉아 있다가, 마침내 한숨을 쉬며 말했다. "톰, 기회 있는 대로 이렇게 짝 맞추기를 하고, 말을 하는 것이 전에 우리가 마음 편히 먹고 쉬고 이런저런 이야기를 나누거나 서로를 격려하는데 사용하던 시간을 빼앗아갔어요. 때로는 우리도 휴가가 필요하다는 것이 제 생각이에요."

뒷좌석에서는 브루스와 린이 웃고 있었다. 린은 낡은 헛간 근처에서 풀을 뜯고 있는 적은 무리의 소들을 열심히 가리키고 있었다. 인디애나의 씨 뿌리기를 기다리고 있는 방금 갈아엎은 흙냄새가 대기를 채우고 있었다. 한 시간 동안 우리는 말없이 계속 달리기만 했다.

우리는 인디애나 남부의 작은 읍인 셸빈에 잠시 들렀다. 중심가에는 인적이 없었지만 오래되어 보이는 가게 하나가 아직 열려 있었다. 브루스와 나는 칠이 다 벗겨진 현관으로 통하는 나무 계단을 올라갔다. 린과 루이즈는 차에서 기다리고 있었다. 가게 안은 희미한 조명 때문에 어두웠고, 밧줄과 닭 사료, 장작의 기분 좋은 냄새가 실내를 가득 채우고 있었다. 왼편에 엉성한 계산대가 있었고, 그 뒤편 벽에는 커피, 설탕, 통조림 야채들로 가득 채워진 선반들이 있었다. 상점은 좁고 길었으며, 벽마다 선반과 고리들로 덮여 있었다. 작업복 바지와 작업용 장갑들이 쌓여 있었고, 망치, 삽, 다른 농기구들이 나란히 진열되어 있었다. 맨 뒤쪽 가까이에 몇 사람이 장작이 타고 있는 커다란 난로 주위에 앉아 있는 것이 보였다. 우리가 다가가자 호기심 어린 시선들이 우리를 향했다.

"지나가는 사람인데요." 나는 머뭇거리며 주위를 살피면서 가까이 다가갔다. 브루스는 새끼오리들이 들어있는 골판지 상자를 보고 그 중 한 마리를 잡으려고 하고 있었다.

"제 조상들이 이 지방 출신이랍니다. 혹시 이 부근에 '스프래들리'라는 성을 가진 분이 살고 계십니까?" 나는 한 사람 한 사람 차례로 쳐다보았다. 그 중 두 사람이 약간 나이가 더 들어보이는 사내 쪽으로 시선을 돌리는 것이 보였다. 색이 바랜 작업복 차림의 머리가 하얀 사내였다. 그의 얼굴은 햇볕에 그을려 거칠고 탄탄해 보였고 말을 할 때 눈가에 다정해 보이는 주름이 드러났다. "스프래들리라고? 글쎄." 그는 땟국이 짙게 절은 담배 파이프를 움직이지도 않고 입에 문 채로 천천히 말했다. 나는 기다렸다. 그는 한참 동안 바닥을 물끄러미 바라보며 생각하더니 희미한 미소를 입가에 띠었다. "없어, 시방은 없지요. 하나도 없어. 다 돌아가셨지. 내가 알고 있는 사람 중엔 하나도 없어요. 저 산위로 가면 거기에 많이 묻혀 계실 거요." 그가 상점 앞쪽을 가리키는듯한 몸짓을 해보이며 희미하게 미소를 지었다.

"어느 산 말입니까?"

"두 블록쯤 더 가서 우회전해서 비포장 도로를 따라가구려. 그럼 산꼭대기에 이르게 될 거야. 아마 거기 열 명 아니면 열댓 명쯤 있을 거요. 재산도 좀 있었으니까 제일 큰 묘비들을 찾으면 빠를 거외다. 어쨌든 서둘러야겠구먼. 20분만 더 있으면 어두워질 테니까."

"고맙습니다." 나는 서둘러 브루스의 손을 잡고 문으로 향했다.

좁고 울퉁불퉁한 도로를 따라 공동묘지의 가장자리에 도착했다. 나무와 표석들이 1에이커쯤 되는 지역을 덮고 있었다. 주변에 잡초가 무성하게 자라 있는 무덤들이 많았다.

"공동묘지" 나는 린을 뒷좌석에서 안아들면서 말했다. "우린 묘지 몇 개를 찾아 볼 거야." 우린 수색을 시작했다.

"이 이름을 봐라." 처음 눈에 띤 묘비를 가리키면서 브루스에게 말했다. 거기엔 '애비게일 존슨'이라는 이름과 고인의 출생일자와 사망일자가 새겨져 있었다. "'스프래들리'라는 이름이 쓰여 있는 묘비를 찾아보렴." 우리는 흩어져 가장자리 쪽에서 맴돌며 찾다가 점차 중앙으로 옮겨가며 살폈다. 루이즈와 브루스가 한 쪽을 훑고 린과 나는 다른 한 쪽을 훑기 시작했다. 곧 황혼이 드리워질 것이었다.

"톰, 여기 당신 이름과 같은 이름이 있어요!" 루이즈가 묘지 중심부에 위치한 가장 오래된 무덤들 사이에서 흥분한 소리로 외쳤다. 내가 그 납작한 묘비에 이르자 그녀가 다시 말했다. "내가 당신을 찾았네요!" 오랫동안 바람과 비와 눈에 시달린 돌로 된 묘비였다.

토머스 S. 스프래들리
1842-1887

그 이름과 날짜들을 내려다보고 있는 동안 허무한 느낌이 내 전신을 휩쓸고 지나갔다. 내 상념들이 여러 세대를 껑충 뛰어 거슬러 올라갔다. 방금 파놓은 무덤가에 서 있는 가족과 친지들의 모습을 상상 속에 그려보았다. 어떻게 그가 죽었을까? 고인은 어떤 사람이었을까? 무덤가에 서서 그의 죽음을 애도했을 그 사람들은 어떤 삶을 살았을까? 나의 일부는 돌아가 보고 싶어 했다. 내가 비옥한 인디애나의 검은 토양의 일부처럼 느껴졌다.

"여기에도 하나 더 있어요." 저 멀리서 브루스의 흥분한 음성이 들렸다. 언덕 정상 근처였다. 우리가 그쪽으로 걸어가기 시작하면서 나는 그의 등 뒤로 북서쪽 하늘을 볼 수 있었다. 장밋빛으로 붉게 타오르는 검붉은 하늘, 해는 이미 사라져버렸고 귀뚜라미의 첫 울음소리가 풀밭에서 들려왔다. 싸늘한 바람이 나무들 사이로 불어왔다. 나는 린의 스웨터를 단단히 여며주었다. 황혼녘의 어스름한 빛이 점점 사라져가는 사이에 우리는 커다란 묘비를 만났다. 한참 떨어진 곳에서도 '스프래들리'라고 새겨져 있는 이름을 알아볼 수 있었다. 우리는 더욱 가까이 다가가서 흐릿한 빛 속에서 눈을 가늘게 뜨고 보았다. 그 이름이 확연히 드러났다.

앤드류 바이럼 스프래들리
1809-1874

나는 몸을 부르르 떨었다. 바람이 높이 자란 잡초들 사이로 소리를 내며 지나가자 추위를 느꼈다.

"여기가 바로 너의 사대조 할아버지가 묻혀 있는 곳이구나." 브루스에게 말했다. 몇 세대를 전해 내려와서 이제는 내 형제들 중 하나의 이름이 된 그 이름을 알아볼 수 있었다.

거의 일분 동안이나 우리는 침묵 속에 서 있었다. 하늘을 배경으로 짙은 윤곽을 그리며 서 있는 공동묘지 가장자리쯤 어디에선가 찌르레기가 날카로운 소리로 지저귀는 것을 들을 수 있었다. 나는 린을 안고 있었고 브루스는 엄마의 손에 매달려 있었다. 어둠이 짙어져 수세기 동안 해왔던 그대로 무덤 위에 내려앉았다. 나는 앤드루 바이럼 스프래들리의 묘비를 다시 돌아보았다. 그분의 시대에서는 청각장애인들이 어떻게 살았을지 궁금해졌다. 그들은 학교에 다녔을까? 이 작은 농촌마을에도 청각장애 아이들이 있었을까? 우리 린이 스프래들리 가문에서 청력 없이 태어난 최초의 아기일까? 아마 그건 아닐 거야. 예닐곱 세대라면 수천 명이 될 것이고 한 사람 이상의 청각장애아가 있었을 가능성은 충분히 있을 것이다. 그 시절엔 그게 어떤 의미를 지닌 것이었을까? 귀먹고 말 못하게 태어난다는 것이 사람들에게는 어떤 의미를 지니는 것이었을까? 청각장애는 곧잘 지적발달장애와 혼동되었다. 일부 청각장애아들은 말을 할 수 있게 한답시고 죄 없는 혀에 외과수술을 받기도 했다. 일부 사회에서는 청각장애인들이 인간 이하의 존재로 여겨져 심지어 죽임을 당하기도 했다. 청각장애아들을 교육한다는 것은 불가능한 일이라고 생각하던 때도 있었다. 나는 린을 한번 보고 선조의 무덤을 보았다. 그런 후 우리는 돌아서서 어둠 속에서 차로 돌아왔다. 20세기에 살고 있는 것이 정말 기뻤다.

우리는 켄터키를 향해 남쪽으로 차를 몰았다. 동남쪽으로 길을 잡고 테네시에 들어서서 그레이트 스모키 국립공원으로 향했다. 거기에서 수일 동안 야영을 하고 휘튼으로 돌아왔다. 주말에 집에 도착해 보니 오클라호마 대학교에서 보낸 편지 한 통이 기다리고 있었다. 내가 대학원 과정을 지원한 학교였다. 전액 장학금과 수학과에서의 조교직을 제공하겠다는 내용이었다. 우리는 그 내용을 믿기 어려웠다. 나는 그 편지를 적어도 여섯 번은 다시 읽었다. 그 제의를 수락한다는 답장을 보내고 루이즈는 브랜트 부부에게 우리도 곧 오클라호마 대학에서 그들과 만나게 되리라고 알리는 편지를 보냈다. 나는 브루스와 린에게 그것이 무엇을 의미하는지 설명해 주었다. 서머 스쿨에서 강좌를 시작할 수도 있을 터였다. 우리는 즉시 6월 중에 오클라호마 주 노만으로 이사갈 계획을 짜기 시작했다. 4년에 걸친 우리의 휘튼 생활이 곧 끝나게 된 것이다.

| 제 9 장 |

희망과 함께 섞인
슬픔

희망과 함께 섞인
슬픔

질 코리가 린의 세 번째 수업을 위해 왔다. 그녀가 린의 주의를 끌기가 더 어려워졌다. 그녀는 '공'과 '쓰러지기'를 두고 열심히 노력하다 불과 20분 후 중단하고 말았다. 린이 변한 건 하나도 없었다.

"린은 아직 어려요." 질은 떠날 채비를 하면서 우리에게 그 점을 상기시켜 주었다. 그녀는 우리 마음 속 깊이 간직되어 있는 의문들을 다 알고 있었다.

그날 저녁, 식사를 한 후 나는 거실에 앉아 대수 시험 답안지를 채점하고 있었는데 동시에 루이즈가 하는 일에도 귀를 기울이고 있었다. 그녀는 린과 함께 방바닥에 앉아 둘 사이에 포크 하나와 컵, 스푼, 공, 신발을 흩어 놓았다. 전에 수십 번도 더 했던 그대로 루이즈는 린을 테스트하고 있는 중이었다.

"스푼은 어디 있어요?" 루이즈가 물었다. 린은 엄마의 입술을 주시했다. 그리고는 컵 쪽으로 손을 내밀었다. 루이즈는 머리를 흔들고 다시 시도했다. "내게 포크를 줄 수 있겠니?"

이번에 린은 신발을 집어 들었다.

"공은 어디 있지?" 린이 손을 내밀어 공을 드는 것이 흘깃 보였다. 공이다! 나는 얼어붙었다. 우연이겠지. 루이즈는 방바닥 물건들을 다시 정돈하고 공을 린에게서 제일 멀리 있도록 신경을 써서 배열했다.

"공을 찾을 수 있겠니?" 즉시 린이 몸을 앞으로 숙이더니 공을 집어 들었다.

"톰!" 루이즈가 음성에서 흥분의 낌새를 없애려고 애쓰면서 조용히 나를 불렀다. "린이 내 입술을 읽었어요! 보세요. 다시 해 볼 테니까요." 나는 린의 주의를 흩뜨리고 싶지 않아서 그 자리를 떠나지 않고 가만히 앉아 있었다.

"컵은 어디에 있지?" 루이즈가 물었다. 린이 다시 공을 들지 않는지 확인하기 위해서였다. 린의 얼굴에 의아해 하는 표정이 스쳐갔다. 린은 스푼을 집어 들었다. 다음으로 루이즈는 공을 달라고 했다. 린은 알겠다는 듯이 활짝 미소를 지어보이더니 공을 집어 들었다. 루이즈는 린을 칭찬해 주고 큰 포옹을 해주었다.

"내가 한번 해봅시다." 내가 말하며 방바닥으로 내려앉았다. 흥분으로 심장이 방망이질을 하고 있었다. 그 후 5분 동안 린은 여섯 번이나 공을 집어 들었다. 내가 다른 어떤 말을 해도 내 입술에 공이 나타나면 린은 공쪽으로 손을 내밀었다. "포크, 스푼, 공." "공" "나에게 공을 주렴." "공을 찾아요." "공을 던져요." 내가 "컵", "포크", "스푼"이라고 말하면 대충 어림 짐작을 하고 매번 제대로 맞추지 못했다.

"린이 알아듣고 있어." 나는 우연의 일치가 완전히 제거되었다는 확신이 서자 큰 소리로 외쳤다.

여러 날 동안 구름 속을 헤맸지만, 드디어 돌파구가 생긴 것이다! 린이 몸짓의 도움을 받지 않고 우리 입술만 보고 처음으로 독화를 실천한 것이다. 작은 한 발자국이었지만 앞으로 수천의 더 많은 진일보를 예시해 주고 있었다. 질 코리에게 이 일을 전하고 싶어 안달이 날 지경이었다. 그 일 이후 매일 귀가해서 "가서 공을 가져 오너라."라고 말하면 린은 쏜살같이 사라졌다가 공을 가지고 돌아오곤 했다. 일주일이 안 되어 린은 "공"을 제 나름대로 조용하게 입모양을 만들어 표현하고 했다. 우리는 우리의 노력을 배로 증가시켰다. 연습으로 반복된 나날들은 우리의 의심에도 불구하고 말하기 여정에 놓여있는 가장 큰 장애물을 극복할 수 있게 해 주었다.

우리는 곧 이것이 긴 장애물 경기에서 첫 번째 허들을 넘은 것뿐임을 알게 되었다. 루이즈는 통신강좌 과정의 1회분에 대한 보고서를 존 트레이시 클리닉으로 보냈다. 그녀는 다음의 몇 가지 질문도 함께 적어 보냈다. "어떻게 하면 린이 음성을 보다 많이 사용하게 할 수 있을까요?" "'음식을 먹어라.' 와 같은 표현을 자연스러운 상황에서만 사용해야 하나요, 아니면 그림을 보거나 그런 상황을 가정한 상황에서도 사용해야 하나요?" 무엇보다도 우리를 당황스럽게 만든 일이 있었다. 루이즈는 다음과 같이 설명했다. "린은 '공을 던져라(throw the ball).'라는 표현과 '넘어져라(fall down).'라는 표현을 혼동합니다. 우리가 그 아이에게 '쓰러져라.' 하면 린은 가지고 놀던 작은 빨간색 공을 가져옵니다."

존 트레이시 클리닉의 통신강좌 과정의 책임자인 톰슨 부인이 답장을 보내주었다.

"귀하께서는 어떻게 하면 린이 '공을 던져라.'와 '넘어져.' 같은 표현들을 혼동하지 않게 할 수 있겠느냐고 질문했습니다. 린이 보는 것이 '올(all)' 발음인 것이 분명합니다. 두 개의 표현에서 모두 '올(all)' 발음이 사용되고 있으니까요. 저희는 사물의 이름을 가르칠 때 다양한 문장을 만들어 사용하는 것을 권장하고 있습니다. 공 치기, 공 던지기, 공 때리기, 공 들기, 또는 여기 공 받아라, 여기 공 있네 등 다양한 구절을 만들어 사용하십시오. 그런 식으로 계속하다 보면 린은 점차 '공'은 물건의 이름이고 '던지다.', '쓰러지다.'는 행동을 의미한다는 것을 알게 될 것입니다. 린이 어떤 표현 전체를 이해해야 하는 건 아니랍니다."

루이즈의 보고서에는 이런 내용도 있었다. 비록 린이 '이리 와'라는 뜻으로 몸짓을 하지만, 그 말을 음성으로 표현하려고 하지는 않는다는 것이었다.

"린이 손가락을 움직여서 '이리 와.'라고 할 때, 아이는 아마 최선을 다해서 자기 의사를 전달하고 있는 것입니다. 귀하께서 아이를 가까이 부르고 싶을 때마다 항상 '이리 와.' 라는 말을 함께 하시면 린은 점차 그 말을 이해하기 시작할 것이며 그때 적절하게 칭찬하고 격려해 주면 언젠가는 자연스럽게 그 말을 하게 될 것입니다."

이것이야말로 우리 두 사람이 꿈꾸는 날이었다. 우리가 계속 노력하면 반드시 오리라고 기대하고 또 믿고 있는 날이었다. 한 가지만 더 있다면 그 과정을 가속시킬 수 있을 터였다. 즉, 처방에 의한 보청기였다.

린이 두 살이 되기 조금 전에 어린이 병원의 청각전문의가 캐나다로 옮겨갔다는 것을 알게 되었고, 우리는 청력 테스트를 다시 받기 위해 시카고의 세인트 루크 병원에 갔다. 테스트를 받은 후, 청각전문의가 멜빵과 코드가 달린 보청기를 보여주었다. 시가 상자의 절반 크기인 회색의 작은 상자로 배낭처럼 보이는 멜빵이 달린 것이었다. 루이즈가 멜빵을 린의 어깨에 걸쳐 주었고, 청각전문의가 린의 귀에 리시버를 꽂아주었다. 흥미와 기대감이 린의 담갈색 두 눈에 가득 찼다. 청각전문의가 스위치를 'ON'에 맞추고 음량조절장치를 6으로 놓았다.

"꼬마야, 꼬마야, 꼬마야, 꼬마야, 꼬마야."

청각전문의는 보청기가 린이 말할 수 있도록 해주리라는 것을 확신하고 있는 듯 자신 있게 보통 음성으로 말했다. 약간이나마 반응이 있지 않을까 하여 우리는 숨을 죽이고 린을 주시했다.

"꼬마야, 꼬마야, 꼬마야, 꼬마야, 꼬마야." 갑자기 린이 눈썹을 약간 치켜 올리고 잠시 엄마를 쳐다보더니 청각전문의에게 미소를 지어보였다.

"뭔가를 들은 모양이군요. 직접 한마디 해보시죠." 전문의가 담담하게 말했다. 나는 루이즈를 쳐다보았다. 그건 꼭 거짓말 같은 현실이었다.

"안녕, 린!" 나는 실낱같은 단서라도 찾기 위해 조심스럽게 살피면서 멈칫거렸다. "꼬마야, 꼬마야, 꼬마야, 꼬마야, 내 말 들리니?"

린이 얼른 싱긋 웃어보이고는 엄마와 청각전문의를 차례로 쳐다보았다. 우리가 보기엔 린이 내 음성을 인식하는 것 같았다.

청각전문의가 처방전을 써주었고, 우리는 보청기를 맞추러 갔다. 비숍 보청기상회는 루프 지역으로부터 멀지않은 매디슨가의 두 칸짜리 가게에서 영업을 하고 있었다. 윤이 나는 대머리를 한 중년의 주인은 우리를 보고 상냥하게 웃으며 자리로 안내했다. "제니스 제품이 그중 제일 낫지요." 그가 운을 뗐다.

 나는 작은 상담실을 둘러보았다. 그 방이 정면의 접객용 공간을 제외하고는 가게의 유일한 공간이었다. 왼쪽 벽에는 청동제 상패 하나가 걸려 있었다. 가게 주인이 앉아있는 의자 뒤 테이블에는 청각장애와 현대식 보청기에 관한 팸플릿들이 놓여있었다. 그는 흰색 실험실 가운을 입고 있었다.

 "제가 청각장애 아이들을 위해서 일한지 이제 5년이 됐습니다." 그가 계속해서 말했다. "저는 이 일을 정말 좋아해요. 많은 청각장애 아이들을 도왔지요." 그는 벽에 걸린 상패를 가리켰다. "청각장애 아이들을 위해 봉사를 했다고 이런 상패를 주더군요. 따님이 보청기를 일단 사용하기 시작하면 정말 달라지는 것을 보시게 될 겁니다. 어떤 아이들은 보청기를 착용하고 나서야 부모의 음성을 난생 처음 듣게 되기도 한답니다."

 수 분 후에 그의 조언에 따라, 나는 린을 내 무릎에 앉혔다. 그가 반죽 덩어리 같은 약간의 성형용 재료를 꺼내놓고 그것을 조금 떼서 린의 양쪽 귀에 각각 눌러 넣었다. 린은 몸부림을 치긴 했지만 거부하지는 않았다.

 "이건 1, 2분이면 굳을 겁니다." 하고 그가 설명했다. "이렇게 본을 떠야 아이의 귀에 꼭 맞는 리시버를 만들 수 있거든요. 따님이 아직 어린데 보청기를 맞춰 주시다니 운이 좋으신 겁니다. 어떤 애들은 서너 살이 다 되어서야 맞추기도 한답니다."

 "오늘은 우선 100달러를 주시고, 잔금은 다음 달 보청기를 찾아갈 때 지불해 주시면 됩니다. 총액은 300달러에 세금이 따로 부과됩니다."

 집으로 돌아오는 차 안에서 우리는 날아갈 것만 같은 기분이었다. 마침내 린이 자기 소유의 처방받은 보청기를 낄 수 있게 된 것이다. 이미 너무 오래 기다리지 않았나 하는 생각이 들기도 했다. 청력훈련기를 가지고 잠깐씩만 연습하는 것이 아니라 이제 린은 보청기를 사용해서 아무 때나 연습할 수 있게 된 것이다. 차를 타고 이동할 때, 숲에서 산책을 할 때, 식사 중이거나 놀이를 할 때, 때와 장소를 가리지 않고 이 장치를 착용할 수 있다는 말이었다. 이건 청각훈련용이 아니라 실제로 듣는데 사용하기 위한 것이었다.

린이 보청기를 맞춘 며칠 후에 우리는 첫 번째 〈볼타 리뷰(Volta Review)〉를 우편으로 받았다. 이 잡지는 워싱턴 D.C.에 있는 청각장애인을 위한 알렉산더 그레이엄 벨 협회에서 발행하는 잡지로, 존 트레이시 클리닉의 충고를 받아 구독신청을 했던 것이다. 벨은 청각장애인들에게 말하기를 가르치는 것이 자신의 가장 중요한 사명이라고 생각했던 사람이다. 그의 첫 번째 학생들 중 한 명으로 다섯 살 때 청력을 상실했던 여성이 나중에 그의 아내가 되었다. 벨이 전화기를 발명하자 프랑스 정부에서는 그에게 명망 높은 볼타 상을 수여했다. 그는 상금으로 받은 돈을 가지고 1887년에 볼타 협회를 세웠다. 이 청각장애에 관한 범세계적인 정보센터는 나중에 그의 이름을 따라 알렉산더 그레이엄 벨 협회로 이름을 바꾸었다.

첫 호의 표지는 양쪽 귀에 리시버를 꽂고 리시버와 코드가 연결되어 있는 보청기를 가슴에 달고 있는 네 살짜리 소녀의 모습이었다. 그 아이는 거의 우리 린과 다름이 없어 보였다. 이 소녀가 린든 존슨 대통령에게 1967년도 알렉산더 그레이엄 벨 상을 증정하고 있었다.

잡지의 앞부분을 한 페이지씩 넘기면서 청각장애아들을 위한 특수학교의 광고들과 워싱턴 D.C.에 있는 청각장애인들을 위한 국립대학인 갈로뎃 대학교에 관한 광고를 열심히 읽었다. 또 청각장애에 관한 최신 서적들과 보청기에 관한 광고들도 읽었다. 한 편의 기사를 채 다 읽기도 전에 나를 엄습하는 야릇한 느낌에 휩싸였다. 우리만 홀로 있는 것이 아니다! 나는 전국에 산재해 있는 사람들, 우리와 똑같은 문제를 지니고 있는 사람들, 청각장애 아이들에게 관심 있는 교사들, 청각장애에 관한 연구조사에 종사하고 있는 전문가들의 세계 전체와 연대감을 느꼈다. 〈볼타 리뷰〉는 우리의 소외를 종식시켜 주는 것 같았다.

한 전면 광고는 뉴잉글랜드의 어느 유서 깊은 학교를 보여주었다. 넓고 쾌적한 잔디밭이 아름다운 상록수 밑으로 펼쳐져있었다. 담쟁이로 덮인 거대한 건물 하나가 두드러지게 눈에 띄는 사진이었다. 사진 윗부분에는 '클라크 청각장애아 학교, 노샘프턴, 매사추세츠 주' 라고 쓰여 있었다. 나는 그 학교의 프로그램에 관한 설명을 읽고 또 읽었다.

클라크 학교는 1967년 개교 이래 구화방식만 취해 왔으며 입학부터 졸업까지 잔존청력을 진작시키기 위해 계속 노력하고 있습니다. 18개월에서 4세의 아동들이 입학할 수 있으며, 유치부, 초등부, 중등부 과정이 있습니다. 교육 과정은 일반아이들과 함께 고등학교 수업을 받기에 적합하도록 준비시키는데 중점을 두고 진행됩니다.

그러나 내 관심을 사로잡은 것은 보청기 광고들이었다. 두 주가 지나면 린은 보청기를 사용하게 될 것이다. 시카고의 J. L. 워렌 사는 보청기처럼 착용가능한 압축형 청능훈련기에 관한 전면 광고를 실었다. "워렌 사의 착용가능한 신형 휴대용 훈련기로 훈련받은 청각장애아는 소곤

거리는 소리까지도 또렷하게 들을 수 있습니다." 보청기들에 관한 설명들이 한결 같이 강조하는 것은 대부분의 아이들은 아무리 귀가 멀어 보일지라도 어느 정도의 청력을 보유하고 있으며 보청기들은 최소한의 청력일지라도 그걸 바탕으로 제작될 수 있다는 것이었다. 강력한 증폭장치들은 우리가 이해할 수 없는 일들을 하는데, 그것은 "소리를 완충"시키며 "왜곡을 최소화"한다고 했다. 제니스 사의 광고는 학생들이 어떤 음량에서도 교사의 말을 들을 수 있게 해준다고 단언했다. "아우성과 덜그럭거리는 잡음, 그리고 청각장애아들에게 흔한 교실에서의 혼란을 제거해 주도록 제니스에게 믿고 맡기세요!"

우리가 린의 보청기를 찾으러 다시 갔을 때 가게 주인은 린의 오른쪽 귀에 신속한 동작으로 리시버를 삽입했다.

"아히이에오우우(aahieeiou)!" 린은 소리를 지르고는 망설임없이 리시버를 잡아당겨 빼버렸다. 몹시 불쾌한 표정이었다. 주인은 이번엔 린의 왼쪽 귀에 리시버를 삽입했다. 린은 내내 이 낯선 사내를 완강한 저항의 눈초리로 주시하면서 그것도 뽑아 버렸다.

"며칠간은 꽉 낄 거예요. 집에 도착할 때까지는 끼우지 마시구요. 처음엔 잠시 끼워 두고 있다가 빼세요. 그런 식으로 반복하면서 끼고 있는 시간을 늘려 가면 됩니다. 점차 익숙해지게 될 겁니다."

나는 보청기를 가게에서 시험해 볼 수 있을 거라고 생각했었다. 그러나 그의 조언이 오히려 반가웠다. 우리집은 은밀한 여건 속에서 아무도 우리를 지켜보지 않는 가운데 린과 이야기할 수 있을 것이다. 시간 여유를 가지고 린이 우리 말을 들었는지 보다 신중하게 관찰할 수 있을 것이다.

린이 주변 환경과 이 귀찮은 물건을 귀에 쑤셔 넣는 낯선 남자 때문에 주눅 드는 일도 없을 것이다.

"이 음량 조절장치는 1에서 7까지 갑니다. 6 정도에 맞추어 놓으시면 적당하실 겁니다." 그는 플라스틱 표면에 새겨진 눈금과 스위치를 가리키면서 말했다. M과 T, 그리고 R이라고 새겨진 글자가 보였다.

"이 M 스위치는 보청기를 마이크에 맞추어 줍니다. T는 전화에 맞추어 줍니다. 따님이 더 자라면 스위치를 이 T에 맞추고 보청기를 전화기 앞에 두면 전화통화를 할 수 있게 될 겁니다."

정말 대단하구나! 나는 생각했다. 나는 머리를 약간 끄덕이며 루이즈를 살짝 보았다. 브루스는 전화를 좋아했다. 함께 놀 친구를 찾아 온 동네 아이들을 전화로 호출하곤 했다. 전화벨소리만 나면 전화를 받으러 달려가곤 했다. 우리는 린도 나이가 들면 친구들이 전화를 걸어올 거라고 당연하게 여기고 있었다. 사실 그게 불가능할 수도 있다는 것을 미처 생각하지 못했다. 린은 전화벨소리조차 듣지 못할 수도 있는데 말이다. 하물며 친구들의 음성이야 말해 무엇 하랴. 하지만 이 문제도 보청기로 해결될 수 있는 것이다.

우리는 가게 주인에게 보청기 값을 지불하고 집으로 돌아왔다. 나는 린이 자기 무릎 위에 붙들고 있는 보청기가 지금까지 사용하던 청능훈련기보다 소리를 더 잘 증폭시켜주길 바랐다. 증폭된 소리를 전달하는 리시버들이 린의 귀안으로 쏙 들어가는 것이 중요해 보였다. 그래야 우리 말소리를 헤드폰보다 훨씬 더 가깝게 전달해 줄 것이기 때문이다.

눈부신 햇빛이 집 앞 잔디밭을 따갑게 내리쬐고 있었고, 느릅나무에 새로 돋은 잎들은 넓은 그림자를 드리워 주고 있었다. 우리는 뒤뜰 잔디밭에 가서 앉았다. 루이즈가 보청기 머리띠를 린의 머리에 씌워주고 앞쪽에서 조였다.

증폭장치에 연결된 선에는 Y자형 연결부위가 있어서 갈라져 나온 두 개의 선이 각각 오른쪽 왼쪽 리시버로 연결되어 있었다. 린은 재빨리 상황을 알아차렸다. 그래서 엄마가 리시버를 귀에 꽂기 시작하자 귀를 보호하려고 버둥거리고 울었다. 그 고통스러운 물건을 조금도 원하지 않았던 것이다. 나는 그 애를 무릎에 앉히고 양팔을 가볍게 붙들었다. 그 사이에 루이즈가 린의 귓불을 아래쪽으로 살짝 당기고 신속하게 리시버를 제자리에 집어넣었다. 곧이어 나머지 하나도 반대쪽 귀에 꽂았다.

일단 양쪽 귀에 리시버가 잘 맞게 들어가자 린은 진정되었다. 루이즈가 음량을 6으로 돌렸다. 우리 두 사람은 누가 먼저 말을 할지 생각하며 서로의 눈치를 보았다.

"안녕, 린! 기분이 어때? 내 말 들리니?" 루이즈는 몸을 약간 앞으로 숙이며 잔디 위에 무릎을 꿇었다. 우리는 숨을 죽이고 린을 살폈다. 약간이라도 소리를 들었다는 낌새를 보이지 않나 해서였다. 그 잠깐 동안의 침묵 속에서 린은 엄마의 얼굴을 주시하고 있었다. 마치 하던 말을 계속 하라고 채근이라도 하는 듯했다.

"안녕, 린! 꼬마야, 꼬마야, 꼬마야, 꼬마야." 역시 무반응. 린은 파란 여치 한 마리를 발견하고 손가락질을 하며 나도 그걸 보았는지 알아볼 요량으로 나를 쳐다보았다. 나는 린의 등 뒤로 다가가서 그 애의 시선이 엄마에게 가 있을 때 뒤에서 말했다. "꼬마야, 꼬마야, 꼬마야, 꼬마야. 안녕, 린!"

역시 소용없었다. 린은 돌아보지도 않았고 소리를 들었음을 나타내는 어떤 낌새도 보여주지 않았다. 나는 루이즈의 얼굴에서 실망을 읽을 수 있었다. 수백 번도 더 했던 확인 작업들이 섬광처럼 머릿속을 스쳐지나갔다. 소방차들, 터지는 종이봉지, 요란스러운 시가행진, 브라스밴드의 행진곡 등등.

나는 다시 린을 보았다. 오른쪽 리시버를 잡아당기고 있었다. "얘, 린. 내 말 들리니?" 목소리가 이번엔 좀 더 크게 나왔다. 린은 엄마를 바라보면서 마당을 가로질러 손가락질을 하고 있었다. 나는 그저 머리가 텅 비는 듯 한 느낌뿐이었다. 왜? 왜 반응이 없을까?

자신 있는 목소리처럼 들리게 하고자 애쓰면서 나는 천천히 말했다. "린이 지금 지치고 짜증이 나 있거든. 시카고까지 왕복을 했으니 그럴 수밖에. 전혀 새로운 경험이기도 하고. 우리 말을 듣고도 그게 무슨 소린지 모르고 있을 거야. 린은 이제부터 보청기 사용법을 익혀야 하는 거요."

"당신 말이 옳아요. 하지만 뭔가 반응을 보여주리라 기대했는데. 병원에서 보청기를 꼈을 때는 말을 듣는 것 같았잖아요."

"잠깐!" 나는 벌떡 일어서면서 루이즈에게 말했다. "한 가지 생각났어." 나는 집안으로 뛰어 들어가서 린의 빨간 공을 찾았다. 린은 수십 가지 다른 문장에서도 공은 독화로 알아들었다. 우리가 창안한 공놀이를 할 때면 언제나 입모양으로 "공"을 표현할 수 있었다. 린이 오늘 아니, 지금 당장 무슨 말이든 할 거라면 그건 바로 "공"일 것이었다.

다시 밖으로 나왔을 때 린은 엄마 곁에 앉아있었다. 루이즈는 린이 리시버를 건드릴 때마다 그 애의 주의를 간단히 다른 곳으로 돌려놓았다. 린은 내가 가까이 오는 것을 보고 공을 가리키며 즉시 "공", "공", "공"하고 입모양을 만들었다. 나는 린 바로 앞에 앉아서 둘 사이에 공을 들고 가볍게 쳐서 튀어 오르게 했다.

"공! 공! 공!" 나는 린의 가슴에 매어져 있는 보청기 쪽을 향하여 말을 했다. 우리 두 사람은 숨을 죽이고 기다렸다.

"공." 린의 입술이 뚜렷하게 그러나 소리는 내지 않고 정확한 모양으로 움직였다. 린이 내가 하는 말에 반응을 보였다. 그러나 왜 소리가 없는 것일까? 목쉰 소리라도 좋은데. 루이즈 얼굴에 그런 의문들이 물결처럼 스쳐가는 것을 볼 수 있었다.

"공! 공! 공!" 나는 공을 더 힘차게 튀어 오르게 치면서 되풀이해서 말했다. 린이 플라스틱 리시버를 다 빼버리고 보청기 멜빵을 잡아당기기 시작했다.

루이즈가 우리의 무참히 깨진 희망, 즉 엉클어진 코드들과 멜빵과 리시버를 잡았다. 낙심천만이 되어 우리는 린을 데리고 집안으로 들어갔다. 낮잠을 자도록 린을 침대에 눕히는 동안 우리 두 사람은 아무 말도 하지 않았다. 나는 보청기를 상자에 다시 단정하게 넣었다. 우리는 거실로 가서 소파에 앉았다.

"그렇다고 보청기가 듣는데 도움을 안 주었다고는 할 수 없지." 마침내 나는 미래에 대한 비전을 다시 확보하려고 애쓰며 말했다.

"당신 말이 옳아요." 루이즈가 내 기분을 달래주려고 애쓰고 있음을 알 수 있었다. "그냥 기다리는 게 좀 힘들어서 그래요. 당신 말처럼 린이 보청기 사용법을 배워야할 것 같아요."

고통스러웠지만 우리는 현실을 직시해야 했다. 보청기가 있건 없건 린은 말을 할 수 없었다. 아무리 소리를 크게 해 주어도 린은 소리가 어디서 나는지 소리가 어떻게 만들어지는지 그 소리들이 무엇을 의미하는지를 배워야 하는 것이다. 자신의 음성이 어떤 것인지를 배워야 했다. 린은 이제 성대의 변화가 소리들을 변화시킨다는 사실도 알아내야 할 것이었다. 리시버를 통해 전달되는 희미한 소리들을 린이 인식할 수 있게 되려면 시간이 필요할 것이다. 도시의 소음 속에서 멀리서 들리는 새소리를 들을 수 있게 되는 것처럼, 혼잡한 밤의 대로 위에서 귀뚜라미의 노래 소리를 듣는 것처럼 말이다.

린의 잔존청력을 완전히 개발하는 데는 수개월 아니 수년이 걸릴 수도 있을 것이다. 청능훈련기와 마찬가지로 보청기 역시 반복, 연상훈련, 청능훈련을 요구할 것이다. 우리는 린의 잔존청력이 발달하기만을 바랄 뿐이었다. 완전한 청각장애란 없다고 했다. 〈볼타 리뷰〉에서나 청각장애에 관한 새로운 기사에서 이 구절을 읽을 때마다 우리의 희망은 되살아났다.

4월 마지막 주, 린은 매일 잠깐씩만 10분이 넘지 않는 시간 동안만 보청기를 착용했다. 그때마다 싫다고 하는 것을 모른 척 하곤 했다. 그러나 린의 작은 귀가 빨갛게 변하면서 안쪽이 부어올랐다. 리시버를 삽입하려고 하면 린이 미리 울부짖곤 했다. 우리는 염증이 낫기를 기다렸다. 두 주 후에는 혼자서도 리시버를 삽입하고 5분 이상 있기 시작했다. 꽉 끼던 느낌도 많이 사라져가고 있었다. 루이즈는 보조기 멜빵을 뒤쪽에서 씌우는 것이 제일 좋다는 것을 알게 되었다. 린은 리시버를 뽑아버릴 수는 있었지만 음량조절이나 선택스위치를 바꿔 놓지는 못했다.

5월 내내 우리는 린이 보청기를 착용하고 있는 동안 몇 번이고 되풀이하여 린을 테스트해보곤 했다. 루이즈가 린의 등 뒤로 다가서면서 똑똑하게 말을 하면 나는 앞에서 반응을 살피곤 했다. 린이 돌아보는 경우는 한 번도 없었다. 우리 음성에 반응을 보이거나 소리를 들었음을 나타낸 적도 단 한 번도 없었다.

날이면 날마다 우리는 보청기에 대한 우리의 감정과 싸워야 했다. 한번에 10분 이상 그 불편한 리시버를 귀에 꽂게 하기 위해서 많은 실랑이를 해야 했고 우리는 지쳐갔다. 그 보청기라는 것이 돈의 값어치를 하기는 하는 걸까 하고 궁금해 하기도 했다. 왜 린은 "모두 사라졌어(All gone)!"와 "공"의 입모양은 그렇게 쉽게 흉내 내면서도 말로 변형시켜 줄 소리는 흉내 내지 못하는지 그 이유를 이해하기 어려웠다. 이러한 의문은 몇 번이고 우리 뇌리 속으로 다시 기어들어오곤 했다. 마치 그 애가 영원히 말을 하지 못하리라는 보다 깊은 두려움의 소산이라도 되는 듯이 말이다. 그건 차마 우리가 입에 올리기조차 두려운 두려움이었다.

이즈음 우리는 린이 겪는 어려움이 무엇인지를 이해할 수 있게 해주는 청각장애에 관한 한 가지 사실을 알게 되었다. 그것은 브루스가 우편으로 받아보는 월간 잡지인 어린이 과학실험에서였다. 그 달에 주어진 중심 실험이 여러 종류의 청각장애와 귀의 생리에 중점을 둔 것이었다. 청각장애인이 실제로 듣는 것을 그대로 모방한 녹음테이프가 들어 있었다.

해맑은 한 음성이 독립선언문의 앞부분을 읽었다. 40 데시벨의 전도성 청각장애인이 듣는 그대로 녹음이 되었다는 데 우리도 그걸 쉽게 듣고 이해할 수 있었다. 두 번째는 같은 부분이 반복되었는데 이번에는 60 데시벨의 청각장애를 가진 경우였다. 여기서는 그 말들을 거의 알아들을 수가 없었다.

이번에는 감각 신경성 청각장애를 가진 청각장애인이 듣는 소리였다. 우리는 40과 60 데시벨 모두 앞에서 읽은 것과 뚜렷한 차이가 있음을 알 수 있었다. 전도성 청각장애의 경우 음성이 음량을 제일 낮게 맞춘 것처럼 약하게 들렸다. 감각 신경성 청각장애의 경우 음량이 줄어들 뿐만 아니라 그 말들이 왜곡되고 억눌려진 소리로 들렸다. 마지막으로 그 테이프는 같은 부분을 반복하면서 60 데시벨의 청각장애인이 보청기를 끼고 증폭된 소리를 들을 때 듣는 소리를 들려주었다. 그건 맑고 큰 소리였다. 감각 신경성 청각장애인의 경우에는 더 크고 훨씬 왜곡된 소리가 들렸다.

"무슨 말인지 전혀 이해할 수가 없네요." 녹음테이프를 재생해 들어보면서 루이즈가 말했다. "말소리가 왜 저렇게 찌부러지고 함께 섞여 있는 거죠? 꼭 누군가 물속에서 말을 하고 있는 것 같잖아요!" 해설자가 미리 해준 설명이 아니었더라면 우리는 그게 사람의 말이라는 것을 알아차리지도 못했을 것이다.

"린의 청각장애는 언어 영역 대부분에 있어서 약 100 데시벨쯤일 것 같은데." 내가 말했다. 린이 도대체 말소리를 분명하게 들을 수 있을까 하는 의심을 물리치려 애를 쓰면서 말이다. 우리는 그 녹음테이프를 조심조심 마지막 부분까지 반복해서 들었다. 마지막 부분은 두 가지 종류의 청각장애의 경우를 모방해서 들려주는 것이었다. 전도성 청각장애를 위한 증폭은 극히 작은 인쇄체 문자의 섬세한 선까지도 확실하고 크게 확대시켜주는 강력한 확대경을 사용하는 것 같았다. 감각 신경성 청각장애의 경우에는 마치 그 확대경이 지워지고 탈락된 문자만을 확대해 놓은 것처럼 한 단어도 제대로 판독될 수 없는 그런 식의 증폭이었다.

우리는 고통스러웠지만 드디어 깨달았다. 린은 결코 우리가 듣는 그런 방식으로, 브루스가 듣는 그런 형태로는 들을 수 없는 것이다. 심한 감각 신경성 청각장애를 지닌 린의 경우 보청기는 그 애가 우리의 음성을 인지할 수 있게는 해주겠지만 우리가 하는 말을 분명하게 이해할 수 있게 해주지는 못할 것이다. 그러나 독화라면 아무리 보잘 것 없는 것일지라도 보청기의 도움도 받고 잔존청력을 이용하는 능력을 키우기도 하여 린이 말을 하게 되리라고 우리는 믿어 의심치 않았다.

우리는 은밀하게 희망에 매달렸다. 〈볼타 리뷰〉 매호마다 린에 대한 우리의 희망에 자양분을 공급해 주었다. 그 봄에 가장 많이 도움이 되었던 사람은 바로 린다 맥아더라는 아가씨였는데, 우리는 한 번도 그녀를 본 적은 없다. 우리는 〈볼타 리뷰〉의 한 호에서 린다에 관하여 읽었다. 린다 맥아더는 청각장애인이다. 그러나 그녀는 산 루이스 오비스포에 있는 캘리포니아주립 과학기술 대학의 1학년생이기도 했다.

우리집 뒷마당 나무 밑에 앉아서 그날 아침 우편으로 도착한 〈볼타 리뷰〉를 대충 훑어보던 기억이 아직도 생생하다. 튤립이 막 꽃을 피우기 시작했고 샛노란 사프란이 뒤뜰 울타리 안쪽으로 줄지어 피어 있었다. "자립하는 법 배우기"가 린다가 쓴 기사의 제목이었다. 나는 그것을 루이즈에게 읽어주기 시작했다. 우리 린과 비슷한 점들이 우리 두 사람의 관심을 끌었다.

린다는 태어날 때부터 청각장애였다. 심한 청각장애였다. 그녀는 90 데시벨의 청각장애를 지니고 있었다. 우리 내외는 그녀가 직접 그 기사를 썼다는 것이 믿기 어려웠다.

지금까지 내가 거둔 성취는 나의 부모님께 그 공로가 돌려져야 한다. 그분들의 비결은 지속성이다. 사실, 어머니께서는 내가 처음 유치원에 다니던 시절, 나를 떼어놓으시고 한달 여의 휴가를 보내신 후에 있었던 한 사건을 회상하신다. 어머니의 말씀은 이렇다. "내가 네게서 얻을 수 있는 거라곤 으아앙 하는 울음소리뿐이었다." 어머니가 다시 내 음성을 찾아주시는 데에는 석 달이 걸렸다고 한다.

린다는 초등학교에서도 청각장애아들을 위한 특수학급에 다녔다. 열한 살이 되었을 때 그녀는 독화와 말을 퍽 잘했으므로 집 근처의 일반학교로 옮겼다. 우리는 린이 정상아들과 함께 학교에 다니는 것을 꿈꾸고 있었다. 그녀의 청각장애로 비추어볼 때 린다가 고등학교로 진학을 하고 운동경기에도 출전을 한다는 것이 불가능해 보였다. 이제 대학 일학년생인 그녀는 체육을 전공하고 있었다. 그녀는 쉽게 친구들을 사귀었고 정상적인 생활을 하고 있는 것으로 보였다. 그녀가 전형적인 청각장애인일까? 우리는 알지 못했다. 그러나 한 가지 사실만은 분명했다. 즉, 심한 청각장애인인 린다 맥아더가 듣는 사람들의 세계에 적응했다는 점이다.

곧 우리는 ODAS(Oral Deaf Adult Section: 알렉산더 그레이엄 벨 협회 농 성인부)라고 불리는 협회를 통해서 다른 청각장애인들을 알게 되었다. 이들 성인 청각장애인들은 구화방식(oral approach), 즉 독화와 말하기를 숙달함으로써 듣는 세계의 일부가 되었다. 매월 〈볼타 리뷰〉는 ODAS에 상당한 지면을 할애했다. 우리는 그 전국 규모의 모임들에 관해서, 성인 청각장애인들의 공통적인 문제들에 대해 배우게 되었다. 그러나 우리는 대체로 개인들의 사적인 이야기들을 주로 읽었다. 우리는 정상인들과 의사소통을 하지 못하고 손짓을 사용하는 그런 청각장애인들에 관해서는 전혀 아는 바가 없었다. 열심히 노력하기만 하면 우리 린도 〈볼타 리뷰〉나 다른 책에서 본 성인 청각장애인들의 뒤를 따라갈 수 있을 것이라고 믿었다.

휘튼 대학과 대학 도시, 우리 이웃들, 이들 모두가 루이즈와 나, 그리고 브루스와 린에게는 4년간의 풍성한 추억을 간직하게 해주었다. 린은 그 전 생애를 휘튼에서 살았다. 우리는 수백 명의 학생들을 만났다. 그 중에는 가을 학기에 돌아온 학생들도 있었고 세계 전역으로 흩어져나간 학생들도 있었다. 우리가 오클라호마에서의 대학원 공부를 위해 떠날 준비를 할 때 향수에 못 이겨서라면 몰라도 다시 휘튼으로 복귀할 가능성을 없어보였다.

그러나 그 4년 동안 일어났던 모든 일들은 그보다 2년 전 7월 4일에 있었던 그 일과 함께 색이 바래지고 있었다. 그 울부짖던 사이렌과 폭죽 소리들이 우리의 삶을 얼마나 크게 변하게 했던가!

학년말 시험기간 중에는 학생들과 친구들에게 작별인사를 하면서 시간을 보냈다. 우리 가족의 친구인 데이브와 멜바 브랜트 부부가 오클라호마 노만에서 우리가 오기를 기다리고 있었기 때문에 즐거운 기분으로 마무리를 할 수 있었다.

떠나기 전에 우리는 데이브의 어머니에게 우리를 방문해 달라고 부탁했다. 현명하고 쾌활한 성품을 지닌 브랜트 부인은 데이브의 아버지가 돌아가시자 아들 가까이 살기 위해 휘튼으로 왔다. 그녀는 데이브와 멜바가 오클라호마로 옮겨간 후에도 휘튼에서 계속 살고 있었다. 린과 브루스에게 브랜트 부인은 꼭 할머니 같은 분이셨다. 어린아이들에 대한 상냥함과 자애로움이 가득한 눈을 반짝이면서 린과 브루스에게 친손자나 다름없이 대해 주셨다.

린은 유난히 브랜트 부인을 좋아하고 따랐다. 우리가 그녀를 방문할 때면 린은 쏜살같이 뛰어가서 그녀를 찾곤 했다. 그들 간에는 특별한 종류의 말없는 교류가 있는 것 같았다. 브랜트 부인은 린과 함께 놀아주었고 어린애들을 다루어본 오랜 경험을 토대로 아이를 관찰했다. 무엇보다도 그녀는 린을 '이해했다.' 린의 청각장애가 이 굉장한 부인으로부터 남다른 사랑을 얻어낼 수 있었던 것이다. 그리고 그녀는 린에 대한 신뢰를 지니고 있었다. 수도 없이 우리를 절망의 늪에서 구해낸 위대한 신뢰였다.

"린은 해낼 거야. 귀는 멀었지만 이 앤 범상한 아이가 아냐. 영리하기도 하고 뭐든 빨리 배우는 아이에요. 나는 척 보면 알 수 있다니까." 그녀는 눈을 반짝이며 말하곤 했었다.

브랜트 부인이 우리집 뒤뜰에서 열린 바비큐 파티에 참석한 것은 5월의 어느 늦은 저녁이었다. 식사가 끝나자 린과 브루스는 놀아나가고 우리는 편하게 자리 잡고 앉아서 휘튼에서의 생활에 관한 이런저런 이야기들을 나누었다. 어느새 대화는 청각장애에 관한 것으로 바뀌었다.

"린의 보청기가 도움이 되기는 하나 봐요. 지난 며칠 동안만 해도 린이 그걸 끼고 있는 동안에는 더 많은 소리를 내더라구요." 루이즈가 말했다.

그러자 브랜트 부인이 캐나다에서 보낸 자신의 유년기 시절의 경험 한토막을 이야기해 주었다. "내가 열여섯 살 되던 해 우리 이웃에 한 청각장애 소녀가 살고 있었어. 이름이 베스였지. 더운 여름밤이면 친구들이 우리집으로 오곤 했는데 베스도 함께 왔어. 한 시간쯤 이야기를 나누곤 산책을 가는 거야. 베스도 그걸 재미있어 하고 꼭 함께 따라나서곤 했어. 그 앤 한마디 말도 못했어요. 그래도 하도 열심히 우리를 지켜보곤 했기 때문에 우린 그 애가 우리가 하는 일과 말들을 모두 이해한다고 생각했지. 그 애는 우리 입술을 주시하고 우리가 하는 일은 무엇이든 그대로 따라했어. 그 앤 몸짓을 하거나 연기를 하듯 자기 의사를 표현했고 우리는 대체로 그걸 이해했던 거야."

"그러나 우리가 이야기하면서 웃고 떠들 때면 나는 살짝 시선을 돌려 베스를 살펴보곤 했지. 내 생애 그렇게 슬픈 표정은 본 적이 없어. 그 애의 암갈색 눈은 버림받은, 외로운 표정으로 가득 차 있었어. 그 앤 우리 대화에 한몫 끼기를 그렇게도 원했던 거야. 그러나 베스가 우리들에게 자기 감정을 말해줄 수 있는 방법은 없었지. 그 외로운 시선 뒤에 어떤 생각들이 숨어 있는지 알려줄 방법이 그 애에겐 없었어. 베스는 소외감을 처절하게 느끼고 있었어. 베스는 영리해서 배울 수도 있었을 거야. 사람들이 알아주기만 했더라면 말이야. 그러나 린은 전혀 달라. 린은 의사소통이 가능해질 거야. 그 애에겐 청각장애라는 것이 큰 장벽이 되지 않을 거야. 나는 린을 볼 때마다 베스가 생각나곤 해요. 그 애가 어떻게 됐는지는 모르겠어. 그게 알고 싶구면!"

그녀가 이야기를 끝낸 후 오랜 침묵이 흘렀다. 루이즈는 자세를 고쳐 앉았다. 그리고 어깨 위에 스웨터를 덮었다. 나는 린이 마당을 가로질러 달려가는 것을 보았다. 나는 그 베스라는 소녀를 생각했다. 일말의 슬픔 같은 것이 우리 주변을 감쌌다. 희망과 함께 섞인 슬픔이랄까. 그런 것이었다. 언젠가 우리 린은 말을 할 것이다. 그 애는 외롭지 않을 것이다.

| 제 10 장 |

린은 어디에

린은 어디에

 루이즈가 집 앞 잔디밭 가운데 서서 나에게 후진하라는 신호를 보냈다. 나는 신중하게 오렌지색 컨테이너 트럭을 차도 경계석을 넘어 잔디밭을 가로질러 현관 베란다로부터 약간 거리를 두고 멈춰 세웠다. 브루스와 린은 안전하게 베란다 난간에 기대어 서서 지켜보고 있었다. 내가 뒷문을 열자 브루스가 트럭 안으로 들어왔다. 그가 고함을 지르자 그의 음성이 메아리쳤다. 린은 두 손을 내밀고 린답게 조용한 방법으로 자기도 트럭 짐칸에 올려달라고 나에게 부탁했다. 나는 화물 적재용 램프를 현관 베란다 끝에 닿도록 조절했다. 모두 함께 짐을 싣기 시작했다.
 벌써 수일 전부터 린은 열심히 상자들을 찾고 선반과 찬장들을 비우고 상자마다 꼬리표를 붙이는 일을 거들었다. 그건 마치 그 애를 위해 특별히 고안된 새로운 짝맞추기 놀이 같았다. 상자 하나하나가 루이즈가 이름을 알려주고 말해 줄 소재가 되어 입술읽기 수업이 짐을 싸는 내내 계속되었다.
 "우린 오클라호마로 갈 거야. 이사를 간단다." 루이즈가 끝도 없이 린에게 되풀이했다. "아빠가 학교에 다닐 오클라호마로 이사하기 위해 이렇게 짐을 싸고 있는 거란다." 린이 이해하는 단어가 별로 없었기 때문에 미래에 대한 일들을 설명하기가 난감할 뿐이었다. 그만한 때의 브루스처럼 린도 '내일', '며칠 있다가', '다음 주에'를 이해하기를 얼마나 바랐던가! 그러나 린은 그런 것엔 아랑곳하지 않는 것 같았다.

다음날 아침 해 뜰 때쯤 우리는 휘튼을 떠났다. 브루스는 나와 함께 트럭을 타고 린은 엄마가 운전하는 승용차 조수석에 앉았다. 루이즈가 선도차처럼 앞장을 섰다. 브루스는 친구들에 관한 이야기를 했고 눈에 익은 표지물에 관해 논평을 하기도 했다. 린은 스쳐지나가는 풍경에 흥미를 느끼긴 했지만 아빠와 오빠가 타고 있는 오렌지색 이삿짐 트럭이 뒤따르고 있는지 확인하면서 뒤쪽 차창을 통해 우리를 감시하고 있었다.

"린이 가리키고 있는 게 뭐예요?" 반쯤 가고 있을 때 브루스가 물었다. 루이즈가 린에게 고개를 끄덕이고 있었다. "저기 이삿짐 트럭이 또 하나 있어요, 아빠!" 브루스가 외쳤다. 오렌지색 트럭 한 대가 반대편 방향으로 달리고 있는 것이 보였다. 그 차가 지나쳐 가자 린이 손가락질을 하면서 돌아보았다. 우리도 그걸 보았는지 확인이라도 하려는 것 같았다. 트럭! 상자와 가구들, 장난감! 다른 집 사람들도 이사를 가는구나. 또 하나의 짝맞추기 놀이처럼, 그 잠깐 동안 린의 머리 속엔 그런 생각들이 줄달음치며 지나갔을 것이다.

다음날 정오쯤 우리는 노만으로 진입했다. 대학교로부터 몇 블럭 떨어진 곳에 있는 대학원생 가족들을 위한 주거지역에서 우리가 머물 아파트를 찾아냈다. 수목보존지역을 따라 일마일 가량 연이어 서 있는 아파트 건물들을 볼 수 있었다. 건물들과 삼림 지대 사이에 경계를 이루고 있는 길게 뻗은 풀밭 덕분에 세계대전 중 육군 장교숙소로나 쓰였음직한 단조로워

보이는 건물들이 그래도 컨트리 클럽 같은 느낌을 주었다. 이층 건물 각 동마다 여덟 세대를 위한 주거 공간이 있었다.

"안녕하세요! 뭐 도와드릴 일 없을까요?" 내가 트럭 뒷문을 열기도 전에 영문과 학생인 빌 컨레이와 나중에 수학 박사과정을 밟고 있음을 알게 된 크레이그 애더튼이 도움을 주겠다고 자청하고 나섰다. 십 분도 지나지 않아 우리는 마음이 가벼워졌다. 루이즈는 부인들과 이야기를 나누었다. 시장, 학교, 대학원생의 빠듯한 살림으로도 가볼만한 곳이 어딘지에 관한 이야기였다. 어디서인지 나타난 한 떼의 어린이들이 이내 브루스를 에워싸고 말을 걸고 있었다. 브루스와 비슷한 또래인 그들은 물이 흐르는 개울과 그 부근에 사는 동물들에 관해 말해 주고 있었다. 그 개울이 여러 블록 떨어져 있는 연못으로 흘러든다고 설명해주었다. 그들은 사탕을 파는 가게의 위치와 가는 길도 알려주었다. 우리집 바로 옆 모퉁이에는 잡초가 무성하게 덮인 커다란 모래상자 하나가 있었다. 그 옆 작은 숲에는 단단하게 설치된 그네가 달려 있었다. 마치 우리가 어린이들로 가득 찬 놀이동산 한 복판으로 이사해 온 것 같았다. 새로운 대학도시에서의 소외감 같은 것은 전혀 느껴지지 않았다.

그때 린이 눈에 띄었다. 그 애는 브루스와 그의 새 친구들, 그리고 제 또래의 다른 아이들과 한데 어울려 서 있었다. 뭔가를 가리키며 친절하게 보이려고 애쓰는 표정이 역력했다. 다른 애들이 하는 질문에 대답을 해주지 못하자 다른 애들이 그 애를 어리둥절한 표정으로 살피기도 했다. 린은 개울이나 거기 산다는 거북이에 관해 아무 것도 알고 있지 못한 상태였다. 이들 새로운 놀이 짝꿍들의 얼굴을 연상시켜줄 이름들을 들어본 적도 없다. 따돌리고 있기는 했지만 외로움의 흔적은 전혀 찾아볼 수 없었다.

며칠 뒤 우리는 브랜트네를 방문해서 뒤뜰에서 소풍 겸 저녁을 들었다. 우리집에서 몇 블록 떨어진 곳이었다. 저녁을 먹고 나서 우리는 초저녁의 시원한 바람을 쏘이며 숲을 탐험했다. 우리는 건물 뒤에 있는 주차장을 지나 잘 관리된 잔디밭을 가로질러 건너갔다.

"빨리 와!" 데이비가 브루스를 보고 외쳤다. 그에게 개울을 보여주고 싶어 열심이었다. 둘은 잔디밭 너머 숲을 향해 달려갔다. 서양 물푸레나무, 참나무, 소나무, 그리고 내가 알지 못하는 나무들 사이에서 느릅나무의 커다란 가지들이 보였다. 뒤엉킨 덤불들과 작달막한 관목들로 인해 그 지역 전체가 반쯤은 황무지나 다름없어 보였다. 숲속으로 10여 미터 들어가자 갑자기 움푹 패인 개울이 발밑으로 흐르고 있었다. 쓰러진 통나무들이 여기저기 흩어져 있었다. 버섯들이 지난해 가을에 떨어져 쌓인 두터운 낙엽들 사이를 뚫고 비쭉이 머리를 내밀고 있었다. 멧참새, 방울새, 지빠귀, 벼슬이 뾰족한 홍관조 등등, 숲은 새들로 활기에 차 있었다.

우리는 브루스와 데이비를 쫓아 개울을 거슬러 올라가 높은 둑 위에 서 있는 커다란 참나무 밑에 이르렀다. 그 뿌리의 일부는 흙 밖으로 돌출되어 있었다. 누군가 커다란 매듭이 달린 5센티 두께의 밧줄을 나무에 매달아 두어 냇물 위에서 큼직한 원을 그리며 흔들리고 있었다.

"밧줄 그네." 린을 향해 내가 말했다. 그 애는 손가락질을 하면서 자기도 한번 태워달라고 간청했다. 린을 들어 올려 그네에 매달리게 하자 린은 두 눈을 꼭 감아버리는 것이었다.

브루스가 오리가 사는 연못에 가보고 싶어 했기 때문에 우리는 집으로 돌아가서 빵을 가지고 다시 길을 따라 내려갔다. 우리는 세 블록 정도를 숲을 따라 걸어가서 번화한 길거리를 횡단하고 다시 숲을 향해 걸었다. 개울은 거리 밑으로 흐르다가 오리연못으로 흘러들어 도심을 감싸고 구불구불 흘러 내렸다. 못 주변으로 작은 공원이 만들어져 있었다. 십여 마리가 넘는 흰 오리들이 가장자리 가까이에 있는 갈대 사이를 헤엄쳐 다니고 있었다. 브루스와 린이 빵껍질 조각들을 던져주기 시작했다. 이내 오리들이 그들의 손아래서 식사를 하는 셈이 되고 말았다.

"오리, 오리." 루이즈는 린이 자기를 쳐다볼 때마다 그렇게 말했다. 린은 깡충깡충 뛰면서 오르내리며 들떠서 냅다 소리를 질러댔다. 마침내 우리가 귀가를 서두르며 그 애를 안아들고 출발하자 린은 버둥거리며 울었다.

휘튼에서 살던 2년 동안 린은 비교적 고분고분하고 비위 맞추기 쉬운 아이였다. "안돼, 안돼." 라는 뜻으로 머리를 세차게 흔들거나 금지된 지역에서 데리고 나오는 정도 이상의 강한 방법을 쓰는 경우는 거의 없었다. 어쩌면 우리가 린을 훈련시켰던 만큼 우리 스스로를 훈련시키고 있었는지도 모를 일이었다. 우리가 '돌아와!', '그건 만지지 마!' 하고 외칠 수가 없었으므로 우리가 직접 개입하는 경우가 흔했다. 그러나 우리가 오클라호마에 도착하자마자 자립에의 갈망과 보다 넓은 세계를 탐험해 보겠다는 열성이 더욱더 두드러지고 있었다.

학교에 다니기 시작한 첫 주 어느날 오후 집으로 돌아왔을 때의 일이다. 날씨는 덥고 눅눅했다. 집까지 잠깐 자전거를 타고 왔을 뿐인데 나는 땀으로 흠뻑 젖어있었다.

"여보! 나 집에 왔어요!" 집안에 들어와 부엌 식탁에 책을 내려놓으며 내가 외쳤다.

"학교는 어땠어요?" 루이즈가 여느 때나 다름없이 물었다.

"좋았어요. 당신은 어떻게 지냈소?"

"바빴어요. 쇼핑을 다녀와서 린과 공부를 했어요. 그 애가 오늘은 한 가지 색만 빼고 모든 색을 다 맞추었어요." 루이즈가 돌아서서 침실로 향했다. "얘가 어디 있을까?" 루이즈가 걱정스러운 음성으로 말하는 소리가 들렸다.

루이즈가 다시 부엌으로 돌아왔다. 역시 린의 모습이 보이지 않자 불안한 표정이 떠올랐다. 린의 파란색 물놀이용 간이풀장의 물이 햇빛을 받아 반짝이고 있었다. 주차장 가까이 잔디밭 가장자리에서 애들 두 명이 놀고 있었다. 린은 어디에서도 보이지 않았다. 우리는 잰 걸음으로 길모퉁이를 돌아서 모래상자와 그네가 있는 곳을 찾아보았다. 린은 없었다.

"도대체 어디로 갔을까? 불과 5분 전만 해도 여기 있었는데!" 루이즈가 걱정스럽게 혼잣말을 했다.

"브루스!" 내가 소리쳤다. 내 음성에서 다급함을 느꼈는지 그가 달려왔다. "린 봤니?" 그는 머리를 저었다. "자, 가자. 린을 찾아야지!" 나는 루이즈를 바라보았다. 그 순간 우리 둘은 똑같은 생각을 하고 있었다. 숲이다! 우리는 달리기 시작했다. 나는 주차장을 가로질러 50여 미터 되는 잔디밭을 속도를 내어 달려갔다.

"린! 린!" 나는 숨이 턱에 차오르면서도 목청껏 외쳤다. 그 애가 우리 목소리를 들을 수만 있다면! 우리가 부르는 소리를 듣고 답할 수 있는 사람과 함께 있다면 좋으련만. 나는 개울가로 달려가서 위아래를 훑어보았다. 린은 없다! 나는 바지가 걸려 찢기는 것도 개의치 않고 무성하게 자란 덤불을 헤집고 나무들 사이로 내달았다. 밧줄 그네가 가벼운 바람에 흐느적거리고 있었다. 위아래를 찬찬히 살피고 있을 때 루이즈와 브루스가 다가왔다. 린의 모습은 보이지 않았다.

"여보!" 루이즈는 숨이 차 있었고 목소리는 공포가 담겨 있었다. "오리 연못!"

내 얼굴에서 핏기가 싹 가시는 것을 느낄 수 있었다. "가 보자구!" 나는 전속력으로 달리기 시작했다. 브루스와 루이즈가 뒤따랐다. 나는 숲을 빠져나와 잔디밭을 대각선으로 가로질러 두 개의 아파트 사이로 달렸다. 연못 흙탕물에 머리를 처박고 떠있는 린의 모습을 생각하지 않으려고 안간힘을 쓰면서 신호등을 무시하고 번화한 사거리를 가로질러 건너갔다. 물가로 내려가는 비탈진 언덕 아래 연못 기슭에 린의 모습이 어렴풋이 보이는 듯했지만 차량들이 달리는 대로가 가로막고 있었다. 나는 전우좌우를 정신없이 두리번거리며 그 넓은 도로를 단숨에 횡단했다.

린은 연못 가장자리에 혼자서 쪼그리고 앉아있었다. "린! 린!" 나는 소리를 질렀다. 린은 내 외침에는 관심도 없었고, 미동도 없이 앉아있었다. 그러나 다시 자세히 보니 린은 혼자가 아니었다. 오리 네 마리가 그 애가 내민 손으로 접근하고 있었다. 심장이 방망이질을 했다. 안도의 한숨을 길게 내쉬었다. 그제야 린이 나를 돌아보았다. 그 애는 행복한 표정으로 오리들을 가리켰다. 나는 다가가서 무릎을 꿇고 앉았다. "안돼! 안돼!" 나는 머리를 흔들면서 말했다.

곧이어 루이즈와 브루스가 숨이 턱에 차서 도착했다. 눈물을 글썽이며 루이즈가 린을 들어올려 껴안고 오래도록 포옹을 한 채 서 있었다. 그리고 린에게 설명하려고 애를 쓰며 말했다.

"안돼! 안돼! 오리 연못은 안돼, 안돼요." 루이즈가 힘차게 머리를 저으면서 화난 표정을 지어보였다.

"오리 연못은 아빠 엄마하고 같이 올 때만 오는 거야." 내가 엄하게 보이려고 애를 쓰며 머리까지 흔들어대면서 말했다.

우리는 린의 손을 꼭 잡고 함께 귀갓길에 올랐다. 갑자기 두 다리에서 힘이 다 빠져나가고 후들후들 떨리기 시작했다. 그 일 후에 우리는 린이 마당으로 나갈 때마다 린을 주의 깊게 살폈다. 루이즈에게 그건 요지부동의 부단한 경계태세를 의미했다.

그 날 이후로 그 애를 감시하는 것이 하루 24시간 작업이 되었다. 우리는 린이 우리 지시를 제대로 이해하는 지가 확실하지 않을 때 그 애를 혼내는 것을 꺼리는 편이었다. 린이 채 한 살이 안 되었을 때 청각전문의들이 린의 청각장애를 확인해 주기 전에도 큰 소리로 "안돼! 안돼!" 해 봐야 소용없는 일이었다. 바로 우리 앞에서는 그 행동이 좀 거북했지만 보이지 않는 다른 방에 있을 때라면 전혀 달랐다. 한번은 11개월쯤 되었을 때 린은 호기심에 이끌려 브루스의 방으로 기어들어갔다. 맨 아래쪽 책꽂이의 책들이 린의 눈길을 사로잡았고 온 방안에 그 책들을 흩트려 놓았다. 루이즈가 머리를 좌우로 흔들면서 "안돼! 안돼!" 하고 외치면서 린을 다시 거실로 데려왔다. 바로 그날 오후에 브루스의 책들이 다시 방바닥에 흩어졌고 브루스가 그만 폭발하고 말았다. "누가 린 좀 쓰레기통에 버려주면 좋겠어!" 그는 방문을 꽝 닫고 다시 책을 정돈했다.

"린이 엉덩이를 좀 맞아야 할 것 같군요." 루이즈가 말했다.

"아직 이해를 못할 텐데 엉덩이를 때려준들 무슨 소용이 있겠소?" 나는 그렇게 말하고 우리가 원하는 것이 무엇인지 알게 되기를 바라면서, 린의 두 손을 모아잡고 철썩 때려주었다.

며칠 후 브루스가 신통한 생각을 해냈다. 그는 린이 개를 무서워한다는 것을 생각해냈다. 언젠가 루이즈가 린을 유모차에 태우고 산책을 나갔었는데 마침 작은개 한 마리가 달려와서 앞발을 유모차에 척 걸치고 꼬리를 흔들어 대면서 린의 얼굴을 보았다. 린은 겁에 질려 울음을 터뜨렸다. 브루스는 예닐곱 번 책을 정리하게 되자 귀가 축 늘어진 장난감 개 하나를 가져와 자기 방문 앞에 보초를 세우듯이 세워 놓았다.

브루스가 우리에게 와서 보라고 불렀다. 잠시 후 린이 복도를 따라 기어 갔고 우리는 눈에 띄지 않을 만큼 거리를 두고 뒤따랐다. 방문이 열려있는 것이 보이자 린은 또 한 차례 책을 가지고 놀기 위해 곧장 기어갔다. 바로 그때 장난감 개를 보았다! 순식간에 린은 몸을 빙그르 돌려 네 발로 기어 꽁무니를 빼고 말았다. 이후로 그 조용한 보초가 브루스의 방문을 지키고 있는 동안은 린은 안전거리를 유지하며 물러나곤 했다.

린의 오리 연못 사건이 있은 며칠 후 7월 초 어느날 오후, 브루스가 뛰어 들어오면서 다급하게 외쳐댔다. "엄마, 빨리 와보세요. 린이 다쳤어요! 빨리요, 빨리!"

린이 그네에서 떨어져 뒤통수에 깊은 상처가 난 것이다. 땅바닥에 누워서 머리는 피투성이가 된 채 린이 목청껏 울부짖고 있었다. 루이즈가 기저귀를 가지고 깊게 패인 상처를 지혈했다. 내가 린을 안고 자동차에 태운 후 가까운 병원으로 향했다.

"괜찮아, 괜찮아." 린이 울음을 멈출 때마다 엄마가 계속 달래는 말을 했다. "괜찮을 거야. 의사 선생님이 아프지 않게 해줄 거야." 우리는 린에게 어디로 가고 있는지 말해주고 바늘로 상처를 꿰맬 거라고 마음의 준비를 시켜주고 싶었다. 그러나 우리가 할 수 있는 일이란 고작해야 우리 입술의 움직임을 보고 마음에 평안을 찾기를 바라는 것뿐이었다.

응급실에서 우리는 의사에게 린이 듣지 못한다고 말해 주었다. 의사는 린의 헝클어지고 피범벅이 된 머리를 살피고 상처를 검사했다. 주사를 한 대 놓고 상처를 꿰매기 시작했다. 열두 바늘을 꿰매야 했다.

다음날 린은 아기용 의자에 앉아 식탁에 대고 밀었다. 의자가 앞뒤로 흔들리다가 넘어지는 바람에 다시 머리를 다쳤다. 다행이 봉합부분은 이상이 없었지만 린은 한밤중이면 깨어나 울부짖는 버릇이 생겼다. 우리는 어둠 속에서 아이를 안고 십여 분씩 달래야 했다. 아기 침대에 다시 눕히고 돌아서면 한 시간쯤 후에 다시 울기 시작하는 것이었다.

그제서야 우리는 밤의 어둠 속에서 브루스를 달래기 위해서 얼마나 자주 우리의 음성을 사용했던가를 깨달았다. 브루스와 달리 린은 우리 음성이 편안하게 해주는 효과를 알지 못했다. 린의 방에 항상 작은 등을 켜놓았지만 린은 우리 입술을 읽을 수 없었다. 어둠을 뚫고 린에게 우리 목소리가 들려 아이를 안심시킬 수만 있다면 얼마나 좋았을까! 그럭저럭 상처는 아물었고 린도 다시 평화롭게 잠을 이룰 수 있게 되었다.

린의 새로운 자유는 보청기에까지도 영향을 미쳤다. 리시버를 귀에 꽂고 보청기 끈을 조여 달라고 요구하기 시작한 것이다. 린은 부엌에 있는 엄마에게 와서 옷자락을 잡아당기곤 했다. 제 귀를 가리키며 찌르는 듯 하는 시늉을 되풀이하곤 하는 것이었다. "보청기 끼워 주세요." 그러나 2-30분 이상을 끼고 있는 경우는 드물었다. 그래도 보청기를 착용하고 있는 동안에는 더 많은 소리를 웅얼웅얼 거리거나 콧소리와 모음 발음들을 냈다.

어느날 아침 린이 들어와서 자기 귀를 가리켰다. 루이즈가 끈을 조이고 리시버를 껴주었다. 린은 손을 흔들어 작별을 고하고 뒷문으로 나갔다. 루이즈는 린을 모래상자까지 데려다주었다. 그리고는 몇 분마다 다시 나가 살피곤 했다. 그날은 유난히 이웃 아이들이 모래성을 쌓거나 세발자전거를 타는 것보다 린의 귀에 꽂혀있는 이상야릇한 물건에 더 관심들이 있는 것 같았다. 루이즈가 살피러 나갔다. 린은 보청기 몸체가 아직 그대로 케이스 속에 든 채 끈으로 몸에 부착된 그대로 모래 위에 앉아 있었다. 그러나 양쪽 이어폰이 달린 Y자형 코드가 보이질 않았다. 그전에도 여러 차례 아이들이 린의 리시버를 빼버리는 것을 본 적이 있었다. 그 때마다 우리는 바로 찾아서 다시 꽂아주곤 했었다. 루이즈가 모래상자 주변을 이리저리 찾기 시작했다.

"얘, 너 린의 리시버 봤니?" 그녀가 작은 남자아이에게 린의 귀를 가리키며 물었다.

"아뇨." 그 남자아이는 머리를 저으며 말했다. 다른 애들 중 누구도 봤다는 아이가 없어서 한 세 살배기 아이에게 물어보니 말없이 고개를 흔들다가 손을 입에 넣어 플라스틱 리시버 하나를 꺼내는 것이었다.

루이즈는 다시 모래밭을 샅샅이 뒤졌고 5분 후에 나머지 하나를 찾아냈다. 그러나 Y자형 코드는 사라지고 보이지 않았다. 그 날 오후 귀가한 뒤에 온 식구가 모래 속을 훑고 모래상자 주위를 찾았지만 허사였다. 다음날 코드를 찾을 수 있었는데, 모래상자로부터 30여 미터나 떨어진 풀밭에 숨겨져 있었다.

린을 감시하기 쉽게 해주는 것이 하나 있었다. 그건 대학원생 주거지역에 사는 우리 이웃들의 긴밀한 인간관계였다. 우리가 도착해서 며칠 되지 않아 린이 청각장애아라는 것을 모르는 사람이 없게 되었다. 나는 브루스가 자기 동생을 친구들에게 소개하던 모습을 아직도 기억한다. 우리가 노만에 도착한 첫 주 오후에 모래상자 옆에서였다.

"애는 내 동생 린이야. 린은 귀가 멀었단다. 듣지를 못해." 브루스가 말했다.

아직 어린아이에게 장애가 있다는 사실에 놀라 눈을 커다랗게 뜬 빨간 머리 주근깨투성이의 여섯 살짜리 사내아이가 린에게 한발 가까이 다가서면서 말했다. "안녕! 린. 내 말 들을 수 있니?" 린은 아무 소리도 내지 않고 크게 미소만 짓고 있었다.

"이 애, 정말 못 듣니?" 그가 브루스에게 물었다. 브루스는 아주 자랑스럽게 머리를 끄덕였다. "야 린! 너 귀머거리냐?" 또 다른 남자아이 하나가 힘껏 소리쳐 물었다. 모두가 다 린만 빼놓고 그 애를 바라보았다. 이들 동네 청각전문의들의 테스트를 알아차리지 못한 린은 기세 좋게 낙방하고 말았다.

애들의 입에서 입으로 그리고 종국에는 그 부모들에게까지 재빨리 소문이 퍼졌다. 우리는 이웃 사람들에게 루이즈의 풍진과 린의 청각장애 그리고 린에게 독화와 말을 가르치면서 우리가 겪는 문제들에 관해 편안하게 이야기했다. 그들은 경청했고 우리가 부탁할 수 있는 최선의 호의를 베풀어 주었다. 즉 이해였다. 여름이 거의 지나갈 때쯤 우리는 린이 밖으로 나가도 안전하다고 여기게 되었다. 다른 어머니 아버지들 그리고 고학년 아이들이 다 린의 청각장애에 관하여 알고 있다는 것을 알았기 때문이다.

그 침묵의 세계에서 린은 색채와 움직임을 좋아했고 자신이 이해하지 못하는 입술의 작은 움직임보다는 큰 소리로 말하는 타인들의 반응에 열광했다. 아이는 자기가 읽을 수 있는 반응을 얻어내기 위해 우리 모두를 상대로 장난치기를 좋아했다. 나는 로스앤젤레스의 부모님께 편지를 쓰느라 책상에 앉아 타이핑을 하고 있던 날 아침을 기억한다. 침실 문이 열리고 분홍색 잠옷 차림의 린이 활짝 웃으며 서 있었다. "놀고 싶어요. 놀아주세요!"라는 표정을 짓고 있었다.

린이 책상 옆으로 다가왔고 나는 린을 안아들고 잠시 이야기를 하고 나서 다시 내려놓았다. "아빠는 지금 할아버지와 할머니에게 편지를 쓰고 있어요. 저리 가서 놀도록 해요." 나는 린에게 말해주고 다시 편지를 쓰기 시작했다. 아이가 한사코 끌어당기는 것을 모른 체 했다.

그러자 이번엔 내 소매를 잡아당기는 것이었다. "위에(up)!" 린의 입은 그렇게 말했고 손가락은 책상의 모서리를 가리켰다. 아이가 종종 앉아서 내가 공부하는 것을 지켜보곤 하던 자리였다.

"안돼!" 나는 머리를 흔들고 타이핑을 계속했다. 한 번 더 소매를 끌어당기고 한 번 더 손가락으로 가리켰다. 나는 린의 손을 잡고 침실 밖으로 내보낸 후 방문을 닫았다. 삼십 초도 지나지 않아 문이 다시 열리고 린이 거기 서서 "위에!" "위에!" 하고 열심히 입모양을 만들고 있었다.

마침내 내가 지고 말았다. 린은 그 비좁은 자리를 헤치고 앉았고 나는 편지를 다시 쓰기 시작했다. 잠시 시간이 흘렀다. 린이 손을 내밀어 오르락내리락 하고 있는 타자기 레버를 붙잡으려했다. 나는 아이의 손을 못하게 했다. 린은 종이를 오르내리며 글자를 만들어 내는 모습이 신기했는지 다시 손을 내밀어 움직이는 활자를 잡으려 했다.

"안돼!" 나는 화가 나서 크게 머리를 저었다. 나는 순식간에 인내심을 잃어가고 있었다. 그런데 린은 그런 모습을 좋아하는 것이었다. 마치 "그 기분이 어떤 것인지 알만 하네요!"라고 말하고 있기라도 하듯이 하얀 이를 드러내고 싱긋 웃었다.

린은 책상 너머의 거울을 보고 얼굴을 찡그려보기도 하고 화난 얼굴을 만들어보기도 하고 혀를 쏙 내밀기도 했다. 손가락질을 하고 웃고 머리를 끄덕이며 미소를 지어보였다. 내가 타이핑을 하고 있다는 것이 문득 생각난 듯 다시 돌아앉아 잽싸게 타자기에서 종이를 뽑아들었다.

"안돼! 이런 나쁜 아이같으니라구!" 나는 소리치면서, 얼른 아이를 붙잡아 구겨진 종이를 살려냈다.

아이를 데리고 거실로 가자 기뻐 웃는 린의 웃음소리에 루이즈가 달려와 나를 구해주고 아이의 관심을 색맞추기 놀이로 돌려놓았다.

브루스 역시 우리에게 장난치기를 좋아했고 자기에게 주의를 기울여주기를 요구하면서 우리를 인내의 한계선까지 몰아대기도 했다. 그러나 린은 달랐다. 그 중 하나는 지금의 린만한 나이였을 때 브루스는 우리가 하는 말의 대부분을 이해했었다. 400여 개 이상의 풍부한 어휘를 구사할 수 있었고, 여러 어휘를 결합하여 문장으로 말을 했다. 나는 편지 같은 것을 타이핑하면서도 아들과 계속 대화할 수 있었다. 브루스의 경우 우리는 언제나 모든 일을 말로 설명하거나 뒤로 미룰 수 있었다.

린의 경우 몇 달이고 계속해서 같은 말을 반복하는 것이 마치 무더운 사막의 모래 위에 떨어지는 빗방울 같았다. 우리가 하는 말들이 순식간에 사라져버리는 것이다. 그러나 신기하게도 그 말들이 린의 마음 속 깊은 곳 이해라는 뿌리에 닿았고 이제 린이 끊임없이 보여준 가능성들을 통해 언젠가 말을 통해서 의사를 전달할 수 있으리라는 가능성을 엿볼 수 있게 했던 것이다.

7월 말경 어느 몹시 무더운 오후가 기억에 남는다. 그날은 거센 폭풍우가 노만을 휩쓸고 지나간 날이었다.

"브루스와 린을 좀 불러줘요." 루이즈가 부탁했다. 집모퉁이를 돌아 달려가는데 하늘이 열리고 굵은 빗줄기가 쏟아져 내렸다. 기온도 뚝 떨어졌을 게 틀림없었다. 아이들은 어두워진 하늘을 향해 두 팔을 펼치고 하늘을 쳐다보며 마치 자기들을 위해 비가 내리는 것처럼 빗속에서 춤을 추고 있었다. 브루스가 내 음성을 듣고 돌아서서 린의 어깨를 톡톡 치고 내가 있는 쪽을 가리켰다. 시냇물 같은 빗줄기가 얼굴을 타고 흘러내리고 머리는 헝클어져 있었지만 시원하고 생기있는 얼굴이었다.

"비, 비가 오고 있어요. 린, 비가 좋아요? 천둥. 번개. 천둥이 또 칠 거예요." 린은 내가 말을 하는 동안 내 입술을 바라보았다. 다시 날카로운 천둥소리가 울리자 린이 나를 보고는 자기 귀를 가리키고 이어 부엌 천장을 가리켰다. 아이가 소리를 들은 건지 그저 진동을 느낀 건지 알기 어려웠다.

"아빠! 여기 좀 보세요. 린이 뭘 배웠는지 좀 보세요!" 루이즈가 린의 몸에서 물기를 다 닦아내자마자 브루스가 린의 손을 잡으며 말했다. 브루스는 린을 데리고 거실로 가서 짝맞추기용 물건들을 넣어놓은 자루를 가져왔다. 린을 방바닥에 앉히고 마주보고 앉았다. 린은 브루스가 무슨 생각을 하고 있는지 정확하게 알고 그의 지시를 기다리고 있었다. 나는 문가에 서서 말없이 지켜보았다. 브루스가 자루에 손을 넣어 각 물건들을 한 짝씩만 꺼냈다. 공, 장난감 자동차, 신발, 린의 모자, 플라스틱 새와 암소 등을 꺼내 린 앞에 일렬로 늘어놓았다. 린은 참을성 있게 지켜보았다.

"공이 어디 있지?" 브루스가 린을 정면으로 바라보며 물었다. 린의 손이 총알같이 튀어나와 공을 잡았다. 공은 다시 제자리로 돌아갔다.

"암소"

린은 정확하게 암소를 찾아 들었다.

"정말 잘 했어." 내가 브루스에게 말했다. 린은 이미 '공'과 '암소'를 배운 적이 있었다. 그러나 나는 다른 물건들도 인식하리라고는 생각하지 못했다.

"자동차" 나는 린이 암소를 집어 들거라고 예상하고 있었다. 왜냐하면 그 두 단어가 입술에서는 상당히 비슷하게 보이기 때문이다(암소 - cow, 자동차 - car, 역자 주). 그러나 아니었다. 이제 린은 자신 있게 자동차를 들어 브루스에게 주었다. 뒤이어 모자와 새, 신발도 마찬가지였다. 브루스는 자루 안에 있는 모든 물건을 무작위로 다시 한 번 더 점검했다. 린은 단 한 번의 실수도 없이 다 읽어냈다!

나는 두 아이들에게 다가가 무릎을 꿇고 앉아 잘했다고 칭찬해 주었다. "네가 엄마나 나보다 더 훌륭한 교사로구나." "네가 네 개나 되는 단어를 더 읽을 수 있게 해 준거야."

7월 말까지 우리는 린이 테스트 상황에서 입술읽기를 하는 8개의 단어를 확인할 수 있었다. 여섯 개의 물건 이름과 "위(up)"와 "뜨겁다(hot)"라는 단어였다. 비공식적으로는 "네 음식을 먹어라.", "얼굴을 씻어라.", "목욕하자.", "모자를 써라.", "쓰러져라.", "바이바이하고 가봐!"라는 문장에 일관성 있게 반응했다.

린에게 입술읽기를 할 수 있는 십여 개의 새로운 어휘를 가르쳐준 또 다른 활동은 토요일마다 있었던 오클라호마 시골길 산책이었다. 나는 아침을 먹고 곧바로 출발했던 어느 토요일을 기억한다.

"창고. 저기 저장탑이 있는 창고를 좀 보렴." 루이즈가 먼 곳을 가리키며 말하면서 동시에 린을 돌아보았다.

"아빠, 이것 보세요! 거북이예요, 거북이!" 브루스가 외치며 가리켰다. 우리는 멈추어 서서 거북이를 보았다. 밝은 색 등껍질은 가로 25센티미터를 충분히 되었을 것이다. "거북이. 거북이를 보렴." 린은 쪼그리고 앉아서 그 단단한 등을 조심조심 손가락으로 건드렸다.

차를 타고 얼마쯤 더 가자 린이 좋아하는 동물인 젖소들을 발견할 수 있었다. 린이 손가락으로 가리키며 엄마의 어깨를 잡아당겼다. 우리는 차를 세우고 5분 동안 소에 관한 이야기를 나누었다. 다시 길을 가기 시작할 때 루이즈가 린을 정면으로 바라보며 말했다.

"암소. 암소." 뜻밖에도 린이 소리 없이 "암소"라고 입모양을 만들어 보였다. 루이즈와 나는 놀라서 서로 쳐다보았다. 그 작은 입모양은 그 아침을 행복하게 만들어 주었다. 우리는 기고만장한 기분이었다. 린이 새로운 어휘들을 입모양으로 표현할 수 있다면 머지않아 그 단어들을 말하게 되리라고 확신했다.

여름학교가 끝나는 8월 초까지 린은 자루 속의 많은 물건들을 입술읽기로 찾아내게 되었고, 우리는 그림으로 옮겨갔다. 존 트레이시 통신강좌 과정은 짝짓기용 그림들을 스크랩해서 모아둘 것을 권했다. 루이즈는 잡지와 신문들을 훑어보면서 짝짓기 놀이용 코끼리 사진, 비행기, 집, 개, 오리 등 수십 장의 사진들을 수집하기 위해 여러 시간을 보냈다. 또 린에게 움직임에 대해 가르칠 수 있게 동작을 하고 있는 사람들의 사진도 있다는 것을 발견하고 그러한 사진들도 수집했다. 여름이 다가고 있는 어느 날 내가 학교에서 귀가해 보면 루이즈와 린이 바닥에 그림들을 펼쳐 놓고 마주보고 앉아 있곤 했다.

"달리기. 달리기 하는 소년은 어디 있지? 달리기." 린은 달리는 소년, 뜀뛰기하는 소녀, 잠자는 아기, 웃고 있는 노인, 요리하는 여인 등의 사진을 살펴보다가 엄마가 들고 있는 달리는 소년 그림과 일치하는 그림을 골라 드는 것이었다.

"그래, 맞았어. 달리기 하고 있는 소년을 네가 찾은 거야." 루이즈가 린에게 짝이 맞는 그림을 넘겨주면 아이는 그 사진을 방바닥의 사진과 나란히 놓았다. 다음에는 뜀뛰기하는 소녀, 요리하는 여인의 순으로 이어져 모든 사진이 짝이 맞추어질 때까지 놀이는 계속되었다. 모든 잡지와 신문이 놀이의 재료가 되었다. 서서히 린은 그저 사진의 짝을 맞추는 정도로부터 우리의 입술 움직임만을 보고 그것과 일치하는 사진을 고르는 수준으로 올라갔다.

우리의 거의 모든 시간을 린에게 입술읽기 교육에만 썼다고 말하는 것은 정확하지 않은 말일 것이다. 사실 상당한 시간을 필요로 하긴 했지만 우리는 일상적인 상황에서 수시로 행해지는 수업을 더 강조하게 되었다. 이제 린이 상당수의 어휘를 입술읽기로 읽을 수 있으므로 어휘라는 개념을 터득했다고 확신했다. 그래서 우리는 린이 눈으로 보는 것을 통해 새로운 단어를 익힐 수 있는 모든 상황들을 주로 이용했다.

때로 계획된 수업일정을 고수하는 것이 얼마나 중요한지 다시 생각해 보기도 했다. 그 여름이 다 끝나갈 무렵 루이즈는 존 트레이시 통신강좌의 세 번째 과정을 보고하고 조언을 해달라고 요청했다.

"린을 데리고 하는 우리의 활동은 대부분 비공식적이고 비조직적입니다. 통신강좌에서 권하고 있는 보다 조직적인 활동들을 기피한 것 같기도 합니다. 보다 공식적인 색채 맞추기와 같은 활동을 하는 것이 바람직하다고 생각하시나요? 우리가 비공식적으로 하기만 한다면 말입니다. 하루

종일 행하는 비공식적인 상황에서의 입술읽기가 같은 목표를 달성할 수 있을까요?"라고 보고서에 썼다.

　클리닉으로부터 온 답장은 우리 판단력을 믿을 수 있게 힘이 되어 주었다. 린의 주의집중 시간이 증가하는 만큼 비공식적인 수업은 물론 공식적인 수업도 함께 계속하자는 것이었다.

　린과의 일상적인 대화에서 얻을 수 없는 것이 하나 있었는데, 그것은 아이가 어떤 상황적 단서를 보고 답을 맞힌 것이 아니라 입술을 읽고 답을 맞혔다는 확신을 얻는 것이었다. 처음에 우리는 두 개의 자루를 이용했다. 우리가 한 쪽 자루에 손을 넣어 블록이나 포크, 신발을 꺼내 린에게 보여주면 린이 자기 자루에 손을 넣어 짝이 맞는 것을 찾아 자랑스럽게 내놓을 때까지 기다렸다.

　여름 내내 린은 자기 눈에 보이는 것을 짝맞추기 하는 것에서 우리 입술을 읽고 맞는 것을 찾아내는 수준까지 서서히 올라갔다. 어느날 저녁 나는 학년말 시험공부를 하면서 루이즈가 어떤 것의 이름을 말하면 린이 해당하는 물건을 찾아내는 소리를 듣고 있었다.

　"신발." 린의 손이 자루 속으로 들어갔고 몇 초 있으면 물건이 나오곤 했다.

　"착하기도 하지. 영리한 아가씨예요. 우리 린! 신발을 찾았군요."

　"스푼." 다시 린의 손이 스푼을 찾을 동안 잠시 침묵이 흐르고 스푼이 나타났다. 나는 린이 단 한 번의 실수도 하지 않고 엄마가 부르는 물건을 거의 스무 개나 찾아냈다는 것을 알아차렸다. 나는 풀고 있던 수학 문제에서 눈을 떼고 린의 수업을 지켜보았다.

　"컵." 루이즈가 말하고 기다렸다. 린이 그 섬세한 손가락들을 사용하여

자루 안의 다른 것들을 살피고 있었다. 내 상념은 린이 처음으로 내 입술을 읽고 "공"을 찾아내던 이른 봄의 그 날로 돌아가 있었다.

"공." 루이즈가 말했다. 나는 그녀가 가장 쉬운 말을 마지막을 위해 아껴 놓고 있었음을 알 수 있었다.

"여보! 린이 스물다섯 개나 되는 것을 한 번도 실수하지 않고 다 해냈어요!" 나는 전율이 등골을 타고 올라가는 것을 느꼈다. 린이 그렇게 빨리 진보하다니! 이 아이는 배울 수 있다. 나는 린이 자랑스러웠다. 루이즈가 자랑스러웠다. 브루스가 자랑스러웠다. 우리 모두가 함께 이룬 것이 자랑스러웠다. 린이 곧 말을 하기 시작할 것이라고 확신했다. 아마 세 살쯤 되면 늦어도 네 살이 되면!

| 제 11 장 |

한 개의 촛불

한 개의 촛불

자넷은 우리 위층 아파트에 살았다. 자넷의 아버지는 영문학 박사과정을 밟고 있는 중이었다. 자넷은 린보다 6개월 늦게 태어난 아이였다. 여름 내내 루이즈와 내가 린과 자넷을 그네에 태우고 백번도 더 밀어주었을 것이다. 같은 속도로 움직이도록 그네를 번갈아 밀어주곤 했는데, 아이들은 그네가 가장 높이 올라갔을 때 서로 바라보며 좋아했다. 자넷은 들뜬 비명을 질러대고 린은 흰 이를 다 드러내고 소리 없이 웃었다.

자넷은 그네를 타고 앞뒤로 날아오르는 것을 무척 좋아했다. 콧소리를 내고 노래하고 웃어대고 비명을 지르고 재잘재잘 지껄였다. 그 모든 소리들이 전혀 힘들이지 않고 자연스럽게 흘러나왔다. 입술을 움직이며 말로 장난치고 공기를 성대를 통해 밀어내어 수백 개의 낱말들을 말할 수 있었다. 그것은 마치 말이 함께 있지 않는다면, 그 흥분, 율동감, 뒹구는 경험들은 미완성의 것이 되는 것 같았다. 자넷이 하는 말을 다 이해할 수는 없었다. 혀 짧은 아기 말과 장난 말들이 멋대로 섞여 있었기 때문이다. 그러나 무슨 말인지 분명하지 않을 때에도 나는 말의 리듬과 음조, 아이의 표현력을 통해서 그 내용을 이해할 수 있었다. 우리 린도 그렇게 거침없이 자신을 표현할 수 있기를 얼마나 간절히 바랐던가!

그 당시에는 몰랐지만 우리는 또 하나의 눈에 보이지 않는 장벽의 끝에 서 있었다. 린이 가지고 있는 언어의 표현성과 수용성이라는 양면 사이에 존재하는 커다란 간격이 바로 그것이었다.

자넷의 경우, 아니 듣는 아이라면 누구든 말을 이해하고 그 말을 소리로 전하는 것이 동전의 양면과 같다. 양쪽이 다 소리를 매개로 하고 있는 것이다. 대다수 인간에게 있어서 수용과 표현은 동시에 이루어진다. 즉 동일한 과정의 연속선상에 있다는 뜻이다. 브루스가 우리의 말을 듣고 얼마나 재빨리 따라했는지를 나는 기억하고 있다. "안돼! 안돼!"하고 그에게 경고하려고 하면 어느 사이에 아이는 우리에게, 장난감에게, 심지어는 자기 자신에게까지 "안돼! 안돼!"라고 말하며 온 집안을 아장아장 돌아다녔다.

듣는 아이들이 입으로 말을 할 수 있기 전에 이미 말을 듣고 이해한다는 것은 분명하다. 그러나 두 살이 넘으면 언어의 수용적 측면과 표현적 측면이 결코 떨어져 있는 것이 아니다.

오랫동안 우리는 린도 그러하기를 기대했다. 아이가 "위에(up)"라는 말을 입술읽기 할 수 있으면 "위에"라고 입모양을 만들 수 있을 것이고 이내 "위에"라고 말할 수 있게 되리라 기대했다. 우리는 그동안 읽었던 그 모든 자료들을 봤을 때 입술읽기와 말은 불가분의 관계가 있다고 단정했다. 바늘과 실의 관계처럼 듣기와 말하기도 하나가 가면 필연적으로 다른 하나도 따라가게 마련이라고 생각했다. 올라가면 반드시 내려와야 하는 우리 집 뒤뜰의 그네처럼 말이다.

그러나 린처럼 귀가 들리지 않는 아이에게는 입술읽기와 말이 동시에 이루어지는 것이 아니라는 것을 우리는 천천히 깨닫게 되었다. 이 둘은 서로 연관되어 있는 과정이 아니었다. 그럼에도 불구하고 그해 여름에 했던 많은 훈련들이 존 트레이시 클리닉의 통신강좌 부서 책임자에게서 온 편지에서 소개된 기본 원칙들을 벗어난 것은 아니었다.

"아이에게 계속 어휘들을 쏟아 넣으십시오. 그러면 조만간 그 어휘들이 귀하에게 다시 돌아올 것입니다."

두 살 반이면 대부분의 아이들은 풍부한 표현성 언어를 지니게 된다. 그들은 횡경막, 허파, 목과 성대, 입과 턱, 혀와 입술 등 백여 개 이상의 근육들을 조정해서 섬세하게 균형을 이룬 리듬을 담아낼 수 있다. 그렇게 함으로써 오백여 개에 달하는 어휘들을 구성하는 소리를 낼 수 있게 된다. 전치사, 형용사, 부사, 명사, 동사와 대명사들을 활용할 수 있으며 시간이 오래 걸리는 긴 대화도 진행할 수 있게 된다.

린은 소리 내어 말할 수 있는 단어가 하나도 없었다.

그래서 아이의 입술읽기가 꾸준히 개선됨에 따라 루이즈와 나는 말에 더 주의를 기울이고 있었다. 린이 말을 하게 하는데 도움이 될 방법들을 찾기 위해 존 트레이시 통신강좌의 수업들을 숙독했다. 린이 오랫동안 사용하지 않았던 근육들을 마음대로 사용할 수 있게 되려면 한계점에 이를 때까지 인내심을 발휘해야 한다는 사실이 곧 명백해졌다. 우리가 처음 알게 된 사실 하나는 한 생일 파티에서 벌어진 일을 통해서 알게 된 것이다.

발랄한 두 살 소년인 쟈니는 이웃 아파트에 살았다. 그의 검은 피부와 곱슬머리가 린을 매료시켰다. 린은 같은 또래의 아이들 여섯 명과 함께 파티에 참석했다. 놀이와 선물주기가 끝난 후 시끌벅적한 아이들이 뒤뜰의 작은 야외용 식탁에 둘러앉았다. 생일 케이크를 기다리고 있었다.

두 개의 촛불이 켜져 있는 커다란 생일 케이크 외에 아이들마다 초를 하나씩 꽂은 초콜릿 장식이 덮인 컵케이크를 받았다. 아이들 모두 각자의 촛불을 껐고, 쟈니는 자기 앞에 있는 두 개의 촛불을 껐다. 모두가 제대로 불을 껐다.

린을 제외하고 말이다.

다른 애들과 마찬가지로 린도 타고 있는 촛불 쪽으로 몸을 숙이고 입을 동그랗게 만들었다. 그러나 훅하고 입술 사이를 빠져나오는 공기가 없었다. 아이들이 지켜보는 가운데 한 개의 촛불만 밝게 빛을 내며 껌벅이다가 다시 타오르기 시작하는 것이었다. 린은 다시 시도했다. 더 가까이 다가가 입을 더 동그랗게 만들었다. 그러나 바람은 나오지 않았다. 몇 분이 흐르고 자넷이 몸을 숙여 대신 불었다. 이내 모두가 케이크와 아이스크림을 열심히 먹기 시작했다.

우리는 브루스에게 촛불을 부는 방법을 가르친 기억이 없다. 우리는 대부분의 아이들이 말을 배우는 것처럼 자연스럽게 터득하는 이 단순한 행동을 린에게 열심히 가르치기 시작했다. 루이즈는 부엌의 식탁에 두 개의 촛불을 켰다. 브루스가 그 중 하나를 껐고 린이 그걸 지켜보고 나서 다른 하나를 불어 꺼보려고 했지만 허사였다.

"그저 불 끄는 걸 구경만 하게 할 게 아니라 린이 바람을 느껴보도록 하면 어떨까 싶어요."

며칠 후 오후에 루이즈가 내게 말했다. 그래서 우리는 기회만 있으면 린의 손, 팔, 배, 얼굴에 입김을 불어댔다. 그 애는 이 새로운 놀이를 좋아해서 자기 손을 입에 갖다 대고 입을 오므리고 입김을 불려고 해보았다. 그래도 역시 공기는 빠져나오지 않았다. 우리의 손에다 대고 해 보아도 번번이 허사였다.

　다음에 루이즈는 깃털을 린의 손에 놓아줌으로써 촉각과 시각을 함께 사용했다. '후'하고 불 때 린이 그 바람을 느끼는 동시에 깃털이 날려 떨어지는 것을 보게 한다는 생각이었다. 몇 주일 동안 계속해서 촛불을 불었다. 린의 손에 대고 불었고, 깃털이 날려 방바닥으로 떨어지게 했다. 입으로 바람을 부는 간단한 일을 파악하지 못하다니 근육이나 허파에 이상이 있는 것은 아닌지 고민해 보기도 했다. 그러나 트레이시 강좌에서 보내준 여러 기사에는 이것이 청각장애아들의 공통적인 문제임을 알려주는 힌트들이 있었다. 우리는 린이 다른 아이들처럼 빨대를 사용해서 음료수를 마시지 못한다는 것도 발견했다.

　수 주일이 수개월로 바뀌도록 우리는 린을 데리고 불기 연습을 했다. 나는 허파에서 바람을 내보낼 필요가 있는 모든 단어들을 생각해 보았다. '안녕(hi)', '고양이(cat)', '모자(hat)', '토닥이다(pat)', '파티(party)', '여행(trip)', '시도(try)', '침대(bed)', '공(ball)', '배(ship)', '해안(shore)'과 같은 단어 외에도 수백 개도 더 되는 단어들이 있었다. 극히 적은 양일지라도 공기를 입 밖으로 내보내는 작용이 필요한 소리를 알기 위해서 손을 입술 가까이 대고 알파벳을 큰소리로 외워보기도 했다. 나는 린이 입으로 바람을 불어낸다는 현상을 이해하게 되고 이들 다양한 소리들을 내는데 필요한 공기의 양을 스스로 조절할 수 있게 되어야 한다는 것을 깨닫기 시작했다.

　몇 개월 후 린의 세 번째 생일을 맞기 얼마 전, 예기치 못한 곳에서 해결책이 나타났다. 루이즈가 파티용 호루라기를 샀는데 입에 대고 불면 돌돌 말려 있는 색종이 튜브가 펴지면서 튀어나오는 것이었다. 브루스와 린은 부엌에서 장봐온 물건들과 빈 봉투들을 정리하는 것을 돕고 있었다.
"이걸 좀 보렴. 너희들 주려고 사온 것이란다." 물건들을 다 치우고 나서 루이즈가 말했다. 그녀는 비닐 포장을 뜯어 호루라기들을 꺼내 그 중 은청색 호루라기는 브루스에게, 빨간색 호루라기는 린에게 주었다. 브루스는 즉시 자기 것을 입에 대고 불었다. 색종이 튜브가 톡 튀어나와 린의 얼굴 앞에서 멈추었다. 린은 호루라기에 매혹되었다. 어느새 린의 입에도 호루라기가 물려 있었고 부는 시늉을 했다. 자기 것이 펴지지 않자 린은 호루라기를 입에서 빼더니 보다 면밀히 조사했다. 다시 한번 시도했지만 결과는 마찬가지로 헛수고였다.

브루스가 린의 빨간 호루라기를 들고 불어보면서 그것 역시 신기한 요술이 가능하다는 것을 보여주었다. 몇 분 동안 브루스는 시범을 보여주었고, 린은 용감하게 호루라기를 가지고 계속 씨름했다. 린은 나머지 네 개의 호루라기들을 가져와 하나씩 불어보고자 했다. 모두다 브루스에게는 즉각 효험이 있었지만 린에게는 무반응이었다. 아리송하다는 표정으로 애써보다가 결국 두 손 들고 말았다.

그날 늦게 브루스는 호루라기들을 전부 자기 방으로 가져가서 린에게 하나씩 시범을 보여 주었다. 아마 30분쯤 린을 데리고 계속 시범을 보여준 모양이었다. 아무튼 브루스가 "엄마! 린이 할 수 있어요. 알아냈어요. 린이 호루라기를 불어요!" 라고 외치며 방에서 뛰어나오는 것이었다.

아니다 다를까 린이 오빠 뒤를 따라 나오는데 빨간 튜브가 요술처럼 2, 3센티미터 정도 튀어나왔다가 다시 말리고 있는 중이었다. 튜브가 완전히 풀리면 날카로운 소리를 내도록 되어 있었지만 린은 아직 그 정도로 세게 불지는 못했다. 그 날이 저물 때쯤 린은 온 집안을 날카로운 호루라기

소리로 가득 채우고 빨간 종이 튜브가 끝까지 풀려나오는 것을 자랑스럽게 볼 수 있게 되었다.

"촛불을 한번 시험해 봅시다. 린이 호루라기를 불 수 있게 됐다면 촛불도 끌 수 있지 않겠소!" 나는 저녁을 먹은 후 루이즈에게 말했다. 양초들을 식탁 위에 세우고 하나는 브루스를 위해 하나는 린을 위해 불을 붙이는 동안 린은 흥미롭게 쳐다보았다. 브루스가 재빨리 자기 몫의 촛불을 끄자 린이 앞으로 몸을 숙이고 불려고 했다. 그러나 아무 일도 일어나지 않았다. 브루스가 린의 호루라기를 가져왔다. 린은 그걸 세차게 불었고, 종이 튜브가 튀어나와 날카로운 소리가 터져 나왔다. 루이즈가 린에게서 호루라기를 받아들고 촛불을 가리켰다. 린이 입을 동그랗게 모으고 불어 보았다. 아무 일도 일어나지 않았다. 불꽃이 펄럭이는 일조차 일어나지 않았다!

왜 호루라기는 불 수 있어도 촛불은 끄지 못하는 걸까? 어쩌면 호루라기를 입안에 넣음으로써 차이가 생기는지도 모를 일이었다. 입안에 넣으면서 횡경막 근육을 조이도록 자극하고 공기를 뿜어낼 수 있게 해 주는지도 몰랐다. 어쨌거나 린이 부는 법을 배웠다! 우리는 그걸 축하하기 위해 아이스크림 가게로 가서 아이스크림을 사먹었다.

다음 수 주일 동안 루이즈는 호루라기와 양초, 두 가지를 가지고 린을 연습시켰다. 루이즈는 호루라기를 불고 나서 재빨리 촛불을 껐다. 그녀가 다시 양초에 불을 붙이자 린이 호루라기를 불었다. 촛불을 향해서 입을 동그랗게 모으고 촛불을 끄려는 듯한 모든 동작을 했다. 그렇게 2주가 더 지난 어느 날 드디어 공기가 그 애 입술 사이로 빠져나와 불꽃이 펄럭거렸다.

"그래 잘했어! 그렇게 하면 되는 거야. 촛불을 끌 뻔 했어!" 루이즈가 말했고 린은 엄마의 입술을 지켜보았다. 린은 다시 시도했다. 불꽃이 또 펄럭거렸다. 그 연습시간이 끝나기 전에 린은 난생처음 촛불을 불어 끌 수 있었다! 그건 시의적절한 성취였다. 왜냐하면 바로 그 다음 주에 린은 자신의 생일파티에서 다른 친구들이 지켜보는 가운데 생일케이크의 촛불 세 개를 자랑스럽게 불어 껐으니 말이다.

한 해 전 여름, 존 트레이시 통신강좌 과정은 린이 자기 음성을 사용할 수 있도록 준비시키는 여러 방법들에 관한 조언을 해준 적이 있었다. 우리는 언어가 그저 어휘들로 이루어지는 것이 아니라 문장의 리듬 안에서 이루어진다는 것을 알게 되었다. 즉, 구두점과 억양을 넣어야 한다는 말이다. 그래서 우리는 말의 '소리'는 없지만 말의 '리듬'을 린에게 가르치기 시작했다.

동요의 운율이 린을 매혹했다. 린은 우리의 입술을 보고 커다란 기둥시계를 타고 오르는 생쥐들, 욕조를 타고 미끄럼을 타는 난장이들, 원을 그리며 춤을 추는 어린이들의 그림을 보곤 했다. 아이에게 그림 속의 동요를 읽어준 후에 우리는 손과 몸으로 리듬을 보강해 주었다. "Ring Around the Rosie"[8]가 린이 가장 좋아하는 동요들 중 하나였다. 우리는 음성의 리듬에 맞춰 움직이고 넘어지려고 무척 주의를 기울였다. "Pat-a-cake, Pat-a-cake, baker's man"[9]은 소리 없는 말에 맞추어 손뼉을 칠 수 있는 기회를 제공해 주었다. 린은 서서히 자기가 보고 체험할 수 있는 동작들을 통해서 말을 유창하게 하기 위해 필요한 리듬감을 터득

---

8) 원을 그리며 노래를 부르고 춤을 추다가 신호에 따라 얼른 웅크려 앉는 놀이이다.
9) 둘이 마주앉아 손바닥을 치며 노는 놀이이다.

하기 시작했다.

 린이 자기 음성을 사용하려면 먼저 소리가 존재한다는 사실을 알아야 했다. 그러나 듣지도 못하는 아이에게 그걸 어떻게 알릴 수 있다는 말인가? 소리를 내어 울 때에도 린은 움직이는 자기 입술과 목의 진동, 허파에서 공기를 밀어내는 긴장한 근육운동을 느낄 수 있을 따름이었다. 오클라호마에서의 그 해 여름에 우리는 린이 다른 아이들이 울어도 알지 못한다는 것을 알게 되었다. 울면서 자신의 소리를 들을 수 없으므로 다른 아이들이 울 때 짓는 찡그리는 표정, 눈물, 야릇한 얼굴 표정들을 자신의 울음과 연관 짓지 못하기 때문이었다.

 한 초여름 오후에 브루스가 집안으로 뛰어 들어왔다. 눈물을 펑펑 쏟으며 울부짖는 소리를 듣고 우리는 그가 자전거를 타다가 넘어져서 무릎에 상처가 났다는 것을 알았다. 찢어진 바지 사이로 피가 스며 나오고 있었다. 린은 브루스의 엄살이 재미있다는 표정으로 웃으며 손가락질하기 시작했다. 나는 린을 안았고, 루이즈는 브루스의 상처를 치료하기 시작했다.

 "오빠가 다쳤어." 나는 브루스의 무릎을 가리켰다. "저기가 아픈 거야. 웃으면 안돼." 린에게 걱정스러운 표정으로 머리를 흔들며 말해주었다. 루이즈가 조심스럽게 브루스의 바지를 내리자 그가 더욱 고통스럽게 울어댔다. 린이 미소를 지으며 나를 바라보더니 브루스를 손가락으로 가리켰다. 린이 다시 웃기 시작했다.

 우리의 모든 설명이 아무 소용없었다. 수 주일 동안 린은 브루스나 다른 아이가 우는 것을 볼 때마다 그렇게 웃어댔다. 그러던 어느 날 아침, 린이 자기 세발자전거에 부딪쳐 넘어졌다. 고통을 호소하는 비명을 지르면서 린은 큰 소리로 울기 시작했다. 현관 옆 화단에서 잡초를 뽑고 있던 루이즈가 달려가 린의 다친 정도를 확인했다. 좋은 생각이 하나 떠올랐다. 린을 안고 집안으로 서둘러 들어온 루이즈는 린을 침실에 있는 대형거울 앞으로 데려갔다. 상처 난 팔은 잠시 두고 린을 거울에 바짝 대주었다.

"저기 네 얼굴을 좀 보렴! 울고 있구나!" 루이즈는 거울 쪽으로 더 가까이 다가갔다. "다른 애들이 아프면 우는 것처럼 너도 아파서 우는구나!" 린의 입술이 부르르 떨렸다. 코를 훌쩍일 때마다 입의 양쪽 끝이 밑으로 처지는 것이 보였다. 고통으로 일그러진 얼굴이 펴졌다가 다시 일그러지곤 했다.

처음으로 자신이 울고 있는 모습을 본 것이다. 거울에 비친 자신의 모습에 놀란 듯 린이 울음을 그치고 엄마를 바라보았다. 그러더니 새삼 다시 생각이 난 듯 울기 시작했다. 적어도 한 번은 연관을 지어본 셈이었다. 다른 애들의 울음이 항상 린의 관심을 끌긴 했지만 아픔과 분노, 실망이 즐거워할 일이 아니라는 것을 그제서야 천천히 깨닫게 되었을 것이다.

울 때 만들어지는 얼굴의 표정을 린이 '보는' 것은 쉬운 일이었지만 자신의 목에서 일어나는 진동을 '느끼는' 것은 전혀 별개의 문제였다. 어떻게 해서든지 소리를 만드는 자신의 능력을 린이 인식할 수 있게 만들어야 했다. 존 트레이시 과정은 린이 "소리를 만들어내는" 비공식적인 상황들을 활용하는 것이 중요하다고 안내해 주었다. 그래서 우리는 약간의 차이는 있을 수 있지만 매주 반복적으로 행하는 활동들에 주의를 기울였다. 예를 들면 다음과 같은 경우가 그렇다.

린이 뒤뜰에 있는 간이수영장에서 즐겁게 물장구를 치며 놀고 있었는데 낮잠을 자야 할 시간이 되었다. 루이즈는 뒷문 베란다로 가서 린의 시선을 끝 때까지 기다렸다.

"자, 이제 들어오너라. 들어와야 할 시간이야." 그녀가 큰소리로 불렀다. 물론 린에게 들어오라는 몸짓을 해보이면서 말이다. 린은 엄마를 멍한 시선으로 바라보더니 다시 고무인형을 씻겨주는 일을 계속하면서 모른 척 했다. 루이즈는 간이수영장으로 가서 바닥에 있던 타월을 들고 집을 향해 가리켰다. "낮잠을 잘 시간이야. 자, 어서 밖으로 나와요, 당장!"

그러나 린은 집안으로 들어오고 싶은 기색이 아니었다. 아이는 물을 가리켰다. 발을 동동 구르며 완강하게 머리를 흔들었다. 루이즈가 린을 물에서 안아 올려 타월로 감싸기 시작했다. 아이는 더욱 거세게 발길질을 하면서 빠져나가려고 했다.

"아아아아! 우우우우아아아!" 린이 울부짖었다.

루이즈가 즉시 린을 바닥에 내려놓고, 웅크리고 앉아 린과 눈을 맞추었다. "린, 네가 말하는구나! 네가 음성을 사용하고 있는 거야!" 루이즈는 재빨리 린의 목을 가리켰다. 다시 한번 린의 분노한 외침을 내게 해보려고 노력하면서 말했다. "착하기도 하지. 네가 음성을 사용했어."

그러나 이때쯤이면 린은 수영장으로 돌아가려고 발버둥치고 있었다. 불과 몇 초 만에 수업이 끝나고 말았다. 그러나 버린 수업은 아니었다. 이처럼 린이 자연스럽게 소리를 내는 상황을 만날 때마다 우리는 그 애에게 음성이 있다는 사실을 인식시키려고 무척 애를 썼다. 이것이 완전한 해법은 아니라는 것을 알고 있었다. 그러나 아이가 말을 하게 될 그 날을 대비하기 위한 많은 방법 중 하나였다.

늦여름이 되자 린은 새로운 종류의 짝맞추기 수업으로 올라갔다. 두 개의 같은 물건을 함께 모으는 짝맞추기는 통달한 셈이었다. 린은 우리가 제시하는 어떤 것에도 일치하는 그림을 찾아낼 수 있었고 우리 입술의 움직임을 보고 일치하는 물건과 그림을 골라낼 수 있었다. 이제 우리는 가장 어려운 일을 가르쳐야 할 단계에 이르렀다. "물건과 입술의 움직임이 우리의 목소리와 병행한다는 사실을 인식시켜야 했다."

"노랑. 어느 것이 노랑이지?" 루이즈는 린의 손을 단단히 붙잡고 자신의 목에 갖다 대어 그 말을 하는 동안 엄마의 목이 떨리는 것을 느끼도록 해 주었다.

"노랑. 노란 것을 집어봐." 엄마의 얼굴과 방바닥을 번갈아 살펴보면서 린은 남은 한 손으로 노란색 종이를 집어 들었다.

"파랑. 파란 것은 어디 있지?" 린의 손이 파란색 종이를 집기 위해 움직이는 동안 엄마의 목에서 진동을 느끼며 흥얼거림 비슷한 소리를 린이 내고 있는 것을 들을 수 있었다. 한번은 색종이 색 전부를 연습하다가 린이 더 이상 참을 수 없는 상태가 되어 보청기 코드를 잡아당기고 귀에서 이어폰을 빼버리고 보청기 멜빵을 잡아 뜯기도 했다.

청능훈련은 린이 보청기를 착용하고 있을 때면 언제나 있는 지속적인 수업이 되어있었다. 얼마 동안 우리는 원색음 듣기 훈련에 열중했다. 존 트레이시 과정은 린이 자동차 경적소리, 북소리, 또는 경찰관의 호각소리와 같은 원색음에 주의를 기울이도록 하는 방법들에 관해서 조언을 해 주었다.

우리는 특히 존 트레이시 클리닉이 권장하는 한 가지 독특한 청능훈련에 많은 시간을 할애했다. 이 훈련을 어떻게 하면 린에게 가장 잘 가르칠 수 있을지 함께 토의하고 연구했다. 강의 내용을 수차례 반복해서 읽었다. 린이 이 놀이의 성격을 완전히 파악하려면 한 주나 두 주 이상이 걸릴 것이었다. 매일 부엌 바닥에 앉아서 하는 일 하나하나가 그걸 이해하는 단계들이 될 터였다. 우리가 이 놀이를 설명할 수는 없었지만 린이 그 규칙들을 깨닫게 되리라는 것을 알고 있었다. 또 이 놀이를 함으로써 린은 잔존청력을 사용할 수 있게 될 것이었다.

목표는 간단했다. 루이즈가 금속제 휴지통 하나를 린이 보지 못하게 감추어 들고 부엌 바닥에서 린 뒤에 앉는다. 린 앞에는 5개의 블록을 차곡차곡 쌓아놓는다. 루이즈가 휴지통 밑바닥을 나무 숟가락으로 힘차게 두들겨서 '쾅'하고 부엌 전체에 울려 퍼지도록 소리를 낸다. 린은 그 소리를 들을 때마다 블록더미의 맨 위에 있는 블록 하나를 떨어뜨리면 되는 것이다. 그렇게 해서 린이 그 소리를 들었음을 우리가 확인하는 것이다.

그러나 이 놀이가 말처럼 쉽게 진행되지는 않았다. 린과 루이즈가 휴지통과 커다란 나무숟가락을 한쪽으로 치워놓고 마주보고 앉았다. 루이즈가 린이 지켜보는 동안 블록들을 쌓아올려 작은 탑이 되게 했다. 블록들이 제자리에 놓여 탑이 되자마자 린이 손을 내밀어 탑을 쓰러뜨렸다. 이미 그전에 수십 번 했던 일이기도 했다.

"한번에 다 쓰러뜨리면 안돼." 루이즈가 블록들을 다시 쌓아올리면서 말했다. 이번에는 루이즈가 린의 손을 붙잡아 막았다. "자, 이번엔 네가 이 나무숟가락을 들고 휴지통을 치는 거야."

그녀가 린에게 말했다. 블록더미 위로 손을 내밀어 린의 한 손을 붙잡은 채 다른 손에 숟가락을 쥐어주고 휴지통을 세차게 쳐서 울리는 소리가 나게 했다. 린이 그 소리를 듣기라도 한 것처럼 나를 쳐다보았다.

"휴지통을 다시 쳐봐요. 내가 블록 하나를 떨어뜨릴 거야." 루이즈가 린이 휴지통을 치도록 도와주면서 말했다. 동시에 그녀는 손을 내밀어 블록 하나를 떨어뜨렸다. 그들은 함께 휴지통을 다시 쳤고 루이즈는 또다시 그 다음 블록을 밀어냈다. 린이 휴지통을 혼자서 칠 준비를 하고 루이즈가 블록을 떨어뜨리는 것을 지켜볼 자세를 갖추었다. 일회전이 끝난 것이다.

"쾅!" 린이 휴지통을 쳤다.

"블록을 네가 밀어뜨려도 돼." 루이즈가 말했고 린의 다른 손을 당겨 맨 위에 있는 블록을 하나 밀어내게 했다. 그리고 다시 휴지통을 가리켰다.

"쾅!" 다시 그녀는 린이 블록을 밀어내도록 손을 잡아 유도했다. 그들은 그렇게 블록 다섯 개가 전부 바닥에 흩어질 때까지 연습했다. 거의 10분의 시간이 흘렀고 린이 좀 산만해지는 것 같았다. 그날 몫의 놀이는 끝난 것이다.

한참 후에 다시 같은 놀이를 시작하자, 린은 휴지통 두드리기를 재빨리 시작했다. 양다리를 벌리고 앉아 그 사이에 휴지통을 끼우고 고정시켜 힘껏 내리치는 것이었다. 이제 루이즈는 휴지통 소리 한 번에 블록 하나를 떨어뜨리도록 린의 손을 잡고 억제해야 했다. 휴지통이 두 번 요란스러운 소리를 내고나서 린이 손을 내밀어 두 개의 블록을 떨어뜨렸다.

"안돼. 한 번에 블록 하나씩이야!" 루이즈는 블록 하나를 다시 올려놓고 린이 휴지통을 다시 치도록 기다렸다. 그 수업이 끝날 때쯤 린은 휴지통을 치는 것이 자기의 할 일이라는 것과 맨 위의 블록을 하나씩 떨어뜨리는 것이 자기 일이라는 것을 분명히 알게 되었다. 또한 블록을 밀어내는 일은 항상 휴지통을 친 다음에 하는 것이라는 것도 인지하기 시작했다.

그 다음 단계는 보다 빨리 진행되었다. "칠 거야. 그러면 네가 블록을 하나씩 떨어뜨리는 거야." 루이즈는 린이 자신의 말을 이해해주기를 바라면서 설명했다. 그 주일의 나머지 시간 동안은 이 방식으로 연습했다. 루이즈는 휴지통을 치고 린은 블록을 떨어뜨렸다. 여러 날 동안 숱한 연습을 한 후에 루이즈는 다음 단계로 넘어갈 준비를 했다. 그녀는 휴지통을 린의 등 뒤에 놓았다. 따라서 휴지통을 보려면 린이 몸을 돌려야 했다.

"자, 이제 네 앞에 블록을 쌓아놓을 거야. 엄마가 휴지통을 치면 너는 블록을 하나씩 떨어뜨리는 거야." 우리 둘은 린이 들을 수 있기라도 한 것처럼 그 애에게 말을 했다. 물론 아이는 듣지 못했다. 그런 만큼 우리는 우리의 메시지를 전달해 줄 하나의 본보기, 하나의 시범, 하나의 단서를 기대하고 있었다. 린이 보지 않을 때 루이즈가 휴지통을 힘껏 쳤다. 린은 한 십초쯤 기다리다가 어리둥절한 표정으로 주위를 살폈다. 다섯 개의 블록은 린의 손이 닿기를 기다리며 반듯이 쌓여있었다.

"좋아, 네가 어떻게 해야 하는지 알 때까지는 나를 보게 해줄게." 루이즈가 말했다. 엄마가 휴지통을 치는 것을 눈으로 보자 린은 미소를 짓고 블록들을 돌아보며 맨 위의 것을 떨어뜨렸다. 몸을 돌려 다시 엄마가 휴지통을 치는 것을 보고 다시 몸을 돌려 블록을 떨어뜨렸다.

내가 학교에서 귀가해 집에 온 뒤에 린과 이 놀이를 할 때도 있었고 브루스가 할 때도 있었는데 그 때마다 항상 루이즈가 반복해서 마무리를 하곤 했다. 우리는 때로 린을 시험하기 위해 아이가 보고 있지 않을 때 휴지통을 치곤했는데, 린이 그 소리를 들은 것처럼 블록을 떨어뜨릴 때도 있었지만, 정말 소리를 듣고 한 것인지는 확신할 수 없었다. 왜냐하면 아이의 행동이 일관성이 없었기 때문이었다.

린은 거의 언제나 보청기를 착용하고 이 놀이를 했다. 어느 날 아침 루이즈가 린의 보청기를 끼워주지 않은 채 이 놀이를 하기 위해 앉았다. 린은 블록들을 골똘히 들여다보고 있는 중이었다.

"꽝!" 루이즈가 전에 수도 없이 했던 그대로 휴지통 밑바닥을 세차게 쳤다. 린은 충실하게 맨 위 블록을 밀어 떨어뜨렸다. 루이즈는 놀라기도 하고 혼란스럽기도 했다. 그녀는 다시 휴지통을 쳤다. 조금도 주저하지 않고 린이 블록을 떨어뜨렸다.

"정말 잘했어! 네가 들었구나!" 루이즈는 조심스러우면서도 기쁨으로 들떴다.

"꽝!" 다시 또 하나의 블록이 떨어졌다. "꽝!" 한 번 더 똑같은 일이 되풀이 되었다. 정말 거짓말 같은 사실이었다. 그녀는 그 놀이를 한 번 더 했다. 내가 귀가했을 때 린은 나에게도 두 차례나 정확하게 반응해 보였다. 두 차례나! 이번엔 보청기를 착용하고서였다. 우리는 린이 어떻게 보청기를 끼지 않은 채 그렇게 반응했는지 이해할 수가 없었다. 그러나 그게 중요한 것 같지는 않았다. 이제 린은 우리가 휴지통을 칠 때마다 보청기를 끼고 있건 아니건 상관없이 일관성 있게 반응하기 시작한 것이다.

이 일이 있고 나서 얼마 지나지 않은 어느 날 아침, 루이즈가 휴지통과 블록들을 내놓았다. 미처 그들이 자리를 잡고 앉기도 전에 린이 나무숟가락을 움켜잡았다. 심술기 있는 미소를 지으며 그 애는 엄마더러 앉으라는 시늉을 했다. 그리고 린은 휴지통을 엄마 눈에 보이지 않게 자기 뒤로 돌려놓았다.

"꽝!" 린은 있는 힘을 다해서 세차게 휴지통을 내리치고는 엄마의 어깨 너머로 블록들을 손가락으로 가리켰다. 머리를 끄덕이며 루이즈는 충실하게 맨 위 블록을 떨어뜨렸다. 린은 자랑스럽게 웃었다. 다시 휴지통을 치고 엄마가 블록을 떨어뜨리기를 기다렸다. 엄마는 하라는 대로 했다. 놀이는 그렇게 세 차례나 반복되었다. 그날 이후 린을 데리고 이 놀이를 하기가 점점 더 어려워졌다. 2, 3분이 지나면 린은 자기가 교사를 하겠다고 요구하거나 좀이 쑤셔하다가 놀러 나가버리고 마는 것이었다.

린은 할머니 할아버지가 잠시 방문차 오시기만 해도 좋아했다. 할머니가 말 잘 듣는 학생이 되어 주었기 때문이다. 린은 우리 입술에서 입술 읽기를 할 때처럼 할머니의 말도 입술읽기를 했다. 그러나 그분들이 오시고 얼마 되지 않아 린은 할머니를 소파로 끌어당겨서는 짝맞추기용 물건자루에서 블록과 자동차, 모자와 다른 물건들을 쏟아놓았다.

"짝이 맞는 블록을 찾아보세요, 할머니!" 린의 끄덕이는 머리와 가리키는 손은 그렇게 말하는 것 같았다. 아이가 블록을 하나 들자 할머니는 바로 알아차렸다. 린은 할머니가 자기 마음에 드는 행동을 할 때마다 자기 나름의 방식으로 할머니를 칭찬해 주기도 했다. 둘은 그 모든 물건들과 색종이들을 가지고 방바닥에 앉아 놀이를 했다. 린은 휴지통을 할머니 뒤에 두고 블록은 자기 앞에 놓고 엄마랑 하던 놀이를 하기 시작했다. 린이 몇 차례 시범을 보였고 할머니는 곧 린이 휴지통을 세차게 내리칠 때마다 블록 한 개씩을 떨어뜨리고 있었다. 만일 할머니가 딴전을 피우는 눈치가 보이면 린은 "안돼! 안돼!"라고 하듯 머리를 좌우로 흔들었다.

린은 커가면서 우리가 자신의 말을 알아듣지 못하는 것에 대해 더 자주 화를 내고 낭패감을 표시했다. 린이 내 팔을 잡아당기면, 나는 그녀를 밀어 달라는 거라고 생각하여 린의 뒤를 따라 밖으로 나가 그네로 간다. 린은 머리를 저으며 발을 구르고는 숲을 향해 손가락질을 한다. 들판을 지나 서늘한 숲속까지 갔으나 불만스러운 표정이 계속 이어진다. 린의 몸짓과 표정을 어떻게 해석해야 할지 전혀 감도 잡지 못한 채 우리는 다시 집으로 돌아간다. 결국 린이 포기하는 경우가 많았다. 처음 느꼈던 흥미가 시들해졌기 때문이기도 했다.

때로는 린이 의사소통을 할 수 없는 탓으로 가족 사이에 긴장이 감돌기도 했다. 린의 고집스러운 몸짓에 감추어져 있는 의미를 파악하려고 헛되이 애를 쓰고 나면 우리는 무력감과 분노를 느끼지 않을 수 없었다. 브루스도 친구들과 놀 때면 무언가 의사표현을 하려는 린에게 시달리고 싶어 하지 않았다. "린이 따라오지 않게 좀 해주세요." 브루스는 불평을 하곤 했다. 루이즈와 나도 린의 마음속에 누적되는 좌절감을 서로의 탓으로 돌리는 경우가 가끔 있었다. 같은 문제가 재발하는 경우에 서로가 충분히 노력을 하지 않은 탓이라고 느끼는 때가 종종 있었기 때문이다.

존 트레이시 클리닉은 린이 말을 사용하지 않고도 우리와 의사소통을 할 수 있는 한 가지 방법을 제시해 주었다. 그것은 일종의 체험책이었다. 우리는 아직도 가로 12센티, 세로 17센티 크기의 그림과 사진 수백 장이 빼곡히 붙어 있는 두 권의 노트를 가지고 있다. 그 파란색 책은 가장자리가 닳아 헤졌고 린의 손자국으로 더럽혀져 있다. 린은 밖에서 놀다가도 파란 어치새 한 마리를 보았다든지 그네를 타고 싶다든지 하는 의사표시를 하고 싶은 일이 생기면 집으로 뛰어 들어와 황급히 그 책을 들고 자기 뜻에 맞는 그림을 찾아 우리에게 보여주었다.

린은 할아버지 할머니가 댁으로 돌아가고 난 후 그분들을 무척 보고 싶어 했다. 다행히 그분들에 관해 린에게 이야기할 수 있는 이 책이 있었기에 그분들이 갑자기 사라진 후 찾아온 그 애의 상심을 달랠 수 있었던 것 같다. 체험책이 없었다면 제대로 대처할 수가 없었을 것이다. 입술읽기

덕택에 우리는 극히 제한적이긴 하지만 린과 대화가 가능했다. 그러나 린은 우리에게 자신의 의사를 전달할 수 없었다. 린은 우리에게 질문을 할 수도 없었고, 자신의 느낌을 우리에게 전달할 수도 없었다. 울고 집안에 들어와도 밖에서 무슨 일이 있었는지 우리에게 알릴 수가 없었다. 자기가 가고 싶은 곳이 어디이며 하고 싶은 일이 무엇인지를 전할 수도 없었다.

우리는 가족사진들을 검토하여 린에게 무슨 의미를 전달할 만하다고 생각되는 사진들을 골라내었다. 아파트 앞에서 보도를 따라 자전거를 타고 가는 아빠, 숲속 개울 위에서 밧줄그네를 타고 있는 린, 모래상자 안에 앉아 있는 린, 간이수영장에서 노는 린, 자동차를 운전하는 엄마, 아빠 어깨 위에서 무등을 타고 있는 린, 보청기를 끼워주고 있는 엄마, 길 옆에 서 있는 암소 한 마리, 자동차 옆에 서 있는 할아버지와 할머니, 손을 흔들면서 작별 인사를 하고 있는 할아버지와 할머니 등등.

그 목록은 한없이 계속된다. 우리는 그 사진들을 잡지에서 모은 사진들에 추가했다. 우리는 평범한 일상을 사진으로 찍기 시작했다. 잠자리에 드는 린, 자고 있는 린, 목욕하는 린 등등. 그 파란 책은 점점 더 두툼해졌다. 매일 저녁 우리 부부는 함께 새로 찍은 사진들을 살펴보고 린이 알고 있는 경험과 사람, 물건들에 관해서 토론했다. 우리가 어디를 가든 그 책도 함께 갔고, 덕분에 의사소통 상의 문제가 상당히 줄어들었다. 가령 우리가 시골길로 드라이브를 가려고 지금 출발한다고 하자. 린이 암소를 찾고 싶어 차창 밖을 살피더라도 "지금 암소를 찾는 중이에요." 라고 말하는 것이 아니라 체험책을 펴서 암소 사진이 있는 페이지를 찾아 가리키기만 하면 되는 것이다. 만일 린이 우리에게 사진을 제시하지 않으면 우리가 의문스러운 표정을 지으며 그 애에게 책을 건넸다. 린은 종종 좋아하는 자신의 모습인 테니스화를 신고 줄무늬 옷을 입고 오리 연못가에 서 있는 사진을 펴서 보여주었다. 린의 발이 닿는 물가를 따라 흰 오리들이 머리를 위아래로 꾸벅거리고 있는 사진이었다. 린은 빵부스러기가 들어 있는 작은 봉지를 들고 서 있었다. 그러면 우리는 그네나 숲을 향해 헛걸음치는 것이 아니라 즉시 오리 연못을 향해 출발했다.

그러나 많은 경우에 린은 재빨리 요점을 파악했고 그래서 사진에 의한 의사소통이 불필요한 경우가 많았다. 린은 상황을 쉽게 파악했다. 8월 말에 뉴멕시코에서 2주간의 휴가를 보내기 위해 자동차에 침낭들과 텐트를 싣기 시작하자 린은 무슨 일을 하려고 하는지 아는 것 같았다. 여행에 나선지 이틀째 되던 날 오후에 우리는 산타페 북동쪽 수 킬로미터 지점에 있는 국립 산림보호지역 야영지로 들어갔다. 짐을 풀기 시작해서 내가 텐트를 내려놓자, 린은 나에게 땅에 박을 말뚝들을 건네주기 시작했다. 린은 이전에 텐트 치는 것을 본 적이 있었고, 그래서 도와달라고 말할 필요가 없었다.

일단 커다란 소나무 그늘 아래 텐트가 세워지자 린은 뛰어가서 야영장비가 들어있는 두 개의 커다란 상자를 뒤지면서 뭔가 찾고 있음이 분명했다. 린은 1갤런 크기의 플라스틱 물통을 끄집어냈다. 지난 여름에 우리가 사용하는 것을 보았던 바로 그 물통이었다. 아무런 지시도 받지 않았고 누가 손가락으로 가리키거나 말을 한 것도 아닌데 린은 가까이 있는 수도로 가서 물통에 물을 채우더니 이내 자신도 마시고 음식 만드는데 쓸 수 있도록 텐트로 가지고 왔다. 저녁을 먹은 후 루이즈가 쓰레기와 휴지들을 모아 린에게 주었다. 린은 항상 하던 일이라는 듯이 냉큼 가져다가 가까이 있는 쓰레기통에 버리는 것이었다.

휴가는 정말 빨리 지나갔다. 이른 오후에 산타페를 통과해 귀가길에 올랐다. 시내 중심에 있는 상가지역을 천천히 지나갈 때 8월의 태양이 자동차의 엔진 덮개에서 반사되고 있었다.

교외 지역을 지나갈 때 루이즈가 교차로 근처에 세워져 있는 간판 하나를 가리켰다. "청각장애 아이들을 위한 학교에요." 그녀가 말했다. 하얀색의 건물들이 오른쪽 비탈진 언덕에 옹기종기 서 있었다. 차도 하나가 그 학교로 통해 있었는데 학교는 푸른 잔디밭과 나무들에 에워싸여 있었다.

"뉴멕시코 기숙학교라네요." 루이즈가 덧붙여 말했다. 우리는 간판 가까이에 있는 길옆에 차를 세웠다. 엔진은 끄지 않은 채 내가 물었다.

"한번 구경하러 가볼까?" 마음속으로는 거의 들릴 수 있을 만큼, '한번 가보고 싶은 걸. 학교가 어떤지 좀 보게 말이야. 어떤 교육 프로그램이 있는지 물어보고 싶기도 하고.' 나는 잠시 생각했다. 동시에 좀 불길한 불안감을 느끼기도 했다. "기숙학교" 여러 달 동안 우리는 그 단어를 자주 들었다. 캘리포니아에서, 오클라호마에서, 거의 모든 주에 농인들을 위한 기숙학교라는 것이 있다고 했다. 그 어린아이들이 엄마, 아빠로부터 격리되어 살아야 하는 곳 말이다.

우리가 읽은 모든 서적과 책자로 미루어 볼 때, 존 트레이시 클리닉으로부터 우리가 배운 모든 것, 청각전문의들과 언어 교사들이 우리에게 말해준 그 모든 것으로 미루어 볼 때, 린을 기숙학교에 보낼 필요가 없다고 우리는 확신하고 있었다. 발달이 늦은 소수의 청각장애아들만이 육체적 직업기술을 배우기 위해 기숙학교에 간다고 생각했다. 몸짓만으로 의사소통하는 방법을 배우러 가는 것이다. 거기에 가보면 린에게 도움이 될 무엇인가를 보게 될까? 나는 린을 바라보다가 다시 그 학교를 바라보았다. 린은 그 건물이 무엇을 의미하는지, 또 그곳에 자신과 같은 아이들이 살고 있다는 것을 알 턱이 없었다. 어떤 의미에서는 우리 린은 그곳에 있는 아이들과 같지 않았다. 우리가 들은 바로는 그린 학교에서는 소위 수화를 사용하는 농인들이 배출된다고 했다. 즉 사회의 다른 사람들과 의사소통이 불가능한 사람들이 나온다는 말이었다.

"당신 생각은 어떻소?" 나는 루이즈를 바라보며 물었다.

"그런 시간낭비를 꼭 해야 하나요?" 그녀의 단호한 목소리에는 나의 감정도 담겨 있었다.

나는 갓길에서 빠져나와 시 경계 밖으로 전속력으로 차를 몰았다. 기숙학교는 곧 우리 등 뒤로 멀어졌다. 그러나 우리 두 사람은 남아있던 수백 마일의 여정 내내 그 학교에 대해서 생각하고 있었다. 동시에 우리는 훌륭한 구화학교에서 우리 린을 입학시켜주기를 기대하며 기도했다.

| 제 12 장 |

입술을 읽는
예술가들

입술을 읽는
예술가들

　어느 모로 보나 가을이 완연한 9월 어느 날, 루이즈와 나는 린을 제인 브룩스 청각장애아 학교에 등록시키기 위해 오클라호마 주의 치카샤로 출발했다. 노만으로부터 서쪽으로 60킬로 쯤 되는 곳이었다.
　근 일 년 이상 우리는 린이 말을 할 수 있게 되려면 전문적인 훈련을 받은 교사들이 필요하다는 생각을 하고 있었다. 질 코리가 린에게 했던 몇 번의 수업은 우리가 책을 통해 알았던 모든 사실들을 강조했던 것이다. 한마디로 요약하면 '가급적 빨리 학교교육을 시작하라.'는 것이었다. 일찍 시작하면 시작할수록 더 좋다는 것이다. 대부분의 청각장애아들은 세 살이나 심지어 네 살이 되어야 학교(유치원을 포함하여)에 다니기 시작하는 데 어떤 경우에는 여섯 살이나 일곱 살 때까지 기다리는 바람에 재난이나 다름없는 결과를 초래하기도 한다고 했다. 휴가에서 돌아온 바로 그 주에 나는 오클라호마 대학교의 언어 및 청력프로그램을 담당하고 있는 교수님을 찾아갔다. 대학교 부설의 청각장애아를 위한 특수학교가 있었기 때문이다. 놀랍게도 린이 아직 어려서 다닐 수 없다고 했다. 린이 세 살 또는 세 살 반이 될 때까지 기다려야 받아줄 수 있다고 했다.

"그러나 저희들은 당장 입학시키고 싶었는데요." 나는 실망감을 감추고 그에게 말했다.

"치카샤에 아주 우수한 학교가 하나 있어요. 사립학교인데 구화전문 학교입니다. 오클라호마 인문대학 캠퍼스 내에 있어요. 그곳에서는 받아 줄지도 모르겠어요." 그가 넌지시 말했다.

전국적으로 인정받고 있는 교육기관인 제인 브룩스 청각장애아 학교는 수막염에 걸려 유년기에 청력을 잃은 딸 제인을 가르치다 전문가가 된 마거릿 브룩스 부인이 창설한 학교였다. 우리가 학교로부터 받은 첫 편지 에는 그 학교가 청각장애아들에게 "구화교육"을 하고 있다는 점을 강조 하고 있었다. 우리는 학교를 방문해 달라는 초청을 받았다. 우리는 여러 가지 입학 요건들을 자세히 읽어보고 린이 중복장애일 경우 입학이 허용 되지 않으리라는 것을 알게 되었다. 그 편지에는 이렇게 쓰여 있었다. "우리는 중증 청각장애아를 위한 학교입니다. 구화에 의한 의사소통 기술 을 가르치는 것을 전문으로 하고 있기 때문에 만일 학생이 수화를 알거 나 사용한다면 입학을 허용할 수 없습니다." 린이 지닌 장애라고는 듣지 못한다는 것뿐이었고, 나름의 몸짓을 아직 사용하고는 있었지만 소위 수 화언어라는 것을 사용하지 않고 있음은 분명했다. 우리는 꾸준하게 말과 함께 사용하는 것이 아니면 린의 몸짓에는 반응을 보이지 않았다.

제인 브룩스 학교의 목표와 기대수준은 우리에게 감동을 주었다.

"우리는 청각장애아가 세 살이 되어 학교에 입학할 때 학생이 준비되어 있기를 기대합니다. 일곱 살이 되면 1학년에서 정식 교과과정 즉, 읽기, 철자법, 수리 개념, 발음법, 구화 읽기, 말하기 등을 시작하기를 기대합니다. 제인 브룩스 학교는 선천성 청각장애아와 후천적 청각장애아 모두에게 재활교육을 실시함으로써 정상아들과 마찬가지로 공립학교의 고등학교 과정에 입학할 수 있도록 준비시켜 줍니다."

그 편지에는 대부분의 학급은 정원이 다 찼으나 린을 위한 유치부 과정에는 일주일에 2일 정도의 빈자리가 있다고 쓰여 있었다.

우리는 총 인구가 15,000의 농촌 도시인 치카샤로 진입해서 곧바로 오클라호마 인문대학을 찾았다. 우리는 차를 세우고 지나가던 한 학생에게 제인 브룩스 학교로 가는 길을 물었다. 그가 멀리 있는 오래된 벽돌 건물을 가리켰다. 우리는 창이 달려있지 않은 작은 출입문을 통해 건물 안으로 들어가서 짧은 층계를 올라갔다. 비좁은 복도를 따라 걸어가니 교장실이 있었다.

해롤드 테일러 교장은 쇠테 안경을 끼고 듣기 좋은 오클라호마 사투리로 느릿느릿 말했다. "어서 오세요. 자, 이리 앉으세요." 그의 사무실은 구식 주택의 거실과 비슷했다. 우리는 적갈색의 두툼한 소파에 앉아 교장을 마주보았.

"따님의 청력을 측정해 보셨나요?"

"네, 존 트레이시 클리닉에서 17개월 때 했습니다. 이후에도 시카고 여러 병원에서 테스트를 했어요. 모두 린이 중증 청각장애인 것으로 나타났습니다." 루이즈가 답했다.

"그렇군요. 많은 중증 청각장애아들이 우리 학교에 오지요. 제인 브룩스 학교는 좋은 성과를 유지하고 있습니다. 여기에서 9학년까지 수료한 모든 학생은 자기 고향의 고등학교에 진학했어요. 물론 9학년까지 수료하지 못하는 아이들도 극소수이긴 하지만 있긴 합니다. 2년 전에 한 남자애가 있었는데 15살이었지요. 우리는 그 애를 설퍼의 기숙학교로 보냈어요. 그 학교에서 수화를 배우고 아마 졸업을 했을 거예요."

"구화 교육은 두 분께서 따님에게 해줄 수 있는 가장 중요한 일입니다." 테일러 교장은 계속 말했다. "그리고 이 일은 학교가 단독으로 할 수 있는 일이 아니랍니다. 우리는 학부모들이 가정에서도 같은 교육을 계속해 주시기를 기대하고 있습니다. 부모님들께서 구화방식에 충실하기만 하면 거의 틀림없이 자녀가 성공하게 됩니다."

우리는 동의의 표시로 머리를 끄덕였다. 우리 역시 교육 전부를 학교에 일임하겠다는 생각은 전혀 없었다. 동시에 우리는 청각장애아 교육에 관한 전문가를 필요로 하고 있었다. 제인 브룩스 학교에는 아홉 명의 전임 교사들과 두 사람의 시간제 교사로 구성된 교사진이 있었고, 학급은 소규모로 운영되었다. 우리는 수업료에 관해서도 이야기를 나누었는데 매월 35달러라고 했다. 우리 한 달 생활비인 222달러에서 상당한 몫을 차지하기는 했지만, 그 정도의 가치가 있다고 판단했다.

"제 생각으로는 린이 일주일에 이틀, 아침 수업에 참여하는 것으로 시작하는 것이 좋을 것 같습니다." 테일러 교장이 그렇게 말하고 수업 중인 학급을 참관해 보지 않겠느냐고 묻자 루이즈는 여러 번 머리를 끄덕였다.

우리가 복도를 따라 걸어갈 때 한 젊은 여성을 만났다. 테일러 교장이 발걸음을 멈추었다. 그리고 친절한 미소를 지어보이며 말했다. "두 분께 우리 학교에서 가장 유능한 선생님을 소개해 드리고 싶군요. 캐롤린 그레이브스 선생님, 이분들은 스프래들리 부부입니다. 두 살 반 된 따님인 린이 우리 학교 유치부에 입학할 예정입니다."

"그거 잘됐군요. 아이가 이곳을 맘에 들어 할 것이라고 확신합니다. 이렇게 일찍 교육을 시작하실 수 있다니 두 분께서는 운이 좋으시군요. 어려서 시작하는 것, 그게 중요하거든요!" 나는 캐롤린 그레이브스가 금방 좋아졌다. 그녀는 빛나는 눈을 가지고 있었고 평온하면서 상냥한 분위기를 풍겼다. 어린이들에 대한 사랑을 함께 지닌 따뜻함 같은 것이었다.

그녀가 양해를 구하고 복도를 따라 가고난 후 테일러 교장이 우리를 보고 말했다. "우리는 저 선생님을 퍽 자랑스럽게 생각합니다. 본교 출신이거든요. 자신이 심한 중증 청각장애인이죠."

루이즈와 나는 놀라서 서로를 쳐다보았다.

"중증 청각장애라고요?" 믿을 수가 없어서 내가 물었다. 테일러 교장은 머리를 끄덕였다. 나는 믿을 수가 없었다. 나는 주위를 살펴보고 싶어졌다. 캐롤린 그레이브스를 다시 보고 싶었다. 다시 자세히 살펴보면 그녀가 청각장애인이라는 사실을 드러내는 단서를 발견할 수 있지 않을까?

"이 학교 출신이시라고요?" 태연한 척 하면서 내가 물었다. 그녀는 우리가 만나본 최초의 성인 청각장애인이었다. 그때 나는 린이 성장한 후에 어떤 삶을 영위하게 될 것인지 한 번도 상상해 본 적이 없다는 것을 깨달았다. 우리는 구화를 사용하는 성인 청각장애인들에 관해 읽어본 적은 있었지만, 실제로 만난 것은 캐롤린 그레이브스가 처음이었고, 이 사건은 우리 두 사람에게 엄청난 영향을 끼쳤다. 도대체 무얼 보고 그녀를 청각장애인이라고 하겠는가! 그녀가 하는 말은 완전무결했다. 그녀는 우리가 전혀 눈치채지 못하게 우리 입술을 읽었다. 그런데도 중증 청각장애인이라고?

일학년 교실 뒷문으로 들어갈 때도 우리는 아직 캐롤린 그레이브스에 관하여 생각하고 있었다. 들어선 순간 우리는 일제히 터진 이상야릇한 소음들의 영접을 받았다. 끙끙거리는 신음소리, 짐승이 울부짖는 것 같은 소리들, 날카로운 외마디 비명소리, 길게 울려 퍼지는 울음소리, 코를 씩씩대는 거친 호흡소리들이 교실 앞쪽에서 교사를 중심으로 반원을 그리며 앉아있는 7, 8명의 어린이 집단에서 나왔다. 그건 사람을 맥 빠지게 하는 것이었다. 린이 내는 소리는 이처럼 부자연스럽지는 않았지만, 테일러 교장과 교사들은 그 모든 소음들이 일상적인 것처럼 행동하고 있었다. 우리는 더 가까이 다가가 살펴보았다. 교사는 카드에 검은 글씨로 크게 인쇄된 낱말들을 읽는 법을 가르치고 있었다.

"개(Dog)" 교사가 똑똑히 발음을 하고 갈색과 희색의 얼룩 콜리종 개 한 마리와 그 밑에 그 단어가 인쇄된 카드를 치켜들었다. 아이들은 조용해졌다. 나는 학급전체가 그 단어를 따라 읽기를 기다렸다. 나는 린이 2, 3년 후에 이와 같은 학급에 앉아있는 모습을 그려볼 수 있었다.

그 높은 콧소리, 쇠붙이를 긁어대는 듯한 소리들이 다시 터져나왔다. 동물 같은 소음들 말이다. 마치 신음소리처럼 들리는 모음들, 끼익끼익 들리는 불협화음들! 나는 깜짝 놀랐다. "개"라고 말하는 아이는 하나도 없었다. 그들이 말하는 것이 무엇이든지 나는 한 마디도 알아들을 수가 없었다. 대부분의 아이들이 우리 린보다 적어도 세 살은 위라는 것을 알 수 있었다. '맙소사' 나는 혼자 생각했다. 뭔가 이유가 있음에 틀림없다. 저 아이들이 말을 하지 못하는 이유 말이다!

"말(Horse)" 교사가 다음 카드를 보여주었다. 다시 한번 쉿쉿하며 신음하는 부자연스럽고 기괴한 소리들의 불협화음이 일제히 터졌다. 그건 결코 말이 아니었다. 교장에게 물어보고 싶은 질문들이 내 마음속에 홍수처럼 떠올랐다. 이 아이들은 얼마나 오래 학교에 다녔을까? 이 아이들의 부모들은 그들을 얼마나 가르쳤을까? 왜 말을 못할까? 지적장애아가 있을까?

루이즈 역시 그 소란스러운 괴성들을 듣고 어안이 벙벙할 정도로 놀랐음을 알 수 있었다. 마침 우리의 혼란스러운 생각을 수습할 기회가 주어졌다. 테일러 교장이 침착하게 따라오라는 몸짓을 했다. 우리는 복도를 따라 2학년 교실로 갔다. 역시 마찬가지의 야릇한 소음이 우리를 맞아주었다. 마치 딴 세상에서 들려오는 것 같은 소리, 일곱 살짜리들이 말을 하려고 애를 쓰고 있음을 느꼈다. 나는 돌아서서 교실 밖으로 도망치고 싶었다. 뭐가 잘못되었는지 물어보고 싶었다. 뭔가 해명을 듣고 싶었다. 우리는 교실 앞쪽으로 가서 아이들이 무슨 말을 하고 있는지 알아보려고 애를 썼다. 전에 어디선가 읽긴 했지만 이해하지는 못했던 글귀가 떠올랐다. 즉, "귀머거리 같은 소리를 내는"이라는 구절이었다. 이제 그게 무슨 말인지 이해할 수 있었다.

루이즈와 나는 교사가 린 또래의 어린 애들을 데리고 앉아서 아이가 이미 입술읽기를 할 줄 아는 단어들을 말하도록 가르치는 모습을 머릿속에 그리고 있었다. 일학년이 될 때쯤이면 똑똑하게 말을 할 수 있게 될 것이며 그저 발음만 조금씩 고쳐 주면 될 것이라고 생각했다.

이제 우리는 의심만 잔뜩 품은 채 2학년 교실을 떠나야 했다. 우리는 중앙의 홀을 가로질러 4학년 교실로 갔다. 조용히 뒤쪽으로 슬쩍 들어가 보니 아홉 살 나이의 대여섯 명이 선생님 주위에 둥그렇게 앉아 주의를 집중하고 있었다. 그런데 그 교사는 바로 다름 아닌 캐롤린 그레이브스였다! 그녀는 발음지도를 하고 있었다. 홀딱 정신이 쏠려 더 가까이 다가서서 지켜보았다. 주근깨투성이의 한 작은 사내아이가 캐롤린 그레이브스가 들고 있는 카드에 인쇄된 단어를 읽고 있었다.

"베오오온(baaoonn)."

그는 그 단어를 정확하게 말하려고 애를 썼다. 나오는 소리는 심한 콧소리였다. 자음은 거의 들리지 않았지만 그 애가 말하려는 단어가 무엇인지 알고 있었으므로 그걸 '베이컨'으로 알아들었다.

"아니, 아냐. 조금만 고쳐서 해봐요. 자, 이렇게. 베이컨." 캐롤린 그레이브스는 머리를 좌우로 흔들고, 가운데 자음을 강조하여 그 단어를 되풀이해서 말했다. 그녀의 동작은 그 사내아이에게 바른 소리를 내기 위해서 어떻게 근육을 움직여야 하는지를 암시해 주는 것 같았다.

"바아에돈(baaadonnn)."

"그래 좋아졌어. 그게 더 나아." 캐롤린 그레이브스는 그 애의 입술과 혀의 움직임을 지켜보고 그 단어의 발음을 교정하도록 도와주었다.

"베이컨." 그녀는 다시 말하고 또 기다렸다.

"베이공." 그 야릇하고 공허한 음색, 처음부터 끝까지 그 단어에 스며 있던 콧소리 음색은 여전했다. 그러나 문외한인 나도 좀 나아졌음을 알 수 있었다. 캐롤린 그레이브스는 거의 완전한 이 발음에 대해 칭찬해 주고 다음 학생으로 넘어갔다.

교실을 떠나면서 나는 갈피를 잡을 수가 없었다. 그 임무, 청각장애아를 가르치는 그 일은 단조롭고 지겨웠으며 엄청난 인내심을 필요로 하는 일임이 분명했다. 그녀의 인내심이 신기하게 여겨지기까지 했다. 그녀 자신이 잘못 발음된 단어를 듣지도 못하면서 어떻게 그 아이들의 발음을 교정해 줄 수 있단 말인가? 애들의 입과 혀를 보고 알았겠지. 그래. 그게 틀림없어. 캐롤린의 학급은 보통 수준의 4학년 학급일까? 모든 청각장애아들이 이러한 학습과정을 거쳐야 하는 걸까? 이 아이들이 왜 그렇게 어렵게 말하기를 배워야 하는지 나로서는 이해하기 어려웠다. 나는 우리가 존 트레이시 클리닉으로부터 마지막 받은 편지에 관해 생각했다. "그저 어휘들을 린에게 쏟아 넣으십시오. 그러면 조만간 그 말들이 당신에게 되돌아올 것입니다." 우리는 이 말이 의미하는 것이 린이 하는 말들이 말의 시냇물이 되어 쏟아져 나온다는 것으로 짐작했었다. 단어 하나를 말하는 법을 익히는 것이 그 단어를 입술읽기하는 법을 배우는 것보다 훨씬 더 더디고 힘드는 일인 것일까?

그 다음 우리가 들른 6학년 교실에서 테일러 교장은 우리를 교실 앞쪽으로 데려갔다. "이 분들은 스프래들리 부부이십니다. 이 분들의 청각장애아인 딸이 곧 우리 학교 유치부에 입학할 예정입니다." 그가 우리를 소개했다.

"안녕하세요." 예닐곱 명의 학생들의 음성이 합창으로 우리에게 인사를 했다. 콧소리가 훨씬 덜했으나 역시 있긴 있었다.

"스프래들리 씨는 오클라호마 대학교에 다니십니다. 이 분들은 오늘 우리 학교를 견학중이에요." 교사가 자기 주위에 반원을 그리며 앉아 있는 학생들에게 말했다. 나는 교사가 말을 하는 동안 학생들이 모두다 그녀의 입술을 지켜보고 있는 것을 볼 수 있었다.

"존, 스프래들리 씨와 부인에게 말을 좀 해보겠니?"

테일러 교장은 존이 그 교사의 아들이라고 말해주었다. 그는 보청기를 착용하고 있었다. 두툼한 크기 때문에 가슴에 매달아야만 하는 린의 것과는 달리 존의 보청기는 작았다. 대신 성능이 좀 약한 그의 보청기는 양쪽 귀 뒤에 단정하게 부착되어 있었다. 그 당시 우리는 이것이 그의 청각장애가 중증이 아니라는 사실에 대한 단서가 된다는 것을 알지 못했다. 우리는 그저 그 학생들 전부가 청각장애라고만 여기고 있었다. 린은 청각장애이며 이 아이들도 그렇다고 이해한 것이다.

"나는 오클라호마 대학교 축구팀을 좋아합니다." 존은 약간 힘을 주어가며 천천히 말을 했다. 발음은 이해할 수 있었지만 여전히 약간씩 왜곡되어 있었다. 그 나이의 반밖에 되지 않은 브루스가 훨씬 더 정확하게 발음할 수 있다고 생각했던 게 기억난다. 그리고는 교사가 학생 한 사람, 한 사람이 각기 한 문장씩 책을 보고 읽게 했다. 아무도 존만큼 정확하게 말을 하지는 못했지만 우리는 그 말의 대부분을 이해할 수 있었다. 그러나 그들의 음성에는 빈 부분이 있었고, 힘겨워하는 소리가 있었다.

우리는 심한 동요를 느끼며 견학을 마쳤다. 청각장애인들 특유의 소리들이 계속 귓전을 울렸다. 집으로 돌아오면서 우리는 우리가 보았던 아이들에 관하여 이야기하면서 많이 의아해했다.

처음 한 달 동안은 루이즈가 린을 데리고 가서 담임선생님인 파크 부인에게 완전히 맡겼다. "수업이 끝나면 데리러 올게." 그녀는 린에게 단호한 어조로 말했다. 린은 울기 시작하며 파크 부인에게서 빠져나오려고 발버둥쳤다. 열 시 반에 그녀가 교실에 가보면 린은 교실 바닥에 앉아 눈물 젖은 베개에 머리를 파묻고 울고 있었다. 지칠 때까지 울어대면서 어떤 학급 활동에도 참여하려 하지 않았다. 루이즈 역시 마찬가지로 지칠 대로 지쳐서 집으로 돌아왔다.

"데리러 온다는 뜻을 전해줄 수만 있다면 얼마나 좋겠어요!" 하고 그녀는 말하곤 했다. "학교에 관해 설명할 수 있는 어떤 방법만 있다면, 선생님이 린에게 말을 해줄 수 있는 어떤 방법이 있기만 하다면, 그 애의 이름을 불러줄 수만 있다면, 내가 데리러 갈 거라는 것을 알려줄 수 있는 방법만 있다면, 린이 다른 아이들에게 말을 할 수만 있다면 만사 해결인데. 우리 린은 몹시 외롭고 소외감을 느끼는 거예요."

한 달쯤 되자 린은 수업에 참여하기로 결심했다. 그 애는 줄지어 서 있는 의자에 자리 잡고 앉아서 엄마에게 손을 흔들어 가라는 인사를 했다. 역시 반에는 미소로 제 엄마를 반겼다.

추수감사절 일주일 전에, 나는 처음으로 린을 학교에 데려다 주었다. 옥수수 밭들은 바짝 마르고 갈색으로 변해있었다. 길을 따라가며 높이 서 있는 느릅나무와 서양물푸레나무들 대부분은 벌써 잎이 다 지고 가지만 앙상하게 남아있었고 공기는 상쾌했다. 우리가 벽돌 건물로 들어서자 린은 내 손을 끌어당기며 발걸음을 재촉했다. 그 애는 교실 뒤편으로 걸어가 외투를 벗어 옷걸이에 걸었다. 파크 부인에게 달려가서 안겼다가 학생들의 이름표가 핀으로 고정되어 있는 게시판이 있는 벽으로 갔다. 나는 자리에 앉았다. 린은 자기 이름표를 떼어 옷에 붙이고 자리에 앉았다.

"안녕, 얘들아. 기도하고 국기에 대한 경례를 할 시간이에요." 파크 부인은 미소를 지으며 아이들을 하나씩 하나씩 차례로 보았다. 작은 머리 다섯이 줄을 지어 함께 머리를 숙였다. 보청기 다섯 세트가 드러나 보였다. 한 아이는 린의 것과 같은 형태의 보청기를 착용하고 있었다. 가슴에 멜빵끈으로 고정하고 선들이 양쪽 귀에서 삐죽이 내밀고 있는 플라스틱 리시버로 연결되어 있는 그런 형태의 것 말이다. 다른 세 아이는 더 작은 귀걸이 형태의 보청기를 착용하고 있었다. 기도가 끝나고 아이들이 손을 왼쪽 가슴에 얹고 일어섰다. 국기에 대한 경례를 하기 위해서였다. 파크 부인이 커다란 판에 글귀들을 써놓았다. 아이들의 입에서 뭔가 조용한 소리가 흘러나오기는 했지만 파크 부인이 가리키는 대로 그 말을 실제로 낭독하는 음성은 파크 부인 한 사람의 음성뿐이었다.

"자, 이제 출석을 부를 시간이에요." 파크 부인이 카드 하나를 들어올렸다. "쟈니." 그녀는 줄의 맨 끝에 앉아 있는 작은 여자아이를 정면으로 바라보면서 보통 음성으로 말했다. 그 아이는 선생님에게로 가서 카드를 받아들고는 가운데 앉아있는 쟈니에게 걸어가서 카드를 그 애 앞에 들고 서서 선생님을 돌아보았다.

"그래, 맞았어요." 선생님은 또렷또렷 말했지만 입술 움직임을 과장해서 강조하는 것 같지는 않았다. 그 여자아이는 쟈니의 카드를 선생님께 돌려주고 제 자리로 돌아갔다.

"린." 파크 부인이 그 다음 카드를 들어 올렸고 린보다 나이가 많아 보이는 빨간머리 남자아이가 일어서서 카드를 받아들고는 린 앞으로 와 그걸 들고 서 있었다. 린은 아빠가 이름 맞추기를 보고 있는지를 확인하려는 듯 돌아보았다. 나는 우리가 린에게 지어준 이름에 관해 종종 생각해본 적이 있었다. 우리 가족의 이름인 브루스, 엄마, 아빠와 같은 단어들은 입술 위에서 뚜렷하게 드러나 보이지만 린이라는 단어는 거의 움직임이 없었다. 린이라는 단어는 입안 깊숙이 감추어진 혀의 미세한 움직임만이 단서가 되었다. 딸아이를 린이라고 불렀을 경우에도 혀만 조금 움직이지 입술은 별로 움직이지 않았다.

"이름을 바꿀까 봐요." 루이즈가 여러 차례 이야기하기도 했었다. "자기 이름조차 입술읽기를 못하잖아요? 워낙 어려운 이름이라서 어느 세월에 자기 이름을 입술읽기로 알아보기나 하겠어요?" 그러나 나는 언젠가는 결국 린이 자기 이름을 입술읽기 할 수 있게 될 것이며 말할 수도 있게 되리라고 느끼고 있었다.

  15분 후 교실 문이 열리고 오클라호마 인문대학에서 온 여러 명의 학생들이 들어왔다. 린은 안경을 쓴 키가 큰 학생 하나와 짝이 되었다. 그들은 테이블에 앉아 문자를 베껴 쓰는 일에 몰두했다. 아이 한 명과 대학생 한 명이 짝을 이루어 서로 다른 테이블에 자리 잡고 앉았다. 쟈니는 파크 부인과 함께 교실 앞에 있는 테이블로 갔다. 개별 언어치료 시간이었던 것이다. 약 10분 쯤 후에 린의 차례가 되었고 나는 더욱 가까이 다가가 지켜보았다.

  파크 부인은 아이들의 체격에 맞게 낮게 만든 테이블에 앉아서 자신의 얼굴과 린의 얼굴이 서로 마주볼 수 있는 높이로 린을 들어올려 테이블 가장자리에 앉혔다. 린은 보다 안정된 자세를 위해 테이블 안쪽으로 엉덩이를 들썩거려 자리를 잡으면서 나를 향해 미소를 지어보였다. 파크 부인 뒤의 벽에는 대형 거울이 하나 걸려 있었다. 그녀는 린이 검정색 헤드폰을 머리에 쓰도록 도와주었다. 그리고 손을 테이블 건너편으로 내밀어 증폭장치를 켰다.

  "볼. 볼." 파크 부인은 오른손에 마이크를 들고 왼손으로는 자신의 목 옆 부분에 린의 손가락을 조심스럽게 갖다 대 주었다.

  "볼. 볼." 그녀는 마이크에 대고 그 말을 다시 하고는 재빨리 린의 손을 린의 목으로 옮겨 주고 마이크를 린의 입 가까이에 가져다댔다. 마이크가 "자, 이제 네가 말할 차례야. '볼' 하고 말해봐. 그리고 네 자신의 목에서 그 진동을 느껴봐." 하고 말하는 것 같았다.

  "아아아아(aaaaaah). 아아아아(aaaaah)."

  린이 무슨 소리를 내려고 애를 썼다. 그것이 효과가 있었던 것이다.

나는 의자에 앉은 채 긴장하며 그 애의 음성을 잘 들으려고 신경을 곤두세우고 몸을 앞으로 기울였다. 린이 '볼'이라고 말하지 않더라도 상관없었다. 뭔가 소리를 낸 것이다!

"비행기(airplane), 비행기." 파크 부인은 마이크를 다시 자신의 입으로 자연스럽게 가져갔다. 린의 손이 선생님의 목에서 자신의 목으로 옮겨가는 것과 동시에 린의 입으로 마이크가 옮겨졌다.

"아아아안(aaaaahhhhn)." 또 한 번 린이 뭐라고 말을 했다. 나는 거울에 반사되는 린의 눈을 보고 그 애 역시 자기 자신의 목에서 진동을 느끼고 있다는 것을 알 수 있었다. 린은 자신의 촉각을 이용하여 말하기를 배우고 있는 중이었다. 린은 선생님 목의 진동과 입술의 움직임 간의 관계를 파악했던 것이다. 그리고 그 관계를 자기 자신에게로 전이시키고 있었다. 앞으로 정확한 발음을 하기 위해서는 성대를 움직이는 근육들을 더 많이 제어할 수 있게 되어야 할 것이다. 그러나 린이 실제로 바른 소리를 감지해서 알 수 있을까? 아마 못할 수도 있을 것이다. 나는 그렇게 혼자 생각했다. 모든 소리의 진동이 똑같이 느껴질 것이 틀림없다. 소리의 형태를 보다 정확하게 만들기 위해서, 린의 소리를 우리가 말하는 영어단어들로 바꾸기 위해서는 린을 위해 그 소리를 듣고 수정해줄 선생님이 필요하다. 계속해서 수업은 린이 이미 입술읽기를 할 수 있는 낱말들로 이어지고 있었다. 린이 말을 하기까지는 아직 많은 시간이 필요한 듯하지만, 그럼에도 불구하고 린이 말하기라는 개념을 이해하기 시작했다는 것을 분명히 알 수 있었다.

수 분 동안 강도 높은 수업을 한 후 파크 부인은 린의 손을 놓아주고 여러 가지 형태의 소리를 보여주기 시작했다. 그녀는 몸을 돌려 린이 자기 얼굴을 거울에서 볼 수 있도록 거울과 마주보게 앉혔다.

"프. 프. 프. 프. 프.(p-p-p-p-p)." 나는 거울 속의 파크 부인을 지켜보았다. 그녀의 입술이 되풀이해서 붙었다 떨어졌다를 반복하였고, 그 때마다 공기가 짧게 입술 사이로 터져 나왔다. 린은 한순간도 놓치지 않고 주시하고 있었다.

"프. 프. 프. 프. 프.(p-p-p-p-p)." 파크 부인이 다시 'P'음을 해보였다. 그녀의 느릿느릿한 입놀림과 간곡한 눈의 표정은 린에게 도전해 보라고 격려하고 있었다.

선생님은 소리내기를 마치고 린을 향해 고개를 끄덕였다. 그리고는 참을성 있게 기다리며 린의 입술을 기대감을 갖고 지켜보았다. 린이 아직 촛불을 끄는 법을 배우지 못했을 때였기 때문에 나는 그 애가 이 소리를 비슷하게나마 발음할 수 있을지 모르겠다는 생각을 하고 있었다.

"브흐. 브흐. 브흐. 브흐. 브흐.(bh-bh-bh-bh-bh)." 린이 위아래 입술을 맞부딪히며 공기를 들이마시며 선생님을 흉내 내려고 애를 썼다. 린이 비슷한 소리를 낸 것이다. 파크 부인은 머리를 끄덕여 격려를 해주고 곧 다음 소리로 넘어갔다.

"브. 브. 브. 브. 브.(b-b-b-b-b)." 나는 거울을 통해서 지켜보았다. 선생님의 입술은 방금 전에 그녀가 발음했던 'P'음과 똑같은 방식으로 움직였다. 린은 그 차이를 듣지 못할 것이었지만 나는 들을 수 있었다.

"므흐. 므흐. 므흐. 므흐. 므흐.(mh-mh-mh-mh-mh)." 다시 린은 양 입술을 맞부딪히며 공기를 동시에 입과 코를 통해 들이마시는 것이었다. 린이 그렇게 반응하도록 할 수 있는 파크 부인의 방식에 나는 놀랐다. 음성을 사용하게 하고 바른 소리와 퍽 흡사한 소리를 내도록 할 수 있는 그 기술이 그저 놀라울 따름이었다. 불과 십 분에 불과했지만 내게는 30분도 넘은 것 같았다. 린의 주의가 산만해지기 시작했다. 파크 부인이 헤드폰을 벗겨주었고, 린은 테이블 중 하나로 달려가고 다른 아이가 린을 이어 그 자리에 앉았다.

언어치료가 끝나고 휴식시간이 되었다. 아이들은 그네를 타고 놀기 위해 모두 밖으로 나갔다. 나는 파크 부인과 이야기를 나누었다. 그동안 우리 두 사람의 시선은 지친 머리를 재충전하고 있는 아이들을 따라가고 있었다.

"린은 정말 입술읽기를 잘 한답니다." 파크 부인이 나에게 말했다. "불과 두 살 반밖에 안됐는데도 그렇게 수준 높은 입술읽기 기술을 지니고 있다니 놀라운 일이에요. 린은 잘 할 거예요." 우리는 린에 관해서 그리고 청각장애아들을 가르치는 것에 관하여 이것저것 편하게 이야기를 나누었다. 그 한 시간 동안 파크 부인에 대한 나의 존경심은 급상승했다.

휴식 후, 파크 부인은 읽기 준비 학습을 진행했다. 그녀는 작은 칸들이 가로로 만들어져 있는 커다란 골판지 판에 암소, 공, 나무, 비행기 등의 그림들을 끼워 넣었다. 그림 밑에는 3센티미터 너비의 검정색 글자가 인쇄된 카드가 꽂혀 있어 각 물건의 이름을 알려주고 있었다.

"스티브, 자동차를 내게 주렴." 파크 부인은 스티브를 정면으로 바라보면서 말했다. "자동차가 어디 있지?" 스티브가 벌떡 일어나 골판지 쪽으로 달려갔다. 그는 자동차 그림을 선생님에게 가지고 왔다. "잘했어!" 스티브가 만족스러운 얼굴로 친구들을 둘러보았다. 선생님은 그 그림을 제자리에 돌려놓았다.

"린, 나무 그림을 가져다 다오." 파크 부인이 린을 보고 말하자 린이 달려가 나무 그림을 파크 부인에게 건네주었다. 그런 식으로 모든 아이들이 적어도 한 번씩은 차례가 돌아오도록 연습을 했다. 파크 부인은 골판지 판에서 그림을 전부 없애고 글씨만 남겨 놓았다.

"스티브, '암소.' 내게 '암소'를 줄 수 있겠니?" 스티브는 자신 있고 신속한 움직임으로 카드를 집어 들고 '암소'라고 말하고 카드를 선생님께 주었다.

"'비행기', '비행기.' 낸시, '비행기' 좀 가져다 다오." 양쪽 귀에 보청기를 쓴 금발머리의 두 살 반짜리 꼬마가 정확하게 단어를 찾아다 주고 제자리로 돌아갔다. 학생이 카드를 넘겨줄 때마다 파크 부인은 아이를 칭찬해 주고 카드는 제 자리로 돌려놓았다. 린이 다음 차례였고, '고양이'하고 정확하게 단어를 읽었다. 나는 황홀해져서 앉아 있었다. 그 많은 세월 끝에 드디어 말을 하기 시작한 것이다. 적어도 특수학교에서는 성과를 내고 있었다. 가르치는 방법을 알고 있는 교사들과 함께 말이다.

1, 2월은 날씨가 워낙 고약해서 루이즈는 거의 6주 동안이나 치카샤로 차를 몰고 갈 수 없었다. 우리는 린이 학교에 가지 못하는 것이 싫었지만 집안에서도 같은 일을 많이 하고 있다고 서로에게 말하면서 자위하곤 했다. 식당에 식탁 전체가 다 보이는 거울이 걸려 있었다. 거기에서 린은 스스로 입술을 움직여 보고 엄마와 함께 소리의 모양을 관찰했다. 식탁 끝에 앉아서 린은 엄마나 아빠의 목에서 진동을 감지했고 우리의 입술에서는 그 단어를 입술읽기 했다.

학교에 가지 못하는 6주 동안 존 트레이시 통신강좌 과정은 끊임없이 우리를 격려해주는 소중한 자원이 되었다. 지난 가을에 공부했던 4과를 복습하고 나서 우리는 5, 6, 7과를 차례로 공부했다. 매번 린은 익숙해져서 아무 생각 없이 공부를 하곤 했다. 우리는 린에게 구화적 환경을 완벽하게 만들어 주고 있다고 자신했다. 그 3개 과들 중 하나에서 다음과 같은 원칙들이 열거되어 있는 것을 보고 우리 두 사람은 만족스러웠다. 그 원칙들이란 사실 우리가 이미 실천하고 있던 것들을 요약해 놓은 것이었다.

1. 청각장애아에게 말을 할 때는 다른 어떤 아이에게 할 때보다 더 정확하게 발음을 하도록 하라.
2. 아이가 말하는 것을 정면에서 볼 수 있게 하라.
3. 낱말 하나만 사용하여 말하지 말라. 완전한 문장을 사용하라.
4. 아기 말을 사용하지 말고 훌륭한 영어로 어른답게 말하라.
5. 말할 때는 손을 움직이지 말라. 손을 움직이면 아이는 말하는 사람의 입을 보지 않는다.
6. 담배를 피우거나 음식을 먹고 있을 때 혹은 껌을 씹으면서 아이에게 말하지 말라.
7. 아이가 방바닥에 앉아있거나 서 있을 때와 말하는 사람이 흔들의자에 앉아 있을 때 아이에게 말하지 말라.
8. 야외에서 선글라스를 쓰고 있을 때는 반드시 안경을 벗고 아이에게 말하라. 선글라스를 쓰고 있으면 아이가 말하는 사람의 눈의 표정을 보지 못한다. 눈의 표정은 입술을 읽는 아이에게는 매우 중요한 것이다.
9. 입술읽기를 하는 사람에게 빛이 얼마나 중요한 요인인지 잊지 말라.

늦가을에 우리가 존 트레이시 클리닉에 보낸 보고서는 린이 50개의 단어를 입술읽기 할 수 있다고 기록되어 있다. 봄이 되자 그 숫자는 두

배로 증가하여 백 단어 이상이 되었다. 이제 그 애가 우리의 입술을 읽고 골라들 물건 이름이 적힌 카드더미가 수십 개에 이르고 있었다. 루이즈와 나는 입술읽기를 그저 예술이라고 부르고 있었다. 분명히 린은 이제 움이 트는 예술가였다. 세 살도 채 안된 아이인데도 말이다. 우리가 묻는 수십 개의 간단한 질문에 그 애는 답할 수 있었다. "자전거를 타고 싶어?", "밖으로 나갈까?", "달은 어디에 있지?" 등등. "상자를 가져오너라.", "집안으로 들어오너라.", "문을 닫아라.", "외투를 입어라.", "저 토끼를 봐라." 와 같은 지시문에 대한 반응은 우리의 예상을 훨씬 능가하는 정도였다. 3월이 되자 린의 입술읽기 실력이 훨씬 좋아졌으므로 루이즈는 존 트레이시 클리닉에 다음과 같이 보고하였다.

"우리가 많은 일을 함께 하고 있기 때문에 린은 거의 청각장애아가 아닌 것 같을 정도입니다. 린은 도와달라는 말에 즉시 반응을 하며 기꺼이 함께 합니다."

학년말까지 린은 이백 단어 이상의 입술읽기를 할 수 있게 되었다. 우리는 종종 일 년 전 휘튼에서의 하루를 회상하곤 했다. 린이 마침내 '공'이라는 단어를 입술읽기 할 수 있게 된 날, 그 날 말이다. 그게 벌써 아득한 옛날 같기만 했다.

우리의 오클라호마에서의 생활이 끝나감에 따라 린이 또 하나의 장애물을 뛰어넘고 있었다. 어느 날 저녁식사 후의 일이었다. 우리는 식탁에 둘러앉아 접시, 은식기와 같은 그릇 이름들과 가까이 있는 가구 이름들을 하나씩 말하고 있었다. 린은 아빠나 오빠, 혹은 엄마의 입술 모양을 흉내 내려고 애쓰면서 여러 가지 소리를 내고 있었다. 린은 그날 저녁 따라 다른 때보다 소리를 더 잘 내는 것 같았다. 그 애는 거울을 보며 계속 자기 입모양을 확인했다. 우리의 입모양과 자기 입모양이 같아지도록 애를 쓰면서 말이다.

"브루우우(bruuuu)." 린이 얼굴에 자랑스러운 미소를 지으며 오빠를 가리키며 말했다.

"그래, 맞았어!" 하마터면 나는 고함을 지를 뻔했다. "바로 그거야. 제대로 말했어!" 나는 루이즈를, 그리고 브루스를 보았다. "린이 처음으로 말을 한 거야!"

"브루우우(bruuu)." 린이 다시 말했다. 거울에서 자기 모습을 보면서 자랑스럽게 우리 모두에게 미소를 지어보였다. 린은 자기가 그 말을 했다는 것을 알았고, 이제는 터져 나오기 시작했다. "브루우우(bruu). 브루우우(bruuu). 브루우우(bruu)." 루이즈를 보니 그녀는 눈물을 훔치며 울지 않으려고 안간힘을 쓰고 있었다. 수일 동안 우리는 린이 집안을 돌아다니며 "브루우우. 브루우우." 하고 말하는 것을 자랑스럽게 듣고 또 들었다.

| 제 13 장 |

오지 않는 버스를
기다리는 아이

오지 않는 버스를
기다리는 아이

린은 우리 집 진입로와 큰 길이 만나는 곳에서 좀 떨어진 곳에 기대감에 싸여 서 있었다. 몇 초마다 도로를 위아래로 살펴보며 무언가를 기다리고 있었다.

"린이 저기 서 있은 지 벌써 십오 분은 지났어요." 루이즈가 체념한 듯 어깨를 움찔하며 말했다. "설명하려고 했죠. 버스는 오지 않는다. 오늘은 학교에 가지 않는 날이다. 오늘은 '토요일'이라고 말이에요. 그런데 이해를 못하는 거예요."

우리집 부엌 창문을 통해 안개 자욱한 하루가 로스앤젤레스와 주변 도시들에서 시작되려 하는 것을 보고 있었다. 오클라호마를 떠나기 전에 나는 캘리포니아 주에서 대학 강의를 할 수 있는 일자리를 신청해 두었다. 그러나 결국 코비나의 노스뷰 고등학교에서 임시직을 얻었다. 우리는 부모님이 살고 계시는 곳으로부터 불과 1킬로미터도 안 떨어진 농장 저택 스타일의 집을 빌려 이사를 했다.

나는 차도와 인도의 경계선에 서 있는 린을 주시했다. 린은 초조하게 두 발을 동동거렸다. 한 쪽 발의 흰 양말이 운동화 쪽으로 흘러내렸다.

보청기의 하얀 멜빵끈이 여름 드레스의 빨간 꽃무늬와 뚜렷한 대조를 이루고 있었다. 보청기 코드와 얽히지 않게 하기 위해 짧게 깎은 연한 갈색 머리가 삐죽이 내민 보청기의 리시버에 닿을락말락했다. 자동차 한 대가 지나갔다. 운전자가 린을 보고 두 번 놀라는 것 같았다. 린은 세 살 반짜리 아기라기보다 오히려 낙하산 병정처럼 보였다.

"린을 데리고 들어올까?"

"아뇨. 그냥 둬요. 이건 스스로 깨달아야 하는 일인 것 같아요." 루이즈가 답했다.

그날 아침, 7시가 되자마자 린은 침대에서 나와 옷을 입고 지난 일주일 동안 했던 대로 곧장 부엌으로 향했다. 린은 거실바닥에 한가롭게 앉아서 "비버에게 맡겨라."[10] 재방송을 보고 있는 브루스 옆을 지나 부엌으로 갔다.

오트밀 한 그릇을 먹고 린은 보청기 멜빵끈을 반쯤 걸친 채 와서 엄마에게 보청기를 가리켰다. 단단히 매달라는 것이다. 리시버들은 스스로 귀에 꽂았다. 그런 후 발걸음도 가볍게 현관문을 빠져 나갔다.

린은 30분 정도 기다렸다. 그런 후 떠날 때처럼 단호한 태도로 돌아서서 집안으로 들어와서 버들고리 의자에 동그랗게 앉아 TV에서 하는 벅스 버니[11] 만화를 보았다.

---

10) "Leave it to Beaver"는 미국에서 방영한 시트콤으로, 비버라는 별명을 가진 호기심 많은 소년을 중심으로 한 코미디이다.

11) 회색 토끼인 벅스 버니(Bugs Bunny)가 주인공으로 나오는 워너 브라더스 사의 애니메이션이다.

"적어도 학교를 좋아하는 셈이군요." 루이즈는 린이 안 보이는 부엌으로 건너와서 웃으며 말했다.

그 노란색 9인승 승합차는 학교가 시작하기 일주일 전 어느 오후에 우리 집에 왔다. 스쿨버스 양옆에는 "코비나 통합학교"라고 큰 글씨로 쓰여 있었고, 맨 윗부분의 빨간 등이 밝은 빛을 내고 있었다. 그 시험운행에는 브루스가 린과 함께 타고 갔다. 린은 신나고 만족스런 상태로 돌아왔다. 첫 월요일 아침 버스가 도착하자 린은 한 번도 뒤돌아보지 않고 냉큼 올라탔다.

일요일 아침에 린은 일찍 일어나서 우리 방으로 들어왔다. 우리는 린이 지금 바로 아침을 먹고 싶어 한다는 것을 알 수 있었다.

"오늘은 학교 안 가요. 버스가 오지 않는단다." 나는 잠이 덜 깬 상태로 머리를 저으며 말했다. 린이 고집을 꺾지 않을 기세였으므로 나는 루이즈를 깨우지 않으려고 침대에서 내려와 부엌으로 가서 오트밀을 한 그릇 만들어 주었다. 우유를 탄 오트밀은 여느 때처럼 순식간에 사라졌다.

"일요일에는 학교에 안 간단다." 내가 달력에서 1968년 9월 22일을 가리키며 말했다. "버스는 내일 올 거야. 오늘은 오지 않아. 오늘은 일요일이야. 학교에 가지 않는 날이란다."

린은 주의 깊게 바라보았다. 나는 달력에서 요일을 표시하는 네모난 칸들을 짚으며 설명했다. 린은 아침을 다 먹은 후 보청기 멜빵끈을 조여 달라고 요구했다. 내가 머리를 저으며 버스가 오지 않을 거라고 다시 말해 주었지만, 린은 현관문을 열고 밖으로 나갔다. 린은 우리집 진입로 끝까지 너무도 당당하게 걸어가면서 창문을 통해 보고 있는 나를 향해 자신감 있는 미소를 던졌다. 나는 5분 동안 기다리도록 내버려두었다. 아직 양말도 신지 않은 채 나는 잔디밭으로 나가서 책 한 권 두께의 LA타임스 일요판을 들고 린과 함께 차도 끝에 가서 섰다. 나는 머리를 좌우로 저으면서 도로를 위아래로 가리켰다.

"버스가 오지 않을 거야. 학교 안 가는 날이야. 오늘은 일요일이거든." 린이 어리둥절한 표정을 지었다. 나는 린의 손을 잡고 집을 향해 걷기 시작했다. 그러나 린은 완강하게 뿌리치고 돌아서서 도로를 위아래로 훑어보았다. 나는 린을 거기 세워두고 집으로 갔다. 40분이 지났다. 마침내 더 이상 기다릴 수 없다고 여겼던지 울적한 표정으로 들어왔다.

월요일이 되었다. 린은 변함없이 나가서 기다렸다. 이번에는 노란색 버스가 정시에 도착했다. 버스가 보이자 린은 머리를 돌려 엄마를 바라보았다. 루이즈는 창문을 통해 지켜보고 있는 중이었다. 린은 엄마를 향해 의기양양하게 손을 흔들었다. 마치 "거보세요. 버스가 올 줄 알았다니까요. 기다린 보람이 있죠?"라고 말하고 싶은 것 같았다.

운전사가 자리에서 일어나 린을 위해 문을 열어 주었다. 린은 뒷문으로 들어가 오른편 창문 좌석에 앉으며 다른 애들에게 미소를 지어보였다. 버스가 움직이기 시작하자 엄마에게 손을 흔들었다.

5일 후 토요일 아침, 린은 혼자 옷을 입고 우리 방으로 들어와서 우리를 깨웠다. 일주일 내내 루이즈는 아이에게 달력을 보여주었다. "오늘은 버스가 올 거야." 그녀는 매일 지나가는 날짜에 X표를 하면서 고개를 끄덕이며 말했었다. 토요일 아침이 되자, 루이즈는 린과 함께 부엌으로 가서 달력을 벽에서 떼어 내려놓고 린에게 보여주었다. 지난 5일 동안 다섯 개의 빨간색 X표가 그려져 있었다.

"오늘은 토요일이고 학교에 안 가는 날이에요." 그녀는 달력에서 오늘

날짜를 짚으며 머리를 흔들고는 검은색으로 사선을 그어 다른 날들과 다르다는 표시를 했다.

"톰, 린이 또 나가서 기다리고 있어요!" 루이즈가 침실로 돌아오면서 말했다. "어떻게 해야 린에게 오늘은 수업이 없다고 알릴 수 있을까요? 린에게는 어제나 오늘이 다를 게 없잖아요. 다른 날도 있다는 걸 이해하지 못하고 있어요."

토요일과 일요일은 암소나 자동차, 신발처럼 눈에 보이지도 않고 만져볼 수도 없는 것이었다. 브루스는 세 살 반이었을 때인가 요일을 들먹이는 것을 수백 번도 더 들었다. 그는 노래처럼 흥얼거리기도 했다. 또 "내일이 일요일이에요?"와 같은 질문을 하기도 했다. 어휘력이 2천 단어 이상이 되자 브루스는 우리에게 새로운 문장에서 요일 명칭들을 사용할 수 있었다.

30분이 지났다. 현관 여닫는 소리가 들렸다. 린이 포기를 한 것이다.

우리는 계속해서 월, 화, 수, 목, 금요일에는 달력에 'X' 표시를 했다. 그리고 린에게 달력을 보여주며 말했다. 그러나 매주 변함없이 토요일과 일요일 아침이 되면 린은 작은 노란색 스쿨버스에 대한 충성심을 버리라는 설득에 굴복하지 않고 차도 끝에 서서 제 위치를 고수하곤 했다.

다섯 번째 금요일 아침, 린이 아직 잠옷 차림으로 우리 방에 들어와 "울(oool)?" "울(oool)?" 하고 입모양을 만들어 보였다. 린의 시선과 이마의 주름살이 빠진 말들을 보충해주었다. "오늘 학교(school) 가는 날이에요?"

"그럼." 루이즈가 열심히 머리를 끄덕거렸다. "오늘은 금요일이란다. 그래서 오늘은 학교에 가는 날이고 버스가 올 거야." 린의 얼굴이 알아들었다는 뜻으로 활짝 퍼지며 싱긋 웃어보였다. 다음날 아침 린은 전과 다름

없이 일찍 일어났다. 루이즈가 스쿨버스 사진을 꺼내놓고 달력을 가득 메우고 있는 표시들을 가리키며 말했다. "오늘은 학교에 안 가는 날이야. 토요일이야. 오늘은 버스가 오지 않아요."

"울(oool)?" 린의 입이 우리가 학교(school)로 이해하게 된 작은 동그라미를 만들고 눈짓으로 의문부호를 나타내었다. 그러더니 자기 질문에 자기가 답하듯이 바로 '노우(No)!'라는 뜻으로 머리를 세차게 흔들었다.

잠시 후 아침을 다 먹은 린은 조리대 위에 놓여있던 보청기를 본체만체하고는 거실로 들어가서 창문으로 걸어갔다. 한참 동안 생각에 잠겨 큰길을 내다보며 서 있더니 브루스 옆 방바닥에 다리를 죽 펴고 앉아 TV에서 하는 만화를 보기 시작했다. 텔레비전은 린의 흥미를 별로 끌지 못하는 편이었다. 만화 등장인물들의 펄럭거리는 입술들, 심지어는 잘 훈련된 배우들의 정확한 말도 린에게는 그저 난해한 수수께끼일 뿐이었다. 린은 줄거리가 전개되는 과정을 도저히 따라잡을 수 없었다.

"린이 드디어 이해를 하게 되었나 봐요." 부엌 식탁에 앉아 커피를 한 잔 더 마시며 루이즈가 한숨을 곁들여 말했다. 나는 방안을 둘러보며 우리 집이 외부인에게 얼마나 이상하게 보일까 하고 생각했다. 검은색 인쇄체로 커다랗게 쓴 단어카드들이 도처에 붙어있고 구석에 세워져 있는 빗자루까지 이름을 적은 꼬리표가 달려있었다. 찬장, 싱크대, 의자, 식탁, 오븐, 휴지통, 토스터기, 방바닥, 창문, 출입문, 서랍, 등등. 다른 방에는 또 다른 꼬리표들이 집안의 모든 가구에 붙어있었다. 린은 실제로 그 중 많은 것을 읽을 수 있었다. 또 우리는 그렇게 카드에 적힌 물건 이름들을 읽는 것이 실제로 우리가 말을 할 때 그 애가 입술읽기를 하는데 도움이 된다는 것을 알고 있었다.

부엌 창문을 통해서 볼디 산[12] 정상이 보였다. 10월 아침답게 짙은 자줏빛을 띠고 있었다. 우리가 이 집으로 이사 올 때는 그 산이 여기서 보이리라고는 생각도 하지 못했다. 어느 날 아침, 강한 바람이 불어와서 LA분지의 연무를 몰아냈고 올드 볼디 산은 손에 잡힐 듯 가까이 솟아 있었다. 그해 우리는 계절에 따라 산이 변화하는 것을 지켜보았을 뿐만 아니라 산기슭까지 차를 타고 자주 가보기도 했다. 거기서부터는 배낭을 짊어지고 정상으로 연결된 가파른 협곡들 사이로 난 오솔길들을 탐험하곤 했었다. 린과 브루스는 우리보다 등산을 훨씬 더 좋아했다.

우리가 두 번째 커피를 다 마시기도 전에 초인종이 울렸다. 브루스의 2학년 친구 중 몇 명이 야구를 하자고 놀러온 것이다. 브루스가 식사를 끝낼 동안 루이즈는 아이들을 부엌으로 들어오게 했다.

"우우우(oooooo). 에이이(aaiieee). 브루우우(brruuuu). 어어언(uuuuhnn). 아아(aahhh)." 린이 미소를 지어보이고 알고 있는 단어들을 전부 한 번씩 말하고 있는 듯했다.

"린이 뭐라고 하는 거야?" 다저스 야구팀 모자를 눈 위까지 눌러쓰고 있던 아이가 물었다.

"린은 지금 독일어를 하고 있는 거야." 브루스가 진지한 어조로 답하고 나서 오트밀을 한 입에 꿀꺽 삼켰다. 남자애들은 믿을 수 없다는 표정으로 린을 바라보았다.

"정말?" 그중 하나가 물었다.

---

[12] 볼디 산(Mt. Baldy)은 LA에서 가장 높은 산으로 올드 볼디 산으로도 불린다.

브루스는 희미하게 미소를 지었다. "아니야. 이 앤 귀가 안 들려. 듣지 못하고 말하지도 못해." 또 다른 질문이 나오기 전에 브루스가 덧붙여 말했다. "자, 나가자. 나가서 놀자." 그가 일어나 현관문으로 향했다.
　"차 조심하고 놀아라." 애들이 우르르 달려 나가는 뒤로 내가 주의를 주었다. 그날 아침 늦게 마당에서 일을 하던 중 나는 그 아이들 중 하나가 어느 때처럼 외치는 소리를 들었다.
　"자동차다!" 나는 센터 필드에 있는 브루스를 눈으로 찾았다. 다가오는 자동차 쪽으로 등을 보이고 있는 브루스가 눈에 들어왔다. 나는 거리 갓길로 걸어가서 픽업 트럭 하나가 애들 경기를 몇 초 지체시키는 동안 서서 기다렸다.
　우리가 살고 있는 리드 가에는 인도가 없었다. 가옥들 사이의 울타리와 생나무 담장들이 바로 길가까지 닿아있었다. 이웃집으로 걸어가려면 일단 도로로 나가서 돌아 들어가야 했다. 우리는 린에게 세발자전거를 우리집 진입로에서만 타게 했지만 린 또래의 다른 아이들이 큰 길 가장자리를 따라 자전거를 타고 다니는 것을 보고 그렇게 탈 수 있게 허용해 주었다.
　처음엔 우리 둘 중 하나가 옆으로 따라가며 지키다가 나중에는 우리집 쪽 길가에 1.5미터 폭으로 흰 분필로 선을 그려 그 선을 넘지 못하게 했다. 또 우리집을 기준으로 좌우로 다섯 번째 집을 경계로 하여 흰색 표시를 해 두었다. 경계를 넘을 때마다 우리는 "안돼! 안돼!" 하면서 흰 표시를 가리키곤 했다. 또 도로 안쪽으로 가까이 붙어 흰 선을 넘을 때도 마찬가지로 했다. 다섯 번째 집 경계선에 이르면 우리는 역시 분필로 그린 선을 가리키며 "여기보다 더 멀리 가면 안돼요. 여기에서는 우리집으로 다시 돌아가야 해요." 루이즈는 린이 그 선을 넘어가게 두었다가 린의 세발자전거가 완전히 선 밖으로 나가면, 머리를 저으며 자전거를 다시 끌어다 선 안에 두었다. 린이 확실히 이해하도록 하기 위해서였다.

거의 2주 동안 린이 거리로 자전거를 타고 나갈 때마다 루이즈나 내가 따라갔다. 서서히 그 애는 우리가 왜 그러는지, 안전을 위해서 어떻게 해야 하는지 이해해나갔다. 우리는 마당에서 린이 어느 한 쪽으로 세발자전거의 페달을 부지런히 밟아 끝까지 갔다가 자전거를 돌려 돌아오는 것을 지켜보았다.

어느 금요일, 린이 자전거를 타고 있을 때 귀가했다. 그 애는 내 앞에 멈추어 서더니 다른 애들처럼 자기도 자전거 뒤에 짐칸을 달고 다니고 싶다는 의사표시를 했다. 그 작은 짐칸에는 통통한 장난감 하나와 인형 하나가 앉아 있었다. 나는 짐칸을 단단히 매달아주었다. 린은 그 작은 트레일러를 끌고 거리로 나갔다. 좌회전하여 항상 다니던 코스대로 경계선을 여유 있게 남겨놓고 네 번째 집을 지나쳐 마당에 나와 있던 앤더슨 부인에게 손을 흔들어 보이곤 멈추어서 자전거와 짐칸을 돌렸다.

그 때 길모퉁이를 돌아 타이어에서 끼익끼익 소리를 내면서 우그러지고 너덜거리는 낡은 포드 한 대가 한쪽으로 기울어지면서 바로 린을 향해서 전속력으로 달려들었다. 나는 전신이 얼어붙었다. 린으로부터 20미터도 채 되지 않은 거리였다. 운전자는 린을 보지 못하고 있었다!

"이봐! 조심해!" 나는 울부짖듯 외쳤다. "어이! 앞을 봐, 앞을!" 나는 거리 한복판으로 뛰어들었다. 10대의 나이 어린 운전자는 옆자리에 앉은 사람을 보고 있었다. 린은 앞으로 가는 것에 열중하느라 쳐다보지조차 않고 있었다. 그 애는 자동차가 달리는 방향으로 조금씩 전진하고 있었다. 린은 아무 소리도 듣지 못했던 것이다!

갑자기 운전자가 린을 보았다. 급히 핸들을 꺾어 차도 가운데로 들어갔다. 린과의 거리는 0.5미터도 되지 않았을 것이다. 나는 미친 듯 린을 가리키며 그 자동차를 향해 주먹을 휘두르고 분노에 찬 삿대질을 해대면서 뛰어갔다.

나는 설명을 해주고 싶었다. 린에게 경고하고 싶었다. 무슨 일이 일어났는지, 일어날 뻔했는지를 린에게 말해주고 싶었다. 말이 다 무슨 소용이 있으리요! 다리가 계속 후들거렸다. 린은 내 옆에서 행복하게 페달을 밟으면서 가끔 한 번씩 고개를 돌려 승객들이 잘 있는지 점검할 뿐이었다.

이제 브루스와 린은 조부모만이 베풀 수 있는 극진한 관심과 사랑을 마음껏 누리고 있다. 루이즈와 나의 부모님들은 모두 가까운 곳에 살고 계셨고, 린은 한 번씩 생각이 나면 체험책을 가져와 할아버지, 할머니, 외할아버지와 외할머니의 사진을 펼쳐 보이곤 했다. 린은 "할머니와 할아버지 보러 갈 수 있어요?" 하고 묻는듯한 표정을 지으며 사진을 가리키곤 했다.

나는 그 애가 그분들이 누구인지 알고 그러는지가 궁금했다. 우리집에 찾아와서는 말없이 안아주고 입을 맞추어주는 이 특별한 어른들과의 관계를 아이가 알고 있을까? 가족이라는 기본적인 개념을 이해하고 있을까?

"우리 엄마, 우리 아빠." 그분들을 볼 때마다 나는 처음에는 그분들을 가리키고 나중에는 나 자신을 가리키면서 되풀이 말했다. 린이 이 관계를 이해할까? 아빠인 나도 한 때는 그분들의 작은 아기였다는 것을 알까? 우리로서는 알 수 없는 일이었다.

어느 가을날, 아침 일찍 울리는 전화 벨소리에 우리 부부는 잠에서 깼다. "아버지가 중환자실에 들어가셨어." 어머니가 말했다. "급성 심장마비란다."

"할아버지가 몹시 편찮으시단다." 아침을 먹을 때 우리는 브루스와 린에게 말했다. "지금 병원에 입원하셨단다. 어젯밤에 심장마비를 일으키셨거든." 린은 어리둥절한 표정으로 우리를 바라보다가 질문을 퍼붓는 브루스를 지켜보았다. 루이즈가 체험책을 가져다가 할아버지의 사진을 린에게 보여주었다.

"아파. 할아버지가 매우 아프시단다." 그녀는 고통스러운 표정을 해보이고 린을 이해시키려 애를 썼다.

루이즈와 나는 함께 병원으로 갔다. 잠깐 아버지를 면회하고 나서 브루스와 린을 찾아 어머니 댁으로 갔다. 우리가 도착하고 몇 분이 지난 후 린이 할머니를 가리키며 두리번거렸다. "할아버지는 어디 있어요?" 하고 묻는 것 같았다.

"할아버지는 아프시단다. 지금 병원에 계세요." 우리는 집으로 돌아가는 길에 코비나 인터커뮤니티 병원 앞을 지나갔다. 우리는 병원을 가리키며 설명해 주었지만 린은 멍한 시선으로 우리를 바라보았을 뿐이었다. 아버지는 위기를 무사히 넘겼고 수 주일 후에 집으로 퇴원하여 회복기에 들어갔다. 그 때가 되어서야 린은 뭔가 중대한 일이 있어났었음을 이해하는 것 같았다.

그해 가을 린은 일반 초등학교에 입학했다. 청각장애아들을 위한 두 개의 유치부 학급이 있는 학교였는데 두 사람의 교사가 각기 예닐곱 명씩 맡아 입술읽기, 청능훈련, 언어치료, 구화 공부를 시켰다. 완전히 새로운 짝맞추기 과정이 추가되었음은 말할 것도 없었다. 린의 학급을 담당하는 먼로 부인은 짙은 색 머리를 가진 20대 후반의 여성이었다. 루이즈가 일주일에 한 번씩 수업에 참관하여 집에서도 수업의 일부를 반복할 수 있도록 했다.

그러나 그 가을, 학교생활은 새로운 문제를 부각시켰다. 우리는 학교에서 아이들이 서로를 대하는 태도를 보고 깜짝 놀랐다. 루이즈는 걱정이 많아졌다. "지나친 걱정이야." 내가 그녀에게 말했다. "린의 문제는 그렇게 심각하지 않아."

그러나 아이들이 학교에서 어떻게 행동하는지 루이즈에게 들은 후에는 나 역시 의아한 생각이 들었다. 린이 집에서 청각이 건강한 아이들 한두 명과 같이 놀 때도 있었지만, 루이즈가 말하는 것처럼 린이 행동하는 경우는 없었기 때문이다.

"아이들이 모두 테이블에 둘러앉아 색칠공부를 하고 있었어요." 루이즈가 학교에 갔다 온 어느 날 이런 이야기를 해주었다. "린이 몸을 앞으로 내밀고 옆에 앉은 바네사의 도화지에 커다랗게 가위표를 하는 거예요. 바네사가 막 울어대도 린은 걱정스러운 표정을 짓기는커녕 눈 하나 꿈쩍하지 않았어요. 바네사가 자기 도화지와 린의 도화지를 번갈아 손가락질하면서 막 울어대도 말이에요. 린은 바네사를 바라보며 그저 '하이.' 하고 말할 뿐이었어요." 아이들이 서로 의사소통할 수 없는 탓에 많은 문제가 생기고 있었다.

"정말 실망했습니다." 린이 반 아이들을 괴롭히기 시작하자 담임선생님은 린만 학급에서 문제를 일으키고 있다고 생각하는 듯이 말했다. 그러나 그날 오후에 또 다른 사건이 일어났다. 몇몇 아이들이 물을 마시려고 줄을 섰는데, 린이 그 중 한 남자애에게 일부러 부딪혔던 것 같다. 그 남자아이가 울면서 선생님께로 갔다.

그러나 린 혼자만은 아니었다. 다른 애들보다 훨씬 말을 잘하는 루벤을 제외하고는 대부분의 아이들이 문제를 지니고 있는 것 같았다. 린다는 끊임없이 울어댔다. 먼로 부인과 보조교사는 린다에게서 잠깐만이라도 유화적인 태도를 끌어내려고 무척 애를 썼으나 허사였다. 나중에 우리는 린다 부모님과 이야기를 나누었다. 린다가 생후 6개월 되었을 때 혹시나 해서 로스앤젤레스에 새로 생긴 클리닉으로 진단을 받으러 갔었다고 했다. 그곳에서는 집중적인 보청기 요법을 주장했다는 것이다. 소리를 엄청나게 크게 증폭하는 보청기가 린다에게 주어졌는데 그들의 주장으로는 청신경을 자극해 잔존청력을 증가시키도록 한다는 것이었다.

"그들은 린다가 서너살 쯤 되면 정상아와 똑같이 행동하게 될 것이라고 확언을 했어요." 어느 날 린다의 어머니가 루이즈에게 부러운 듯 말했다. "린다가 린처럼 입술읽기를 할 수만 있다면 좋겠어요. 린다는 우리가 하는 말을 전혀 이해하지 못하거든요."

또 다른 여자애 하나는 가운데 손가락을 끊임없이 빨아댔다. 그래서 손가락 마디가 온통 짓물러 낫지를 않았다. 린도 상처나 염증 부위를 꼬집어 뜯는 버릇을 갖게 되었다. 딱지가 앉을 때마다 뜯어내는 바람에 아무리 작은 상처라도 낫는데 수 주일이 걸렸다.

두 학급의 청각장애아들은 휴식시간이면 운동장으로 나갔다. 린과 다른 애 하나가 모래운반용 작은 외바퀴 수레에 모래를 채우고 누가 모래를 쏟아 부을 것인가를 두고 다툼이 벌어졌다. 밀고 울부짖고 외바퀴 수레를 가리키며 서로 차지하려고 몸싸움을 했다. 린이 수레를 자기 맘대로 하고 싶어 했다. 린은 운동장을 가리키며 "너는 저리 가서 기다리기나 해!" 하고 상대방에게 말하듯이 고개를 끄덕여댔다. 린은 억압적이고 공격적으로 보였다. 선생님이 아무리 여러 번 개입을 해서 설명을 하거나 모범을 보이며 설득해도 협동은 린의 능력을 벗어나는 일인 것 같았다. 이 나이 또래의 일반아동들은 토론하고 논쟁을 하거나 웃기도 하면서 지휘하는 입장에 있는 누군가가 다른 아이들에게 고함을 쳐서 간단한 지시를 내리면 협동이 이루어지는 반면 청각장애아들은 일부러 혼란을 만들고 자기들끼리 서로 다투는 것 같았다.

아이들은 실제 도로를 본떠 만든 축소형 거리 모형에서 세발자전거를 타고 노는 것을 좋아했다. 자전거가 애들 수대로 하나씩 돌아가는 날도 있었지만 일반 유치부에서 나온 아이들과 함께 나누어 타야 할 때도 있었다.

"줄을 서서 기다렸다가 차례대로 타도록 해요." 선생님이 일반아이들에게 말을 하면, 그 아이들은 재빨리 줄을 서고 웃고 이야기하면서 차례를 기다렸다. 견해 차이가 일어나더라도 언어가 훌륭한 중재자가 되어주었다. "너는 다음이야. 차례를 기다려야지. 자, 내릴 때가 됐네. 그만 내리자." 줄을 서서 기다리는 아이들은 그 축소판 도시에서 지금 세발자전거를 타고 있는 아이들에 관해서 이야기하거나 자신의 기막힌 솜씨에 대하여 허풍을 떨거나 진짜 자동차들과 커서 어른이 되어 경험하게 될 환상의 세계에 관해 떠들어대곤 했다.

"애들아, 줄을 서도록 해요. 줄!" 먼로 부인이 열둘 혹은 열세 명의 청각장애아들에게 그들 모두를 똑바로 보려고 하면서 말했다. 그래야 그들이 자기 입술을 볼 수 있기 때문이다. 그러나 이 아이들은 순식간에 모두가 함께 두 개의 흰색 세발자전거에 엉겨 붙었다. 그들은 울부짖고 밀고 서로 끌어당기고 때리고 발길질을 해댔다. 린은 자전거 핸들을 붙잡고 앞바퀴 위에 걸터앉았다. 린은 핸들을 같이 붙잡고 있던 바네사를 밀어버렸다. 남자애 하나가 안장에 올라앉았다.

"줄을 서! 안돼! 안돼! 얘들아, 줄을 서! 너는 다음 차례야!" 먼로 부인과 보조교사가 함께 고함을 치면서 애들을 하나하나 뜯어말렸다. 그리고 나서 아이들 모두를 벽을 보고 서 있게 했다. 세발자전거로 돌아가지 못하게 할 셈이었다. 보조교사가 애들을 막고 서서 이야기하고 있는 동안 먼로 부인은 러셀과 바네사를 세발자전거로 데리고 갔다. 그러나 그 두 아이는 한번 코스를 다 돌고 나서도 전리품을 놓지 않으려고 했다. 린이 보조교사와 벽 사이의 임시 경계선을 무시하고 뛰쳐나와 자전거에서 러셀과 바네사를 밀어내고 다음 아이들이 차례로 탈 수 있게 했다.

세발자전거와 외바퀴수레는 린이 자신의 의사를 표현하기에 쉬운 사건들이었다. 린은 자전거의 반짝이는 핸들을 잡아당기고 울부짖으며 다른 애들을 밀어냄으로써 자신의 의사를 표현할 수 있었다. 린이 무엇을 원하는지 누구나 알 수 있었던 것이다. 그러나 오트밀에 우유를 그렇게 많이 타먹는 건 싫다고 엄마에게 어떻게 알릴 수 있겠는가? 아빠에게 그네를 그저 붙잡고 있지만 말고 위 아래로 밀어달라고 어떻게 부탁을 할 수 있겠는가? 오빠처럼 다른 친구들 집에 가고 싶다고 엄마 아빠에게 어떻게 말할 수 있겠는가? 지난번 작은 집에서 먹었던 것과 같은 종류의 아이스크림을 먹고 싶다고 어떻게 엄마 아빠에게 알릴 수 있겠는가? "어떻게 내가 좋아하는 것을 잊어버릴 수가 있어요?" 라고 어떻게 말할 수 있겠는가? 이런 불가능한 일에 부딪힐 때마다 린은 점점 더 좌절감을 드러냈다.

의사소통 울화증(communication tantrums). 그렇게 화를 내는 증상들은 10월 중순경에 시작되었다. 크리스마스 무렵이 되자 나타나는 횟수가 상당히 증가하였다. 린이 무엇을 원하는지 우리가 알아차릴 때도 있었지만 대부분은 왜 화를 내는지 이유가 밝혀지지 않은 채 끝나곤 했다.

얼굴에 결연한 표정을 짓고 집앞 보도를 당당하게 걸어오던 린의 모습을 나는 아직도 기억하고 있다. 문이 열리고 힘차게 꽝 소리를 내며 닫히자, 린은 곧장 엄마가 애플파이를 먹고 있던 부엌으로 갔다.

"제 말 좀 들어보세요." 린은 엄마의 치맛자락을 여느 때보다 세게 잡아당겼다. 그리고 냉장고 위에 달린 찬장을 가리키며 손가락질을 했다. 그곳은 린의 물건들을 보관하는 곳이었다. 그림을 그릴 때 쓰는 도화지와 색연필, 빨래집게 한 쌍, 베스킨라빈스 아이스크림 컵이 들어있었다. 루이즈는 하나하나 들어서 보여주었지만, 린은 계속 머리를 흔들고 찬장을 계속 가리키는 것이었다.

"오오오오오오이이이이오(oooooooeeeeo)!" 린은 자신의 소리없는 열정을 표현하기 위해 손가락질하면서 소리지르기 시작했다. "아아아아히히히히히이이이이(aaaahhhhheeee)!" 찬장을 향해서 잽을 날리면서 다시 가리켰다. 결국 찬장 속의 내용물들이 하나도 남김없이 그 애의 눈앞에 꺼내졌다.

"아냐! 아냐! 아냐!" 린이 화를 내며 머리를 흔들어 대자 머리카락이 휘날렸다. "네가 원하는게 뭔지 그려봐!" 루이즈가 린에게 종이와 연필을 꺼내 주었다.

"아아아아아히히히히히히히이이이이(aaaaahhhhheee)!" 분노의 일격에 그것들이 공중으로 날아갔다. 이제 린은 화가 난 눈초리로 더 열심히 다른 찬장들을 가리켰다. "아아아아아아히히히히히이이이이이이이(aaaaaaahhhhheeeeee)!" 린은 더욱더 큰 소리로 울부짖었다. 프라이팬과 접시, 플라스틱 용기들이 이쪽저쪽의 찬장들에서 쏟아져 나왔지만 린은 죄다 퇴짜를 놓았다.

그러다 문득 린이 잠잠해졌다. 마치 무슨 생각이 그 애의 분노를 누르고 지나가기라도 한 것처럼 양손으로 허공에 커다란 반원을 그렸다. 그림이 완성되는 대로 양쪽 두 번째 손가락으로 가리켰다. "이게 제가 원하는 거예요. 그래도 모르겠어요?" 아이의 표정이 그 극적이고 알쏭달쏭한 몸짓에 종지부를 찍었다.

"톰, 이리 와서 린이 원하는 게 뭔지 맞춰보세요." 루이즈가 책에 몰두하고 있던 나를 불렀다.

"원하는 게 뭐니?" 내가 잠시 진정하고 있는 린에게 물었다. 다시 반원들을 그리면서 애원하는 표정이 나타났다. 갑자기 나의 당혹감에 답하기라도 하듯이 린이 허공을 손가락으로 찌르기 시작했다.

"아아아아아아아아히히히히히히히이이이이이이이오오오오오오오(AAAAAAAAHHHHHHHEEEEEEEOOOOO OO)!!!!" 린은 그렇게 울부짖었다. 분노에 찬 눈물이 뺨을 타고 흘러내렸다. 나는 그 애의 손을 잡고 그 애 방으로 갔다. 나는 그 애의 장난감을 하나하나씩 일일이 손으로 가리켰다.

"저게 네가 원하는 거야? 이게 네가 원하는 거야?" 눈물을 흘리면서 그 애는 울부짖고 머리를 흔들고 내 손을 잡아끌면서 다시 부엌으로 갔다. 나는 체험책을 꺼내 놓았다. 린은 그걸 쳐서 내 손에서 떨어뜨리고 나를 발로 찼다. 나는 찬장과 냉장고 그리고 스토브를 가리키기 시작했다.

"이 애가 뭘 원하는 거요?" 나는 황당함을 느끼며 내 자신에게 화가 나서 루이즈를 바라보았다.

머리를 흔들어대며 울부짖다가 린은 팔다리를 사방으로 버둥거리면서 부엌바닥에 나뒹굴었다. 루이즈가 그 애 곁에 무릎을 꿇고 앉았다. 무력감에 사로잡힌 우리는 그저 기다릴 수밖에 없었다. 서서히 그 거센 분노와 좌절감의 표현이 가라앉았다. 린이 일어서더니 우리를 완전히 모른 체하고 현관문 밖으로 나갔다. 밖에 나가더니 세발자전거에 올라타는 것이었다.

"린이 도대체 말을 하게 될 것 같지 않아요." 루이즈가 낙심한 표정으로 나를 보면서 울음을 간신히 억누르며 말했다. "뭐가 잘못된 건지 알 수가 없어요. 아무래도 린이 말하기는 불가능할 것 같아요!"

린의 의사소통 울화증은 루이즈와 나로 하여금 제한된 범위이기는 하지만 손가락질이나 흉내내기, 몸짓에 의존하지 않을 수 없게 했다.

어느날 저녁, 식사가 거의 끝나갈 때의 일이다. 린이 식탁 한 구석에 앉아 음식을 먹는 둥 마는 둥 하고 있었다. 루이즈와 나는 "완두콩을 버리지 말고 먹어라. 우유를 꼭 마셔라. 봐라, 오빠는 벌써 다 마셨네." 하면서 음식을 먹도록 거들었다. 그러나 린은 음식을 깨작거리며 완두콩을 골라 접시 한쪽에 나란히 늘어놓고, 우유도 그저 한 모금 마시는 흉내만 냈다.

"어서 먹어라." 루이즈가 맥이 풀려 말했다. 그와 동시에 그녀는 무심결에 린이 했으면 하는 행동을 흉내 내어 음식을 떠서 입으로 가져가는 시늉을 했다. 그 즉시 린은 자기 숟가락을 들어올리며 엄마의 동작을 완벽하게 재연하는 것이었다.

"그러지 말아요." 나는 루이즈에게 짜증 섞인 어조로 말했다. "린이 당신 몸짓을 얼마나 빨리 이해하고 모방하는지 모르겠소? 당신이 그렇게 몸짓을 해 버릇하면 이 아이는 결코 입술읽기와 말을 배우지 못할 거요!"

추수감사절이 다가오는 화요일 저녁에 우리는 린의 학급 학부모 모임에 참석했다. 먼로 부인은 교과과정에 대해 토의하고 질의응답 시간을 갖고자 했다. 선생님은 자신을 소개한 후 언어치료 수업을 진행하는 방식을 설명했다.

"수업내용이나 아니면 다른 부분에 대해 궁금한 게 있으신가요?" 먼로 부인은 15분에 걸친 오리엔테이션을 이 질문으로 마무리했다. 루이즈와 나는 마지막 줄에 앉아 있었고 우리 바로 앞에 러셀 부모가 앉았다. 그 왼편으로 작은 의자 위에 거대한 몸집을 위태롭게 올려놓고 바네사 어머니가 앉아있었고, 그 옆으로 루벤의 부모가 보였다. 맨 앞에는 세 쌍의 부부가 더 있었다. 앞쪽에서 황갈색 머리의 사내 하나가 손을 들었다. 그는 안경을 끼고 줄무늬가 있는 평상복 차림을 하고 있었다.

"농인들도 직장다운 직장을 가질 수 있습니까?" 그가 물었다. "잘 아시겠지만, 나는 아들 녀석이 언젠가는 자립할 수 있기를 바랍니다. 그게 가능하겠습니까?" 그는 의자가 작아서인지 불안해 보였다. 그는 손가락으로 안경을 콧마루 위로 밀어올렸다.

그건 좀 의외의 질문이었다. 저 사람이 진심으로 하는 말일까? 나는 의아했다. 나는 산 루이스 오비스포의 캘리포니아 과학기술 대학에서 체육학을 전공중인 린다 맥아더와 오클라호마 주 치카샤의 캐롤린 그레이브스를 생각하고 있었다.

"농인들이 할 수 없는 일이 몇 가지 있습니다." 먼로 부인이 천천히 말을 시작했다. 그녀는 잠시 머뭇거리며 적당한 말을 찾는 눈치였다. 나는 처음으로 선생님이 불편해 하고 있음을 느꼈다. "그러나 일부 청각장애인들은 훌륭한 직장을 가지고 있답니다. 우리는 그저 계속 노력하며 그들이 장래 좋은 직장에 취직할 수 있게 되기를 희망해야 합니다." 그녀가 말을 마치고 질문이 더 없나 하여 좌중을 살펴보았다. 나는 놀라고 의아심이 들어 루이즈를 바라보았다. 왜 선생님이 저 남자에게 보다 자신있는 말을 해서 그를 안심시키지 않는 걸까? 그녀는 7년 동안 청각장애아들을 가르쳐 왔다. 그녀가 모를 리가 없을 텐데 나는 믿기 어려웠다. 먼로 부인은 바네사 엄마가 손을 들자 그녀를 지적했다.

"저는 바네사에 대해 걱정이 많아요." 그녀가 털어놓기 시작했다. "바네사는 입술읽기를 잘 해요. 그래서 우리는 오랫동안 말을 가르치려고 노력해 왔어요. 그런데도 그 앤 말을 많이 하지는 못한답니다. 우리는 그 애가 하는 말 중에 세 단어는 이해하는데 다른 사람은 누구도 그 말들을 이해하지 못해요. 바네사가 언제쯤 제대로 말을 하기 시작할까요?"

"그건 말하기가 어렵군요." 먼로 부인이 대답했다. "일반 아이들처럼 청각장애아들이 말을 하는 것은 개인차가 심하니까요. 중요한 것은 청능 훈련과 언어치료를 계속해야 한다는 것입니다. 가정에서 노력을 많이 하면 할수록 더 좋은 결과가 나온다는 게 제 생각입니다. 우리가 인내심을 가지고 노력해야 합니다. 그러면 조만간 구화적 여건만 댁에서 제대로 마련해주기만 한다면, 바네사는 말을 하게 될 것입니다. 우리가 계속 노력하며 그렇게 되기를 바라고 있어야 하는 겁니다."

이제 나는 몹시 언짢은 기분이었다. 먼로 부인이 할 수 있는 말이 고작 이것뿐이란 말인가? 바네사의 어머니는 알아야 했다. 루이즈와 나도 알아야 했다. "린은 일학년이 되면 말을 할 겁니다." 혹은 "린이 다섯 살 반이 되면 말을 하게 될 것입니다."라고 말을 해 줄 사람을 언제 우리가 만날 수 있을지, 전문가라는 사람들은 왜 그렇게 알쏭달쏭한 말만 하고 있는 걸까?

그러나 동시에 나는 린에게, 아니 다른 어떤 청각장애아에게도 말하기를 가르친다는 것이 엄청나게 어렵다는 것을 깨닫고 있었다. 우리는 먼로 부인과 같은 분들의 그 끈기와 용기에 존경해야 하는 것이다. 린에게 단 하나의 단어 "파랑(blue)"이라는 말을 가르치는 데에만 한 계절이 다 가지 않았던가? 때로는 "브루(bruu)"로 발음하고, 때로는 "부(boo)"라고 말했지만, "엘(L)" 발음은 목 깊은 곳에서 나오는 소리이기 때문에 린은 볼 수 없으니 결코 쉽게 배울 수 없는 것이었다.

다른 여러 질문들이 이어졌지만 다 기억나지는 않는다. 그날 밤 차를 몰아 집으로 돌아갈 때 나는 몇 번이고 되풀이하여 스스로에게 되뇌었다. 우리는 계속 노력하며 언젠가 그 아이가 말하게 되기를 바라는 수밖에 없다. 언젠가 린은 말을 할 것이다.

| 제 14 장 |

계속해야 한다는
용기를 얻는다는 것

계속해야 한다는
용기를 얻는다는 것

"책을 읽을 때는 얼굴을 아이 쪽으로 향하고 책을 이렇게 낮게 들고 보세요. 그렇게 해야 아이가 선생님의 입술을 보고 책의 그림은 볼 수 없을 테니까요." 배링턴 박사는 마치 실제 아이가 앞에 있기라도 하듯이 옆으로 돌아서서 시범을 보여주기 위해 그림책을 하나 들었다. 나는 건성으로 듣고 있었다. 루이즈와 나는 같은 방식으로 거의 2년 동안 린에게 책을 읽어주고 있었기 때문이다.

"그림책을 이용해서 동화 속 물건들을 식별하는 짧은 문장들을 만들 수 있습니다. 저자가 그림과 곁들여 동화를 쓴 경우에라도 낯선 단어들이 너무 많으면 짧은 문장들을 새로 만들면서 동화내용을 따라가게 해도 됩니다. 한 장면에 대해 이야기한 후에는 아이에게 그림을 보여주고 당신의 입술을 보고 그 아이가 이해한 것이 어떤 것인지 확인해야 합니다. '새는 어디에 있니?' '창고를 가리켜 보렴.' '왜건은 어디 있어?' 이런 식으로 물어보십시오."

배링턴 박사는 말을 하면서 자세를 바꾸고 마치 청각장애아에게 그림과 자신의 입술을 볼 수 있게 해주려면 그렇게 해야 한다는 듯이 책을 들어

올렸다.

나는 피곤했다. 저녁 특강에 관한 소식은 새해 첫날이 지난후 바로 왔다. 심리학자인 배링턴 박사가 "당신의 청각장애 자녀에게 동화를 읽어 주는 방법"에 관해 강의한다는 것이었다. 애들을 봐주기로 한 사람이 마지막 순간에 약속을 취소하는 바람에 나 혼자 참석하게 되었다. 루이즈는 집에 남아 브루스와 린을 보기로 했다.

포모나 고속도로를 달리고 있을 때 차가운 빗방울들이 차창을 거세게 두들겼다. 집을 나설 때 린의 진전상황에 대해 최악의 기분이었다. 차라리 진전이라는 게 전혀 없는 상태라고 해야 할 것이다. 배링턴 박사가 강의를 시작한 후에도 나는 신경을 갉아먹는 듯 한 침울한 기분을 떨쳐 버릴 수가 없었다. 날이면 날마다 린의 분노는 내면에서 강화되며 의사를 전달할 필요가 있을 때마다 더욱더 강렬하게 타오르다가는 격렬하게 폭발하고 마는 것이었다.

나는 열심히 경청하고 있는 오륙십 명의 부모들을 둘러보았다. 나는 그들도 우리가 린이 처음 입술읽기를 시작했을 때 느꼈던 바로 그러한 고고한 희망으로 부풀어 올랐을 지가 궁금했다. '모든 문제에 동시에 부딪히지 않는게 좋겠지.'하고 혼자 생각했다.

저녁 먹기 전에 있었던 사건이 생각났다. 우리가 코비나로 이사해 온 이후 줄곧 되풀이되어 온 일이었다.

"린이랑 놀아도 돼요?" 다섯 살인 이웃집 리지가 문 앞에 서서 물었다.

"그럼. 린도 좋아할 거야. 지금 자기 방에 있는데 가볼래?" 내가 말했다.

루이즈가 뒤따라가서 두 아이가 그림 퍼즐을 하게 도와주고 부엌으로 돌아왔다. 나는 얼마나 오래 갈지 궁금해졌다. 다른 애들과 오랜 시간 함께 노는 일이 린에게는 엄청나게 힘든 일인 듯했다. 가장 단순한 놀이의 규칙마저도 모르고 있으니 그럴 수밖에 없었다.

"린이 우리집에 놀러가도 돼요?" 겨우 5분이 지났는데 리지와 린이 자켓을 입고 나갈 준비를 다 하고 있었다. 나는 린의 방을 확인하러 가보았다.

퍼즐 조각들이 블록인형들과 책, 다른 장난감들과 함께 뒤섞여 방 여기저기에 흩어져 있었다. 린의 옷장 맨 위 서랍은 열린 채 텅 비어있었다.

"누가 이렇게 엉망을 만들었지?" 내가 물었다.

"린이 그랬어요." 리지가 대답했다.

나는 물건들을 정리하며 린에게 거들도록 했다. 린은 마다했고 나는 그 애의 손을 잡고 일을 시키지 않는 이상 협조를 얻는 것이 불가능하리라는 것을 알았다. 리지와 내가 물건들을 주어모아 정돈을 끝냈다. 그런 후 둘은 리지네 집으로 떠났다.

십 분 후 리지와 린이 손을 잡고 우리집에 다시 나타났다.

"린은 우리가 부탁해도 계속 다른 행동만 해요." 리지가 눈살을 찌푸리며 말했다. "내 방으로 데리고 들어갈 수가 없었어요. 차례를 기다릴 줄도 몰라요. 린은 내가 하는 말을 이해하지 못하나 봐요."

비슷한 사건들이 린이 이웃집에 놀러갈 때마다 생기곤 했다. 십 분이나 십오 분이 지나면 전화가 울리고 "오셔서 린을 데려 가실래요?"라고 누군가의 어머니가 말했다. "린은 다른 애들하고는 놀 수 없는 것 같아요. 우리 아이가 다시 린을 데리고 집에 오는 일이 없도록 해야겠어요."

배링턴 박사가 강의를 끝냈다. 그녀는 자기의 노트와 어린이용 도서들을 한쪽으로 치워놓았다. 물을 한 모금 마시고 사람들이 자세를 고쳐 앉으며 서로 소곤거리기 시작하자, "질문 있으신가요?" 하고 물었다.

즉시 교실 여기저기에서 손이 올라갔다. 그러나 이어서 나온 질문들 중 어느 것도 청각장애아들에게 동화를 읽어주는 것에 관한 것은 아니었다.

"언제쯤이면 우리 아들이 말을 하게 될까요? 그 애는 벌써 다섯 살 반이에요."

"제 딸은 왜 그렇게 고집이 세죠? 욕조에 들어가게 할 수도 없고, 일단 들어가면 나오게 할 수가 없어요. 그 애 언니는 그렇게 행동한 적이 없었어요."

"저희 애는 여섯 살인데, 아이가 뭔가를 원할 때 우리는 그게 뭔지 알 수가 없어요. 어떻게 해야 하는 거죠?"

"빌리는 일곱 살인데 도통 말을 하지 않는답니다. 그 애가 하도 성질을 부리니까 우리도 이젠 그 애를 데리고 외출하기가 겁이 나요. 어떻게 해야 할까요?"

"어떻게 해야 우리 아이가 말을 더 많이 하게 될까요? 우리 셰릴은 다섯 살인데, 우리는 2년 동안 예닐곱 단어만 가지고 애를 쓰고 있어요. 전에는 제법 하는 것 같더니 지금은 새로운 어휘는 입술읽기를 하려하지 않아요."

나는 질문이나 배링턴 박사의 답변을 듣는다기보다는 오히려 어머니들과 아버지들의 음성에 스며있는 고뇌와 실망, 두려움과 무력감에 귀를 기울이고 있었다. 문득 2년 전 시카고 청력협회에서 있었던 모임이 생각났다. 나는 흑인 할머니의 다정한 얼굴을 떠올렸다. "제게는 일곱 살짜리 손녀인 샐리가 있답니다. 그 애는 귀가 하나도 안 들려요. 샐리가 말을 하지 않아 샐리 엄마와 나는 걱정이 많아요. 샐리가 할 수 있는 말은 네다섯 개밖에 없어요. 그 애가 내는 소리를 우리는 도통 이해할 수 없답니다."
라고 말하던 그녀의 음성에서 도움을 바라는 간절한 외침을 느꼈던 기억
이 났다.

"우리 린은 그렇게 되지 않을 거야." 우리는 시카고에서 휘튼으로 차를
몰아 귀가하면서 스스로 다짐했었다. "거봐요. 우리가 얼마나 일찍 입술
읽기와 청능훈련을 시작했느냐 말이오."

그날밤 나온 모든 질문들 중에서 잠에 관한 질문만큼 절박해 보이는 질
문은 없었다.

"우리 바비는 네 살인데요, 도대체 잠을 자려하지 않는답니다." 교실 앞
쪽에서 젊은 엄마 하나가 일어나서 물었다. 그녀는 말을 하는 동안 커다란
핸드백을 양손으로 움켜잡고 있었다. 그녀는 자기 아들의 화풀이를 계속
설명했다. 나는 그녀의 남편인 듯한 남자가 옆자리에서 계속 머리를 끄덕
이고 있는 것을 볼 수 있었다. 그는 체크무늬의 모직셔츠에 작업복 바지
차림이었다.

"동화책을 읽어주고 나서는 충분히 휴식을 취하게 한 후 자게 하는 것이
좋은 방법입니다. 아이들은 이야기를 듣고 나면 정신이 말짱해져 쉽게 잠
들지 못할 경우가 많으니까요." 배링턴 박사의 조언이라는 것도 흔해 빠진
유아지침서에 수록되어 있는 것이나 다를 바 없었다. 이미 우리가 수년
전에 브루스에게 적용했던 조언이기도 했다.

"우린 그렇게도 해봤는데요!" 교실 뒤쪽에서 그 말이 터져나왔다. 나는
교실 뒤쪽을 살펴보았다. 대략 내 나이 또래의 키가 크고 깡마른 남자
하나가 서 있는 것이 눈에 띄었다. "우리 딸은 그래도 자려고 하질 않는
단 말씀이에요." 그가 고함을 쳤다. 그의 음성이 떨리고 있었다. "우리

애는 우리 침실로 들어와서 우리 잠을 깨우기 일쑤죠. 우리는 손들고 말았어요. 아예 불을 켜놓고 자거나 말거나 내버려두는 거예요. 그 앤 밤낮이 바뀐 것 같아요. 뒤죽박죽이라구요!" 그가 자리에 앉자 다른 손들이 올라갔다. 배링턴 박사는 참을성 있게 경청하고 나서 아이들이 여러 단계를 거친다고 상기시키고 우리들에게 인내심을 가지라고 촉구했다. 청각장애아들의 경우에는 더 어려울 것이라고 시인했다.

마침내 내 차례가 되었다. 그녀가 나를 보고 머리를 끄덕이자 나는 일어서서 말했다. "우리도 같은 문제를 겪었습니다. 린은 네 살이 다 되어 가는데 지난 여섯 달 동안 잠을 자기 어려워하고 있습니다. 처음에 우리는 그 애를 자기 방으로 데려다 주곤 했습니다. 그래도 소용이 없는 거예요. 몇 분만 지나면 영락없이 다시 나타나서 우리 부부 침대로 기어 올라오는 겁니다. 어깨를 잡아 흔들며 우리를 깨우는 거예요." 나는 자세를 좀 고치고 주위를 살펴보았다.

"우리는 온갖 방법을 다 시도해 봤습니다. 말로 달래보기도 하고, 엉덩이를 때려보기도 하고, 피곤해질 때까지 놀게도 해보고 저녁에는 집안을 조용하게 하는 등 안 해본 방법이 거의 없을 정도입니다. 나는 우리 방문을 잠그면 적어도 자기 방으로 돌아가겠지라고 생각했어요. 그런데 방 앞에 서서 문을 두드리는 겁니다. 계속 두들겨대니 결국 집사람이나 제가 일어나서 안으로 들어오게 하고 말죠. 어떤 때는 린이 우리 침대에 밤새 있게 하기도 했습니다."

"음, 결국에는 그게 그렇게 수고할만한 가치가 있는 일은 아니라고 결정하게 되었습니다. 지금은 그 애가 잠이 깨면 우리 방으로 와서 우리가 의자 위에 놓아둔 침낭을 펴고 그 속에서 잠이 듭니다."

모임이 끝나고 집으로 돌아온 후 루이즈와 한 시간여 동안 그 일에 관하여 이야기를 했다. 이상하게도, 우리 둘 다 새로운 격려라도 받은 기분이었다. 린의 문제들이 그 아이에게만 있는 이상한 것이 아니었다. 무엇보다 여러 가지 점에서 린은 예닐곱 살이 되고도 대여섯 단어밖에 말할 수 없는 다른 아이들보다 훨씬 앞서 있었다. 린은 이미 그 정도에는 가까이 이르러 있었다. 그 애가 당장 유창하게 말을 하지는 못하고 입술 읽기를 하는 단어들이 당장 내일이라도 입으로 쏟아져 나오지는 못할지도 모르겠지만, 언젠가 그 애는 말을 하게 될 것이다. 우리는 여분의 대비책으로 언어치료 특별 수업을 즉시 시작하기로 결정했다.

언어치료는 학교의 일상적인 교과과정의 하나였지만 충분한 것 같지 않았다. 뿐만 아니라 린의 교사들은 전문적인 교육을 받은 언어치료사들이 아니었다. 집에서는 우리가 린을 가르쳤지만 정말 유능한 언어치료사가 가장 중요하다는 것을 우리는 알고 있었다.

우리는 바로 그런 사람을 포모나에서 찾을 수 있었다. UCLA[13] 출신의 젊은 여성으로 존 트레이시 클리닉에서 특수교육 과정을 이수한 분이었다. 루이즈가 매주 린을 데리고 가서 집중적인 치료를 받게 했다. 루이즈는 투시 거울을 통해서 새로운 기법을 일일이 지켜보며 배웠다. 그 해 봄에는 린에게 짧은 소리와 긴 소리의 차이를 가르치는 데 대부분의 시간을 사용했다. 린은 특수 이어폰을 끼고 치료사의 목에 손이 쉽게 닿을 수 있도록 높은 의자에 앉았다.

---

13) 'University of California, Los Angeles'의 약자로 미국 캘리포니아주 로스앤젤레스에 있는 주립대학교이다.

"어어(Ooo)." 치료사는 일이초 동안 쉬었다. "오오오우우우(Ooooooo)." 치료사는 마이크에 대고 발음하면서 린의 손가락을 자신의 목에 대고 꼭 눌러 그 차이를 느낄 수 있게 했다.

"애애(Aaa)." 잠시 쉬었다가 "에에에이이이(Aaaaaaaa)."

"느(Nnn)." 쉬고 "에에엔엔느느(Nnnnnnnn)."

가끔 치료사가 하는 것을 듣고 지켜보다가 린이 제 스스로 입을 움직여 보고 약한 모음 같은 소리를 내는 경우도 있었다. 일련의 발음 훈련이 끝나면, 치료사는 다시 시작했다. 이번에는 린이 소리의 길이를 이해하도록 시각적 신호가 추가되었다.

"우우(Ooo)." 치료사는 2인치 길이의 빨간 리본을 들어보였고, 이것은 즉시 린의 주의를 끌었다. "오오오우우우(Ooooooo)." 2인치짜리 리본은 치료사 무릎 위로 사라졌고, 6, 7인치쯤 되는 빨간 리본을 보여주었다. 그 동안 내내 그녀는 린의 손가락이 자신의 목에 닿아있도록 했다. 익숙한 솜씨였다.

"애애(Aaa)." 짧은 초록색 리본. "에에에이이(Aaaaaaaa)." 긴 초록색 리본.

"에에(Eee)." 짧은 노란색 리본. "이이이이(Eeeeeeee)." 긴 노란색 리본.

루이즈는 집에 와서 투시 거울을 통해 보고 배운 기법을 되풀이할 뿐만 아니라 치료사에게서 숙제를 받아오기까지 했다. 루이즈는 건축용 유색 테이프를 긴 조각과 짧은 조각으로 잘랐다.

"어어(Ooo)." 루이즈가 한 손으로 린의 손을 잡아 자기 목에 대고, 다른 손으로는 짧은 색종이를 들어 보여주었다. 발음이 끝나면 밑에 놓은 작은 신발상자 안에 리본 조각을 떨어뜨렸다.

"오오오오우우우(Ooooooo)." 이제 같은 색의 길이가 긴 리본 조각이 상자로 들어갔다. 곧 린은 정확한 길이의 색종이를 색에 맞는 상자속에 떨어뜨릴 수 있게 되었다.

그 봄 내내 치료사와 루이즈는 장, 단 모음들과 자음 'p', 'n' 그리고 'm'을 훈련시켰다. 'm'음이 먼저였다. 2월과 3월 동안 린은 'm'음을 소리 내려고 노력하였고, 소리는 나지 않더라도 위아래 입술을 다물 수 있게 되었다. 나는 내 목에 손을 대고 'm'음을 발음해 보았다. 수차례 반복하고 나서야 나는 그 진동을 느낄 수 있었다.

4월 초 린의 네 번째 생일 몇 주 전, 목쉰, 서툰 듯한 음성이 린의 입술과 함께 조용히 입맛 다시는 듯한 소리를 냈다. "스음음음크(Smmmmmmk). 스음음음크(Smmmmmmk)." 어떻게 그보다 더 기쁠 수가 있을 것인가! 언어치료사도 용기백배해지는 눈치였다.

"음음(Mmm). 음음음(Mmm)." 루이즈가 자기 목에 린의 손을 대고 말하면 "스음음크(Smmmmk). 스음음크(Smmmmk)." 린이 따라 소리를 냈다.

"착하기도 해라! 잘했어! 네가 말을 한 거야!" 어떤 소리건 린이 소리를 내면 치료사는 그걸 가지고 훈련을 시켰다. 그래서 린이 그 발음을 더 잘 하도록 하는 것이 수업의 당면과제가 되었다. 5월 초가 되면서 입술이 맞닿으면서 나는 'm'음 끝에 따라오던 'k'음이 사라졌다. 우리는 린이 처음으로 "음음음(mmm)." 하고 제대로 말하는 것을 들었다. 이는 기념비적인 성취였다.

코비나에서 그해 봄을 보내면서 우리는 존 트레이시 통신강좌의 마지막 과정을 끝냈다. 그 과정은 거의 2년 동안 우리의 사고를 지배하며 그 형태를 짜주었다. 우리는 아직도 초기 수업에서 했던 여러 놀이를 복습하고 있었다. 물론 보다 발전된 형태가 추가되었다. 그 놀이는 여러 음절로 이루어진 단어들이 가지고 있는 리듬을 린에게 가르치기 위한 것이다. 우리는 린이 '뛰어(jump)'와 '달녀(run)', '넘어져(fall down)' 사이의 차이를 듣게 하는데 적어도 100 시간 이상을 사용했다.

"달려" 내가 식당 창문 옆 바닥에 앉아 창문턱에 석 장의 카드를 펴놓고 말했다. 나는 창문턱을 가리키고 기다렸다. 린이 옳은 카드를 집어들었다. "잘했어! 바로 맞췄구나, 린!" 내가 외쳤다. 나는 린을 힘껏 안아주었다.

"뛰어" 다시 옳은 카드.

"넘어져" 린이 정확하게 해당하는 카드를 하나씩 골라내는 동안 루이즈는 줄곧 지켜보기만 했다. 수일 후 나는 그 다음 단계를 추가했다. "뛰어" 린이 돌아보고 "뛰어" 카드를 집어들었다. "그래 그거야! 자, 이제 뛰어를 해보자. 자, 어서!" 이미 일어나 있던 나는 린의 양손을 잡고 함께 위로 뛰었다. 우리는 그렇게 식당 안을 깡충깡충 맴돌았다. 린은 그것을 정말 좋아했다.

"달려" 린은 내 입술을 읽고 기대감에 가득 찬 표정으로 '달려' 카드를 집어들었다. 나는 돌아서서 집안을 달음질하는 시늉으로 돌아다니기 시작했다. 린은 신명나서 열심히 내 뒤를 쫓았다.

"넘어져" 린이 팔을 뻗어 해당하는 카드를 찾았다. 나는 그 애를 내 쪽으로 끌어당겨 우리 둘이 방바닥을 함께 뒹굴었다. 그 애는 웃어대며 데굴데굴 굴렀다. 린은 이 단어 수업을 정말 재밌어 했다. 우리가 이 놀이를 2, 30회 쯤 하자 린은 흥미를 잃었다.

이제 나는 그 애가 옳은 카드를 골라내면 그 애가 달리기를 할지 뛰기를 할지 아니면 넘어질지를 테스트하기가 좀 망설여졌다. 불과 수차례의 수업을 하고도 그 애는 매번 백퍼센트 성공률을 기록했다. 그래서 더 어려운 상황을 만들기로 했다. 린이 창문턱에 놓인 석 장의 카드를 보고 있는 동안 나는 린 등 뒤에 자리를 잡는다. 그 애 키에 맞추어 몸을 낮추고 린의 보청기가 내 소리를 포착할 수 있도록 그 애의 어깨너머로 말을 하는 것이다.

"넘어져!" 나는 그 말의 리듬을 강조하여 낭랑하고 힘있게 말했다. 린이 손을 내밀어 '달려' 카드를 들었다.

"아니야." 나는 머리를 흔들고 그 카드를 창문턱에 올려놓았다.

"넘어져!" 그 애가 카드를 들기 전에 나는 머리를 약간 돌려 린이 내 입술을 볼 수 있도록 했다. 린이 맞는 카드를 들었고 우리 둘은 함께 방바닥으로 뒹굴었다. 우리는 하나씩 하나씩 카드에 써 있는 표현들을 여러 번 연습했다. 실수도 많았지만, 꾸준히 반복했다.

매일매일 하루도 빠짐없이 우리는 그 놀이를 했다. 서서히, 정말 아주 천천히 린이 바른 말을 "듣기" 시작했다. 나는 아직도 어떻게 그 아이가 그렇게 했는지 정확하게 알지 못한다. 린이 그저 리듬을 감지했을 수도 있고 아니면 잔존청력이 좋아졌거나 잔존청력을 효율적으로 사용하는 법을 익혔기 때문일 수도 있다. 린이 자기 등 뒤에서 내 몸이 움직이는 진동을 알아챘는지도 모르겠다. 아무튼 린은 나의 입술의 움직임이 아니라 나의 음성에 반응하고 있었다.

나는 그 놀이들을 수 주일간 계속했다. 린이 말을 알아맞히는 비율이 75 퍼센트에 이르렀고, 틀린 답을 대는 일이 아주 드문 경우가 되었다. 린의 네 번째 생일이 지나고 얼마 되지 않아 성적은 백 퍼센트에 도달했다. 달려! 뛰어! 넘어져! 불과 세 마디의 말. 그러나 우리에게 그 세 단어는 삼백 단어나 다름없어 보였다.

여러 해가 지난 후 우리는 옛날을 되돌아보며 어떻게 그렇게 열심히 노력할 수 있었을까 의아해했다. 루이즈와 내가 린을 가르치면서 발휘했던 인내심을 생각해 보면 그저 놀라울 따름이다. 우리가 그 언어 놀이들을 연습하고 연습할 때 지녔던 그 고집스러운 끈기와 그 당시 가지고 있던 그 강한 희망이 놀랍게 여겨지는 것이다. 어떻게 우리가 멈추지 않고 계속할 수 있었을까? 왜 우리가 더 이상 실망하지 않았을까? 무엇 때문에 포기하지 않았을까?

바로 '진보'다. 아무리 사소한 것일지라도 린이 새로운 소리를 낼 때마다 우리는 계속해야 한다는 용기를 얻을 수 있었다. 새로운 단어 하나를 '듣는다'는 것은 바로 진전이요, 진보였다. 더디고 지루하고 힘들었지만 린이 옮겨가는 한 단계 한 단계가 우리의 노력이 헛된 일이 아니라는 증거이기도 했다. 달려. 넘어져. 뛰어. 린은 그 말들을 들었고 이해했다. 그리고 그것은 말하기에 한 발 더 다가간 것을 의미했다. '브루우우(Bruuu)', '블루우우(Blluuu)', '오오우프베엔(Ooopbenn)'. 이런 말들을 다른 사람들이 이해하지 못한다는 것은 중요하지 않았다. 린이 말하는 단어는 모두가 한결같이 보다 심오한 메시지를 낭랑하고 명료하게 외치고 있었다. "언젠가 나는 말을 하고야 말테야!"라고 말이다.

마찬가지로 중요한 것은 우리의 희망이 구화 방식만이 오로지 적절한 해결책이라는 근본 사실에 입각해 있다는 점이다. 달리 할 수 있는 일은 없었다. 그저 포기해버릴 수는 없었다. 우리 린을 그저 침묵과 외로움, 구속의 세계에 맡겨둘 수는 없었다. 그렇다. 우리가 예상했던 것보다 더 오래 걸릴 수도 있을 것이었다. 갑작스러운 운에 모든 것을 맡길 수는 없었다. 린은 말을 하게 될 것이었다. 서서히 우리는 우리의 희망을 축소 조정했다. 린이 다섯 살이나 여섯 살이 되어서야 말을 하게 될지도 모른다. 유창하게 말을 하게 되는 것은 훨씬 더 후의 일일 수도 있을 것이다.

그러나 린에게 말하는 법을 가르쳤던 그 긴 세월 동안 성공한 농인들의 이야기보다 더 우리의 용기를 북돋아 준 것은 없었다. 우리는 〈볼타 리뷰〉의 매 호마다 실리는 그런 성공담들을 문자 그대로 게걸스럽게 탐독하곤 했다. 때로는 전혀 뜻밖에 알게 된 그런 체험담을 며칠씩 두고두고 이야기 하는 경우도 있었다.

어느 날 아침 나는 자명종 소리가 나기 전에 잠에서 깼다. 시계를 보았더니 노스뷰 고등학교로 출근해야 할 시간까지 한 시간의 여유가 있었다. 아직 잠에서 덜 깬 채로 맨발로 거실을 지나 현관을 나가 LA 타임즈를 가져오기 위해 밖으로 나갔다. 이슬에 흠뻑 젖은 잔디가 신문 겉장을 완전히 적셔놓았다. 나는 신문을 묶은 끈을 풀고 버드나무 의자에 앉아 신문을 펼쳤다. 내 주위에는 린의 생일 파티 흔적이 여기저기 흩어져 있었다. 찢겨진 포장지, 리본들, 단 하나만 남아있는 풍선, 소꿉놀이용 식기들이 들어있던 상자 등등.

나는 신문을 표제들부터 대충 훑어보기 시작했다. 뭐 흥미 있는 뉴스가 없나 해서였다. 린은 생일파티의 매 순간을 철저히 즐겼다. 무엇보다 좋은 일은 그 모든 일이 무슨 의미를 지니고 있는지를 이해하고 있는 것 같았다는 점이었다. 여러 주일 동안 루이즈는 달력에 날짜가 지나가는 것을 표시하고 4월 16일을 가리키며 린에게 "이 날은 네 생일이야. 4월 16일. 우린 생일파티를 열 거야."라고 말해주었다.

그녀는 네 개의 촛불이 있는 케이크를 그림으로 그려 보여주었다. "너는 이런 케이크를 갖게 될 거야. 이건 너를 위한 거야!" 우리가 지난해 생일 파티 사진들을 보여주자 린은 무슨 일인지 이해하는 듯했다.

루이즈가 목욕가운 차림으로 침실에서 나와 아침을 준비하려고 부엌으로 갔다. 나는 건성으로 앞에 펼친 신문을 대충 살폈다. 다음 페이지로 넘기다가 굵은 글씨로 인쇄된 제목을 보고 정신이 번쩍 들었다.

"치과의사, 농인들을 위한 프로그램에 앞장서다."

나는 읽기 시작했다. "유년 시절부터 짐 마스터즈는 급우들과 보조를 맞추기 위해 고군분투했다. 급우들은 들을 수 있었지만 짐 마스터즈는 그렇지 못했다. 소리를 전혀 듣지 못했던 것이다. 그래서 그는 친구들의 입술을 읽는 법을 혼자 깨우쳤고 말하기를 배웠다. 결국 친구들은 그가 별나다고 더 이상 생각하지 않게 되었다."

"여보! 이것 좀 들어봐요!" 나는 루이즈에게 소리치면서 동시에 일어서서 부엌으로 향했다. "여기 파사디나의 어느 치과의사가 농인으로 말하는 법을 배웠던 이야기가 기사로 실렸어요. 그는 자기 환자들에게 말을 하고 그들의 말은 입술읽기로 이해한다는 거요." 나는 식탁에 앉았고, 루이즈는 커피를 내놓았다.

45세인 마스터즈 박사는 성공한 치열교정의 일뿐만 아니라 경비행기도 조종하고 지역사회활동에도 앞장서서 참여하고 있다는 것이었다. 듣지는 못하지만 그의 말에 의하면 그는 환자가 말을 하건 하지 않건, 환자가 고통을 느낄 때를 감지할 수 있다는 것이다. 알렉산더 그레이엄 벨 협회 구화사용 청각장애 성인부의 현임 전국 회장으로서 짐 마스터즈는 청각장애인을 위한 구화 교육 프로그램에 대한 지원을 아끼지 않고 있다. 그는 수화와 부호언어의 사용은 최종적인 수단에 지나지 않는 것이 되어야 한다고 주장했다. 그는 구화를 옹호하는 근거로 자신의 체험을 내세웠다.

그는 뉴욕시의 라이트 구화학교를 다녔고 대학에 진학해서 치과의사가 되기를 원했다. 그의 대학성적은 우수했지만, 치과대학 입학위원회는 그의 입학을 허락하지 않았다. 그는 재차 지원을 했고 뉴욕 대학교 치과대학에 입학했다. 그는 힘들고 엄격한 과정을 다 마치고 치열교정학을 전공했다.

짐 마스터즈는 자신의 성공을 다음과 같이 요약했다. "만일 내가 구화능력을 제대로 발달시키지 못했더라면 나도 농인 공동체의 일부가 되어야 했을 거예요. 그런데 농인 공동체는 너무 제한적이어서 열려있는 많은 기회들을 놓치고 있어요."

내가 면도를 하는 동안 루이즈가 그 기사를 신문에서 오려냈다. 아침을 먹을 때 우리는 그 기사에 관해 이야기했다. 마스터즈 박사가 구화교육에 관하여 말한 여러 사항을 다시 큰 소리로 읽어보았다. 그날 아침 학교로 가면서 나는 새삼스럽게 솟구치는 린에 대한 희망을 느꼈다. 참고 견디겠다는 새로운 다짐을 했다.

5월 중순 어느 날 오후, 나는 오페라 가수 지망생들을 훈련시키다가 농인들의 말의 질을 개선하도록 돕는 일을 하고 있다는 어느 언어치료사에 관한 짧은 기사를 우연히 읽게 되었다. 그 여성은 청각장애인들이 횡격막과 폐를 적절하게 이용한다면 보다 쉽게 말하기를 배울 수 있다고 주장했다. 목의 진동을 느끼는 것이 아니라 가슴의 진동을 느껴야 한다는 것이었다. 일단 가슴의 진동을 느끼고 횡격막 근육을 조절하는 법을 익히기만 하면 언어 발달이 획기적으로 성장한다는 말이었다.

그럴듯한 말이었다. 왜 아무도 이전에 이 방법을 시도해 보지 않았을까 하는 생각이 들었다.

"린의 말을 살펴봐요." 우리가 함께 그 기사를 읽고 난 후 내가 루이즈에게 말했다. "린은 많은 말을 입모양으로는 표현할 수 있으면서도 소리는 전해 내지 못해요. 문제는 린에게 소리를 내고 조절할 수 있도록 가르치는 거예요. 그 애가 어떤 말을 처음 배울 때는 전혀 소리가 느껴지지 않아요. 제 딴에는 아무리 노력해도 역시 약하기 짝이 없단 말이오. 그 애가 얼마나 열심히 노력하는지 당신도 알지 않소. 노력을 해도 소리는 나오지 않는 것 같아요."

나는 이 새로운 방법을 시도해 보기로 결심했다. 린이 세수를 마치고 나오자 나는 그 애를 데리고 소파에 앉았다. 나는 린을 내 무릎 위에 앉히고 그 애의 손을 잡아 내 가슴에 활짝 펴서 대게 했다.

"블루. 블루. 블루" 나는 그 애가 항상 분명하게 말하는 것은 아니었지만, 이미 말할 수 있는 단어를 사용했다. 내가 말을 하는대로 그 애의 눈이 알아듣겠다는 표시로 빛을 냈다. 린이 그 진동을 느낀 것이다.

"블루. 블루. 블루."하고 말하면서 린의 손을 자기 가슴에 대고 느끼도록 해주었다.

린은 재빨리 알아차렸다.

"블루우(Bluuu)." 그 말이 조용히 발음되어 나왔다. 정확하게 발음했는지 나는 알 수 없었다. 나는 그 애의 손을 다시 내 가슴에 대게 했다.

"블루. 블루. 블루."

다시 그 애의 가슴에 손을 대고 나는 기다렸다.

"블루. 블루." 나는 귀를 기울이고 들었다. 그리고 놀랐다. 린이 전에 들어본 적이 없는 큰 소리를 두 번이나 정확하게 말을 했기 때문이었다! 그리고 그것도 아주 정확한 발음으로 말한 것이다. 누구에게도 그렇게 들렸을 것이다! 너무나 좋아서 거짓말 같았다. 나는 "덤비지 말자. 흥분하지 말자."하고 혼잣말을 했다.

"블루! 블루! 블루!" 또렷하고 크게 그 말은 울려 퍼졌다. 믿을 수가 없어! 나는 흥분했다. 이것이 바로 우리가 그렇게도 기다려왔던 그 돌파구라는 말인가?

"여보! 이리 와서 좀 들어봐! 린이 하는 소리를 들어보라구!" 루이즈가 침실에서 나와 내 옆에 앉았다. 린은 흡족한 표정을 지었다. 마치 뭔가 중요한 일이 일어났다는 것을 알고 있다는 듯이.

"블루! 블루! 블루!" 내가 그 애의 손을 내 가슴에 대어 주었다. 이제는 린이 스스로 손을 제 가슴에 갖다 대고 말했다.

"블루! 블루! 블루!" 루이즈는 충격을 받은 표정이었다. 그녀에게는 린이 그렇게 또렷하고 크게 말하는 것을 듣는 것이 처음이었을 것이라고 나는 확신했다. 언어치료사마저도 이만큼의 음량과 절제를 유도해 낸 적이 없었다.

그날 밤 브루스와 린이 잠든 뒤 루이즈와 나는 린의 발전에 대해 오래도록 이야기했다. 우리는 말의 진동, 즉 목에서 느껴지는 진동에 관해 이야기하고, 그 진동과 가슴에서의 감각을 비교해 보았다. 물밀 듯 밀려드는 낙관적인 생각에도 불구하고 우리는 신중하려고 애를 썼다.

"이건 우리가 바라던 바로 그 돌파구야! 이걸 계기로 모든 것이 변할 수도 있어. 이제 린은 네 살 반이나 다섯 살이 되면 말을 할 수 있게 될 거야!" 내가 루이즈에게 말했다.

그 돌파구는 목요일 저녁에 일어났다. 주말이 되니 린은 이미 알고 있는 네다섯 단어를 새로이 유창하게 말할 수 있었다. 나는 시들지 않기로 결심했다. 그 애를 밀어붙이지 않고 수업시간을 십 분이나 십오 분으로 제한하기로 작정했다.

월요일 오후에 나는 저녁 먹기 전 린을 데리고 잠깐 수업을 하겠다고 단단히 벼르고 귀가했다. 린이 현관에서 나를 맞았다. 수 분 동안 놀이를 한 끝에 나는 앉아서 복습에 들어갔다. 더 이상 내가 린의 손을 내 가슴에 갖다 대지 않아도 되었다. 만일 내가 말을 하면 린은 입술읽기를 하고 나서 자기 가슴의 감촉에 따라 더 양질의 소리를 낼 수 있을 거라고 나는 생각했다.

"블루! 블루! 블루!" 내가 말했다.

"그라라아아우(ggrrrrraaaow)!" 이전에 낸 적이 없는 이상야릇한 짐승 같은 소리가 힘차게 터졌다.

"아니야. 자, 다시 해보자." 나는 머리를 흔들고, "블루"를 몇 번 반복해 말했다. 그 애의 손을 내 가슴에 대고 말을 한 후, 제 가슴으로 옮겨주고 기다렸다.

"그라라아아우(ggrrrrraaaow)!" 당황한 나는 다시 시도했다. 루이즈도 그 괴성을 듣고 뭔가 싶어 달려왔다. 다음 이십 분 동안 아무리 인내심 있게 달래고 유도해도 린은 그르렁거리는 소리만 냈다. 바로 그저께 그 애가 그렇게 분명하게 말했던 그 말이 나오려고 하질 않았다. 이 아이가 사람을 놀리고 있는 것일까? 그 애 얼굴 표정으로 보아 그것도 아닌 것 같았다.

한 주간 동안 우리는 여러 차례 린이 자기 음성을 사용하도록 자극을 주었다. "그라라아아우(ggrrrrraaaow)! 그라라아아우(ggrrrrraaaow)! 그라라아아우(ggrrrrraaaow)!" 뭔가 이상한 일이 일어난 것이다. 정확하게 말하는 능력이 사라져 버린 듯했다.

그 주 금요일 밤에 우리는 브루스와 린을 데리고 외식을 하러 나갔다. 웨이터가 식탁 위에 물과 그릇들을 가지런히 준비해 주고 주문을 받았다. 우리가 음식을 기다리는 동안 브루스와 린이 물을 적셔서 종이로 된 매트에 그림을 그렸다.

"그라라아아우(ggrrrrraaaow)!" 느닷없이 린이 소리를 질렀다. 이젠 더욱 큰 소리였다. 린의 음성은 그 애 몸집의 여자아이가 내기에는 기록적으로 괴이하고 크게 들렸다.

"쉿!" 루이즈가 입에 손가락을 대고 소리를 내며 머리를 흔들고 인상을 찌푸렸다. 사람들의 시선이 우리 쪽으로 몰리는 것을 알 수 있었다.

"그라라아아우(ggrrrrraaaow)!" 이번엔 소리가 더 커졌다. 린도 자기가 다른 손님들의 주의를 끌었다는 것을 알아차렸다.

"안돼! 안돼!" 나는 힘차게 머리를 흔들었다.

"그라라아아우(ggrrrrraaaow)! 그라라아아우(ggrrrrraaaow)! 그라라아아우(ggrrrrraaaow)!" 린은 작은 식당을 자신은 듣지도 못하는 그 소리로 가득 채우면서, 머리를 뒤로 제치고 싱긋 웃었다. 사람들이 린을 볼 때마다 우리는 어쩔 줄 모르고 미소만 지어보일 뿐이었다. 우리는 허둥지둥 린의 주의를 딴 데로 돌려보려고 갖가지 방법을 다 써 보았다. 드디어 음식이 도착했고 린이 소리를 멈추었다. 우리는 린이 또 그짓을 해볼 생각을 하기 전에 서둘러 식사를 끝내고 떠났다.

토요일에 린은 크게 그르렁거리며 집주위를 걸어다니기 시작했다. 그녀의 이상한 소리를 그치게 하려는 우리의 모든 노력은 다 헛수고가 되고 말았다. 더 실망스러운 것은 단 한 단어도 정확하게 발음하도록 린을 구슬리는데 실패했다는 점이다.

일요일에 린은 'm' 소리 대신, 그 입맛 다시는 듯한 '스음음음크(mmmmmmmk). 스음음음크(mmmmmmmk).' 소리로 되돌아가 있었다.

"여보, 이 애가 지금 뭐하고 있는 거예요?" 루이즈가 기가 막힌 듯 물었다. 수일 동안 린은 온 집안을 그르렁거리고 입맛 다시는 소리를 내며 돌아다녔다. 우리는 약 3주일 동안 린에게 말을 시키지 않았다. 그르렁거리기와 입맛 다시기는 서서히 사라져 갔다. 그리고 그와 더불어 그 애 음성의 큰 음량과 또렷함도 사라져버렸다. 린의 언어치료사는 이 방식에 관해 들어본 적이 없다면서 그 효율성을 일축했다. 우리도 그 방법을 다시 시도해 본 적은 없다.

학기말이 되었고, 린의 담임선생님은 다음과 같은 통지문을 집으로 보내왔다.

"린은 다른 아이들과 잘 어울리며 어른이나 아이를 가리지 않고 사람들과 의사소통하기를 좋아합니다. 린의 기분은 대단히 큰 기쁨부터 철저한 거부에 이르기까지 금세 변합니다. 협조하지 않는 때가 아니라면 린은 매혹적이고 유쾌합니다. 탁월한 유머감각도 가지고 있습니다. 린은 자신의 인품의 매력과 몸짓, 그리고 독화능력에 있어서 퍽 유능하므로 다른 아이들과 언어를 사용하지 않고도 의사소통할 수 있습니다. 린은 '파랑', '노랑', '열린'을 말할 수 있으며, 모음 '우(u)', '오(o)', '아(a)'를 상당히 정확하게 말할 수 있습니다. 소리는 거의 없지만 몇 개의 단어들을 구화로 표현하기도 합니다. 린은 최근 테스트에서 중증의 청각장애임이 밝혀졌지만 보청기를 효율적으로 이용하고 있습니다. 북소리와 같은 저음을 듣는 것 같으며 이런 소리들을 듣는다는 것을 손을 들어 표시할 수 있습니다."

그 해 이른 봄, 나는 아메리칸 리버 대학교의 친구로부터 편지를 받았다. 그 학교에서 가을부터 시작할 수 있는 수학교사 네 명을 채용하려 한다는 내용으로 내가 관련 서류를 보내주면 채용될 가능성이 높다는 것이었다. 또한 오리건 대학교에서의 수학 여름학교에 관해 미국 국립과학재단이 보낸 통지문도 함께 받았다. 나는 두 곳에 모두 지원서를 보냈다. 우리는 우리 앞날이 어떻게 진행될지 확실히 알지 못한 채 기다리기 시작했다. 코비나의 노스뷰 고등학교에 계속 있을 수는 있었지만 대학 강단에 서고 싶은 의욕이 더 강했다.

그즈음 린이 그르렁거리기를 그만 두었다. 좋은 소식은 우편으로 왔다. 미국 국립과학재단의 여름학교 일과 새크라멘토의 아메리칸 리버 대학교에서의 일을 모두 하게 되었다. 우리는 소형 트레일러에 실을 수 있는 만큼만 짐을 꾸려 싣고 6월 초 북쪽을 향해 떠났다.

| 제 15 장 |

다른 애들이 웃으면
그 애도 웃었다

다른 애들이 웃으면
그 애도 웃었다

"여보." 루이즈가 린의 침실에서 걱정스럽게 불렀다. "브루스와 린이 모두 열이 나요. 아주 불덩이 같아요! 오늘은 의사에게 가봐야겠어요." 나는 손목시계를 흘깃 보았다. 수업시간이 5분 밖에 남지 않았다. 브루스가 2주일 넘게 간헐적으로 열에 시달리고 있었다. 게다가 마른 기침까지 곁들이고 있었다.

소아과 의사의 이름을 알기 위해서 루이즈는 고등학교 시절부터 친구인 조지 로저에게 전화를 했다. 조지 로저와 그의 부인인 프랜은 둘 다 오리건 대학교 대학원에 다니면서 상담 직원으로 일하고 있었다. 몇 분 후 루이즈가 침실로 돌아왔다. "브루스와 린을 위해 진료예약을 했어요. 의사 이름은 프리드만, 프리드만 박사에요. 오후에 당신이 애들을 데리고 함께 가줘야겠어요."

6월 말 월요일 아침, 대학교로 통하는 거리를 따라 자전거를 타고 가면서 나는 컴퓨터 프로그램 개발이나 수치 분석연습에 관한 생각을 할 수 없었다. 우리는 불과 이주일 전에 오리건에 도착해서 아파트를 구했다. 우리는 잠시 해안으로 여행을 다녀왔고 일주일 뒤에 미국 국립과학재단 여름학교가 시작되었다.

"여보! 정말 걱정이에요. 린이 이렇게 아픈 걸 전엔 본 적이 없어요. 그나마 체온이 더 오르지는 않았어요." 내가 집에 돌아오자 루이즈가 말했다.

나는 린을 안고 프리드만 박사의 진료실로 들어가서 대기실에 자리를 잡고 앉았다. 루이즈가 데스크 쪽으로 걸어가 접수를 했다. 잠시 후 간호사 한 사람이 우리를 작은 진찰실로 안내했다. 간호사가 체온을 쟀다. 프리드만 박사가 들어와서 브루스부터 진찰을 시작했다.

"인후염 같은데, 박테리아 감염여부를 검사해서 연쇄구균이 있는지 알아봅시다. 좋아지고 있는 중이니까 충분히 휴식을 취하게 해 주세요. 만일 배양균이 양성으로 나오면, 연락을 해서 항생제를 투여하도록 하겠습니다."

"이 아이는 청각장애아입니다." 의사가 린을 검진하기 시작하자 내가 말했다. "아이에게 하실 말씀이 있다면 우리 둘 중 하나가 이해를 시키도록 도와야 할 겁니다." 프리드만 박사는 미소를 지어보임으로써 린을 안심시키려고 애를 썼다. "넌 괜찮을 거야. 목하고 배만 좀 만져보면 돼요." 린은 걱정스럽게 엄마를 바라보았다.

프리드만 박사는 린의 입을 들여다보았다. 나는 그가 가검물을 채취할 것이라고 예상했으나 그 대신 간호사에게 린을 테이블 위에 똑바로 앉혀 달라고 했다. 그리고 나서 그는 린이 몸을 앞으로 숙여 머리가 무릎에 닿게 하려고 했다. 린은 고작 한 뼘도 채 숙이지 못하고 아프다고 울었다.

"이건 심각한 일일 수도 있어요." 의사가 우리 둘을 바라보면서 말했다. "아무래도 뇌척수액 검사를 해봐야겠어요. 이 검사는 다른 방에서 해야 해요." 그는 낮고 고른 어조로 말했다.

나는 머리를 끄덕이며 침을 꿀꺽 삼켰다. "저희가 같이 가도 될까요?" 루이즈를 힐긋 보면서 내가 물었다.

"두 분은 여기서 기다리시는 게 낫겠는데요." 프리드만 박사가 말했다. "별일 없을 거예요. 겨우 몇 분이면 되니까요."

프리드만 박사는 진지하고 권위 있는 태도로 머리를 흔들었다. 그는 간호사에게 린을 데리고 가서 뇌척수액 검사 준비를 하라고 지시했다. 간호사가 린을 안아들자 나는 린을 보았다. 아이는 겁에 질린 눈으로 우리를 애처롭게 쳐다보았다. 우리는 그저 묵묵히 바라볼 수밖에 없었다. 린은 열이 오를 대로 오른 몸으로 마지막 남은 힘까지 참아보다가 결국 큰소리로 울기 시작하면서 발버둥 치며 싫다는 듯 버티는 것이었다. 간호사는 힘 있게 그러나 아프지 않게 린을 붙들어 안고 복도를 따라 걸어갔다.

방문이 닫히는 소리가 들리는가 했더니 린의 울부짖는 소리가 갑자기 사라졌다. 우리 둘 다 오래도록 아무 말도 하지 않은 채 있었다. 우리는 상대방이 무슨 생각을 하고 있는지 알 수 있었다. 우리가 린과 의사를 교환할 수 있는 어떤 방법이 없을까? 왜 사진 같은 것을 가져올 생각을 하지 못했을까? 그러나 린의 체험책에는 이 경우 도움이 될 만한 것이 하나도 없다는 것을 우리는 알고 있었다.

"린과 함께 있어주라고 했으면 좋았을 텐데." 루이즈가 말했다.

5분이 지났다. 10분이 흘러갔다. 병원 내 어디선가 문이 열리는 기척이 들렸다. 린이 우는 소리가 들려왔다. 더욱 커지는 울음소리, 발자국 소리가 가까워졌다. 프리드만 박사가 문을 열고 나에게 린을 조용히 넘겨주었다. 린이 힘없이 내 어깨에 매달리자 그 애의 울음이 지친 흐느낌으로 변했다.

"척수액이 흐리군요." 그는 감정이 없는 어조로 말했다. 마치 적절한 말을 더듬어 찾기라도 하는 듯이 망설이며 방바닥을 내려다보고 린을 보다가 나와 루이즈를 번갈아 보았다.

"아무래도 뇌수막염인 것 같습니다." 우리가 이해하는지 확인이라도 하겠다는 듯이 고집스럽고 절박한 표정으로 그가 말했다. 프리드만 박사의 말들이 작은 진찰실을 가득 채우고 허공에 걸려있는 것 같았다.

"뇌수막염이요?" 나는 믿을 수 없어 물었다. 나는 루이즈를 보고 린을 보았다. 그리고는 프리드만 박사를 보았다. 갑자기 약해지는 것을 느끼며 할 말을 찾았다.

"어-얼- 얼마나 심각한가요? 회복가능성은 어떻습니까?" 나는 말을 더듬고 있었다. 나는 린을 바라보았다. 지치고 피곤한 린은 양 볼이 빨갛게 달아오른 채 홀쭉해져 있었다. 눈에는 초점이 없어보였다.

"이십 년 전이었더라면 회복될 가능성이 별로 없었을 것입니다." 프리드만 박사는 망설이다가 말을 계속했다. "지금 당장 항생제 치료부터 시작합시다. 병원에 전화를 해 드릴게요. 바로 다음 블록에 있습니다. 이제 아이는 바로 격리되어야 합니다. 두 분께서는 아이를 데리고 뒷문으로 나가도록 하세요. 아이가 잘 이겨낼 것 같지만 약물치료가 빠르면 빠를수록 좋습니다."

나는 린을 한껏 편안하게 품에 안았다. 아이는 작고 무력하게 느껴졌다. 아이의 몸에는 힘이 하나도 남아있지 않았다. 밀려드는 두려움을 애써 물리치며 병원 복도를 나섰다. 우리는 다른 환자들과 간호사들을 지나쳐 밖으로 나왔다. 보도를 걸어 올라가기 시작했다. 넓은 주차장을 가로질러 병원 뒤쪽이 보였다. 더 빨리 걷기 시작했다. 그 짧은 거리가 수십 리 길처럼 멀어지기만 했다. 루이즈는 나의 팔에 팔장을 끼고 걸었다. 브루스는 엄마의 다른 손을 꼭 잡고 따라왔다.

불과 십일 전, 린은 활기에 가득 차서 오리건 해안의 모래사장을 천방지축 뛰어다녔는데… 빠져나가는 파도를 따라 달려가다가 다시 밀려드는 물결을 피해 소리소리 지르며 내닫던 모습이 눈에 보이는 듯했다. 자연은 아이가 분명하게 들을 수 있는 언어로 이야기하였고 린은 그들과 자연스럽게 대화했다. 모래는 린의 발가락 사이로 밀려들었다. 습기를 머금은 바람은 아침안개를 얼굴에 흩뿌려주었다. 짭짤한 소금기가 입술에 와 닿고, 작은 바다 생물들은 손 위에서 꿈틀거리며 기어 다녔다. 한낮이 되자 안개는 사라지고 따뜻한 햇볕이 내리쬐었다. 린이 너무나도 쉽게 이해할 수 있는 이 자연의 소리들은 린에게 어떤 대답도 요구하지 않았다. 아주 작은 움직임도 봐야한다는 부담도 없었다. 어차피 그러한 미세한 움직임들은 그녀에게는 영원히 안 보일 것들이다. 린이 경험해보지 못한 낯선 소리들을 만들어 내라는 요구도 하지 않았다. 소리 없는 언어의 의미를 이해하지 못해 머리를 저을 필요도 없었다. 무엇보다도 자연은 린을 이해했다. 모래는 뛰어다니는 발에 반응했고, 공기는 그녀의 몸짓에 따라 움직였다. 심지어 "아아해해애이이오오(aahhaaaeeeiiiooo)."라고 외쳐대는 그녀의 말조차 찌푸린 표정이나 다시 해보라는 변명어린 대답 없이 높은 절벽을 따라 바다를 향해 그대로 전해졌다. 린은 활력이 넘쳤고 집에 있는 것처럼 편안해했다.

우리는 건물의 모퉁이를 돌아 주차장을 가로질러 걸어갔다. 린이 내 품에서 훌쩍이며 울었다. 우리는 네 사람이 한 덩어리가 되어 병원 문을 통과했다. 그동안 린이 성취한 모든 것들이 아무 것도 아닌 것처럼 생각되었다. 지금 아이와 의사소통이 가장 절실하게 필요한 이 때, 우리는 하고 싶은 말을 할 수가 없는 것이다. 바로 우리 딸인데도 아이에 관해 우리가 아는 것은 아무것도 없었다. 우리는 우리 딸에 관하여 너무 모르고 있는 것이다! 만일 린이 영영 회복되지 못한다면? 린은 수백 개의 단어를 독화할 수는 있었지만 그 단어들 간의 유기적 관계는 알지 못했다. 무엇보다도 제 이름 석자도 말할 수 없었다. 린이 "저 피곤해요.", "나 배고파요.", "배가 아파요." 등의 말을 해본 적은 없었다. "엄마, 사랑해요.", "난 아빠가 좋아."라고 말한 적도 없었다. 린은 인형이나 곰돌이 인형을 달라고 졸라 댄 적도 없으며 무엇을 좋아한다든가 싫어한다고 우리에게 말해준 적도 없었다.

의사소통! 그것이 바로 우리가 그 애와 가져보지 못했던 것이었다. 억제할 수 없는 분노가 내 마음 깊은 곳에서 끓어올랐다. 우리는 속고 있었던 것이다. 그건 공평하지 못한 일이었다. 왜? 왜? 왜?

"여보, 이제 우리 어떻게 하죠?" 루이즈가 내 팔을 다급하게 잡아당기며 물었다. "린은 무슨 일이 일어나는지도 모를 거예요. 간호사들도 아이가 뭘 원하는지 알 수 없을 거구요. 린을 혼자 둘 순 없어요!"
"우리가 함께 있어줘야지." 내가 말했다. "다른 방법이 없어요." 병원 규정이 어떻든 간에 고집을 꺾지 않겠다고 단단히 마음을 다졌다.

수녀님 한 분이 하얀 색 긴 수녀복을 입고 반짝반짝 윤이 나는 복도 바닥에 옷자락 스치는 소리를 내며 격리병동으로 앞장서 갔다. 나는 린을 높은 침상에 내려놓았다. 다른 수녀 한 분이 침대 옆에 달린 크롬제 스탠드에 걸린 투명한 액체가 담긴 병을 준비하기 시작했다.

"우리 애는 귀가 들리지 않습니다. 수녀님들이 하는 말을 이해하지 못할 수 있습니다."

수녀는 머리를 끄덕이고 린의 팔에 주사를 놓기 시작했다. 린은 꼼짝도 하지 않았다. 그들은 린의 팔에 반창고를 붙이고 바늘을 고정시켰다. 린의 팔은 침상 옆 난간에 느슨하게 그러나 안전하게 묶였다. 우리는 수녀가 밸브를 조정하는 것을 지켜보았다. 주사액이 방울방울 꾸준히 흐르기 시작했다.

"우리가 아이와 함께 있어도 될까요?" 루이즈가 걱정스럽게 물었다.

"그럼요. 저희 병원은 별도의 면회 시간이 없습니다. 계시고 싶다면 마음대로 계셔도 됩니다. 낮이든 밤이든 괜찮습니다." 루이즈가 마음이 놓인다는 듯 한숨을 쉬었다. 잠시 린이 눈을 뜨고 우리를 보았다.

"넌 지금 병원에 와있어. 괜찮아질 거야. 엄마와 아빠는 너를 여기에 혼자 버려두지는 않을 거란다." 루이즈가 천천히 말했다. 린이 멍하게 쳐다보았다. 루이즈의 말이 채 끝나기도 전에 린의 눈이 다시 스르르 감기고 불안한 반의식 상태에 빠져들었다.

한 시간 동안 우리는 침대 곁에 머물면서 린을 살피고 작은 가슴이 오르락내리락 하는 것을 지켜보아야 했다. 때로 생각하고 싶지 않은 무서운 가능성들에 몸서리치며 린이 회복되기만을 조용히 기도했다.

5일 밤낮을 뜬 눈으로 밤을 새웠다. 린이 부스스 몸을 추스르거나 눈을 뜰 때마다 우리는 린에게 말을 걸었다. 아이의 손을 잡고 이마를 쓰다듬어주고 등을 문질러 주고 토닥거려 주었다. 우리는 의사전달을 하고자 애를 썼다. 아이가 눈을 감고 있을 때에도 우리가 거기 있다는 것을 알려주려고 애를 쓰기도 했다. 가끔 한 번씩 린이 잠에서 깨어 아직도 우리가 자기 침대 곁에 있는지 확인하고 다시 잠에 빠져들었다. 잠이 들었다가 깨곤 하는 변덕스러운 토끼잠을 자는 것이었다.

간호사들이 들락거리며 링거를 체크하고 바늘을 점검했다. 린의 체온을 재고 맥박을 기록했다. 우리는 그저 약간이라도 우려나 희망의 낌새를 알아차려 보려고 그들의 침착한 얼굴을 주시했다. 이틀 동안 린의 팔에 너무 많은 바늘 자국이 생겨 이제는 더 이상 바늘을 꽂을 자리를 찾기 어려울 지경이었다. 그래서 양쪽 발에 각각 차례로 반창고와 튜브가 부착되었다. 린이 약간 저항하는 듯한 기색을 보였지만 다시 잠이 들었다.

목요일 아침 수업을 마치고 급하게 점심을 먹은 후 루이즈와 교대하기 위해 병원으로 갔다. 그 전날 밤, 프리드만 박사는 우리에게 린이 스스로 잘 견디고 있다고 말해 주었다. 그 애의 체온도 더 이상 오르지 않고 있었다. 린은 아직도 심하게 아픈 상태이긴 합니다. 그는 마치 우리의 희망을 현실에 맞게 낮추려는 듯 조심스럽게 낙천적인 태도를 보이며 말했다.

린 생각에 골몰한 채 나는 병원 앞에 차를 세우고 입구를 향해 길을 건너기 시작했다. 10여 미터 앞에 한 남자와 두 명의 여자가 걸어가고 있었다. 나는 그들이 좀 이상하다는 것을 눈치챘다. 그들은 빠르고 활기찬 동작으로 서로에게 몸짓을 주고받고 있었다. 농인들이었다. 조용한 대화가 이 사람에게서 저 사람에게로 옮겨다녔고 그에 따라 그들의 머리가 이리저리 움직였다. 그들의 얼굴을 보았다. 입술은 거의 움직이지 않았다.

그러나 얼굴 표정의 변화는 손으로 이루어지는 대화에 풍성한 의미를 더해주고 있었다. 나는 발길을 멈추었다. 그들은 실제로 대화를 하고 있었던 것이다! 서로 주고받으면서!

나는 넋을 잃고 지켜보았다. 다섯 살 때 교회에서 수화를 본 이후로 성인 농인들이 이런 식으로 대화하는 것을 또 본 적이 없었다. 불과 몇 초의 시간이 지나갔을 뿐인데 나는 이상하고 신비한 이 언어가 효과적으로 사용될 수 있다는 것을 알게 되었다.

그리고 린에 대해 생각했다.

그들이 린과 대화할 수 있을까? 나는 달려가서 그들을 멈춰 세우고 싶었다. 큰 소리로 "잠깐만요! 우리 딸과 이야기를 좀 해주실 수 있을까요?"라고 외치고 싶었다. "우리 아이가 지금 아파요. 병으로 죽을 수도 있다구요! 하지만 우리 아이는 당신들처럼 귀가 들리지 않아요. 그래서 우리는 아이에게 상황설명을 해 줄 수가 없어요! 우리말을 이해하지 못하니까요!"

나는 좌절감에 길가에 멈추어 섰다. 그들의 손과 팔이 날갯짓 하듯 계속 움직였다. 그들이 이 제스처를 린에게도 사용할 수 있을까? 우리 아이가 이들의 이상한 언어를 이해할 수 있을까? 저들이 린에게 우리의 사랑을 전해줄 수 있을까? 무슨 일이 일어나고 있는지, 지금 있는 곳이 어디인지를 설명해 줄 수 있을까? 프리드만 박사가 할 수 있는 모든 일을 다 하고 있다고 아이를 안심시켜 줄 수 있을까?

그때 갑자기 이런 생각이 떠올랐다. 그런데 어떻게 부탁을 하지? 그들이 독화나 말을 하지 못할지도 모른다.

이들은 몸짓을 사용하는 종류의 농인인 것이다. 나는 그들이 길모퉁이를 돌아 사라지는 것을 지켜보았다. 당황스러움과 걱정, 무력감과 함께 내가 이해할 수 없는 언어를 사용하는 저 이방인들처럼 린과도 분리된 듯한 기분을 느끼면서 나는 천천히 길을 건너 병원 안으로 발길을 재촉했다.

린의 체온이 드디어 내려갔다. 린은 이제 우리가 말을 하면 미소를 지었다. 루이즈가 사진을 들어올렸고 린은 알아보고 독화를 할 수 있는 말들을 입모양으로 말했다. 프리드만 박사가 와서 린을 방에서 데리고 나갔다. 박사는 다시 한 번 뇌척수액 검사를 하자고 했다. 린이 힘없이 울며 소리치는 것이 들렸다. 간호사들이 아이를 잡아 눕히고 바늘을 꽂는 모습이 머릿속에 그려졌다.

"린의 척수액이 맑아졌군요." 돌아온 프리드만 박사가 말했다. "주 보건부 검사실에서 정확한 감염원인을 밝혀내지는 못했어요. 하지만 잘 회복되고 있습니다. 그래도 체력을 완전히 되찾으려면 몇 주가 지나야 할 겁니다."

토요일 오후에 루이즈는 린을 모포로 감싸안고 차에 탔다. 집에 도착해서 오랜만에 드디어 린을 자기 침대에 눕혔다. 우리는 아이가 눈에 익은 주위 모습을 보고 기뻐하고 있음을 알 수 있었다. 그 다음 한 주 동안 린은 대부분의 시간을 침대에 누워서 보냈다. 주말이 되자 린은 밖에 나가 놀고 싶어했다. 그렇게 수 주일이 지나고서야 아이는 체력을 완전히 회복했다. 조지와 프랜이 짧은 캠핑여행을 가자고 제안했고, 우리는 함께 가기로 결정했다. 우리는 오전 여섯 시에 유진을 떠났다. 우리 아홉명 모두가 조지의 승합차에 올라탔다.

몇 시간 후 우리는 윌라멧 정상에 도착했고, 거기서부터는 조지의 안내로 비포장길을 따라 윌라멧 국립공원 깊은 곳으로 들어갔다.

우리는 일렬종대로 서서 느린 속도로 출발했다. 린은 프랜과 그집 아이들인 짐과 댄 뒤에 바싹 붙어 갔다. 짐은 호리호리했으나 댄은 몸집이 크고 키도 커서 린이나 브루스가 상대적으로 작아 보였다. 조지가 앞장서고 나와 루이즈가 후미를 지키며 걸었다. 행군이 시작된 지 30분쯤 지나 세 소년이 목청껏 노래를 부르기 시작했다.

"Flea, flea fli flo[14]
Eni mini deci meni ouwa..."

우리 모두는 다 웃음을 터뜨렸다. 린만 빼고 모두 다. 린은 우리를 둘러보며 살폈다. '뭐 웃을 일도 아니네.'라고 생각하는 것 같았다. 우리는 십 분마다 휴식을 취했고, 그때마다 다른 사람이 선두에 섰다. 린의 차례는 등산로의 한 갈림길 근처에서였다. 그 애는 다른 사람과 똑같이 잘 할 수 있다는 것을 보여주듯이 맨 앞으로 가서 뒤를 돌아보지 않고 씩씩하게 걸어갔다.

"오른쪽 길로 가야해요." 조지가 뒤쪽에서 소리쳤고, 우리 모두는 멈추어 섰다. 이번에도 린은 제외되었다. 린은 기분 좋게 계속 걸어갔다.

"린! 거기서! 그 길로 가면 안돼." 두 번째로 걷고 있던 짐이 외쳤다. 나는 잠시 기다리면서 쫓아가지 않아도 된다면 얼마나 좋을까 하는 생각이

---

14) Flea fly flo song : 캠핑이나 놀이용 노래로, 노래 리듬에 맞춰 비슷한 발음의 단어들을 연결하여 부르는 노래이다. 다양한 변형이 가능하여 여러 버전이 존재한다. 비슷한 예를 들면, '원숭이 엉덩이는 빨개 빨강은 사과 사과는 맛있어~' 같은 노래를 들 수 있다.

들었다. 마침내 린이 뒤를 흘깃 보고 우리 모두가 십여 미터 뒤에 있는 갈림길에서 서 있는 것을 보았다. 즉시 사태를 파악한 린은 당황한 표정으로 미소를 지으며 두 주먹을 불끈 쥐고 허공을 치는 시늉을 했다. 재빨리 돌아와서 다시 선두에 서서 오른쪽 길로 우리를 인도했다.

등산로는 약간 오르막이 되었다. 한참 올라가 평평한 곳에 다다르자 작은 호수 하나가 저 밑에서 햇빛을 받아 반짝이고 있는 것이 보였다. 무성한 소나무 숲으로 에워싸인 호숫가에는 커다란 통나무들이 쓰려져 십자를 그리며 여기저기 포개져 있었고, 나무 머리 부분이 물에 잠긴 채 호숫가에 널브러져 있는 것들도 보였다.

"여기가 점심 먹을 곳이에요." 댄이 말했다. 우리는 배낭을 나무 기둥에 기대놓았다. 우리는 높이가 제멋대로인 통나무들 위에 대충 원을 그리고 모여앉아 정신없이 점심을 먹기 시작했다. 나는 팔과 얼굴에 달려드는 모기들을 철썩철썩 손바닥으로 쳐서 쫓았다. 린이 내가 하는 대로 정확하게 흉내 내자 모두가 웃었다.

"여기는 정말 조용해요." 누군가 말했다. 모두 식사를 중단하고 귀를 기울였다. 바람이 나무들 사이를 휘파람 소리를 내며 지나갔다. 호수 위에 물결이 가볍게 오르락내리락 할 때마다 통나무들이 삐걱거리는 소리를 냈다. 호수 저편 멀리서 딱따구리의 나무 쪼는 소리가 "따다닥따다닥" 하고 들려왔다.

모두가 말없이 조용해졌을 때 짐이 양손을 컵 모양으로 만들어 입에 대고 호수 맞은편에 솟아있는 절벽을 향해 "안녕!"하고 외쳤다. 즉시 메아리가 되돌아왔다. 그러자 브루스가 손을 모아 입에 대고 "브루스!"하고 외쳤다. 이내 자기 음성이 메아리쳐 오자 얼굴에 활짝 미소가 피어올랐다.

"아빠도 들었어요?" "브루스!" 브루스는 다시 손을 입에 대고 외치고는 메이리가 되돌아올 때까지 기다렸다. 린이 나도 질 수 없다는 듯이 벌떡 일어나서 손을 컵 모양으로 모아 입으로 가져갔다. 수 초 동안 그렇게 외치는 시늉을 하다가 손을 내리고 사람들을 둘러보았다. 다른 사람들이 그 수직의 화강암 절벽을 상대로 자기 음성을 테스트하는 동안 린은 흥미를 잃고 엄마 옆으로 가 통나무 위에 앉았다.

우리는 그곳에서 야영을 하며 봄을 즐기고 나서 승합차를 세워둔 곳까지 등산로를 따라 걸어 돌아왔다. 유진으로 돌아오는 차 안에서 나와 루이즈는 맨 뒷자리에 앉아 브루스와 짐, 댄과 멜린다를 차례로 바라보았다. 멜린다는 브루스 또래의 여자아이였다. 그들은 모두 함께 넓은 중간 좌석에 앉아있었다. 짐과 댄은 가을이면 중학교와 고등학교 과정을 각각 시작할 것이었다. 그들은 브루스의 영웅이었다. 브루스는 그들을 어디든지 따라다녔다. 린은 앞좌석의 조지와 프랜 사이에 앉아 있었다. 자기 뒤에서 나는 시끄러운 소리를 전혀 의식하지 못하고 있었다. 일주일만 더 있으면 우리는 오리건과 이곳의 친구들을 떠나야 할 것이다.

우리는 윌라멧 리버 하이웨이를 따라 한 시간을 이동한 후, 우레 같은 소리를 내며 떨어지는 거의 백 미터 높이의 솔트 크리크 폭포를 구경하기 위해 멈추었다. 물소리 때문에 우리는 고래고래 소리를 지르며 대화해야 했다.

승합차로 돌아와서 짐, 댄, 브루스, 멜린다는 노래를 부르기 시작했다.

"Flea, flea fli flo
Eni mini deci meni ouwa

Ouwa ouwa a meni

Be billi oto bedoto

Be deton dotan

Shhhhhhhhhhhhh"

아이들 넷의 목소리가 차안을 가득 채웠다. 마치 무슨 심오한 의미라도 있는 듯이 한 구절 한 구절 노래를 쏟아놓고 있었다. 그러다 한 번씩 노래를 멈추고 숨을 돌리며 웃어대곤 했다. 그 리듬, 운율, 멜로디에 함께 빠져드는 것이 무척 흡족한 모양이었다.

처음에 린은 아이들이 노래를 하고 있다는 것을 알지 못했다. 그러나 곧 뒤에서 무슨 일이 일어나고 있다는 것을 알아차렸다. 린이 일어섰다. 한 손으로 등받이를 잡고 다른 손으로는 조지의 어깨를 잡고 서서 그 조용한 희극을 지켜보는 것이었다. 린은 언니 오빠들을 흉내 내려고 입술을 움직였다. 다른 애들이 웃으면 그 애도 웃었다. 수 킬로를 가는 동안 가만히 지켜보더니 아이들이 노래를 부르다가 잠시 쉬는 동안 린이 브루스를 보고 싱긋 웃더니 깊게 숨을 들이마시고 힘껏 "브루루우우우우 (BRRRUUUUUU)!"하고 외치는 것이었다.

| 제 16 장 |

구화인가
수화언어인가

구화인가
수화언어인가

"여보, 팻이 왔어요!" 나는 루이즈에게 외쳤다. 브루스가 초인종 소리를 듣고 거실을 지나 현관으로 달려갔다. 7시가 조금 넘었고 이른 11월 저녁의 옅은 어둠이 이미 새크라멘토 하늘을 덮고 있었다. 스타 킹 특수학교의 학부모 모임이 20분만 있으면 시작될 참이었다.

"오늘 밤 린을 데리고 있는 동안 네가 많이 힘들지 않았으면 좋겠구나." 루이즈가 외투를 벗고 있는 팻 컨즈에게 말했다. "늦지는 않을 거야. 학교에 모임이 있어서 가는 거니까. 린은 9시가 되면 자야 돼. 그리고 혹시 문제가 생기면 브루스가 린을 이해시킬 수 있을 거란다."

우리는 린을 모르고 의사소통이 안 되는 사람에게 아이를 맡기는 것이 내키지 않았기 때문에, 16살 소녀인 팻을 알게 된 것이 얼마나 다행인지 몰랐다. 그녀는 우리집에서 불과 몇 집 건너 이웃에 살고 있었다. "팻은 아이들을 잘 다룬답니다." 그녀의 어머니 로이스 컨즈는 우리가 이사온 지 얼마 되지 않아 알게 된 이웃으로 루이즈를 안심시키며 말했다. "게다가 무슨 문제가 생기면 언제든지 제가 달려갈 수 있으니 걱정 마세요."

"안녕하세요!" 스타 킹 특수학교 교장인 프레드 호케트씨가 넓은 교실

문 앞에 서서 학부모들을 맞이했다. 낮에는 가운데에 칸막이를 두어 두 개의 유치부 교실로 쓰는 방이었다. 황금빛 모직커튼 덕분에 방안에 기분 좋은 분위기가 만들어졌다. 우리는 린의 담임인 콘클린 부인 옆에 자리를 잡고 앉았다. 잠시 기다리는 동안 몇 사람이 더 들어왔다. 20여명 남짓한 학부모들이 거의 대부분 초면이었다.

우리가 새크라멘토로 옮겨온 것은 아메리칸 리버 대학의 일자리 때문이었지만 스타 킹 특수학교의 존재도 중요한 이유였다. 브루스에게는 우리가 어디로 이사를 가든지 그리 중요하지 않았다. 그에게는 어디를 가도 학교와 친구들이 있기 때문이었다. 그러나 린의 경우는 달랐다. 그 애의 앞날을 위해서 세심한 조사와 주의 깊은 계획이 필요했다. 강의할 수 있는 자리가 생길 때마다 나는 즉시 청각장애아 교육을 위한 현지 프로그램에 관해 문의 편지를 보냈다.

그 학교가 구화교육을 실시하고 있는가? 청각장애아들을 위한 특수 학급이 여섯 살이나 여덟 살이면 끝나는가? 앞으로 수년 내에 우리가 린의 학교 문제로 다시 이사해야 하는 것은 아닌가? 학교가 구조적으로 청각장애아들과 일반 아이들을 같은 학급에 수용하도록 하고 있는가? 우리는 이사한 지 얼마 되지 않아서 린을 기숙학교로 보내야 한다거나 다시 이사를 해야 할 일이 생기는 걸 원치 않았다.

스타 킹 학교로부터 받은 답장은 호케트 교장이 직접 보내준 것으로 우리에게 좋은 소식들이 많이 담겨있었다. 학교는 언어 및 청각장애를 지닌 100여 명의 학생들을 가르치고 있었다. 교사들은 존 트레이시 클리닉, 갈로뎃 대학교, 클라크 청각장애아 학교에서 교육받은 사람들이며, 고등학교 과정에서는 청각장애아들이 일반아동들과 통합된다는 등의 내용이 적혀있었다. 가장 중요한 것은 이 학교에서는 모든 사람이 오직 구화방식에만 전념하고 있다는 것이었다.

"여러분 모두를 환영하는 바입니다."

학교의 전임 임상심리학자인 메이슨 박사가 말했다. "오늘은 부모님들께서 청각장애 자녀를 키우면서 겪게 되는 규율 문제에 관하여 논의해 볼까 합니다. 도움이 되시면 좋겠습니다. 소규모로 그룹을 나누어 토의를 했으면 하는데요, 우선 그전에 바버라 시먼스가 공지사항을 하나 전하겠습니다." 그는 한 여성을 향해 머리를 끄덕이고 자리에 앉았다. 삼십대 초반의 절도 있는 태도를 지닌 매력적인 여성이 왼쪽 두 번째 줄에서 일어났다. "우리 학교의 관심 있는 학부모님들과 지역의 농인들이 내일 밤 모임을 열 예정입니다. 우리는 총체적 의사소통과 구화 및 입술읽기와 함께 수화를 사용하는 문제에 관하여 토론하게 될 것입니다. 저희들은 우리 농 자녀들과의 의사소통을 개선하는 방안에 관심을 갖고 있습니다. 함께 하고 싶으신 분은 환영합니다. 장소는 F가 셔터병원이고 시간은 저녁 7시 30분입니다."

야릇한 침묵이 흘렀다. 아무도 말하지 않았다. 그 짧은 공지사항이 담고 있는 함축된 의미가 참석한 모든 사람의 마음에 파고들면서 긴장감이 더욱 커지는 것을 느낄 수 있었다. 메이슨 박사가 부스스 털고 일어서서 토론 진행방식을 알려주었다. "한 그룹에 여섯 분까지만 허용됩니다. 그리고 한 그룹에 교사 한 분이 함께 하게 됩니다. 그룹별 토의는 약 삼십 분간 진행하고 다시 여기 모여 토의내용을 나누도록 하겠습니다." 그가 빠른 어조로 말했다. 시먼스 부인이 말했던 공지사항에 관한 논평을 굳이 피하고 있음이 역력했다.

우리가 일어서기 전에, 콘클린 부인이 루이즈에게 몸을 숙이고 낮은 음성으로 말했다. "두 분께서는 구화방식을 지지하시죠, 그렇죠?" 루이즈가 머리를 끄덕이자 그녀는 계속 말했다. "우리 학교는 구화학교이고 우리도 학교가 계속 그렇게 있어주기를 바라고 있답니다. 저 같으면 수화를 사용하기를 바라는 학부모들과는 어울리지 않겠어요."

학부모들이 수화에 관심을 갖는다는 것이 우리에겐 이상하게 보였다. 왜 저 사람들은 네다섯 살 아이들에게 그런 공부를 시키려고 할까? 아마 그 아이들에게 다른 문제들이 있는지도 모르지. '입술읽기를 할 수 없다든지.' 하고 나는 혼자 생각했다. 코비나에서 린과 같은 반에 있었던 한 여자아이가 생각났다. 그 애는 한두 마디 밖에는 알아듣지 못했었다. 여기 스타 킹을 다니고 나서도 말을 하지 못하는 아이들에 관해서 우리는 들어본 적이 있었다. 교사들 중 수화를 알고 있는 유일한 교사의 주장에 따라 의사소통을 할 수 있을 만큼 말을 하지 못하거나 입술읽기를 잘하지 못하는 여섯 명의 12세 아이들을 위한 총체적 의사소통 학급이 인근 학교에 설치되었다는 것이었다. 그러나 열두 살이 되어서도 말을 하지 못하는 것은 다섯 살 때 말을 하지 못하는 것과는 같을 수가 없는 것이다.

루이즈와 나는 교실 한쪽 귀퉁이로 의자를 옮겼다. 거기에는 이미 여러 사람이 작은 타원형 탁자에 의자를 갖다 놓고 앉아있었다. 유치부 교사인 가빈 부인과 바버라 시먼스, 그리고 몇몇 다른 학부모들이 우리와 합류했고 우리는 모두 자기소개를 했다.

"댁에서 자녀의 나쁜 버릇 때문에 골치가 아픈 분이 계시나요?" 가빈 부인의 질문으로 토론이 시작되었다.

나는 마루바닥을 내려다보기만 했다. 마침내 침묵이 깨진 건 루이즈

건너편에 앉은 여성이 말을 해서였다. "우리 아들이 말을 듣게 하기가 힘들어요. 가령 잠잘 시간에 자는 것 같은 거요. 아이가 고집이 세거든요. 하지만 대체적으로 아이가 이해를 하지 못하는 것 같아요. 다른 두 아이들과는 이런 문제가 없었어요. 물론 둘은 듣는 아이들이긴 하지만요."

잠시 뜸을 들였다가 가빈 부인이 말했다. "제 생각으로는 우리가 가끔 청각장애아들을 다르게 대하는 이유는 그들이 다르다고 생각하기 때문인 것 같아요. 하지만 그 아이들도 일반아이들과 똑같이 다뤄야 합니다. 아이들에게 순종을 기대해야 하고, 순종을 요구해야 해요. 아이들이 '잠자리에 들어라.'처럼 단순한 규칙을 따르기 위해서 그 규칙을 이해해야 하는 건 아니에요."

"우리는 딸아이 때문에 애를 먹고 있습니다." 내가 끼어들었다. "우리는 아들에게 했던 대로 딸에게 하려고 애를 쓰긴 하지만 가끔 린이 이해를 하지 못한다는 생각이 들곤 합니다. 그래서 우리는 아이에게 유익한 쪽으로 생각하기로 했답니다. 설명을 해주려고 노력을 하지만 계속 말을 듣지 않으면 강압적인 방법에 의존하는 겁니다."

"이런 문제가 다른 부모님들께도 있나요?" 가빈 부인이 물었다. 두 사람이 머리를 끄덕였다.

그 때 젊은 여성 하나가 적갈색 외투를 끌어당겨 몸을 감싸면서 말했다. 그녀는 느린 말투로 말을 하면서 시선을 이리저리 움직였다. "글쎄 말이죠. 저는 청각장애를 가진 아들에게 못되게 굴기가 더 쉽더군요." 그녀는 머뭇거렸다. "다른 아들하고는 많이 달라요. 저는 제프와 전혀 의사소통이 안돼요. 내가 뭔가 하라고 하면 말이죠, 예를 들어 잠옷을 입어라 라고 말하면서 시범을 해 보여요. 그리고 다시 말하죠. 그 앤 싫은 기색을 보여요. 그게 하루에 열 번씩 있는 일이고, 매일 그런 상황이 반복된다면 지겹지 않겠어요? 나는 아이를 붙잡고 강제로 잠옷을 입혀요. 그 애는 발길질을 하거나 물어뜯고 야단법석을 피우죠. 내가 엉덩이를 때리기라도 하면 그 애는 손을 잡아 비틀고 발길질을 해대곤 합니다. 어쩌다보면 손이 미끄러져 그 애 얼굴을 때리거나 머리통을 내리칠 때도 있어요. 그럴 때면 나도 그만 기분이 언짢아지고 죄책감도 느끼게 된다구요. 제가 어떻게 해야 하는 거죠?" 그녀는 자신의 손을 내려다보았다. 적갈색 외투를 워낙 세게 잡고 있어서 손가락 마디가 하얗게 변해 있는 자신의 양손을 회한과 분노의 눈물을 흘리며 보고 있었다.

  그녀 뒤로 린과 다른 아이들이 매일 외투를 걸어두는 벽에 붙은 고리들과 책들이 꽂혀 있는 책장이 보였다. 스웨터 하나가 아직 고리에 걸려 있었다. 비올 때 신는 장화 한 켤레가 바닥에 놓여있는 것도 보였다. 넓은 교실 여기저기에 흩어져 있는 다른 모임에서 나오는 음성들이 들렸다. 그 순간 우리가 거울을 통해 우리 자신을 바라보면서 우리의 행동을 선명하게 관찰하고 점점 빈번해지는 린과의 다툼의 원인을 투시하고 있는 듯한 착각에 빠져들었다. "자, 이제 목욕할 시간이야."라고 말하면 곧장 발길질과 울부짖음이 시작되고 욕조에 들어갈 때까지 싸움이 계속되고, 일단 욕조에 들어가면 나오려 들지 않는 것이다. 우리 전신에 물을 튀게 하고 수도꼭지를 잡고 매달린다. 우리가 그 아이에게 저녁을 먹으러 오라고 몸짓을 하고 부르면 오기는 하면서도 의자에 앉으려고 하지는 않는다. 앉더라도 음식에는 손도 대지 않는 것이다. 이런 일들이 무슨 이유에서건 거의 매일 일어난다. 그러나 린의 전쟁은 가끔 린의 자발적인 협조 덕분에 유쾌한 휴전이 사이사이에 존재한다.

우리 모임과 가빈 부인은 그 문제를 여러 각도에서 토론했다. 제시된 모든 해결책들은 우리가 이미 전에 들어본 적이 있는 것들이었다. 질문은 입술읽기와 언어치료로 옮겨갔다. 그리고는 어떤 사람이 자기 딸에게 보청기를 계속 착용하게 하는 데서 오는 어려움을 이야기했다.

그때 나는 거의 아무 생각 없이 물었다. 수년 동안 나를 괴롭혀 왔던 질문이었다. 마치 그 답을 찾기를 원하지 않는 것처럼 회피하고 마음속에서 지워 없애고자 했던 바로 그 질문이었다. 말을 하고 있는 그 순간에도 나는 왜 우리가 린이 청각장애라는 것을 처음 확인했을 때 이 질문을 해보지 않았을까하고 생각했다.

"얼마나 많은 청각장애아들이 또렷하게 말하고 우리가 하는 모든 말을 입술읽기로 할 수 있게 됩니까? 그리고 실제로 얼마나 오래 걸리나요?" 나는 가빈 부인을 바라보았다.

가빈 부인은 잠시 침묵했다. 수초가 지난 후 망설이며 말하기 시작했다. "정확한 수치에 관해서는 확실히 말할 수 없지만, 과거에는 선천적인 청각장애아들의 기록은 별로 좋지 않았습니다. 왜냐하면 그 아이들은 여섯 살 또는 일곱 살이 되어서야 학교에 다니기 시작했으니까요. 그러나 지금은 세 살이나 경우에 따라서는 더 일찍 시작하고 있기 때문에 좋은 결과를 기대할 수 있으리라고 생각합니다. 시먼스 선생, 이 부분에 관한 통계 수치를 알고 계시지요?" 그녀는 바버라 시먼스 부인을 똑바로 바라보며 말했다.

"글쎄요. 통계상으로는 그렇게 고무적이지 않습니다." 시먼스 부인이 머리를 저으면서 말했다. "최근의 연구들을 보면 선천적 청각장애아 중 불과 5%만이 이해가능한 말을 할 수 있게 된다고 합니다. 십오 년 동안 교육을 받아도 이해하기 어려운 말을 하는 경우가 대부분입니다." 그녀가 말을 하는 동안 우리 사이에 무거운 침묵이 엄습했다. 손가락 하나 움직이지 않고 숨소리조차 멎은 것 같았다. 나는 앉은 채 몸을 앞으로 숙였다.

"모든 말을 다 입술읽기 할 수 있는 사람은 없습니다." 그녀는 말을 계속했다. "입술읽기에 숙련된 사람, 그나마도 대부분 청각장애를 일으키기 전에 말을 배운 사람이 숙련된 결과를 내지만, 그런 사람도 상대방이 하는 말을 사분의 일만 이해해도 성적이 우수한 편입니다."

아들의 엉덩이를 때린다고 말했던 그 엄마가 크게 한숨을 토해냈다. "설마 우리 아들처럼 일찍 학교를 시작한 아이들도 그렇게 형편없다는 말은 아니겠죠?" 그녀는 믿을 수 없다는 눈치로 물었다.

"사실이 그렇습니다. 거기엔 한 살도 못되어 시작하는 아이들까지 포함된 수치입니다." 바버라 시먼스 부인은 사무적으로 답했다. 그 후의 그 길고 불안한 침묵이 흐르는 동안 '5에서 10 퍼센트라고? 어떻게 그럴 수 있지?' 내 기억은 제인 브룩스 청각장애아 학교로 되돌아갔다. 루이즈와 함께 교실들을 기웃거리며 청각장애아 특유의 소리들을 듣던 내 모습이 보이는 듯했다. 2, 3학년 아이들이 사용되지 않은 자신들의 음성을 제어하려고 버둥거리는 모습을 지켜보며 서 있는 내 자신의 모습이……

마침내 침묵을 깨뜨리며 내가 가빈 부인에게 시선을 돌리고 물었다. "동의하시나요?" 같이 앉아있던 부모들 중에서 회의론자가 나 혼자만은 아니라는 걸 알 수 있었다. 얼굴을 찡그리며 믿을 수 없다는 표정으로 머리를 흔드는 사람이 여러 명이었다.

"시먼스 부인의 말이 아마 정확할 거라고 생각합니다." 가빈 부인이 답했다. "정확한 숫자는 분명히 알 수 없지만 저는 오랫동안 청각장애아들을 가르쳐 왔습니다. 유치부에서 일 년을 배우고 다섯 살이 될 때쯤이면 그 애들이 이해가능한 말을 하게 될 것인지 아닌지를 확실하게 판단할 수 있게 됩니다. 대부분은 결코 그렇게 되지 못하지요."

"그러면 결코 그렇게 되지 못할 거라고 확실하게 판단할 수 있는 다섯 살 아이들은 어떻게 하시나요?" 나는 내 귀를 의심하며 물었다.

가빈 부인은 방바닥을 내려다보았다. 그녀가 다시 부모들을 바라보며 말했다. "글쎄요. 백퍼센트 확신할 수는 없는 노릇이지요. 우리는 계속 노력을 해야 합니다. 아이가 자란 후에도 구화적으로 의사소통을 할 수 없으면, 즉 십대에 이르러서도 구화적인 의사소통이 안 되면 주립 기숙학교로 보내는 게 상책입니다."

다시 한번 침묵이 흐르고 나서 메이슨 박사가 각 그룹들에게 해산하여 교실 앞으로 모여 달라고 안내했다. 모임의 나머지 부분에 관해 내가 기억하는 단 한 가지 일은 호케트 교장이 자기가 속했던 모임에서 있었던 토론에 관해 보고하면서 했던 말 뿐이다.

"저희는 울컥 터뜨리는 성질과 순종을 전면 거부할 때 자녀를 다루는 방법에 관해 토론했습니다." 그가 서두를 뗐다. "우리 그룹의 일부 학부모들 말로는 엉덩이를 때려주거나 자기 방으로 쫓아보내도 소용이 없더라는 것이었습니다. 한 학부모께서 비슷한 어려움을 겪고 계시는 분들에게 도움이 될 수 있는 해결책을 제안했습니다."

"그분은 엉덩이를 때려보기도 했고, 아들의 활동을 제한하기도 하고, 특전을 빼앗기도 했다는군요. 그리고 때로는 어떻게 할 줄 모르게 돼서 아이가 원하는 대로 양보하기도 했는데, 어느날 뜻하지 않게 그 못된 성질을 부리는 일이 일어났답니다. 어머님도 한계에 도달한 거죠. 그래서 아들이 요지부동으로 말을 들으려 하지 않자 화가 치밀어 어쩔 줄 모르고 아이를 붙잡고 강제로 샤워기 밑으로 밀어넣었다는 겁니다. 옷을 입은 채 샤워를 틀어 차가운 물이 쏟아지게 했습니다. 삼십초쯤 지나서 샤워기를 잠그고 아이를 데리고 나와 닦아주기 시작했습니다. 그런데 그 울컥증이 가라앉아 있더랍니다. 어머니가 아이의 옷을 갈아입히는데 아들이 더할 나위 없이 고분고분해져 있더라는 군요."

  집으로 오는 동안 내내 나는 모임에서 나눈 내용에 대해 줄곧 생각했다. "5퍼센트 또는 10퍼센트만이 그렇게 할 수 있게 됩니다." "그 아이들이 다섯 살쯤 되면 이해가능한 말을 하게 될 수 있을지 판단할 수 있습니다." 우리 린이 해낼 수 있을지 여부도 그럼 판단할 수 있단 말인가? 우리가 어떤 보이지 않는 징후를 간과하지는 않았을까? "린은 입술읽기에 있어서는 비범한 아이예요." 린을 그런 식으로 묘사한 교사는 한둘이 아니었다. 그런데도 그 애가 말을 하지 못할 수도 있을까? 지금 이 나이에 어떻게 그걸 알 수 있겠는가? 계속 노력할 가치가 있는 일이 아닐까?

  루이즈와 나는 다음날 저녁 셔터병원에서 모이는 소위 그 관심 있는 학부모 집단에 관해 궁금한 생각이 들었다. 그 사람들은 왜 포기하는 걸까? 그들 대부분이 나이 많은 장애아들의 학부모인가? 그 아이들은 너무 늦게 시작한 것일까?

  집에 도착해서 나는 팻 컨즈에게 수고비를 지불하고 집에 데려다 주었다. 돌아올 때 보니 우리집은 특히 고요해 보였다. 루이즈가 좁은 부엌에 앉아 있었다. 참나무 식탁 위에는 김이 모락모락 나는 커피잔이 놓여있었다. 루이즈가 내 몫으로 커피 한 잔을 더 따라 주었다. 나는 의자에 걸터앉아 오래도록 입을 다물고 침묵을 지키기만 했다.

마침내 루이즈가 말했다. "여보, 우리 상황이 좋은 것 같지 않군요. 린은 지금 말을 하지 못하고 있는데 영영 못할 수도 있다는 거 아니에요. 사실 그 애가 올해 학교에 다니기 시작하고부터 오히려 퇴보한 것 같기도 해요."

나는 천천히 커피를 홀짝홀짝 마셨다. 할 말을 찾으면서 증거들을 재검토하면서 나 자신의 감정을 추슬러보려고 애를 쓰면서 말이다. 처음으로 나는 말하기와 입술읽기를 위해서 워낙 열심히 노력했기에 실패할 수도 있다는 사실을 미처 생각하지 못했다는 것을 깨달았다. 몇 달만 더 있으면 린은 다섯 번째 생일을 맞게 될 것이다. 그런데도 그 애는 말을 하지 못했다. 그 애가 하는 몇 마디 말이래야 그저 우리와 소수의 가까운 친구들이나 이해할 수 있을 뿐이었다. 그 애가 입술읽기를 할 수 있는 건 흔한 물건들의 이름과 자주 쓰는 동사들뿐이었다. 우리의 노력과 린의 용감한 도전이 실패하고 만다면 어떻게 될 것인가? 그렇게 되면 무엇을 해야 할 것인가? 대안은 무엇인가? 손언어, 수화, 지화와 같은 신비스럽고 근접하기 어려운 표현들에 감싸여 있는 그 대안이라는 것은 내 마음 속에 동물적이고 비인간적인 이미지들을 떠올리게 했다. 생각하기조차 두려웠다. 나는 그것들을 린을 위한 대안으로 생각하고 싶지 않았다.

3년 동안 우리는 '모든 청각장애아들은 입술읽기를 배워서 또래의 일반 아이들과 거의 똑같이 말 할 수 있다.'는 주장을 인정하고 있었다. 여기에는 조건이 있었다. 우리도 그것을 알았다. 그건 일찍 시작해야 한다는 것과 완벽한 구화환경이 갖추어져야 한다는 것이었다. 우리가 린에게 이 두 가지 중 어느 것도 해주지 않은 것이 없었다. 그런데 이제 정반대가 되는 증거에 봉착해 있는 것이다. 아니면 그건 풍문에 지나지 않은 것인지도 모른다. 분명히 청각장애아들의 95퍼센트가 의사소통을 할 수 있을 만큼 말을 배우지 못한다면 그러한 사실들은 알렉산더 그레이엄 벨 협회 잡지에 보도되었을 것이다. 나는 내가 읽었던 〈볼타 리뷰〉에서 그런 가능성에 관하여 암시 정도라도 하는 기사는 단 한 건도 본 적이 없었다.

나는 식탁에서 일어나 커피를 더 따르고 다시 앉았다. "그래, 무슨 다른 길이 있겠소?" 나는 의심을 품는 내 자신에 대해 당혹감을 느끼면서 물어볼 것이 있으면 물어보라는 식으로 루이즈를 보며 무심히 물었다. "우리가 여기서 포기하고 기숙학교에 보낼 수야 없지. 린이 교육다운 교육을 받고 남보란 듯이 취직도 하고 가정도 일굴 수 있으려면 우리는 그 애를 건청인들의 세계에서 살게 해주어야 해. 그건 우리가 여기서 물러설 수 없다는 뜻이에요. 어려운 것은 일상적인 일일 뿐이야. 어떤 날은 전혀 나아진 게 없는 것 같지만, 린이 우리가 생각하는 것보다 더 잘 해나가고 있다는 게 내 생각이오. 잠자는 일만 해도 그렇지 않아요? 불과 몇 개월 전만 해도 우리는 그 애가 바른 태도를 배우지 못할 거라고 생각하지 않았소?"

루이즈가 머리를 끄덕였다. 내 자신이 실망을 물리치려 했던 그 순간에도 나는 그녀가 느낀 실망을 인식할 수 있었다. 린은 결국 자기 침대에서 밤새 잠을 잘 수 있게 되었다. 일 년 이상 우리는 그 애가 매일 밤 찾아오는 것을 놔두었다. 그 문제는 우리가 남부 캘리포니아에서 새크라멘토로 이사를 한 후에도 계속되었다. 일주일에도 여러 차례씩 린은 한밤중에 우리 방에 들어와서 우리 침대 옆에 침낭을 펴고 거기에서 아침까지 자곤 했다. 린의 잠버릇을 바로 잡기 위해 어떻게 해야 할까? 우리 두 사람은 수많은 밤에 그 질문을 했다. 그러나 해답은 우리를 피해가기만 했다. 마침내 우리가 새로운 이웃들과 사귀고 친해지고 린도 환경에 익숙해지고 학교생활을 즐기기 시작한 후에 우리는 한 번 더 노력해 보기로 했다. 우리는 린을 안고 다시 자기 방으로 데려다 놓고 우리가 원하는 것을 설명하려고 애를 썼다. 린이 자기 방에서 아침까지 잘 자는 날도 있었는데 그것은 매일 밤 이렇게 될 수 있다는 우리의 희망을 강화시켜 주었다. 그런 드문 일이 있던 날 아침에는 즉, 침낭이 비어있는 아침에는 우리 발길이 린의 방으로 내달았고 우리는 아이의 침대 곁에 서서 아낌없는 칭찬을 베풀면서 그 성취가 얼마나 중요한지 그 인상을 린의 뇌리 속에 오래오래 남겨놓으려고 노력했다. 그러나 그러한 우리의 열성도 그 아이에겐 여전히 이해할 수 없는 일이었다.

　우리는 신통한 방법을 하나 생각해냈다. 어느 날 저녁 린이 잠든 후에 내가 그 방에 들어가서 그 애의 잠든 모습을 사진으로 찍었다. 인화된 사진이 도착하자 루이즈가 그것을 사용하지 않고 두었던 달력에 붙여서 린의 방에 린의 눈높이에 맞춰 걸어놓았다. 침대 가까운 벽에 그 달력을 걸자 린은 자기 사진을 보고 손가락질하며 웃었다. 그 때부터 그림을 보고 머리를 끄덕이며 린을 가르치는 취침 의식이 매일 같은 시간에 엄수되기 시작했다.

　"너는 이제 네 침대에서 밤새 잘 수 있을 거야. 이제 다 컸으니까 말이야." 그 애의 눈빛은 어느 정도 이해가 간다고 말하는 것 같기도 했다.

　"루이즈! 린이 밤새 자기 침대에서 잤어!" 나는 잠에서 깨어 루이즈에게 말했다. 사진을 그 애 방에 걸고 일주일 만에 일어난 일이었다. 우리는 함께 린을 보러 갔다. 루이즈가 냉장고 위에서 황금색 별모양의 스티커들이 들어있는 상자를 내려 가지고 갔다. 린이 눈을 떴을 때 우리 두 사람은 침대 곁에 서서 만면에 미소를 띠우며 그 애의 장한 일을 알아준다는 것을 아낌없이 드러내며 서 있었다.

"린, 네가 네 방 네 침대에서 잠을 잤구나!" 루이즈가 그렇게 말하며 린을 따뜻하게 꼭 껴안아주었다. 그리고는 린의 사진이 붙은 그 달력이 걸린 곳으로 함께 린을 데려갔다. 좀 요란스럽게 린의 성취를 기록하기 위해서였다. 루이즈가 금별 하나를 주면서 린이 자고 있는 그 사진 밑에 숫자가 적히지 않은 첫 날짜란을 가리켰다. 린은 완전히 흡족한 표정으로 금별에 침을 발라 엄마가 지정한 칸에 붙였다. 그 이후 린은 자기 방에서 밤새 잠을 자고 일어난 27일 동안 매일 아침 금별 하나씩을 보태어 나갔다. 달력의 날짜 칸들이 모두 채워진 후에도 우리는 그 달력을 그대로 벽에 걸어두었다. 우리는 린이 어쩌면 옛날 버릇으로 되돌아갈지도 모른다고 생각했지만 그 애는 아침까지 제 방 제 침대에서 잠자기를 계속 했고, 드디어 그 사진 붙은 달력이 너무 오래되어 린이 학교에서 그린 그림으로 슬며시 대체되었다.

지금 돌이켜 보면 그렇게도 간단한 해결책을 우리는 우연히 발견했다. 나는 아직까지도 남아있는 문제들에 관해서 생각했다. 우리는 린이 이해할 수 있는 말로 린에게 말하기를 간절히 원했다. 우리가 이해할 수 있는 말로 우리와 의사소통을 하게 할 필요가 있었다. 옷 입기, 목욕하기, 방 청소하기, 들어오고 나가기, 차에서 기다리기, 외투를 찾으러 다시 들어가기, 애들과 놀이를 할 때 차례를 지키기와 같은 일상적인 일들을 다룰 수 있는 공통의 언어를 갈망했다. 린의 혀가 풀리기를 기다리는 동안 우리가 이 문제들 하나하나에 대한 각기 다른 해결책들을 찾아낼 수 있을까?

추수감사절이 지난 어느 날 저녁, 루이즈가 지방신문에서 기사 하나를 보았다. 스스로 스타 킹 특수학교를 우려하는 학부모들이라고 일컫는 집단이 산후안 교육위원회에 청원서를 제출했는데 그들은 교실에서 말 뿐만 아니라 수화도 사용하는 교사를 배치해 달라고 요구했다는 것이다. 그 이유는 자기 아이들이 집에서 원활하게 의사소통을 할 수 있게 해줄 만큼 말하기와 입술읽기를 빨리 배우지 못하고 있어서라는 것이었다.

"이 사람들이 바로 두 주일 전에 셔터 병원에서 회의를 갖는다고 했던 그 사람들이지?" 루이즈가 기사를 다 읽고 나자 내가 물었다. "왜 그렇게 어린아이들과 수화를 사용해서 이야기를 하려고 하는지 이해할 수가 없어요. 우리도 그 사람들이 자기 아이와 의사소통하기 어려운 만큼 린과 의사소통이 어려운데 말이야. 알 수 없어요. 앞으로 2년이 중요할거요. 이제 한 1, 2년이면 말을 하기 시작할 수도 있는 이 시점에 실패를 인정함으로써 말을 배울 수 있는 가능성을 망가뜨리고 싶지 않아요."

3일 후 린이 학교에서 보낸 여러 개의 통지문을 가지고 귀가했다. 우편으로 도착한 신간 〈볼타 리뷰〉와 함께 탁자 위에 놓여 있었다. 통지문 전면을 가로질러 넓게 자리잡고 있는 파란색의 인쇄체 글자들이 내 주의를 끌었다.

구화옹호론 vs 수화옹호론

스타 킹 특수학교의 모든 학부모님을 내일 밤에 열리는 중요한 회의에 초대합니다. 이 회의에서는 구화옹호론과 수화옹호론 간의 논란과 그것이 학교에 어떤 영향을 미칠 것인지를 토의하게 될 것입니다.

시간 : 7:30

부디 빠짐없이 참석해 주시기를 간절히 바랍니다.

나는 〈볼타 리뷰〉를 집어들고 훑어보기 시작했다. 1969년 12월호였다. 목차에 나온 주요 기사는 스웨덴의 특수교육에 관한 소논문과 농 자녀들의 정신 건강을 다룬 기사였다. 나는 페이지를 넘기면서 광고들을 빠르게 훑어보았다. "전자 선물 회사 무선 청력훈련장치" 나는 다음 페이지로 넘어갔다.

신간서적 소개와 비평코너에서 첫 번째 책 제목이 내 눈길을 끌었다. 〈청각장애아들에게 있어서 언어 의사소통의 발달과 교육성취에 손가락 철자(지화)가 미치는 영향〉(스티븐 P. 퀴글리 박사 저). 그 책에 대한 서평은 터커-맥슨 구화학교 교장이 쓴 것이었다.

퀴글리 박사는 6개 공립 기숙학교의 200여명 학생들을 대상으로 순수한 구화방식과 손가락 철자(지화)도 사용하는 수화방식 중 어느 것이 최선의 방법인지를 알기 위한 연구를 했다. 퀴글리 박사에 의하면, 그의 연구는 손가락 철자(지화)를 이용하는 것이 청각장애아들 간의 학교 성적과 의사소통 기술을 개선시킨다는 것을 보여주었다고 했다.

그러나 서평자는 그에 동의하지 않고 용의주도하게 그리고 체계적으로 지적하기를 퀴글리 박사가 의심스러운 가정을 다수 설정하고 있다는 것이었다. 지화를 사용하는 어린이들이 보여준 더 높은 점수의 수행결과는 더 쉽게 수집되고 더 쉽게 조정될 수 있는 기숙학교라는 환경에서 기인한 탓이며, 반면, 순수한 구화방식만을 사용한 제어집단은 같은 환경에 처해 있지 않기 때문에 동일하게 비교할 수 없다고 반박했다.

분명한 일이지만, 그 연구는 치밀한 검토를 해보면 논지가 너무나 허약했다. 퀴글리 박사는 손가락 철자(지화)가 순수한 구화방식보다 더 효과가 있다는 것을 증명하고 싶어하는 것 같았다. 나는 누군가가 이런 종류의 주장을 논박할 수 있다는 데에 기쁨을 느꼈다. 그래서 스타 킹의 소위 우려하는 학부모라는 자들이 〈볼타 리뷰〉를 도대체 읽어본 적이라도 있는지 알고 싶어졌다.

다음날 저녁 나는 학부모 모임에 가기 위해 혼자 집을 나서면서 〈볼타 리뷰〉 12월호를 챙겨들었다. 내가 그 모임에서 의견을 발표할 준비를 한 건 아니지만 구화방식과 수화방식에 관한 논쟁이 달아오른다면 아직 어린 청각장애아들의 경우 손가락 철자(지화)를 사용하는데 반대하는 이들 주장들을 열거해 주는 것은 적어도 가능할 것이었다.

스타 킹 특수학교 안으로 들어서자 여느 때보다 더 많은 자동차들이 아스팔트로 포장된 주차장을 가득 채우고 있었다. 나는 뒤쪽에 앉기로 마음먹었다. 모임이 재미없어지면 슬쩍 빠져나와 집으로 갈 수 있을 것이었다.

| 제 17 장 |

여러분의 자녀는
수화언어를 알아야 합니다

여러분의 자녀는
수화언어를 알아야 합니다

　　나는 차에서 내려 교실과 평행을 이루고 있는 길을 빠른 걸음걸이로 걸어 올라갔다. 스타 킹 학교의 특수교육 담당부서 사무실과 교실들로 통하는 길이었다. 사무실 창문에서 나오는 불빛들이 잔디밭을 가로질러 누런 빛줄기와 짙은 그늘을 드리우며 매일 아침 버스들이 청각장애 학생들을 하차시키는 원형의 차도를 비추고 있었다. 갈색의 금속제 의자들이 열 줄이 넘게 대형 회의실 가운데에 정돈되어 있었다. 낮에는 점심식사를 위한 식당과 체육관으로 사용되는 다목적 강당이었다. 이미 반 이상의 자리에 사람들이 앉아있었고, 남은 사람들은 빈자리로 이동하고 있는 중이었다. 점심식사용 식탁들이 뒷벽에 줄지어 세워져 있었고 한편 구석에는 트램펄린 하나와 텀블링용 매트 더미가 쌓여있었다. 몇몇 학부모들과 교사들이 앞에 모여 서서 이야기를 나누고 있는 중이었다. 알아 볼 만한 얼굴들이 좀 있긴 했지만 터놓고 지내는 사람은 없었다. 린의 담임 선생님은 세 번째 줄에 앉아있었다. 호케트씨는 이곳저곳을 분주하게 옮겨 다니면서 활짝 미소를 짓고 악수를 하면서 학부모들을 반겼다. 루이즈도 함께 왔으면 좋았겠다는 생각을 하면서 나는 실내 전부를 잘 관찰할 수 있는 뒤쪽의 탁자로 직행했다. 출입구 근처의 탁자에 앉으면서 무심결에 시계를 보았다. 7시 25분. 회의는 5분만 있으면 시작할 터였다.

　바로 그때 나는 그들을 보았다! 손을 내질렀다가 거두어들이고 손가락질을 해대거나 비틀고 흔들며 번개처럼 잽싸게 허공을 내려치곤 하는 사람들! 적어도 열두 명은 족히 되는 사람들이 몇 줄 건너 앞쪽에 함께 자리를 잡고 앉아 있었다. 한 여인이 의자를 돌려놓아 그들을 마주보고 양손으로 허공에 문양을 그려대며 소리 없이 한마디 한마디를 말하고 있었다. 마치 언어조차 통하지 않는 낯선 남의 나라에 와 있는 듯한 야릇한 기분이 나를 엄습했다. 실내 여기저기서 학부모들의 호기심에 찬 시선들로 미루어 그들도 나와 마찬가지로 편치 않은 마음임을 알 수 있었다. 대화에 열중하고 있던 사람들도 그 작은 농인 집단에 관해 이야기하고 있는 것처럼 보였다. 학부모도 교사도 아닌 것이 분명한 그 농인 집단은 침입자들임에 분명했다.

　모두 함께 약속이라도 한 듯이 농인들의 손이 일제히 조용히 내려갔다. 그들은 한쪽 끝에 앉아있는 몸집이 큰 중년의 사내를 일제히 돌아보았다. 눈에 잘 띄는 플라스틱 리시버가 한 쪽 귀에서 삐죽이 고개를 내밀고 있었다. 회색 전기선이 옷 속으로 연결되어 있는 것이 보였다. 그는 통역을 하는 여인에게 양손으로 말을 했다. 그의 민첩한 손가락이 가슴 앞의 좁은 공간에서 주먹을 쥐었다 꼬이고 찔렀다가 가리키면서 한 번씩 자신의 머리나 턱에 닿기도 하는 것이었다. 나는 여기저기 반쯤 돌려진 얼굴들에서 흥미를 느끼는 표정과 미소들, 그리고 끄덕이는 머리들을 볼 수 있었다. 그의 손이 멈추고 조용히 무릎 위에 놓여졌다. 모든 시선이 통역자에게로 향했다. 그녀가 손으로 무언가를 말하면서 그 말들을 입모양으로 표현하자 농인들은 머리를 끄덕여 동의를 표시했다. 그녀의 말이 끝나자 보청기를 착용한 그 사내가 요란스럽게 깨지는 듯한 소리로 웃음을 터뜨렸다. 유난히 "농인답게" 들리는 웃음소리였다. 강당 여기저기에서 사람들이 머리를 돌려 바라보았다. 다른 농인 방문자들은 미소를 짓거나 조용히 웃고 있었다. 그리고 그들은 자신들에게 잠시 주어졌던 관심에 대해 알지도 못한 채 그 조용한 대화를 계속하는 것이었다.

"자, 이제 모두 앉아 주시겠습니까?" 호케트 씨가 앞에 서 있었다. 서서히 대화는 잦아들었다. 뒤쪽에 있던 사람들이 빈자리를 찾아갔다.

"오늘 밤 이렇게 많이 와 주셔서 기쁩니다. 이 모임은 우리 모두에게 중요한 일입니다." 그는 이쪽 다리에서 저쪽 다리로 무게중심을 이동하면서 더 조용해지기를 기다렸다. "아시다시피 스타 킹 특수학교는 항상 순수한 구화중심 학교였습니다. 사실 지난 14년 동안 산후안 교육위원회는 청각장애아들을 위한 특수교육 프로그램으로 하나의 순수한 구화 환경을 유지한다는 정책을 계속 견지해 왔습니다."

나는 호케트 교장의 말을 경청하면서도 시선은 농인 방문자들을 위해 통역을 계속 하고 있는 그 여인에게로 다시 돌아가 있었다. 양손이 만들어내는 문양들이 믿을 수 없이 빠른 속도로 흐르고 있었다.

"스타 킹이 미국 전체에서도 가장 우수한 프로그램 중 하나를 대변하고 있다는 것이 우리의 생각입니다. 대부분의 학부모들은 자기 자녀들이 우리 학교에서 거둔 진전에 대해 흡족해하고 있습니다. 대부분의 부모님들께서 자녀들이 구화교육을 받기를 원하고 있는 것이 여러분들과 대화를 나누면서 제가 받은 인상입니다. 소수의 부모님들, 소위 우려하고 있는 학부모들이라고 자칭하는 일부 인사들은 수화로 의사소통하는 학급을 개설해 달라고 교육위원회에 청원을 한 바 있습니다. 그러나 많은 분들은 우리 학교가 순수한 구화학교로 남아 있어야 한다고 생각합니다. 수화를 배우는 농인은 일반적인 세상의 이점들을 누리지 못합니다. 그들은 그저 보잘 것 없는 일자리를 얻을 수 있을 뿐이며 농인 집단 거주지에서 살게 됩니다. 그들은 일반 사람들이 누리는 많은 일들을 놓치고 있습니다. 오늘 밤 우리가 여기 모인 것은 교육위원회에 제출한 이 청원을 토의하기 위해서입니다."

통역자의 몸짓은 양손이 다 사용되는 것으로 일종의 조용하면서도 음악적인 리듬에 따라 움직이는 신속하고 통합적인 문양들을 그려내고 있었다. 이들 문양들은 한참 그리다가 잠시 멈추었다가 한쪽 손의 손가락들로 힘껏 당기는 듯한 미세한 동작들을 해보이기도 했다. 학부모들이 농인들 쪽으로 불안한 시선을 보내다가 학부모 모임을 침해한 이 새로운 현상을 애써 무시하려하고 있음을 나는 알아차렸다.

"이들 이른바 '우려하는 학부모들'이 교육위원회에 제출한 청원은……" 호케트 교장이 농인 방문자들과 함께 앉아 있는 일부 학부모들을 힐끗 쳐다보며 말을 계속했다. "자신의 자녀들을 수화를 사용하여 가르쳐야 한다고 요구하고 있습니다. 시먼스 부인이 그 문건을 낭독할 것입니다. 그래야 여러분들께서도 그들이 우리 학교에 원하는 것이 무엇인지를 이해하실 수 있을 테니까요."

바버라 시먼스가 강당 앞으로 걸어 나가 손에 든 서류를 읽기 시작했다.

우리는 청각에 장애를 가지고 두 가지 언어를 사용 중인 아이들의 부모입니다. 우리 자녀들은 구화를 사용할 뿐만 아니라 수화도 사용하고 있습니다.

우리는 어떤 교사나 학교 운영자, 다른 학부모 등 그 누구와 싸움을 하기 위해서 여기에 온 것이 아닙니다. 오히려 우리는 다른 견해를 가진 분들을 존중하며 그분들이 우리에게 다른 견해를 가질 수 있는 권리를 허용해 주기를 바라고 있습니다.

우리 아이들이 스타 킹 학교에 계속 다닐 수는 있지만 수화사용은 그만두어야 한다고 말하는 사람들이 있을 것입니다. 우리 아이들이 수화를 보다 능숙하게 할 수 있고 친구들과의 의사소통도 보다 원활해짐에 따라 소수의 선생님들이 언급하시는 몇 가지 방법을 사용하지 않고서는 수화사용을 중단하는 것은 점점 더 어려워질 것입니다. 손등을 때리는 것 외에도 나일론 스타킹을 사용하여 아이들의 손을 등 뒤로 묶어놓는 방법이 사용되기도 하고, 일부 구화학교에서는 자루를 사용하여 수화를 사용하는 아이들의 손을 그 안에 묶어 두기도 합니다. 선생님들께서 이런 행동을 부추기지는 않는다 하더라도 우리 아이들은 또래 집단에 비해 열등하다고 느끼게 될 것입니다. 구화를 찬성하는 많은 학부모들이 자기 자녀에게 수화는 나쁘다는 인식을 주입합니다. 우리는 부모님들이 그렇게 할 수 밖에 없는 이유를 이해할 수 있습니다. 그러나 그로 인해 만들어지는 교육 환경의 형태는 우리 자녀들에게 환영받는다는 느낌을 제공해 주지 못할 것입니다.

바버라 시먼스는 특수학급을 요구하는 그 청원서를 다 읽고 서류들을 들고 자기 자리로 돌아갔다. 그녀가 읽은 요구사항들은 모두다 합리적으로 들렸다. 수화를 사용하는 학급을 요청하면서 동시에 자녀들을 위한 구화교육 또한 함께 원하고 있다는 것을 강조하고 있었다.

학부모회 회장인 휴스 씨가 앞으로 나갔다. 속삭이는 소리들이 멈추었다. 휴스 씨는 탁자 가장자리를 잡고 농인들과 함께 앉아 있는 학부모들을 똑바로 바라보았다. 한 농인 여성이 자기 옆자리에 앉은 남자에게 수화로 뭐라고 하는 것이 보였다.

"우리도 역시 우려하고 있는 학부모들이란 말입니다!" 휴스 씨의 긴장한 음성이 큰 강당을 가득 채웠다. "나는 당신네들이 우리에게 알리지도 않고 교육위원회에 청원을 하는 것은 옳지 않다고 생각합니다. 우리도 청원할 사항이 있습니다. 우리 자식도 청각장애아란 말이오."

강당 여기저기에서 사람들이 머리를 끄덕였다. 농인 방문자들을 위해 통역을 하고 있는 그 여인은 휴스 씨의 논평에도 태연한 표정 그대로였다. 그녀가 그 말들을 수화로 바꾸면서 그녀의 손가락 움직임이 더욱 빨라졌다.

"우리는 우리 청각장애 자녀들이 자기 모국어를 배울 권리가 있다고 생각해요. 하지만 수화가 우리 아이들의 모국어가 될 수 있다고 생각하세요? 수화라는 거 그건 언어가 아니란 말입니다!" 한문장 한문장 말이 길어질 때마다 휴스 씨의 음성은 한 옥타브씩 올라갔다. "그건 그저 원시적인 몸짓의 한 형태일 뿐이라구요. 도대체 왜 그걸 수화라고 부르는지조차 모르겠어요. 청각장애 아이들에게 그따위 몸짓이나 가르치고 있으면 그 애들이 아무 것도 배우지 못하고 말 거란 말입니다. 그따위 것을 사용해서는 읽기와 쓰기를 가르칠 수 없어요!" 통역자는 꾸준히 일정한 리듬을 유지하면서 휴스 씨의 말을 허공에서 그려내었다. 그녀의 일부 동작들은 더 과장돼 보였으나 그것은 그의 말이 전달하는 격한 감정과 일치시키기 위해서인 것 같았다.

휴스 씨는 잠시 쉬고 아래를 내려다보고나서 좀 더 조용한 어조로 천천히 머리를 흔들면서 다시 말을 계속했다.

"몇 년 전에 내가 겪었던 일을 나는 잊지 못합니다. 나는 생명보험 영업을 하는 사람입니다. 내가 한 집에 가서 문을 두드리자 여주인이 문을 열어 주었어요. 들어오라고 하더군요. 이십대 초반의 젊은이 하나가 거기 앉아 있었습니다. 그에게 뭔가 문제가 있다는 것을 바로 알 수 있었습니다."

"아드님이 농인입니까?" 결국 내가 물었죠.

"아, 예. 그렇답니다. 날 때부터 귀가 들리지 않았답니다."

"말을 할 수 있나요?"

"아뇨, 못한답니다."

그 젊은이가 자기 어머니와 말을 해보려고 해도 전에 들어본 적이 없는 기괴한 소리를 낼 수 있을 뿐이었어요. 마치 동물 소리같이 들리는 소리 말입니다. 그러다가 그가 손을 움직여서 의사를 전달하려고 해요. 몸짓을 해보이고, 손가락질을 하며 무엇인가를 원하고 있는 것처럼 행동하는 거예요. 그 어머니가 뭔가를 가지러 가더군요. 그들은 서로를 부분적으로는 이해할 수 있는 것처럼 보였지만 끔찍했습니다." 그는 잠깐 동안 말을 쉬었다. "나는 바로 그때 그곳에서 내 딸은 말하는 법을 배워야 한다고 결정했습니다. 그 농인 젊은이가 말을 배우지 못하게 했던 그런 몸짓을 우리는 결코 사용하지 않겠노라고 다짐했지요."

"그리고 한 가지 일이 더 있습니다." 휴스 씨는 농인 방문자들 쪽을 흘낏 바라보았다. "만일 우리가 스타 킹에 몇몇 아이들을 위해 수화학급을 둔다면 우리 아이들은 버스에서 그 아이들이 수화를 하는 것을 보게 될 것이고, 그러면 우리 아이들도 따라 하기 시작할 겁니다. 걷잡을 수 없이 번질 것이고 순수한 구화학교는 없어지고 말 것입니다. 우리는 현재 이대로가 좋단 말입니다. 만일 여러분의 자녀가 말하는 대신 손짓발짓을 배우게 하고 싶다면 왜 주립기숙학교로 보내지 않나요?"

휴스 씨는 잠깐 숨을 돌리고 나서 다른 학부모들에게도 회의를 공개해서 토론하자고 제안했다. 그러자 말없는 농인 방문자들을 제외하고 강당 여기저기에서 열성스러운 손들이 올라갔다.

"나는 우리 애를 이따위 몸짓에 노출되게 하고 싶지 않아요." 한 여인이 말했다.

"일부 학부모들이 포기했다 하더라도 그건 그 사람들 일이죠. 하지만 우리는 스타 킹을 순수한 구화학교로 지켜야 한다고 생각합니다." 젊어 보이긴 하면서도 반백의 머리를 하고 안경을 낀 남자가 말했다.

"우리 아들은 네 살인데 집에서 의사소통이 항상 쉽지는 않다는 것은 인정하겠습니다. 그러나 그 애가 입술읽기는 할 수 있거든요. 언젠가는 말도 하기 시작할 거라고 믿습니다. 우리가 인내해야 하겠지요. 스타 킹의 선생님들과 직원들이 이렇게 열심히 우리 애들에게 말하는 법을 가르치기를 바라고 있다는 것이 기쁩니다." 파란색 외투를 입은 몸이 호리호리한 한 여인이 이렇게 말하고 계속해서 이 학교가 자기가 알고 있는 최고의 학교 중 하나라고 칭찬했다.

농인 방문자들은 여성 통역자가 여러 사람의 논평을 수화로 통역하는 것을 지켜보고 있었다. 그들은 먼저 발언을 하는 학부모나 교사를 보고, 그 다음으로 그녀의 빠른 손동작을 바라보았다. 여러 사람들이 존 트레이시 클리닉과 청각장애아들에 관하여 그 기관이 실시해온 연구에 관하여 이야기하고 만일 수화가 효율적인 것이라면 그 기관의 사람들이 벌써 알고 있지 않겠느냐고도 했다.

나는 거의 모든 견해들이 '우려하는 학부모들'과 그들의 요구에 반대하고 있다고 느끼기 시작했다. 그때 30대 후반의 한 여인이 일어났다. 그녀의 금발 머리가 갸름하고 매력적인 얼굴을 가릴 듯 드리워져 있었다. 그녀는 발언해도 좋다는 허락을 받을 때까지 기다렸다가 머뭇거리며 시작했다.

"저는 우리 딸에 관해 몇 마디 말하고 싶어요. 그 애는 아마 여러분의 자녀들보다 나이가 많을 거예요. 십 년 동안, 우리는 할 수 있는 한 최선을 다해서 의사소통을 하고자 참을성 있게 애를 쓰며 그 애가 말을 하게 되기를 바라고 있었습니다. 데비는 지금 열 두 살입니다. 그리고 우리는 거의 항상 뭐가 문제일까? 이 애가 정신지체아는 아닐까 궁금하게 생각했습니다. 우리가 듣는 말은 한결 같았습니다. 계속 노력하세요. 인내심을 가져야 해요. 데비가 입술읽기를 할 수 있으니까 언젠가는 말을 하게 될 겁니다. 유감이지만 우리는 참을성이 있었어요. 너무 지나치게 참을성이 많았던 거예요. 너무 오랜 세월을 기다리다 결국 포기를 하고 말았죠. 윌슨 선생님을 보내주신 하나님께 감사드립니다. 그래서 그 분이 스타 킹에서 가르치게 해 주신 것에 대해서도 하나님께 감사를 드립니다. 그 선생님의 부모님들은 농인이랍니다. 그래서 그 분은 다른 누구보다 청각장애아들을 잘 이해하신답니다. 수화를 잘 하시는 건 물론이구요. 지난 여름에 그 분이 여기 스타 킹에서 청각장애아 여섯 명으로 학급을 하나 시작했습니다. 그 여섯 명은 모두다 실패자요 낙오자라고 여기던 아이들이었죠. 우리 데비도 그들 중 한 명이었습니다." 그녀가 잠시 눈을 내리깔고 교실 바닥을 응시했다. 통역자의 양손을 제외하고는 움직이는 사람도 물건도 없었다.

"음, 윌슨 선생님은 캐머런 랜치 학교에서 구화와 수화를 함께 사용하는 학급을 개설한 경험을 가지고 있었습니다. 우리 딸이 얼마나 달라졌는지 몰라요! 지금 남편과 저 역시 수화를 배우고 있는 중입니다. 그래서 처음으로 데비와 의사소통을 할 수 있게 되었어요. 그 애가 손으로 우리에게 말을 할 수 있게 된 거예요. 그뿐이 아니에요. 난생 처음으로 데비가 학교에서 뭔가를 배우기 시작했습니다."

"저는 이들 학부모님들이 매우 합당한 요청을 한 거라고 생각합니다. 그분들은 초등학교 과정에서도 구화와 수화를 함께 사용할 수 있는 교사가 가르치는 학급을 원하는 것입니다. 이 학부모님들은 아이들이 아직 어린 지금 시작하자는 거죠. 저도 데비가 청각장애라는 것을 처음 알게 되었을 때 시작했더라면 좋았을 거라고 생각하고 있거든요."

그녀가 말을 마치고 자리에 앉을 때 그 남편이 그녀에게 몸을 기울이고 뭔가 속삭이는 것이 보였다. 오래도록 아무도 말을 하지 않았다.

휴스 씨가 더 말할 사람이 있느냐고 물었다. 녹색 바지 정장을 입은 한 여인이 잔뜩 화가 난 표정을 지으면서 일어났다. 격한 감정 때문에 그녀의 음성이 깨지는 듯한 쇳소리를 냈다.

"우리는 농인 아이가 둘이나 있어요." 그녀가 잠시 말을 멈추고 마치 그 엄청난 문제의 심각성이 가라앉기를 기다리는 것처럼 뜸을 들였다. "우리는 아이오와 주의 한 작은 도시에서 살았습니다. 거기에서는 학교에도 장애아들을 위한 건 아무 것도 없지요. 우리는 우리 아이들이 교육을 받게 하려면 이사를 가야한다고 결정을 했죠. 그래서 전국적으로 장애아 교육 프로그램에 관해 알아보기 시작했습니다. 우리는 구화교육, 즉 우리 애들이 말하기와 입술읽기를 배울 수 있는 구화교육 프로그램이 있는 학교를 원했습니다."

"우리는 몇몇 좋은 학교들을 찾아냈지요. 우수한 구화 수업이 있는 학교들 말입니다. 그러나 대부분의 학교들에는 말을 배우지 못한 나이든 아이들을 위한 수화학급들이 있더라구요. 우리 아이들을 그 학교에 보내면 학생들로부터 수화를 배우게 되리라는 것을 알았죠. 그렇게 되면 말하기를 배우는 건 부질없는 꼴이 되리라는 건 분명했습니다. 우리가 스타 킹으로 결심을 굳힌 것은 이 학교에 가장 우수한 구화교육 프로그램이 있기 때문이었습니다. 제 남편은 좋은 직장도 버려야 했습니다. 우리가 새크라멘토로 이사를 하고 남편은 봉급이 더 적은 새 직장을 구했습니다. 그래도 그만한 가치가 있었어요!"

"두 아이중 하나는 말을 약간 할 수 있고 우리는 그럭저럭 의사 교환을 할 수 있게 되었어요. 다른 애는 아직 한마디 말도 못해서 언젠가는 수화가 필요해지겠지요. 우리는 먼저 말을 배운 한 아이만이라도 구화사용자가 되도록 해줘야겠어요. 그 애라도 정상인들의 세계에서 살도록 해줘야지요. 그게 바로 우리가 이 학교를 찾아온 이유라구요!"

그녀의 음성은 말을 하는 동안 더욱 커졌다. "우리 애들을 스타 킹에 다니게 하기 위해서 순순한 구화학교에 넣으려고 많은 것을 포기했다는 말입니다. 일부 학부모들이 자녀에게 수화를 가르치려 한다면 그건 그들 사정인데 그들이 다른 곳으로 가야하는 것 아니에요? 다른 학부모들이 신뢰하고 있고 자기 자녀에게 받게 하기 위해서 온갖 희생을 감수한 프로그램을 그들이 바꾸려 드는 건 옳지 않은 일이라고 생각합니다."

그녀가 말을 마치고 자리에 앉자 나는 그녀가 안됐다는 생각이 들었다. 나는 그녀의 두 아이 중 말을 할 수 없다는 한 아이에 관해서 계속 생각했다. 그 귀가 먼 두 형제가 어떻게 서로 의사를 교환할까?

우려하는 학부모들 중에서는 어느 누구도 말을 하지 않았다. 자기들이 교육위원회에 제출한 청원을 변호하지 않으려는 걸까? 구화방식에 수화를 추가하는 것을 왜 누구도 옹호하지 않는걸까? 그 모임도 순수한 구화방식을 찬성하는 쪽으로 기울고 있음이 분명했다. 나 역시 찬성하는 편이었지만 스타 킹의 현 프로그램을 옹호하는 사람들이 구화에 추가하여 수화를 사용하는 학급을 개설하는 데 따르는 위험을 과장하고 있다고 느끼기 시작했다. 몇 사람의 손이 올라갔다. 보청기를 낀 그 농인 남자도 그 중 하나였다. 휴스 씨가 그 쪽으로 손가락을 가리켰다. 그가 청중을 정면으로 바라보며 그러면서도 농인 방문자들에게도 잘 보이게 일어났다. 모두가 다 기대감에 쌓여 지켜보았다.

"저도 몇 마디 하고 싶군요." 그는 쉽게 알아들을 수 있는 억양으로 큰 소리를 내어 말하기 시작했다. 그가 수화를 사용하지 않거나 보청기를 끼고 있지 않았더라면 나는 그가 외국인이라고 단정했을 것이다. 그러나 그의 말은 분명했고 오해의 여지가 없었다. "오늘 밤 여기서 내가 들은 말 중 어떤 것들은 퍽 우스꽝스럽군요!" 그는 머리를 흔들고 실내를 둘러보면서 동시에 양손을 자기의 말과 리듬을 맞추어 움직였다.

"여러분들은 자신들이 무엇에 관해 논의하고 있는지 모르고 있어요! 그래요. 나는 농인입니다. 이 보청기 따윈 도움이 되지 않아요. 이걸 착용하는 단 한 가지 이유는 사람들이 이걸 보면 말을 더 천천히 하게 되고 그러면 나도 그들이 하는 말을 이해하기가 더 쉽기 때문입니다. 그러나 그게 어디 마음대로 됩니까? 직장에서는 글을 사용해서 의사소통을 하고 있습니다. 내가 정확하게 이해하고 있는지 다른 동료들도 내 말을 정확하게 이해하고 있는지를 확인하기 위해서는 글이 최고거든요. 제가 말을 할 수도 있고 입술읽기도 할 수 있지만 직장에서는 그렇게 해야 실수가 없습니다."

"자, 그런데 여러분 모두에게 한번 물어봅시다. 제 말을 알아듣지 못하는 사람 있나요?" 그가 실내를 죽 둘러보았다. 야릇한 침묵이 흘렀다. 청중은 이 남자의 말을 듣고 마치 넋이 빠진 듯한 표정이었다. 한 사람도 표시를 하지 않았다.

"제가 왜 말을 할 수 있는지 아시나요? 저는 선천적인 농이 아니기 때문입니다. 여섯 살 때까지는 이상이 없었어요. 그때부터 귀가 안 들렸죠. 내가 듣지도 못하는 소리 하나하나를 배우기 위해서 오랜 시간을 낭비할 필요가 없었다는 뜻이죠. 여러분 자녀들 대부분은 그런 이점을 결코 누리지 못할 것이고, 따라서 그 애들은 결코 나처럼 말을 하게 되지는 못할 겁니다. 설사 평생을 바쳐가며 노력을 해도 안 될 것입니다. 자, 이제 하나만 더 말합시다. 수화가 내 말을 손상시키지는 않았어요. 오늘 밤 나는 여기서 말하는 모든 것을 알아들었어요. 저기 저 분이 수화로 통역을 해주었기 때문이죠." 그는 수화통역을 하던 여성을 가리켰다. 그가 말을 하는 동안 그의 양손은 신속한 움직임을 계속하고 있었다.

"오늘 밤, 수화에 대한 험담을 들었는데 뭐, 그건 언어도 아니라구요? 그 말을 한 신사분은 도무지 뭘 모르고 있다고 생각합니다. 수화에 대해서 말입니다. 수화 한 단어라도 아시나요? 이건 완전한 하나의 언어입니다. 여러분이 하는 말 한마디도 빠뜨리지 않고 다 알아들었다는 말입니다. 내가 입술읽기를 해서가 아니고 통역자가 수화를 사용해서 진행되고 있는 모든 일을 나에게 알려 주었기 때문입니다. 당신이 언급한 말을 하지 못하는 그 젊은이도 수화를 알고 있었더라면 자기가 원하는 것이 무엇인지 어머니에게 쉽게 이해시켰을 겁니다. 그렇게 될 수는 없는 일이었지요. 그가 그렇게 된 것은 당신들의 알량한 구화적 방식 때문이란 말입니다. 그는 의사소통 방법을 전혀 알지 못한 채 성장해버리고만 것입니다!"

"여러분의 자녀들이 수화를 알면 여러분이나 선생님들이 전달하고자 하는 것이 무엇인지 쉽게 파악할 수 있습니다. 물론, 여러분들이 먼저 수화를 배워야 하겠죠. 하지만 그게 청각장애아의 부모나 그 애들을 데리고 봉사하려는 전문인들에게 요구하기엔 지나치게 많은 부담인가요? 대부분의 청각장애아들, 즉 여러분의 자녀들은 교육을 받기 위해서라도 수화를 알아야 합니다. 그리고 수화는 그들이 말을 하는 데에도 도움이 됩니다. 그게 그들을 농인 집단 거주지로 몰아넣지는 않을 거예요. 그런 곳이 어디 있는지 저도 모릅니다만." 그는 호케트 교장을 향해 눈길을 한번 주고 나서 덧붙여 말했다. "그런 농인 집단 거주지가 어디 있는지도 모르겠습니다만, 내가 설사 그런 곳에 산다고 해도 상관없어요. 나는 차를 직접 운전하고 좋은 직장도 있어요. 고급주택에 살고 있고요. 그게 집단 거주지 생활이라면 그렇다고 합시다. 난 아무래도 상관없으니까요." 그렇게 말하고 나서 그는 다른 농인 방문자들이 동의의 표시로 머리를 끄덕이는 가운데 자리에 앉았다.

나는 깊은 감동을 받았다. "여러분들의 자녀는 수화를 알아야 합니다." 그가 한 말들이 귓가에 맴돌았다. 이 이방인은 청각장애를 지니고 살아왔다. 다른 학부모들이 앞에서 말을 하고 있었지만 내 귀에는 하나도 들리지 않았다. 나는 모임에 올 때 가져온 〈볼타 리뷰〉를 내려다보고 그걸 접어 주머니에 넣었다. 구화와 수화 양쪽을 다 사용하는 것에 관한 퀴글리 박사의 연구를 비판한 그 기사를 어떻게 이해해야 할지 이제 더 이상 알 수가 없었다. 나는 농인들이 수화와 말을 동시에 하면서 정상인과 대등한 입장에서 참여하고 있는 것을 눈앞에서 본 것이다. 그건 수화 때문이었지 수화에도 불구하고는 아니었다.

나는 강당 여기저기를 둘러보며 교사들을 찾았다. 그들은 청각장애아 교육에 관한 특수교육을 공부했지만 그중 누구도 농인은 아니었다. 교장이 시야에 들어왔다. 그는 스타 킹이 전국에서 가장 우수한 프로그램을 가지고 있다면서 수화를 사용하는 농인은 결국 농인 집단 거주지에 가서 살게 될 것이라고 말했다. 그러나 정말 그가 다른 청각장애아 프로그램에 대해 알고 있기나 할까? 농인 집단 거주지에 관해서도? 린이 다니는 학교의 어른들 중에 단 한 사람도 이들 농인들과 그들의 언어로 대화하는 법을 알지 못했다. 내가 알고 있는 한, 그 중에 농인은 한 명도 없었다. 루이즈와 나 자신에게도 생각이 미쳤다. 우리에겐 농인 친구가 없었다. 우리는 소박한 성인 농인의 일상생활에 관해서는 아는 것이 하나도 없었다.

무슨 일이 있었던 걸까? 왜 우리의 생활이 성인 농인들로부터 단절되어 있었을까? 우리는 이 농인 남자가 말하는 이런 종류의 일들을 들어본 적이 없었다. 우리가 알고 있는 성인 농인이라야 고작 〈볼타 리뷰〉에서 읽은 사람들뿐이었다. 그러나 분명히 주립 기숙학교를 졸업한 농인들이 수천 명은 될 것이었다. 말하기를 배우려고 애를 쓰다가 배우지 못하고만 농인들 말이다. 대부분의 농인들이 입술읽기와 말하기를 잘하게 되어 사회적으로 눈에 띠지 않게 융화되었다고 믿도록 우리가 오도된 것은 아닐까? 오늘 밤 방문한 농인들은 구화사용 농인들은 분명 아니었다. 물론 그중 몇 사람은 말할 수 있긴 했지만, 그들은 수화에 의지해 생활하고 있었다.

나는 그러한 농인 성인들을 더 많이 찾아봐야 한다는 것을 깨달았다.

모임이 끝나고 여기저기 몰려 서 있는 군중 사이를 헤집고 맨 앞의 바버라 시먼스에게 다가갔다.

"안녕하세요. 저는 톰 스프래들리입니다." 나는 그녀가 농인 방문자 중 하나에게 수화로 말하는 것을 끝낼 때까지 기다렸다. "2주 전에 그룹별 토의에서 만난 적이 있는데 기억하실지 모르겠습니다."

"그럼요. 따님이 유치원에 다니고 있죠. 그렇지 않던가요?"

"예, 린이에요. 중증 청각장애아죠." 중립적인 태도를 보이려고 애쓰면서 나는 말을 계속 했다. "오늘 밤 부인의 논평은 흥미로웠습니다. 청각장애와 청각장애아 교육에 관하여 전혀 다른 견해를 지니신 것 같더군요. 저로서는 전에 들어본 적이 없는 것이었습니다."

"아, 그래요? 그렇겠지요. 모두가 찬성하지는 않을 거라고 생각합니다." 그녀는 미소를 지어 보였고 그녀의 시선은 군데군데 삼삼오오 모여 서서 이야기들을 나누고 있는 사람들을 신속하게 훑어보고 있었다.

"부인께서 말씀하신 종류의 일들에 관해 더 많은 정보를 얻을 수 있는 곳이 있을까요?"

"다음 주에 저희 집에 오시겠어요? 우리 농인 친구 몇 분을 만나실 수 있을 거예요. 그분들께 많은 것을 배울 수 있을 겁니다. 또 제가 청각장애아와 청각장애 성인들에 관한 최신 연구 논문들도 좀 드릴게요."

바버라의 초대를 흔쾌히 수락한 나는 그녀의 주소를 가지고 회의장 밖으로 나오면서, 재차 생각해 보았다. 내가 그녀에게 잘못된 인상을 갖게 하진 않았을까? 우리 가족이 정말로 이 수화라는 것을 시도해 보기를 원하고 있는 것일까? 그것에 관해 알아보기 위해 시간을 소비하기를 원하고 있는 것일까? 그리고 그녀들의 '친구들'이란 누구일까? 그들은 어떤 모습을 하고 있을까? 그들이 우리에게 자기들이 하는 것처럼 린이 수화를 사용하게 하라고 강요하지는 않을까? 우리가 스타 킹에서 커지고 있는 논쟁에 휘말려 들고 있는 건 아닐까?

그날 밤 나는 집에 도착한 뒤에 루이즈와 여러 시간 동안 이야기를 나누었다. 그날 저녁 모임을 상세하게 재현하면서 농인 방문자들을 묘사하고 휴스 씨와 여러 학부모들의 반응과 통역자의 인상, 농인 남자의 말 등을 전했다. 루이즈는 그날 저녁에 관한 보고를 이해심 있게 경청해 주었다.

"여보, 우리가 신중하게 처신하는 게 좋겠어요. 린이 우리가 처음 생각했던 대로 빠른 진전을 보이지 못하고 있을지는 몰라도 우리는 그 애의 평생 장래를 놓고 생각해야 되잖아요." 루이즈가 과거 회상에 잠기는 듯한 어조로 묻는 것이었다. "당신 오클라호마에서 만났던 그 청각장애인 남자, 그러니까 수퍼마켓에서 내가 만났던 그 사람 기억나세요?" 나는 머리를 끄덕였다. 그 순간 우리 둘은 즉시 서로의 생각을 알아차렸다. 린의 장래가 그런 모습이 되지 않도록 해야 한다는 것이었다.

그 사건은 우리가 노만을 떠나기 일주일 전에 일어났다. 어느 찌는 듯이 무더운 토요일 오후, 습도 때문에 모든 것이 눅눅하고 끈적끈적한 날이었는데, 나는 루이즈를 차에 태워 수퍼마켓에 데려다 주었다.

나는 차에서 기다렸다. 루이즈가 사야 할 물건이 많았기 때문이다. 장 보는 일에 언제나 열성적인 린도 함께 갔다. 언제나처럼 그 애는 카트 안으로 냉큼 올라앉았다. 첫 번째 통로를 지나갈 때 린이 밝은 색으로 포장이 된 상품들을 가리키며 제 또래의 다른 아이들을 찾아 두리번거렸다.

루이즈는 사야 할 물건 목록에 정신이 빼앗겨 있었다.

느닷없이 닳아 헤진 스포츠 점퍼를 입은 커다란 체구의 사내가 손수레 앞에 나타나서 길을 가로막았다. 그는 카드 하나를 루이즈 앞에 내밀었는데 그것은 집에서 만든 작은 인형이 핀으로 꽂혀있었다. 그 카드에는 "저는 농인입니다. 좀 도와주시겠습니까?" 라고 써 있었다. 루이즈는 카드를 보고 린을 내려다보고 다시 그 사내를 보았다. 지갑을 뒤졌으나 있는 거라곤 수표장뿐이었다.

"정말 미안해요. 가진 돈이 없어요. 제 딸도 청각장애랍니다." 그녀는 천천히 말했다. 음성이 떨렸다. 그녀는 그 남자가 입술을 읽을 수 있기를 바라며 말했다. "어떻게 귀가 멀게 되셨어요?"

그 남자는 불안한 듯이 몸의 중심을 이쪽 발에서 저쪽 발로 바꿨다. 그는 두터운 안경을 통해 루이즈를 멍하니 바라보았다. 그는 낡고 색바랜 두꺼운 스웨터를 입고 있었는데 이마에는 땀방울이 배어나오고 있었다. 그는 천천히 호주머니에 손을 넣어 더러운 수첩과 몽당연필을 꺼내 들었다. 뭔가 끄적이기 시작하는가 싶더니 수첩에서 낱장을 뜯어 루이즈에게 건네주었다.

"나 귀 멀어. 수두. 듣지 못해."

"안됐군요. 내 딸은 선천성 청각장애랍니다." 루이즈가 급히 휘갈겨 썼다. "내가 풍진에 걸렸었거든요." 그녀는 종이를 그 남자에게 주었다. 그가 종이를 보고 있는 사이에 머리에 스카프를 쓴 여자 하나가 쇼핑 손수레를 밀고 지나가면서 대화를 하려고 애쓰고 있는 두 사람을 호기심 어린 눈으로 쳐다보았다. 남자의 얼굴에 미소가 번졌다. 그가 좀 더 열심히 쓰기 시작했다. "나도 청각장애." 그는 린을 가리켰다. 그리고 자기 귀를 가리켰다. "나 설퍼 주립농학교 다녀."

"죄송해요. 돈이 없어요." 루이즈가 종이에 글을 써서 그에게 주고는 어색하게 통로를 따라 움직이기 시작했다. 그 남자가 조잡하게 만든 인형을 다른 고객에게 내미는 것이 얼핏 보였다. 루이즈는 급히 이동해서 계산을 하고 린을 안아 카트에서 내려 물건들을 챙겼다. 루이즈는 남자가 다리를 질질 끌면서 문밖으로 나가 주차장 쪽으로 사라지는 것을 보았다.

나는 루이즈의 급한 발걸음을 보고 무슨 일이 생겼음을 알아차렸다. 그녀는 곧바로 운전석 창문으로 와서 애써 눈물을 참으며 다급하게 말했다. "여보, 급해요 급해. 일 달러만 주세요. 빨리요!" 나는 지갑을 꺼냈다. "저기 저 농인에게 줄 거예요." 나는 그녀에게 돈을 주고 문을 열어 린을 뒷자리에 앉혔다. 루이즈는 돌아서서 주차장을 가로질러 낡은 시보레 자동차를 향해 달려갔다. 앞 범퍼가 떨어져 나가고 양쪽 펜더에 녹이 슬어 있는 고물 자동차였다. 루이즈는 차에 타고 있던 아까 만났던 그 남자에게 일 달러짜리 지폐를 건넸다. "아니에요. 인형은 다른 사람에게 파세요." 루이즈는 돌아서서 빠른 걸음으로 차로 돌아왔다.

그 일이 있은 후 여러 날 동안 루이즈는 그 농인 남자에 관해 말하곤 했다. 그는 어디에서 왔을까? 설퍼 주립농학교에서는 어떤 종류의 교육을 받았을까? 벌써 세 살 반의 나이에도 우리 린은 그 남자보다 더 많은 진전을 거두고 있는 것 같은데. 그는 우리가 주립 기숙학교에 관해 전해 들은 모든 소문들을 확인해 주었다. 그 사람은 말을 하지 못했다. 그것이 우리를 가장 가슴 아프게 했다. 우리가 책에서 보았던 구화사용 청각장애 성인들과 얼마나 다른가! 치카샤의 제인 브룩스 구화학교에서 일하는 캐롤린 그레이브스와 왜 그렇게 다른가! 우리는 그 남자에 대한 깊은 슬픔과 동시에 우리 린에 대한 새로운 희망을 느꼈다.

그러나 오늘 밤, 나는 또 다른 농인 남자를 보았다. 나는 그가 말하는 것을 들었다. 그 남자는 동시에 수화도 사용했다. 아마 그 사람은 특별한 경우일 것이다. 그 사람은 여섯 살 때 말을 다 배운 후에 청력을 잃었다고 했다. 아마 린처럼 태어날 때부터 귀가 먼 아이들은 수화로부터 더 단단히 절연되어야 하는지도 모른다. 우리는 더 많은 정보가 필요했다. 더 많은 사실이 필요했다.

여러 길이 우리 앞에 펼쳐져 있었다. 그 모두가 다 린에게는 커다란 위험을 감추고 있는 것 같았다. 우리는 자정이 훨씬 넘어서야 잠이 들었다. 불확실한 미래에 대해 걱정하며 괴로워하면서……

| 제 18 장 |

린이 수화언어를
배울 수만 있다면!

린이 수화언어를
배울 수만 있다면!

 린이 우리보다 앞서 달려가서 현관의 초인종을 누르고 나서야 우리는 문 앞에 도착했다. 나는 왠지 불안감을 느꼈다. 루이즈와 나는 다 같이 오늘 밤에 우리가 만나게 될 농인들에 관하여 궁금해 하고 있었다. 새로운 친구들을 사귀는 데에 항상 열심인 브루스는 시먼스네 막내아들이 제 또래라는 말을 듣고서 그와 함께 노는 것을 잔뜩 기대하고 있었다.
 "어서 들어오세요. 그렇잖아도 기다리고 있었어요." 바버라 시먼스가 상냥하게 미소 지으며 우리의 외투를 받아주었다. 린은 엄마에게 매달렸다. 우리는 바버라를 따라 작고 아늑한 거실로 들어갔다. 벽난로에서 빨갛게 타오르는 석탄에서 희미한 냄새를 풍기는 연기가 피어올랐다. 양과 나귀들 모습까지 완전히 갖춘 성탄절 말구유 조각품이 벽난로 위 선반을 장식하고 있었다.
 우리가 들어가자 남자와 여자가 일어섰다. 나는 그 남자가 그날 밤 학부모모임에서 당당하게 말했던 사람임을 알아보았다.
 "이분들은 짐과 앨리스 허드슨이에요." 나는 손을 내밀었다. 바버라는 짐과 앨리스가 자기 입술을 볼 수 있게 앞을 보고 말했다. 동시에 그녀의 양손은 수화로 우리를 소개했다.

"안녕하세요?" 짐의 음성은 또렷했다. 물론 그의 음성에는 어쩔 수 없이 '청각장애'다운 음색이 섞여 있었다. "오늘 밤 이렇게 모두 오실 수 있어서 기뻐요." 바버라가 말했다.

"그리고 이 애는 우리 네 살짜리 다이앤이에요." 청바지와 밝은 노란색 스웨터를 입은 짙은 색 머리의 여자아이가 부엌으로 들어왔다. 린은 부끄러운 듯 미소를 짓기만 할 뿐, 엄마 손을 더욱 힘주어 잡았다. 두 아이들이 모두 스타 킹의 유치부 수업에 참여하지만 학급이 달라서 서로 부딪힌 것은 두세 번에 지나지 않았을 것이다.

우리는 마이크 시먼스와도 인사를 했는데 그는 미소가 얼굴에서 떠나지 않는 말씨가 조용조용한 사람이었다. 나는 바로 그가 좋아졌다. 바버라와 마이크는 루이즈와 나보다 몇 살 더 많았다. 루이즈와 나는 긴 의자에 앉았고 짐과 앨리스는 앉았던 자리에 다시 앉았다. 짐이 다이앤의 눈길을 받고 그 애에게 뭐라고 수화로 말했다. 그러자 다이앤이 뛰어왔다. 짐이 그 애의 배 부분을 간질여주자 다이앤은 방을 가로질러 린에게 돌아갔다.

바버라는 잠시 양해를 구하고 부엌으로 갔다. 마이크는 린과 다이앤을 자기들끼리 놀도록 다른 방으로 데리고 갔다. 짐과 앨리스만 남게 되자 나는 불안해지고 무슨 말을 해야 할지 몰라 곤혹스러웠다. 아무 생각 없이 나는 손을 내밀어 탁자 위의 잡지를 한쪽으로 밀어 치웠다. 다른 한 권의 잡지가 시선을 끌었다. 〈아메리카의 농인(The Deaf American)〉이라는 이름의 잡지였다. 커다란 흰 글씨들이 베이지 색 바탕에 인쇄되어 있었다. 1969년 11월호였다. 저명인사처럼 보이는 학사모를 쓴 사람의 사진 밑에는 '갈로뎃 대학교 제 4대 총장 에드워드 클리프턴 머릴 주니어 박사'라고 쓰여 있었다.

"그건 농인들이 발행하는 잡지랍니다." 짐이 나의 관심 있는 표정을 읽고 말했다. "스타 킹과 같은 학교에서는 그런 잡지가 있다는 것조차 모를 거라고 생각됩니다만. 〈볼타 리뷰〉에서는 볼 수 없는 기사들이 많이 실려 있죠." 그는 아리송한 미소를 지어보였다. 그가 한 말의 참 뜻이 궁금했다.

"지난 주 학교 모임에서 선생의 말씀을 고맙게 잘 들었습니다." 나는 마음이 편해짐을 느끼며 말했다. 그와 앨리스는 내 얼굴을 뚫어져라 바라보았다. "다른 부모들과 마찬가지로 저도 좀 놀랐다고나 할까요. 선생께서 구화를 잘 하면서도 수화를 사용하는 것을 보고 말입니다." 이번에는 그들이 서로를 바라보더니 의아스러운 눈빛으로 나를 다시 보았다. 나는 그들이 알아듣지 못했음을 알았다.

"다음 주요?" 짐이 물었다. 그의 청각장애인다운 음성을 듣고서야 나는 그가 듣지 못한다는 사실을 떠올렸다. 나는 루이즈를 바라보고 다시 짐과 앨리스를 보았다. 린을 이해시키려고 무던히도 애쓰던 때와 마찬가지로 어떻게 해야 할지를 전혀 알 수가 없어서 쩔쩔매면서 나는 더 천천히 다시 한 번 말했다.

"지–난–주 학교 모–임–에–서 선생의 말–씀–을 고–맙–게 잘 들–었–습–니다. 선–생–께–서 구–화–를 잘 하–면–서도 수–화–를 사–용–하–는 것을 보–고 정말 놀–랐–답–니–다." 나는 말을 하는 동안 내내 짐을 똑바로 바라보았다.

"아! 지난 주 모임이라구요!" 앨리스가 조용하면서도 쇳소리가 나는 음성으로 말했다. 그녀는 짐에게 수화로 말하기 시작했다. 동시에 '지난 주 모임'이라는 말을 입모양으로 보여주기도 했다. 루이즈와 나는 짐이 환한 미소를 지어보이고 오지그릇 깨지는 듯한 소리를 내며 너털웃음을 웃는 것을 지켜보았다. 바로 그 웃음소리가 그 모임에서 모든 사람들의 주의를 끌기도 했었다. "예에…… 그 모임, 대단한 모임이 아니었던가요?"

나는 여전히 그가 얼마나 이해했는지 아니면 앨리스가 내 말을 모두 통역한 것인지 알 수 없었다. 완전하지 못한 이해로 인한 긴장감이 우리들 사이에 잠시 머물다가 바버라 시먼스가 방으로 돌아와서야 해소되었다.

"스프래들리 씨가 방금 지난 주 학교모임에 관해 이야기했어요." 짐이 그렇게 말하면서 동시에 수화로 말했다. "그 내용이 확실히 이해가 되지는 않았지만 말이에요." 짐이 나를 보고 미소 지었다. 마치 "우리는 청인들이 하는 말을 이해하는데 어려움을 겪곤 합니다."라고 말하는 것 같았다. 바로 그때 린과 다이앤이 방안으로 달려오면서 그들만의 사적인 언어로 서로를 가리키며 몸짓을 해대는 것이었다. 마이크가 들어와서 벽난로에 장작을 하나 던져 넣고 의자를 끌어당겨 앉았다.

"지난 주 학교모임에서 허드슨 씨가 했던 말을 진심으로 고맙게 잘 들었어요." 내가 이번에는 바버라를 보면서 말했다. 즉시 그녀의 양손이 움직이기 시작했다. "나는 허드슨 씨가 구화를 잘 하면서도 수화를 사용하는 것을 보고 놀랐답니다." 바버라의 손가락들이 낱말들을 튕겨내고 양손을 넓게 휘젓는 듯한 제스처와 주먹을 쥐고 얽히고설킨 문양들을 번갈아 그려내는 것이었다.

나는 심신의 긴장을 풀기 시작했다. 바버라에게서 시선을 돌려 짐에게 직접 말을 했지만 내가 하는 말도 바버라의 손을 통해 나와야만 짐에게 이해될 수 있음을 알았다. 순식간에 짐의 얼굴에 환한 미소가 떠올랐다.

"고맙습니다. 다른 학부모들이 수화와 청각장애에 관하여 하고 있던 말들을 그저 듣고만 있을 수가 없었지요. 아마 제가 그들이 처음 보는 15세 이상의 성인 농인이었을걸요." 짐이 나에게 말을 하는 동안 그의 거친 양손이 섬세한 문양을 그리며 뒤틀리기도 하고 돌기도 했다. 자기 부인이 대화 내용을 이해하도록 하기 위해서였다. "스프래들리 씨가 말하는 것을 처음에 얼른 이해하지 못해서 죄송합니다. 나는 입술읽기가 힘들거든요. 수화는 낱말들을 명료하게 표현해 줍니다."

그가 "수화"라는 단어를 말할 때의 모습이 상당히 인상적이었다. 그에게 수화는 낱말이나 소리와 다름없는 것 같았다. 어떻든 나에게는 농인이 말도 하고 동시에 수화도 하는 것을 실제로 목격함으로써 이미 배제해 버렸던 가능성을 확인하게 된 셈이었다. 처음으로 우리는 수화가 짐과 앨리스 같은 사람들에게 얼마나 중요한 지를 눈으로 보게 되었다. 그것은 또 다른 하나의 언어였다.

"아마 린이 사람들이 하는 모든 말을 이해할 수 있게 되리라는 이야기를 들었겠지만," 슬픈 눈으로 우리를 바라보면서 짐은 머리를 흔들었다. "그게 그렇게 쉽지 않아요. 앨리스와 나는 둘 다 말을 배우고 나서 귀가 멀었죠. 일단 영어를 듣고 말을 해본 적이 있으면 입술읽기와 말하기는 그만큼 쉬워집니다. 린이 이런 기술을 숙달하려면 많은 어려움을 겪어야 할 것입니다."

"린은 입술읽기를 정말 잘 한답니다. 그 애는 우리가 하는 말을 많이 알아들을 수 있어요. 문제는 아직 소리를 내지 못한다는 거죠. 하긴 해도 항상 정확하게 발음하는 아니니까요." 루이즈가 말했다.

짐과 앨리스는 루이즈의 입과 바버라의 손을 번갈아 보았다. 루이즈와 나는 이방인 같았다. 바버라와 마이크 시먼스 부부는 짐과 앨리스와 쉽게 의사를 교환하고 있었다. 그들 모두가 수화를 알았다. 우리는 지켜보았다. 그러나 그들이 말하는 것을 제외하고는 그들의 손이 전달하는 것은 이해할 수가 없었다. 우리 자신도 우리가 의도하는 것을 이해시킬 수가 없었다. 우리가 바로 '말하는 방법'을 알지 못하는 사람이라는 이상야릇한 느낌이 들었다. 우리가 짐과 앨리스의 언어에 대해서 불감증인 것은 그들이 우리의 언어를 듣지 못하는 것과 마찬가지였다. 이 작은 집단에서 그들이 의사소통상의 장애인이 아닌 것은 루이즈와 내가 장애인이 아닌 것이나 다름없었다. 아마 오히려 그들이 더 유리할지도 모를 일이었다. 나는 청각장애를 하나의 장애라고 항상 생각하고 있었다. 그런데 그게 아니라 소수집단임을 나타내 주는 특징일 뿐이라면? 농인 미국인들이 다수인 청인 사회에 의해 지배당하고 있었던 건 아닐까?

"따님은 괜찮을 겁니다." 짐이 수화를 하며 말했다. "두 분께서는 그 애의 말하기 능력을 지나치게 걱정하고 있어요. 의사소통, 그게 중요한 겁니다. 교사의 입술에서 나오는 모든 낱말을 놓고 이건가 저건가 추측해야 하는 형편에서는 교육다운 교육을 받을 수 없습니다. 그게 우리들에게 얼마나 어려운지 알 수 있을 겁니다. 따님이 정말 필요로 하는 것은 두 분이 수화를 사용하여 그 아이에게 두 분의 뜻을 전달할 수 있어야 한다는 것입니다."

나는 마음이 편치 않았고 방어적인 태도를 취하게 되었다. 화제를 바꾸고 싶었다. 내가 보고들은 것을 소화 흡수하기 위해서 생각할 시간이 필요했다. 나는 바버라에게 시선을 돌리고 다이앤에 관해서 묻고 그녀와 마이크가 언제 수화를 배우기로 결심했는지 물었다.

"우리에게 수화는 매우 중요한 의미가 있었죠." 바버라가 말을 시작했다. 그 후 십오 분 동안 그녀와 마이크는 우리에게 자신들의 경험을 말해주었다. 우리처럼 그들도 다이앤에게 훌륭한 구화 환경을 마련해 주라는 전문가들의 조언을 받았다고 했다. 그들은 입술읽기 기술과 말하기를 가르치고자 노력하기 시작했다. 여러 시간 동안 계속되는 수업, 언어치료, 유치부 수업들, 다이앤이 세 살이 되고나서도 그들은 아직 손가락으로 가리키거나 그림을 그리거나 그것도 아니면 체험책을 이용하는 것 외에 별다른 의사소통이라곤 거의 없는 형편이었다.

"정말 어떻게 해야 할지 모르겠더군요." 바버라가 말했다. 그녀는 짐과 앨리스를 위해서 수화를 계속 함께 사용하고 있었다. "여러 교사와 언어치료사들에게 조언을 구해봤지만, '아직 알 수 없어요.'라고 하면서 '아이가 더 클 때까지 기다리세요. 말을 하게 될 겁니다.'라는 대답만 하는 거예요. 마지막으로 나는 우리 교회 목사님을 찾아갔어요. 그분이 새크라멘토 중심가에 있는 루터교회 목사님을 만나보라고 권하더군요. 그곳에 농인 담당 목사님이 있는데 지역 내의 농인들을 한 달에 한 번씩 방문해서 수화로 대화를 나눈다고 하더군요."

"바로 다음 일요일에 그곳으로 차를 몰고 갔어요. 예배가 끝나고 목사님께 가서 다이앤에 관해 말씀드렸어요. '그 아이와 우리는 전혀 의사소통이 안 된답니다.'라고 말이죠. '그렇습니까?' 그분이 말했죠. '저는 농 아이들의 교육에 관해서는 아는 게 없지만 이곳에 농인들이 몇 분 있는데 그분들은 의사소통에는 문제가 없던데요. 그분들을 소개시켜 드리지요.' 하시는 거예요. 그렇게 해서 앨리스와 처음 만나게 됐죠!"

바버라는 앨리스의 이름을 손가락으로 표현하면서 말을 마무리했다.

앨리스가 웃음을 터뜨렸다. 그녀와 짐이 시먼스 내외와 처음 만난 날을 회상하고 있다는 것을 알 수 있었다. 우리는 짐과 앨리스가 마이크와 바버라에게 어떻게 수화를 가르치기 시작했는지도 알게 되었다.

"커피나 차 드시겠어요?" 바버라가 일어서며 묻고 부엌으로 갔다. 루이즈와 앨리스도 돕겠다고 따라나섰고 그들 셋은 부엌으로 갔다. 마이크 시먼스는 대화가 진행되는 동안 내내 조용히 앉아 있기만 했다. 그는 벽에 걸린 시계를 바라보다가 다이앤과 린이 달려 들어오자 다이앤과 시선을 맞추었다. 다이앤은 멈춰 서서 아빠의 손과 얼굴을 골똘히 지켜보았다.

"이제 네가 잠옷을 입어야할 시간이 된 것 같구나." 그는 우리가 린에게 말하는 것과 퍽 흡사하게 천천히 말했다. 하나 다른 점은 그가 동시에 수화도 사용했다는 것이었다. 옷을 벗는 시늉을 하거나 잠옷을 입는 동작은 한 번도 하지 않았다. 단 한 번 손가락으로 자기 시계를 두들겼는데 시간이 됐다는 뜻인 것 같았다.

"싫어요!" 다이앤은 머리를 흔들고 우리의 대화를 지켜볼 셈으로 방바닥에 주저앉았다. 마이크와 짐과 나는 수 분 동안 이야기를 더 했다. 그러자 마이크가 다시 다이앤을 바라보았다. "너, 잠옷을 입을 테냐, 입지 않을 테냐?" 그가 물었다. 물론 동시에 허공에 물음표 모양을 그리면서 말이다. 다이앤의 표정이 깊은 생각을 하는 표정으로 바뀌었다. 그 애는 빠른 몸짓으로 손을 번갈아가며 올렸다 내렸다 했다.

마이크와 짐은 요란스럽게 웃음을 터뜨렸다. 처음엔 서로를 보면서 웃더니 나중에는 다이앤을 보면서 그들이 떠들썩하게 웃어대는 동안 나는 소외감이 물결처럼 덮쳐오는 것을 느꼈다. 다이앤이 뭐라고 말했을까? 그들은 왜 웃고 있을까? 이게 바로 브루스와 나와 루이즈가 집에서 어떤 재미있는 경험을 이야기하면서 웃을 때 린이 느끼는 기분이었을까? 나는 다이앤을 보았다. 그 애는 자신이 두 어른을 웃게 만든 원인이라는 것을 알아차리고 새침하게 미소 짓고 있었다. 어리둥절한 표정으로 나는 마이크를 향해 앉았다.

"다이앤이 뭐라고 말한 겁니까?"

"아마도 라고 했어요."

나는 깜짝 놀랐다. 다이앤은 아빠의 말을 즉시 알아들었던 것이다. 그 아이의 얼굴에는 당혹의 구름이 드리워지지도 않았다. 그리고 그 대답이라니! 아이가 말이 아니라 수화로 답을 했다는 것은 중요하지 않았다. 아마도 그 애의 아버지는 단순한 질문, 명령을 포함하는 간단한 질문을 했을 뿐이었다. 그러나 그저 예 혹은 아니오 라고 답하기가 싫자 그 아이는 모호한 지연 전술로서 그렇게 답한 것이다.

"어쩌면!"

"아마도!"

"지금 당장은 말하고 싶지 않아요!"

린이 다이앤 옆 방바닥에 앉아 있는 모습이 보였다. 다섯 낱말도 채 할 수 없는 우리 린. 린은 '아마도'와 같은 개념은 알지도 못했다. 하물며 그런 질문을 이해할 수 있었겠는가? 린은 입술읽기를 할 수 있다. 그러나 대체로 보통 명사들로 여기저기 당장 눈에 뜨이는 구체적인 사물들에만 국한되었다. 공, 신발, 암소, 열차, 새 등등 그 애 자신이 기억하고 있는 것들 말이다. 그리고는 내가 수백 번도 더 반복한 특정 행위 몇 가지, 즉 달리기, 뜀뛰기, 넘어지기 등이 추가될 수 있을 뿐이었다.

"린이랑 같이 네 방으로 가서 네가 잠옷을 입고 나서 잠시 함께 놀아도 좋아."

마이크 시먼스가 다이앤에게 수화를 하면서 동시에 입으로 말을 했다. 잠옷을 입는 것이 더 이상 린과 함께 놀 수 없다는 뜻이 아님을 알고 기뻐하면서 다이앤은 뛰어 일어났다. 다이앤은 린의 어깨를 손으로 두드리고 수화로 뭔가 말을 했지만 린은 이해하지 못했다. 그렇게 두 아이는 다이앤의 침실을 향해 함께 사라졌다. 오래 있지 않아 잠옷을 입은 다이앤이 린을 데리고 다시 거실로 돌아왔다.

세 사람이 커피와 초콜릿 케이크를 들고 돌아왔다. 나는 하던 일을 그만 두게 하고 "루이즈, 당신이 마이크와 다이앤이 수화를 하는 것을 보았어야 해요. 글쎄 아이가 이해하고 수화로 대답을 하더라니까!"라고 말하고 싶었다. 그러나 실제로는 그저 조용히 앉아 커피를 홀짝홀짝 마시며 내가 보았던 일이 함축하고 있는 의미를 이해해보려고 했다.

"댁의 따님이 말을 하려면 오랜 시간이 걸릴 수도 있습니다." 모두 먹기 시작하자 짐이 깊은 생각에 잠긴 듯했다. 그가 수화를 하기 위해 포크를 내려놓았다. "선생께서 얼마나 오랫동안 따님이 말을 배우길 기다릴 각오가 돼 있나요? 지금 린이 거의 다섯 살이 다 돼가죠? 일곱 살이 될 때까지 기다려 줄 작정인가요? 아니면 여덟 살 또는 열 살 그것도 아니면 열다섯 살 때까지라도 기다릴 각오가 돼 있나요?"

"글쎄요. 린은 입술읽기가 특히 뛰어납니다. 그 앤 벌써 많은 단어들을 말할 수 있어요." 내가 말했다.

"말하기를 배우는 것은 많은 것에 좌우됩니다." 바버라가 말했다. "그 아이의 장애 정도 뿐 아니라 청각장애의 유형과 신경상의 훼손 정도에도 좌우되니까요. 많은 아이들, 특히 중증의 청각장애아들의 경우 가족 외에 다른 사람들도 말을 이해할 수 있을 만큼 말을 잘하게 되지는 못한답니다. 가족들조차도 그들의 말을 이해하지 못하는 경우가 흔하죠."

"'바로 지금'을 잊지 마세요!" 짐이 말했다. 일종의 절박감 같은 것이 그의 음성에 깃들어 있었다. "린이 오늘 학교에서 있었던 일을 아빠에게 말해줄 수 있습니까? 그 애가 친구들의 이름을 다 알려줄 수 있습니까? 하늘에 관한 대화를 아빠랑 할 수 있나요? 산에 관해서는요? 아빠에게 질문을 한 적이 있습니까? 누가 별을 만들었는지 알고 싶어 하나요? 이 모든 일들에 관하여 수화로 지금 당장 엄마 아빠에게 말할 수 있어야 한다고 생각합니다."

나는 힘없이 머리를 끄덕였다. 대답을 할 수가 없었다. 내가 할 수 있는 일이라곤 고작 보다 절박한 질문을 자문해 보는 것뿐이었다. 즉, 왜 누군가 진작 이런 질문을 우리에게 하지 않았을까? 왜 우리는 우리 자신에게 이런 질문들을 해보지 않았을까? 말을 하게 하려는 우리 관심 때문에 우리가 보다 더 중요한 일, 의사소통에 대해서 눈이 멀어 버린 것은 아니었을까? 네 살 반의 나이에도 말을 못하는 린이 다섯 살이 되면 혹은 여섯 살 심지어 열 살이 되면 갑자기 말을 하기 시작하리라고 생각하는 것이 현실적인 일이었을까?

그리고 아이가 그 빈약한 어휘력으로 입술읽기를 할 수 있는 몇 백 개의 낱말들을 어느 날 갑자기 말로 표현할 수 있게 된들 어떻단 말인가? 흔해 빠진 물건 이름들과 동작들을 말한다고 해서 그게 어떤 종류의 의사소통이 될 수 있을 것인가? 그게 아니라면 그 아이가 실제로 말을 하기 시작하면 보통의 문장에서 나오는 전치사, 관사, 접속사, 시제들을 알고 있겠는가? 일반 아이들이 추리하고 토론하고 재미있는 이야기를 들려주고 자신들의 미래에 대해 생각하기 위해 자기 언어를 사용하고 있을 때 린은 한 번에 한 단어씩 새 낱말을 배우려고 계속 진땀을 빼야 하는 걸까? 말을 하기 위한 이 지루한 싸움이 아이의 마음에 어떤 영향을 주었을까? 그리고 아이의 성격에는? 그게 이미 해놓은 일은 무엇인가?

대화가 다른 화제로 이어지자 나는 벽난로 안을 들여다보았다. 나는 오리건 주 유진의 병원에서 있었던 일을 생각했다. 내가 린을 안고 뒷문을 통해 격리병동으로 가는 복도를 걸어내려 갔던 일이며, 무슨 일이 일어나고 있는지도 모르고 매일 거기 누워있던 린의 모습을. 그 때 우리가 수화를 할 줄 알았더라면! 린도 다이앤처럼 쉽게 이해했을 텐데….

"수화를 배우는 게 어렵나요?" 나는 특별히 누구에게가 아니라 모두를 향해 질문을 던졌다. 바버라 시먼스가 통역사의 역할을 해주어, 루이즈와 내가 말하는 것은 무엇이든지 곧바로 수화로 통역해 주었다.

"능숙해지려면 오래 걸립니다. 그러나 린이 아직 어린 지금 시작하면 두 분께서는 배울 시간이 충분합니다. 그리고 수개월이면 린과 놀라울 정도로 훌륭한 의사소통을 할 수 있을 겁니다. 시먼스 부부께서도 수화를 배운지 일 년 정도밖에 되지 않았거든요." 짐이 말했다.

대화는 캘리포니아주 조달청에서 관리직으로 일하고 있는 짐의 직업으로 옮겨갔다. 말과 수화가 잠시 뜸해지자 나는 시계를 보고 루이즈에게 머리를 끄덕였다. 늦어지고 있었다. 린과 브루스는 오전에 학교를 가야 했다.

"고맙다는 말을 수화로 어떻게 하죠?" 내가 일어설 때 루이즈가 마이크에게 물었다.

"이렇게요." 짐이 우리가 관찰할 수 있도록 동작을 느리게 보여주었다.

그는 손을 펴서 손가락을 턱에 댔다가 앞으로 움직이면서 아래로 내렸다.
"고맙습니다." 우리는 짐과 앨리스에게 수화로 이야기했다. 그들 두 사람 모두 만족스러운 표정으로 미소를 지었다. 여러 가지 다른 낱말들을 더 보여주기도 했다.

'당신'은 논리적이고 쉬운 동작이었다. 검지로 상대방을 가리키는 동작이고, '나에게(나를)'는 그저 간단하게 스스로를 가리킨다.

'나는'은 새끼손가락만을 편 채 주먹을 쥐어 자신의 가슴에 갖다 대는 동작이다.

'사랑해'는 양손을 손목에서 교차시켜 심장부위를 덮는다.

'이름'은 더 복잡했다. 양손의 첫째와 둘째 손가락으로 권총 모양을 만들고 오른손의 손가락들이 왼손의 처음 두 손가락의 옆을 가로질러 가볍게 똑똑 두드린다.

손을 움직여 이렇게 생소한 문양들을 그린다는 게 이상한 느낌을 주었다. 우리가 세 번째, 네 번째 단어를 배울 때에는 제일 처음에 배운 '고맙습니다.'라는 단어를 기억하기가 어려웠다. 분명 그것은 새로운 언어였다!

"린에 대해서는 걱정하지 마세요. 잘 해낼 겁니다." 짐이 말했다. "예쁜 딸을 두셨어요. 말에 수화를 추가하면 따님은 모든 것을 즐길 수 있을 겁니다." 그 사이 마이크가 우리 외투를 가지고 나왔다. 우리는 만날 수 있는 자리를 만들어준 데 대해 마이크와 바버라에게 감사하는 말을 하고 문으로 갔다.

그 때 앨리스가 나에게 큰 봉투 하나를 건네주었다. "여기 읽어볼 만한 글들이 있어요. 그리고 알파벳을 손가락으로 표현한 그림도 들어있습니다. 도움이 되실 거예요. 두 분 모두 수화 교실에 오신다면 환영받으실 거예요. 화요일 오후에는 언제나 오클랜드 가에 있는 루터교회에서 열려요."

우리는 어두워진 거리를 침묵 속에 차를 몰았다. 말은 하지 않았지만 우리 두 사람은 다같이 우리 인생에, 아니 린의 인생에 중대한 기로에 서 있음을 본능적으로 깨닫고 있었다.

"그들의 말이 모두 옳아요." 루이즈가 간단하게 말했다. "우리는 린의 선생님으로부터 그런 이야기를 전혀 들어본 적이 없었어요. 몇 달 동안 린과 수화를 배워보는 게 문제가 되지는 않을 것 같아요."

우리는 집에 도착해서 브루스와 린을 잠자리에 들게 하고 거실에 앉아 앨리스 허드슨이 건네 준 갈색 봉투를 열어 보았다.

"보기만 해도 지치는데요!" 루이즈는 알파벳 글자 하나하나를 손가락 그림으로 표현한 지화카드를 들고 소리를 질렀다. "음, 무슨 뜻인지 도무지 모르겠네요. 그런데 톰, 우리가 수화를 사용하게 되면 나중에 린이 학교에서 어려움을 겪을지도 몰라요."

"린이 수화를 사용했다는 것 때문에 교실 밖으로 내쫓진 않을 거예요. 게다가 린이 수화를 배울 수 있을지조차 확실히 알 수 없는데 뭐. 배우는데 얼마만큼의 시간이 걸릴지도 잘 모르겠소." 나는 대답했다. 우리가 알기로는 스타 킹에 다니는 아이들 중에 농인 부모를 둔 몇몇 아이들이 영어 수화를 사용하고 있었지만, 학교에서는 수화를 사용하지 못하도록 금지당했다.

루이즈는 지화를 연습하기 시작했다. 알파벳 단어들을 조용하게 읊조리며 그림에 나와 있는 모양대로 손가락의 형태를 만들려고 애를 썼다. 나는 논문 하나를 집어들었다. 맥케이 버논 박사가 저술한 〈농교육의 실패(The Failure of the Education of the Deaf)〉라는 책으로, 일리노이 농인 협회(Illinois Association of the Deaf Bulletin)에서 다시 펴낸 책이었다. 나는 새로 얻은 정보들을 정신없이 읽어 나갔다.

"이 모양이 맞는 거 같아요?" 중간중간 루이즈가 끼어들면 나는 그림을 자세히 살펴보면서 손가락의 특이한 모양을 이리저리 구현해 보았다. 그리고 다시 논문들을 읽는 일로 돌아갔다. 논문을 읽다가 새로운 사실을 알게 되면 루이즈에게 읽어주었다.

"이것 좀 들어봐! 미국에 사는 농인들 중 95퍼센트가 농인과 결혼을 한대요. 듣는 사람들과 결혼한 사람들은 거의 대부분 난청자이거나 중도에 청력을 잃은 사람들이래."

"톰, 잠깐만요." 루이즈가 끼어들었다. "캐롤린 그레이브스를 제외하면 우리가 성인 농인들을 몇 명이나 만나봤나요? 린이 농인이라는 것을 알게 된지 거의 4년이 지났지만 진짜 농인들과 만나서 이야기를 나눈 것은 오늘 밤이 처음이에요. 그리고 린이 성인이 될 때까지는 아직 시간이 있어요. 좀 느긋하게 생각해요."

루이즈는 지화 공부로 돌아갔고, 나는 계속해서 글을 읽었다. 나는 신세계를 발견한 느낌이었다. 린을 우리와 같게 만들기 위해 노력했던 수년의 기간 동안, 우리는 린의 세계에 대해 전혀 알지 못했던 것이다!

루이즈가 린이 잘 자고 있는지 살펴보고 온 뒤에 나는 다음의 내용을 루이즈에게 읽어주었다.

오늘날 젊은 농인들은 태어날 때부터 농인이든지, 아니면 삶의 초기, 즉 말을 배우거나 사용하기 전인 시기에 청력을 잃은 경우가 대부분이다. 이러한 환경 하에서는 정상적인 말하기가 발달할 수 없다. 간혹 명료한 발음을 익히는 경우가 있기는 하지만, 많은 사례에서 보듯이 언어발달 전에 농인이 된 경우에는 고용주나 일반 사람들이 쉽게 알아들을 수 있게 말을 하지 못했다. 우리가 들을 수 없는 외국어를 말해야 할 때 겪게 될 어려움을 짐작할 수 있다면, 우리가 자신의 목소리를 들을 수 없는 상황에서 외국어의 명확한 발음을 배울 때 겪게 되는 어려움을 상상할 수 있다면, 왜 많은 유능한 농인들이 명료하게 발음하는데 부족함을 경험하는지 쉽게 이해할 수 있다.

"정말 말이 되는데요!" 루이즈가 외쳤다. "우리가 린에게 불가능한 일을 강요한 거군요!"

"이 논문에는 이 주장을 뒷받침 할 수 있는 많은 연구 논문들을 주석으로 달아놨어요." 계속 읽을수록 분명해지는 것은 언젠가 린과 입으로 대화할 수 있으리라는 희망을 가지고 존 트레이시 클리닉의 교육 과정에 쏟아 부은 수백 시간의 노력이 우리가 생각하지 못했던 심각한 결과를 초래했다는 것이었다.

"이 논문을 쓴 버논 박사는 시카고 의과대학 마이클 리즈 병원에 재직 중이에요." 나는 루이즈에게 계속 말했다.

"이 내용 좀 들어봐요."

한 심리학자에 따르면, 정신질환을 앓고 있는 아동과 성인의 대부분은 부모와의 관계에 있어서 진정한 의사소통의 부재를 겪고 있다고 한다. 많은 경우에 구화주의는 부모와 자녀 간에 요구되는 의사소통을 불가능하게 만든다. 이 사실을 증명하길 원하는 독자가 있다면 고학년 농인 아동(난청 아동이 아닌)들을 위한 학급을 방문해 보거나 그들의 이웃들을 만나보기만 하면 된다. 이들 학교에서 농인 청소년들을 대상으로 말하기 능력, 입술 읽기 기술, 작문 실력을 관찰해 보라. 그러면 이 젊은 농인들이 종교, 윤리, 결혼문제, 성, 직업 선택 등과 같은 이슈들을 토론하기에 얼마나 부족한 능력을 갖고 있는지 알 수 있을 것이다. 농인 자녀를 둔 모든 부모는 자녀의 청각장애가 발견되자마자 수화와 지화를 배워야 한다는 것이 나의 주장이다. 부모들은 구화를 사용한 말하기 교육과 함께 수화라는 의사소통 시스템을 필히 사용해야만 한다. 물론 의사소통을 유창하게 만들어줄 다른 방법이 있다면 함께 사용해야 하겠지만 말이다.

자정이 넘었는데도 불구하고 나는 우리가 받은 자료들을 손에서 놓을 수가 없었다. 우리 두 사람은 새로운 것을 발견한 흥분과 안도감을 느낌과 동시에 반대로 의심과 분노가 혼합된 느낌 또한 여전히 가지고 있었다. 우리가 믿어왔던 모든 것들, 린을 향한 우리의 희망과 꿈들, 또 그것을 위해 애쓰고 노력했던 모든 것들이 허물어지기 시작했다. 왜 우리는 이러한 연구들을 더 일찍 보지 못했단 말인가? 우리는 앨리스가 우리에게 준 여러 논문들이 실려 있었던 농인들을 위한 전국 잡지인 〈아메리카의 농인〉에 대해 들어본 적이 없었다. 존 트레이시 클리닉은 우리에게 농인의 반쪽 면만을 보여준 것이었다. 아니면 우리가 린이 '농인'이 아니길 너무나도 간절히 원했기 때문에 그러한 증거자료들을 무시했던 것일까?

"하나만 더 읽어줘도 될까?" 나는 루이즈에게 말했다. "제목이 '바보 어린이들(Dumb Children)'이라는 논문에서 나오는 부분이야. 1969년 8월, 〈신공화국(The New Republic)〉이라는 잡지에 나온 글을 재발간한 거예요."

우리나라에는 50에서 75만 명 정도의 농인-여기서 농인이라 함은 청력 보조 기구를 사용하든 사용하지 않든 일상적인 말하기를 이해하지 못하는 사람을 뜻함-이 있으며 그 수는 계속 증가하고 있다. 최근 풍진의 갑작스러운 증가로 인해 약 2만 명의 농인 아기가 태어났고 현재 학령기에 접어들었다.

농 아동들은 입술읽기 교육과 말하기 훈련을 받고 있으나, 소리를 들어본 적이 없는 어린이들에게는 매우 어려운 일이다. 그럼에도 불구하고 농 아동을 가르치는 많은 선생님들은 수화를 폄하한다. 수화가 농인들에게 자연스러운 의사소통 방법임에도 불구하고 말이다. 그 결과로 우리 농인 어린이들이 12살이 될 때까지 배우는 거라고는 고작 "바" 소리밖에 없다.

농인의 세계는 여전히 교조주의적인 자선사업가, 교사들, 의사들에 의해 움직여지고 있다. 그리고 이들은 청각장애인을 위한 알렉산더 그레이엄 벨 협회를 휘젓고 있다. 이 협회는 자신의 농인 아내에게 입술읽기를 가르쳤던 한 발명가에 의해 시작되었으며, 입술읽기와 말 흉내내기를 선전하는 일에 몰두했다. 이 협회는 현재 7천 명의 회원이 있으며, 에드거 후버와 AT & T[15]의 사장을 포함하는 영향력 있는 이사진을 가지고 있다. 그러나 7천 명의 회원 중 농인은 겨우 250명뿐이다.

<볼타 리뷰>는 농인의 부모들을 유혹하는 사이렌의 노래이다. 이들은 부모들이 듣고 싶어하는 말을 들려준다. 농 어린이들이 입술읽기와 말하기를 배우기만 하면 듣는 세계에서 행복하게 살 수 있다고 말이다. 그리고 여러 사례를

---

15) 'American Telephone & Telegraph Company'의 약자로 1885년 세워진 미국전화전신회사(AT&T Corp.)를 전신으로 하는 미국 최대의 전화회사이다.

들면서 고출력의 보청기들이 그들을 도울 수 있다고 속삭인다. 잡지에는 화려해 보이는 보청기들의 광고가 가득하다. "듣게 되면... 당연히 말할 수 있게 되죠."라고 말하며 보청기 회사인 제이 워렌 회사로 오라고 속삭인다. 한 어린 소년이 우주인처럼 가슴에 배터리 가방을 매고 귀에는 보청기를 꽂고서 만면에 기쁨의 미소를 띤 채 어떤 기계 앞에 서 있다. 이 광고는 "청력에 장애를 가진 어린이들에게 소리를 듣는 짜릿함을 지금 바로 맛보게 해 줍니다."라고 말하고 있다.

 2년 전 허버트 콜은 도시교육 센터를 위해서 "농인의 언어와 교육(Language and Education of the Deaf)"라는 제목의 논문을 저술하였다. 콜은 수화가 농인들 사이에서 일상 언어로서 정말 어느 정도로 기능하는지, 그리고 입술읽기를 숙달하는 것이 얼마나 어려운지 관찰하였다. 그는 모국어로서의 수화의 사용을 강하게 주장했으며, 동시에 입술읽기는 두 번째 언어로 사용해야 한다고 하였다. 그의 연구는 벨 협회를 궁지로 몰아넣었다. <볼타 리뷰>는 그가 전공이 다르기 때문에 이 분야를 연구할 충분한 자격을 갖지 못했다고 공격했다. 전국 농인협회(The National Association of the Deaf)는 콜의 교수방법을 지지함으로 벨 협회와 갈등을 빚었다. 농인협회는 콜의 연구를 게재하기 위해 <볼타 리뷰>에 광고 지면을 구입하겠다고 요청했으나, 벨 협회의 책임경영자이자 <볼타 리뷰>의 편집장인 조지 펠론도프는 광고를 거절했다.

 나는 읽는 것을 멈추고 믿기지 않는 눈빛으로 루이즈를 바라보았다.
 "어떻게 이런 일이 가능하지?" 그녀는 피곤한 듯 털썩 의자에 앉아 머리를 등받이에 기대었다. 그동안 읽었던 그 많던 사례들이 우리 머릿속을 스쳐 지나갔다. 직접 만난 적은 없지만 구화로 말하는 농인 성인들의 성공 사례들을 〈볼타 리뷰〉를 통해서 수없이 읽었다. 루이즈는 충격으로 천천히 머리를 흔들었다. 우리가 선전의 희생양이었다는 것을 믿을 수가 없었다. 그동안 엄청난 노력을 기울였기 때문에 지금 당장 포기할 수가 없었다. 요 앞에 있는 코너만 돌면 획기적인 발전이 있을지도 모르지 않은가. 그러나 만약 그렇지 않다면? 몇 달 동안 수화를 시도해 본다고 해서 말하기를 배울 린의 기회가 망가지지는 않을지도 모른다.

"이제 그만 자러 갑시다." 마침내 내가 말했다. 내 마음 속에서 일어나는 여러 생각들에 더 이상 몰두할 수도 분석할 수도 없었다. "더 많이 조사해 봐야겠어. 더 이상 그 어떤 것도 믿을 수가 없군. 더 많은 농인들을 만나봐야겠어요."

나는 잠자리에 누워 오랫동안 깨어있었다. 어둠속을 뚫어지게 바라보며 시계의 초침소리를 들으며 미래를 생각했다. 당혹감의 한가운데에 있으면서도 한편으로 새로운 희망이 솟구치고 있었다. 린의 새로운 가능성에 관한 흥분이었다. 우리에게 수화라는 또 하나의 기회가 생긴 것이다. 나는 스스로에게 상기시켰다. 나는 4살짜리 농인 소녀를 보았다. 린과 똑같은 그 아이는 말은 하지 못했지만, 그녀의 손은 위아래로 움직이며 말을 하고 있었다.

짐 허드슨이 했던 말이 내 귓가에 울려 퍼졌다. "걱정하지 마세요. 당신에게는 아름다운 딸이 있잖아요. 그녀는 수화를 배울 수 있습니다."

다이앤의 양손은 아빠와 엄마의 머리와 마음속에까지 도달하는 음성이 되었다. 린의 양손이 그렇게 말을 할 수만 있다면! 그날 저녁 있었던 일들이 시시콜콜 다시 떠올라 잠을 이룰 수 없었다. 옆에 누운 루이즈도 잠을 이루지 못하고 엎치락뒤치락하고 있었다. 서랍장 위의 자명종 시계는 새벽 두시 십분을 지나고 있었다.

결국 나는 불을 켜고 일어나 앉았다. 루이즈와 나는 손으로 알파벳 모양을 만들어 보고자 노력했다. 그것들이 곧 낱말이었다. 손으로 만드는 이 부호들이 어떻게든 린의 5년에 걸친 침묵을 깨뜨려 주기를 우리는 조용히 기원했다. 우리가 만들어 놓은 조용한 우주의 비밀들이 그녀 앞에 드러나기를 간절히 기도했다.

린이 수화를 배울 수만 있다면! 우리는 린의 그 모든 분출되지 못한 감정들, 좌절, 이상들, 욕구와 희망들에 관해서 이야기했다. 그 애가 말하고 싶지만 말할 수 없었던 그 모든 일들에 관해서 소리 없는 말을 주고 받았다. 린과 우리의 관계에 슬며시 끼어든 그래서 우리를 엄마 아빠에서 교사로 바꿔놓은 그 형식성에 관해 이야기했다. 그렇다. 교사다. 언제나 우리 입안에 반쯤 숨어있는 그 불가능한 언어를 가르치려고 기를 쓰고 교사로 탈바꿈시킨 그 형식적인 의례에 관해 이야기했다.

루이즈가 절박한 음성으로 말했다. "내일, 우리가 내일부터 시작해야 해요." 그녀는 침대 옆 탁자 위에 놓아둔 지화카드를 들었다.

"오늘 배운 수화 중에 기억나는 게 있소?" 내가 물었다.

"당신." 루이즈가 자기 앞의 가상의 인물에게 손가락질했다. 나는 그녀의 동작을 흉내 냈다.

"나를" 우리는 동시에 큰 소리로 말하면서 각자 자신을 가리켰다.

"나는" 루이즈가 주먹을 쥐고 새끼손가락을 폈다. 그리고는 손을 가슴 가까이 갖다 댔다. 그녀를 따라 나도 연습했다.

"사랑해." 우리는 이 단어를 결코 잊지 않을 것이다. 양손으로 주먹을 쥐고 손목을 교차하여 왼편 가슴 위에 댄다.

　우리는 알파벳 각 문자를 복습했다. 우리 손을 지화카드에 있는 그림처럼 만들기 위해 애를 썼다. 한 시간이 지나갔다. 우리는 사용하지 않았던 근육들을 움직이기 위해 용을 쓰면서 린의 이름을 지화로 한 철자 한 철자 만들어 보았다. 그 다음에는 브루스의 이름을, 아버지 어머니를 차례로 연습했다. 한 문자의 모습을 3, 4분 정도는 기억할 수 있었지만 시간이 지나면 다시 그림을 보고 연습해야 했다. 우리는 서로 더 많은 수화를 기억하려고 노력했다. 우리는 다시 짐과 앨리스, 다이앤과 바버라와 마이크에 대해서 이야기했다. 우리는 린이 우리가 집에서 나름대로 정했던 "다 사라졌어."와 "오다."를 나타내는 몸동작을 얼마나 빨리 배웠던가를 회상했다. 새벽에 우리는 전등을 껐다. 우리 삶에 새로운 장이 열린 것이다. 지칠 대로 지친 우리는 몇 시간이나마 깊은 잠을 잘 수 있었다.

| 제 19 장 |

엄마가
새로 만든 놀이?

엄마가
새로 만든 놀이?

"아아아히히이이오(aaahhhiieeo)! 아아아히히이이오(aaahhhiieeo)!" 나는 잠에서 깨려고 버둥거렸다.

린이 이불을 잡아당기고 침대로 기어 올라와 루이즈와 나 사이로 비집고 들어오려고 하고 있었다. 나는 눈을 부비면서 시계를 보았다. 7시 10분! 자명종 시계를 맞춰 놓는 것을 깜박했던 것이다.

"브루스!" 내가 큰 소리로 외쳤다. "늦었다. 일어났니?" 복도 저쪽의 아이 방에서 이불을 덮어쓰고 외치는 소리가 들렸다. 몸을 돌려 엄마 품으로 파고들고 있는 린을 보았다. 린의 밝은 눈빛과 흡족한 미소가 잠들어 있는 우리를 발견한 것을 특별하게 느끼고 있다는 것을 우리에게 알게 해주었다.

루이즈가 잠결에 일어나 앉았다. 등 뒤에 베개를 받치고 린을 이불 위에 앉혔다. 린이 엄마를 마주 보고 엄마의 다리에 걸터앉았다.

"엄마는 너를 사랑해."

루이즈가 말하면서 동시에 전날 배운 대로 손으로 수화를 그려냈다. 나는 벌써 잊어버리고 있었다. 주먹을 쥔 오른손을 몸 가까이 대고 새끼

손가락을 펼친 후, 양손으로 주먹을 만들어 쥐고 손목에서 교차시켜 왼쪽 가슴에 댔다가, 오른손의 두 번째 손가락으로 린을 가리키며 끝을 냈다. 잠시도 주저하지 않고 그녀는 팔을 펴서 린을 덥석 안고 힘차게 따뜻한 포옹을 했다.

"엄마는 너를 사랑해."

루이즈는 입으로 말을 함과 동시에 수화로 표현했다. 그리고 린을 껴안고 오래도록 입을 맞추어 주었다. 린의 얼굴에 어리둥절한 표정이 떠올랐다. 이건 엄마가 새로 만든 놀이인가? 이게 무슨 뜻일까? 린은 나를 보다가 다시 루이즈를 보았다. 나는 어떻게 해야 하지? 루이즈가 다시 수화를 하는 동안 아이는 우리를 쳐다보았다. 이어서 또 한 차례의 포옹과 입맞춤이 이어졌다.

린의 짧은 생애 중 적어도 백만 번 정도는 린에게 "나는 너를 사랑해."라고 외치거나 속삭이거나 말했을 것이다. 아이는 그 덧없이 스쳐지나가는 낱말들을 우리 입술에서 몇 번이고 되풀이해서 보았다. 그러나 우리가 '달리다'나 '공' 같은 낱말들을 테스트하는 것과 마찬가지로 아이가 사랑을 제대로 이해하고 있는지를 테스트해 볼 수는 없었다. 어떤 날은 린이 '사랑해'라고 말하기도 했다. 그럴 때는 그 아이가 우리 입술을 보고 익혔음을 우리도 알아차릴 수가 있었다. 현재로서는 린이 말할 수 있는 전체 어휘 5개의 낱말 중에 이 세 단어(나는, 당신을, 사랑해)는 포함되어 있지 않았다.

나는 팔을 길게 뻗어 린을 끌어 당겨 양팔로 아이의 작은 몸을 안고 큰 포옹을 해주었다. 루이즈가 사용했던 것과 같은 수화를 어색하게 해 보이면서 "나는 너를 사랑해."라고 말했다. 이제 린의 의아스럽다는 표정이 더욱 생생해졌다. 그 아이는 엄마를 바라보던 시선을 내게로 돌렸다. 나는 그 애를 다시 한번 포옹해주고 나서 두 가지 언어로 다시 천천히 말했다.

"나는"- 나의 오른손으로 주먹을 쥔 채 새끼손가락을 펼친 상태로 30초 동안 가슴 가까이에 대고 있었다. "사랑해."- 나는 두 주먹을 쥐고 느릿느릿 손목에서 교차시켜 잠시 동안 왼쪽 가슴위에 대고 있었다. "너를"- 나는 왼손을 밑으로 내리고 오른손 두 번째 손가락으로 린을 가리켰다.

린은 이상하다는 표정과 동시에 당혹스러운 표정을 지으면서 내 배를 콕 찔러보고 이불을 끌어당겨 얼굴을 가렸다. 이분들이 무엇을 하고 있는 걸까? 이건 틀림없이 새로운 놀이일 것이다. 린이 이 내용을 알아맞히려면 시간이 걸릴 것이다. 나는 다시 그 애를 껴안았다. 그러자 린은 학교에 가기 위해 옷을 갈아입으려고 뛰어나갔다.

"시간이 좀 걸릴 거야." 침대에서 빠져나오면서 내가 말했다. "희망을 버리지 맙시다. 린이 '공'을 입술읽기 하는데 얼마나 오래 걸렸는지를 기억해요. 낱말 다섯 개 배우는 데에만 5년이 걸리지 않았어?"

"그래요. 알고 있어요." 루이즈가 말했다. "하지만 노력은 계속해야 하겠죠. 한 가지는 우리도 알고 있어요. 우리가 했던 모든 말들이 아직 효력을 내지 않고 있다는 거예요." 그녀는 가운을 걸쳐 입고 아침을 준비하러 부엌으로 갔다.

"린, 버스가 곧 올 거야." 루이즈가 서둘러 아침을 먹고 나서 린에게 말했다. 그녀는 보청기를 바로 매주고 나서 현관으로 데리고 갔다. 나는 바버라에게 전날 받은 글들을 정리해서 서류가방에 넣었다.

"나는 너를 사랑해." 문 앞에 서서 루이즈가 린의 눈높이로 몸을 낮추고 입으로는 말을 하면서 수화로 말했다. 린은 흥미를 느끼긴 하면서도 알수 없다는 표정으로 지켜보았다. 다시 한번 더 포옹. 입맞춤. 다시 한번 그 간단한 세 마디 낱말의 동작과 말하기. "나는 너를 사랑해." 이제 그 말들이 루이즈의 손에서는 보다 매끈하게 만들어져 나오는 것 같았다.

린이 나를 보고 싱긋 웃었다. "나는 너를 사랑해." 내가 방 저쪽에서 린을 향해 수화로 말했다. 그러자 린은 돌아서서 문밖으로 달려 나갔고 이내 버스가 왔다. 운전사가 문을 열어주기를 기다리면서 린은 문 앞에 서 있는 엄마를 돌아보았다.

"나는 너를 사랑해." 루이즈가 재빨리 수화와 말을 했다. 린이 엄마의 입술을 보지는 못했겠지만 선명한 손놀림을 놓쳤을 리가 없었다. 린은 손을 흔들고 버스에 올랐다.

나는 흥분으로 가득 차서 학교를 향해 집을 나섰다. 새로운 모험이 시작되었다. 서두르지 마라. 나는 줄곧 혼잣말을 하고 있었다. 여러 달이 지나야 린이 우리가 하는 일을 이해할 수 있을지도 모른다. 명심하라. 수년 동안 린에게 제스처를 사용하지 않았다는 것을.

오전 내내 루이즈는 지화를 익혔다. 세 시가 좀 지나서 버스가 왔다. 린이 버스에서 내려 진입로를 달려오자 문 앞에 서서 "나는 너를 사랑해."라고 수화로 말했다. 린이 엄마의 품으로 뛰어들었다. 오랫동안 포옹이 이어졌고 루이즈는 린을 풀어주고 나서 다시 수화를 했다. "나는 너를 사랑해." 그리고 나서 그들은 부엌으로 함께 들어가서 쿠키를 구웠다.

나는 네시 삼십분에 집에 도착했다. 린은 자기 방에서 색칠하기 책에 크리스마스트리를 색칠하고 있는 중이었다.

"나는 너를 사랑해." 수화를 하면서 내가 말했다. 이번에는 훨씬 자연스럽게 느껴졌다. 나는 그 애 곁 바닥에 무릎을 꿇고 앉아서 그 애를 따뜻하게 포옹해주고 입을 맞추었다. 이제 린이 지난 수년간 내 입술의 움직임들을 건성으로 대했던 것처럼 내 손에 더 이상 주의를 기울이지 않았다.

"아빠와 엄마가 하시는 게 뭐예요?" 브루스가 물었다. 녀석이 우리가 하는 행동을 알아차린 것이다.

"린에게 수화를 가르쳐 보려는 거야."하고 내가 말했다. "우리는 그게 린과 의사소통을 하는데 도움이 될 거라고 생각해. 우리 모두 수화를 배워야 한단다."

그날 저녁, 밥을 먹기 전 간단한 기도를 수화로 했다. 우리의 제한된 어휘력으로 할 수 있는 단 하나의 문장이었다.

"음식을 주셔서 감사합니다." 우리는 일제히 그렇게 말했다. 브루스가 우리의 손짓을 따라했다. 린이 지켜보는 가운데 우리 세 사람의 손은 턱에서 식탁으로 이동하고 오른손의 손가락들을 함께 붙여 입에 갖다 대어 '음식'을 나타냈다. 린이 흥미를 갖고 미소를 지어보였지만 우리가 하는 행동을 따라하지는 않았다.

그날 밤 브루스와 린은 8시가 되자 모두 잠을 자러갔다. 어제 늦게까지 안 잤기 때문이다. 우리는 피곤했고 일찍 잠잘 준비를 했다. 브루스가 양치질을 하고 잠자리에 들고 나서 나는 침대 끝에 걸터앉았다. 루이즈는 린의 잠자리를 보살펴주러 갔다.

"아빠! 스쿠버 탱크를 쥐고 얼마나 바닷물 속에 들어갈 수 있어요?" 하고 브루스가 물었다.

"글쎄, 잘 모르겠구나. 한 30미터쯤? 그보다 더 내려가면 수압을 견디기 어려울걸."

"그럼 깊이가 1킬로미터 이상이 되는 곳에서는 어떻게 바다를 탐험할까요?"

내가 설명하기 시작했다.

"여보! 브루스! 빨리, 빨리 이리 좀 와요! 어서!"

브루스가 이불을 걷어차고 벌떡 일어나 침대 밖으로 뛰어내렸다. 순식간에 우리는 린의 방에 와있었다.

"보세요!" 루이즈가 말했다. 그녀의 볼에는 눈물이 빗물처럼 흐르고 있었다. "린이 두 번이나 말했어요." 린이 다리를 쭉 펴고 침대 머리에 앉아 있었다. 루이즈는 침대 가장자리에서 린을 향해 돌아앉았다. "나는 너를 사랑해." 그녀의 음성이 눈물 사이로 흘러나왔고 동시에 그녀의 손도 신중하게 움직였다. 그리고 나서 그녀는 린을 포옹해주고 물러나 앉아 기다렸다.

린이 기뻐서 환하게 웃으며 고사리 같은 두 주먹을 들어 교차시켜 가슴에 밀착시키더니 익숙하게 엄마를 가리켰다. 서슴없이 린이 팔을 내밀고 엄마를 꼬옥 껴안는 것이었다. 방안 풍경이 흐려졌다. 터지려는 눈물을 꾹 참고 나는 린을 안아들었다. 가슴에 품고 오랫동안 껴안고 있었다. 한참이 지나고 나서야 나는 그 애를 침대에 앉혀주었다.

"나는 너를 사랑해." 천천히 수화를 하면서 말했다. 내 음성이 떨리고 있었다. 나는 손을 내리고 기다렸다.

"나는 너를 사랑해." 린이 또렷하게 그리고 자신있게 손짓을 하고 팔을 내밀고 나를 껴안았다. 나는 루이즈를 보았다. 우리들 눈에 눈물이 고였다.

브루스가 제 누이를 포옹해 주었다. "나는 너를 사랑해." 브루스는 얼굴에 환한 미소를 지으면서 완벽하게 손을 놀렸다.

"사랑해." 린이 수화로 대답했다. 이번에는 더욱 명확하고 과장된 리듬을 갖추고 있었다.

린이 자신의 목소리를 발견한 것이다!

몇 분 후 부엌에서 루이즈가 흥분을 삭이려 애쓰면서 먼저 말했다.

"여보, 이게 효과가 있군요. 나는 믿을 수가 없어요."

"게다가 린에게 퍽 쉬운 것 같기도 하고." 내가 말했다.

여러 시간 동안 우리는 수화에 관해, 구화에 관해, 린이 잠재청력을 사용하게 하기 위해서 우리가 소비했던 그 많은 시간들에 관해 이야기를 나누었다. 우리는 앨리스가 준 논문들을 다시 읽었다. 얼마 되지 않지만 우리가 알고 있는 수화들을 연습했다. 우리는 알파벳 지화를 외웠다. "L-Y-N-N, B-R-U-C-E." 우리 손의 모양과 지화카드의 그림을 비교해 보면서 아이들의 이름을 알파벳 지화로 써보았다. 자정이 훨씬 지난 후에 우리는 좀 피곤하기는 하지만 새로운 희망에 충만해져서 잠자리에 들었다.

"마음을 느긋하게 먹고 밀어붙이지 않는 게 좋겠어." 나는 잠들기 직전에 루이즈에게 말했다. "린이 우리 가슴을 만져 진동을 느끼면서 그 음성이 그렇게 빨리 좋아질 때 무슨 일이 일어났는지를 잊지말자구."

"그래요. 하지만 이번엔 다를 것 같은 생각이 들어요."

다음날 아침식사를 할 때 린은 우리가 "음식을 주셔서 감사합니다."라고 손짓을 하는 것을 눈여겨 지켜보았다. 브루스도 수화로 함께 기도했고, 우리는 그 수화 기도가 당연한 일상인 것처럼 하려고 애를 썼다. 우리는 각자 린에게 두세 차례나 "나는 너를 사랑해."하고 음성과 손으로 동시에 말했고, 린도 이해의 눈빛을 반짝이면서 "너를 사랑해."라고 수화로 응답했다.

"다른 수화는 뭐가 있어요?" 식사 후에 브루스가 물었다. 우리는 그에게 '어머니'와 '아버지'를 표현하는 동작을 알려주었다. 루이즈가 브루스에게 지화카드를 보여주자 눈이 휘둥그레졌다.

"이거 학교 갈 때 가져가도 돼요?" 그가 물었다. 그날 저녁 식사할 때쯤 브루스는 알파벳 지화를 완전히 마스터하고 있었다.

"브루스와 린을 수화로 어떻게 표현하는 게 좋을까?" 우리가 식전 기도를 하고 먹기 시작한 후에 루이즈가 브루스에게 물었다.

"제 이름으로 좋은 게 생각났어요." 브루스가 외치듯 말했다. 농인들이 자신의 이름으로 사용할 독특한 수화동작을 만들기 위해서 손 모양과 위치나 동작들을 어떻게 조합하는지를 짐과 앨리스가 설명해 주었었다. "이렇게 하면 돼요." 손을 펴서 엄지를 손바닥에 대고 굽혀서 'B'자를 만들고서 '아버지'를 표현할 때 사용하는 것과 같은 위치에서 자기 옆머리에 대고 톡톡 두드렸다.

"멋진데!" 내가 말했다.

"브루스!" 루이즈가 자기 옆머리를 가리켰다. 린이 그 의미를 알게 하기 위해서였다. 나도 따라했다. 린이 호기심 어린 표정으로 지켜보았다.

"L-Y-N-N." 나는 린의 이름을 알파벳 지화로 한 글자씩 보여주었다. 우리는 아직은 린의 수화이름을 만들지 않기로 결정했다. 린은 자기 이름을 인쇄체로 쓰는 법을 전에 배웠었다. 그래서 우리는 그 애가 이 두 가지를 연결할 수 있기를 원했다.

"L-Y-N-N." 루이즈는 마지막 지화를 하고 바로 린을 가리키며 입으로 말했다. 브루스가 그대로 따라하고 나서 자기 이름을 지화로 한 글자씩 쓰고는 자신을 가리켰다. 린은 우리의 기묘한 동작들을 보고 싱긋이 웃었다. 마치 이 새로운 놀이가 마음에 든다고 알려주는 것 같았다. 그러나 린은 곧바로 우리를 흉내 내려고 하지는 않았다.

다음날 저녁식사를 하면서 우리는 우리 가족의 이름을 복습했다. 내가 수화로 '어머니'라고 말하고 한사람씩 차례로 지적을 하며 캐묻는 표정으로 브루스를 똑바로 바라보았다. 브루스가 즉시 호응했다.

"어머니." 그가 손짓을 하며 루이즈를 가리켰다.

"L-Y-N-N." 내가 수화를 하고 브루스를 바라보았다. 그가 재빨리 린을 가리키고 그 애의 이름을 내가 한 대로 한 글자씩 지화로 표현했다. 린의 호기심이 강렬한 흥미로 바뀌었다. 그 애는 우리의 동작을 일일이 주시했다.

"브루스." 나는 브루스를 보았다. 그러나 내 손이 얼굴에서 떼어지기도 전에 린이 울부짖었다.

"아아아아흐흐히히이이이오오(aaahhhiiieeeeooo)!" 린이 의자에 앉은 채 몸을 앞으로 내밀고 몇 번이고 되풀이하여 오빠를 가리켰다.

"그래! 그래! 맞았어!" 루이즈와 나도 브루스를 가리켰다. 우리는 'B'자 모양으로 만들어진 손으로 각자의 옆머리를 가볍게 톡톡 쳤다. 린은 계속 브루스를 손가락질하다가 펼친 손으로 제 옆머리를 톡톡 쳤다. 그리고는 "브루우(BRUUU)"하고 말했다. 우리 모두는 박장대소했다.

"믿을 수 없는 일이야!" 나는 루이즈를 보았다. "우리가 수화를 시작한지 불과 3일밖에 되지 않았는데 린이 벌써 이해하고 따라오고 있어요.

브루스의 이름을 수화와 구화로 동시에 말하지 않았느냐 말이오." 나는 빈 접시를 앞으로 밀어놓고 식탁 위에서 몸을 앞으로 기댔다. 린의 모국어가 태어나는 것을 보는 묘한 느낌을 떨쳐버릴 수가 없었다.

"아버지." 루이즈가 이번에는 의문의 표정을 짓고 린을 바라보면서 수화를 했다. 자기를 포함시켜 주는 것에 만족해하며, 자기가 손으로 하는 한 단어 한 단어가 우리에게 엄청난 희망을 베풀어준다는 사실을 의식하지 못하면서 린은 즉시 반응했다.

"아버지." 린이 수화를 하고 나를 똑바로 바라보았다.

"어머니." 내가 수화를 했다. 린은 그걸 알아보고 따라서 수화를 하고 루이즈를 가리켰다.

"L-Y-N-N." 순식간에 그 애는 자기 이름을 알아차렸다. 린은 큰 소리로 웃었다. 과장된 동작으로 매우 자랑스럽게 그 애의 손이 앞으로 쏜살같이 내밀어져 자기 가슴을 쿡쿡 찌르는 것이었다. 마침내 우리 린이 자신의 이름을 알게 되었다.

구화 중심 교육이 린에게 끼친 모든 폐해들 중에서도 가장 나쁜 것은 아이에게서 이름을 앗아갔다는 것이다. 우리는 우리 자신도 모르는 사이에 린에게 "네가 사람이 되려면 우리 입술에서 네 이름을 읽을 수 있고 네 음성으로 '린'이라고 말할 수 있게 되어야 해."라고 요구하고 있었던 셈이다. 하나의 이름과 그 이름에 생명을 불어넣어줄 언어가 없기에 린은 "나는 이런 사람이에요.", "나는 린이에요."라고 말할 수가 없었다. 자신을 나타낼 수 있는 인정받는 상징이 없었기에 아이의 자기 인식 및 자기제어 능력은 뿌리내리지도 자라지도 못했다. 아이는 "내 주변의 사물들을 그 이름으로 알게 되면 내 마음대로 다스릴 수 있다."고 말하는 그 보편적인 감정을 체험해 볼 수가 없었다.

  다음날 아침을 먹을 때 우리는 간단한 감사기도로 시작했다. "음식을 주셔서 감사합니다."

  마치 기다리다가 지치기라도 했다는 듯이 린은 우리가 기도를 끝내자 그때서야 따라서 기도를 했다. 손가락 끝으로 턱을 건드리고 나머지 표현을 차례대로 우아한 동작으로 마무리했다. 린은 우리가 그 감사기도를 하는 것을 지난 3년 동안 수천 번쯤 지켜보았다. 우리가 이 말을 수화로 한 것은 고작 십여 차례에 불과했다.

  기회만 생기면 하루 중 어느 때나 수화를 사용하였으나 식사시간이야말로 린이 새로운 낱말을 배울 수 있는 좋은 기회가 되어 주었다. 그날 저녁 식사를 할 때 내가 '이름'을 표현하는 낱말을 수화로 했다. 양손의 두 손가락을 펴고 오른손의 손가락들로 왼손의 손가락 가장자리를 가로질러 가볍게 치는 동작이었다.

  "이름?" 나는 브루스를 가리키고 눈썹을 치켜 올리고 누군가 수화로 응답해줄 사람을 찾아 좌중을 차례로 쳐다보았다.

  "브루스." 루이즈가 수화로 답했다.

  "이름?" 나는 내 자신을 가리켰다.

  "아버지." 브루스가 동시에 구화와 수화로 답했다.

  "이름?" 이번에는 루이즈가 린을 가리키며 물었다. 그 애의 밝은 담갈색 눈에는 이해하겠다는 눈빛이 가득 차 보였다.

  "L-Y-N-N." 모두가 지켜보는 가운데 내가 지화로 대답했다.

  "이름?" 루이즈를 가리키며 내가 물었다. 그 때 모두 다 묻는 표정으로 린을 보았다.

"어머니." 그 애의 작은 손이 부채처럼 펴졌고 엄지는 턱에 대어졌다.

"이름?" 이번에는 린의 우유잔을 가리키며 수화로 물었다. 나는 양손을 암소의 젖을 짜는 것처럼 번갈아 쥐는 시늉을 했다. 내가 다시 브루스를 지적하며 묻자 그가 양손으로 같은 동작을 했다.

"이름?" 내가 린의 우유를 가리키며 물었다.

"우유." 그 애가 양손을 번갈아 움직여 쥐어짜는 시늉을 했다.

루이즈가 후식으로 먹을 쿠키를 가져오자, 우리는 왼손바닥에 쿠키를 찍어내는 시늉을 하며 쿠키라는 수화 단어를 연습했다. 린은 잘 따라 했고, 점점 더 생기가 넘쳤다. 린은 의자 위에서 무릎을 꿇고 앉아, 한마디도 놓치지 않으려고 시선을 브루스에게서 엄마에게로 분주히 움직였다. 그러다 우리 질문에 답하는 입장에서 질문을 하는 자리로 옮겨갔다.

"이름? 이름? 이름?" 린이 양손의 두 손가락을 반복해서 서로 가볍게 부딪혀 보이고 소금병을 가리켰다. 우리 모두 그 애가 무엇을 알고 싶어 하는지 즉시 알았지만 누구도 답을 몰랐다. 이제 우리는 수화 이름을 아는 물건이 더 이상 없었다. 나는 천천히 '소금'이라고 지화를 해보였다. 그러나 린이 내 동작을 따라 하려고 하지 않았다.

"이름? 이름? 이름?" 린의 양손이 더욱 고집스럽게 오르락내리락했고 양쪽 눈썹이 더 높이 치켜 올라갔다. 린이 자기 쟁반을 가리켰다.

"모른다는 걸 어떻게 알려주지?" 이전 어느 때보다 더욱더 심한 무력감을 느끼면서, 나는 루이즈와 브루스에게 물었다.

"이름? 이름? 이름?" 린이 스푼을 들어올렸다.

"어머니, 아버지, 브루스, L-Y-N-N, 쿠키, 우유, 음식." 나는 내가 수화로 표현할 수 있는 모든 단어를 수화로 했다. 결국 나는 쟁반과 스푼을 가리키고 어깨를 움칫해 보이면서 머리를 흔들었다.

"밑천이 달랑달랑하네. 우리 모두가!" 루이즈가 탄식했다. "이 애는 정말 알고 싶어 한다고요."

"이름? 이름? 이름?" 린이 마침내 수화라는 금단의 열매 맛을 알게 되었고 그와 더불어 자기 세계의 한없이 다양한 물건들에는 각기 이름이 있다는 것을 깨닫게 된 것이다. 그저 일시적인 반쯤 가려져 있는 혀와 입술의 움직임만이 아닌 그 무엇이 있다는 것을 알게 되었다는 말이다. 마침내 그 애는 모든 물건들이 자신이 포착해서 제어하고 이해하고 수화로 표현할 수 있는 이름들을 가지고 있다는 것을 알아냈던 것이다.

"나는 너를 사랑해." "음식을 주셔서 감사합니다." "린." "브루스." "어머니." "아버지." "쿠키." "우유." "이름."

일주일이 채 못 되어 열세 개의 단어들을 알게 되었다. 이것은 린이 5년 동안 말하기를 익혔던 것보다 거의 세 배나 많은 것이었다. 오히려 우리가 이제 린이 순발력 있게 수화들을 사용하기 시작한 속도에 전혀 준비가 되어있지 못했다.

바로 그 다음날, 방과 후 집 앞에 내려주었을 때 린은 진입로를 달려와서 현관문을 통해 환한 얼굴로 뛰어들며 엄마를 보았다.

"쿠키!" 번개처럼 아이의 손이 움직였다. 오른손을 비틀어 왼손바닥에 되풀이해서 갖다 대었다.

"우유!" 그 작은 손이 젖 짜는 시늉을 하면서 힘차게 위아래로 움직였다.

"쿠키! 우유!" 린은 거의 외치다시피 말했다.

루이즈는 믿을 수가 없어서 지켜보았다. 이제 린이 원하는 것이 무엇인지 알아보려고 추측을 하는 짓 따위는 필요가 없어진 것이다. 이제는 더 이상 손가락질을 해대며 애원하는 눈길을 보낼 필요가 없는 것이다. 이제는 더 이상 온 집안을 뒤집다시피 하면서 이것저것 들어 보이면서 아이의 눈치를 살피지 않아도 되는 것이다. 금상첨화로 이제는 더 이상 린의 왜곡된 음성을 해석하려고 진땀을 빼야할 이유가 없어진 것이다. 린의 양손이 오해의 여지가 없게 명료하게 말을 해주게 되었다.

"쿠키, 어디?" 루이즈가 물었다. '어디'를 수화로 표현할 때는 부엌 안을 둘러보면서 했다. 그래야 린이 '어디'라는 새로운 단어를 이해할 터이기 때문이다. 린은 찬장을 가리켰다. 루이즈가 식탁 위에 쿠키통을 내려놓았다.

"어디, 우유?" 루이즈가 수화로 물었다. 린은 엄마의 물음을 그렇게 쉽게 이해할 수 있게 된 것에 흡족해 하면서 웃었다.

"아아아흐흐에에에이이에에(aaahhheeiiee)!" 린이 외치며 냉장고 쪽으로 달려갔다. 냉장고 앞에서 멈추어 서더니 빙글 돌아서서 "우유"라고 수화를 하고 나서 냉장고 문을 열었다.

그날 오후 내가 학교에서 귀가했을 때 루이즈는 황홀경에 빠져있었다. 마침내 린이 말을 했다는 벅찬 기쁨! 침묵의 장벽을 체험해 보지 못한 사람에게는, 단순하기 짝이 없는 일상적인 일이 짜증을 폭발시키는 격노로 바뀌는 변덕과 부딪혀본 적이 없는 사람에게는, 네 살짜리 어린애의 욕구가 어떻게 인간관계를 가로막는 중대한 장애물이 되는지를 실제 목격해 본적이 없는 사람에게는 쿠키와 우유를 달라는 말이 보잘것없는 것으로 보일지 몰라도 우리에게는 정말 크게 다가오는 것이었다.

교사들, 언어치료사들, 청각전문의들, 그리고 교장선생님들은 의사소통의 필요성을 무시해도 좋을 것이다. 그들은 매일 아침 침대에서 빠져나오자마자 듣지 못하는 딸이나 아들과 부딪히지 않아도 되는 것이다. 세 시만 되면 그들은 직장 문을 닫고 집으로 가면 된다. 그들은 한밤중에 잠에서 깨어 아이가 무엇을 원하는지 알고 싶어도 도무지 알아낼 수가 없어 곤혹을 치러본 적이 없다.

듣지 못하는 아이가 수 주일 동안 연이어 'M'소리를 내려고 애를 쓰다가 결국 '스음음크(Smmmk)'로 낙찰되고 말 때, 전문가들은 그것을 그 아이의 타고난 약점 탓으로 돌려도 좋을 것이다. 듣지 못하는 아이가 자기 오빠의 이름 "브루우우(BRUUU)"를 마침내 말할 수 있게 되고나서도 수개월 동안 다른 어떤 말을 하지 못할 때 전문가들은 인내하라고 조언하면서, "댁의 따님은 언어를 보유하고 있다."고 말할 수도 있을 것이다. 전문가들이야 "기대를 낮추십시오." 하고 말해 줄 수도 있을 것이다. "언젠가는 말이 쏟아져 나올 테니까요."라고 덧붙이면서 말이다.

그러나 지금 그러한 말들이 린의 입에서가 아니라 손에서 홍수처럼 쏟아져 나오고 있었다. 이제 소리로 나오지 않는다는 사실은 더 이상 중요한 것이 아니었다.

"린이 말을 했어요!" 루이즈가 말했다. "린이 내게 질문을 했어요! 대답을 하기도 했다구요! 여보, 린이 워낙 빨리 배워서 우리가 어떻게 해야 할지 모르겠어요."

"당신, 브루스와 린을 루터교회에서 하는 화요 수화 교실에 데리고 가는 게 어떻겠소?" 내가 넌지시 말했다.

일주일 후 그들 셋은 새로운 언어의 첫 수업을 하고 함께 귀가했다.

"또 가게 될지 모르겠어요." 루이즈는 실망한 표정이었다. "외우기가 너무 어려워요. 학급 전체에서 나만 하나도 모르는 것 같아요. 교사는 완전히 농인인데다가 말도 전혀 안 해요. 그가 보여주는 대로 따라한다고 하는데도 순서가 자꾸 헷갈려서 바꿔 하게 되는 거예요. 다른 사람들 앞에서 수화를 해야 하는데 내 양손이 그만 얼어붙지 뭐예요. 속도도 워낙 빨라서 배운 게 하나도 기억나질 않을 것 같아요."

"나는 기억해요!" 브루스가 끼어들었다. 그는 다른 교실에서 단어들을 많이 배웠다고 했다.

"버터는 이렇게 해요." 그는 펼친 왼손바닥에 두 손가락으로 펼쳐 바르는 시늉을 했다.

"빵." 오른손이 왼손 손등을 가로질러 자르는 동작을 빠르게 해보였다. 브루스가 열 개의 수화단어를 더 보여주었는데 우리 부부는 열심히 보고 따라했다. 그날 저녁 늦게까지 우리는 연습을 했다. 브루스에게 다시 시범을 보여 달라고 부탁하고 우리가 맞게 하고 있는지 말해달라고 하면서 연습에 연습을 거듭했다.

수 주일 후 나도 루이즈와 함께 수화교실에 참석했다.

"톰, 제 남편이에요." 루이즈가 나를 어니에게 소개했다. 그는 갈색머리에 미소가 단정한 젊은이였다. 그가 수화로 뭐라고 말을 했지만 나는 이해할 수가 없었다.

"대학에서 강의를 하신다는 말을 들었는데 무슨 과목이냐고 묻고 있어요." 어떤 사람이 통역을 해 주었다.

"M-A-T-H." 내가 지화로 표현했다. 손이 온통 굳어버린 것 같은 느낌이었다.

어니는 기쁜 표정을 짓고 수화로 말했다. "이제는 선생님께서 다시 학생이 되어야 합니다!"

수업은 침묵 속에 시작되었다. 어니는 직접 인쇄체로 종이에 쓴 강의 내용을 가지고 가르쳤다.

"꿈." 그가 천천히 수화단어를 표현했다. 우리는 일제히 따라서 했다. 루이즈는 나중에 연습할 때 도움이 되도록 설명을 써넣었다.

"여기에." 또 다른 수화 단어.

"내일." 어니의 엄지손가락이 뺨에 닿았다가 앞으로 나온 후 내려왔다. 우리는 계속 배워 나갔다. 전에 배운 단어를 복습하면서 새로운 단어를 익혔다. 어떤 때는 헷갈리기도 했지만 다 기억할 수 있기를 소망하며 열심히 따라했다.

그날 밤 늦게 우리는 배운 단어들을 복습했다. 우리가 잊어버린 단어들은 브루스가 시범을 하며 보여주었다. 수화 연습을 되풀이하면서 그 단어들을 계속 입으로 되뇌었다.

"양손을 수직으로 들고 있어야 하는 거야, 수평으로 들고 있어야 하는 거야?" 어니의 손 모양을 기억해 내려고 애쓰면서 내가 루이즈에게 물었다.

"모르겠어요." 그녀가 대답했다.

"이 동작에서 손가락이 위를 향했나? 아님 아래였나? 아님 뒤쪽이었나?" 우리 둘 다 기억할 수가 없었다. 우리는 위치, 동작, 모양 등을 기억하려고 애썼지만 그중 어느 것도 구체적으로 기억에 남지 않는 경우가 많았다. 세부사항들은 다 빠져버리고 없었다. 이 새로운 영상들을 보관해 둘 두뇌의 여백이 없었다.

"수화가 우리에게 이렇게 어렵다면," 한 시간쯤 연습을 하고나서 루이즈가 말했다. "입술읽기와 말하기가 린에게 어떠했겠는지 생각해보세요. 혀와 이와 입술의 위치와 모양을 일일이 다 배워야 해요. 또 입모양을 어떻게 해야 하는지 성대를 어떻게 떨게 해야 하는지를 다 기억해야 하고요. 그 뿐인가요? 그 모든 것을 알맞은 호흡량으로 조정까지 해야 되는 거 아니에요?"

"그런데 그것들 중 눈으로 보고 할 수 있는 것은 거의 없고 말이야." 내가 덧붙여 말했다. "우리는 적어도 우리가 하는 동작을 볼 수는 있는데."

몇 주일의 시간이 흐르고 더 많은 수화단어를 배우고 싶어 하는 린의 욕구를 놓치지 않고 따라가며 충족시키기 위해 안간힘을 다하고 있는 동안, 우리는 듣는 사람들의 세계에서 천천히 빠져나와 우리가 창출한 우주가 린에게 어떤 모습으로 비춰질지를 상상해 보려고 노력했다. 의사소통을 할 수 있게 되느냐, 그렇지 못하느냐에 대한 모든 책임을 네 살 아이의 어깨에 올려놓고 있었던 것이다. 그런데 이 아이는 우리 식구들 중에서 그러한 책임을 받아들일 수 있는 능력을 가장 지니지 못한 어린 아기에 불과했다. 학교에서도 마찬가지였다. 아, 그렇다. 우리는 우리의 과정이 어려운 것이라고, 그리고 우리가 희생을 감수했다고 믿었다. 우리가 린에게 "순수한 구화적 환경"을 제공해주기 위해서 얼마나 많은 수고를 아끼지 않고 노력했던가! 우리에게 요구되었던 모든 노력과 희생이 참으로 유감스러웠다.

구화주의는 우리에게 린을 위해 희생하고 노력하라고 요구하는 것이 아니라 린에게 우리를 위해 희생하고 노력하라고 요구했다. 우리는 그 아이에게 "너는 정상아처럼 되어야만 해."라고 말했다. 처음 수년 동안 우리가 행동으로 했던 말들을 그 아이의 전 생애에 바치는 명문처럼 비석에 새겨놓았더라면 다음과 같은 것이 되었을 것이다. "우리는 금하노라. 네가 너의 모국어를 배우는 것을!"

우리는 부지불식간에 린이 자신의 언어를 배우지 못하게 했다. 그 이유는 단 하나, 그것이 우리의 언어와 너무나도 다르다는 것뿐이었다. 린은 불과 한 살밖에 되지 않았을 때도 우리가 자연스럽게 하는 몸짓을 재빨리 모방하곤 했었다. 그 애는 자기 자신만의 수화를 만들어서 의사를 전달하는데 사용하기도 했었다. 무엇을 원하며 무엇이 필요한지를 우리에게 알려주기 위해서, 놀기 위해서 그 수화들을 사용했다. "다 없어졌어." "이리와." "위로." "뜨거워." "아니오." 이런 뜻의 수화들을 그 애가 사용할 때면 환하게 미소 짓고 두 눈은 반짝였다. 그럴 때 린의 모습은 이런 말을 하는 듯했다. "나는 살아 있어요. 나는 정상이에요. 그저 언어만 다를 뿐이에요. 보세요. 내가 얼마나 쉽게 배우는지, 그리고 사용할 때 얼마나 좋아하는지 보시란 말이에요."

그러나 우리는 귀담아 듣지 않았다. 오히려 우리는 통신강좌를 시작하고 클리닉에 찾아다니고 전문가들의 말을 경청했다. 우리는 우리 행동으로 "너는 귀 밝은 부모들과 교사들의 통제를 벗어났던 그 모든 농인들이 하듯이 거침없고 힘들이지 않고 의사소통을 해서는 안 되도록 되어있다."라고 말하고 있었던 것이다. "너의 어린 시절을 포기해야 해. 넌 유아기 교육을 희생해야 해. 너는 무서운 좌절을 맛봐야 해. 너는 5년, 10년, 15년이라도 의사소통 없이 먹통 같은 삶을 살아야 해. 그게 정상적인 삶이니까. 너는 정상아가 되어야 하는 거야!"

정상적인! 이 말은 우리가 린이 농이라는 것을 알게 된 그 순간부터 우리를 따라다니며 괴롭혔다. "댁의 따님이 정상적으로 자라기를 원하시죠,

그렇지 않나요?" 그 말 때문에 우리는 끊임없이 반복해서 말을 했고, 말하기만을 고집하게 되었다. 이제 우리는 전혀 다른 질문을 하기 시작한 것이다.

"어떤 것이 정상적인 것인가?" 린의 시각에서 본다면 정상적인 것은 하나도 없었다. 우리가 린에게 기대한 것은 모든 종류의 의사소통 방법들 중에서 가장 하잘 것 없는 것이었다. 정상적인 것에 대한 청각장애아의 해석은 귀 밝은 부모의 해석과 일치할 수가 없다!

아이의 청각장애를 인정하지 않고 마치 정상아처럼 대함으로써 실제로는 아이에게 소외감을 느끼게 만들었다. 가장 일상적인 가족 활동에 있어서조차 실제로는 듣지도 못하는데 들을 수 있는 것처럼 말을 함으로써 우리는 아이에게 자신이 이방인이라는 깊은 인식을 만들어 주었던 것이다. 우리가 수화를 시작하고 나서야 정상을 가장한 것이 린에게 어떻게 보였겠는지를 깨달았다. 태어난 후 처음으로 린은 식탁에 그저 멍청하게 앉아서 우리의 입술이 신비스럽게 움직이는 것을 지켜만 보지 않아도 되었다. 우리가 왜 웃는지도 모른 채 우리의 웃는 모습을 더 이상 지켜보지 않아도 되었다. 이제 그 아이도 일상적인 생활에 참여하기 시작한 것이다.

"학교에서 뭐하고 놀았니?" 어느 날 저녁 나의 빈약한 수화실력으로는 최선이라고 할 수 있는 수화로 내가 물었다. 린이 수화를 시작하고 수개월이 지났을 때였다.

"그네, 공, 동화."

우리 세 사람은 말을 하면서 수화를 사용하는 법을 익혔고, 그 때마다 린은 시선을 우리에게 집중하고 경청했다. 그날 저녁 우리가 식사를 하기 위해 앉았을 때 브루스가 보이질 않았다. 우리는 그가 늦는다는 것을 모르고 있었다. 브루스가 죄지은 표정을 하고 들어왔다. 바지와 신발이 흙투성이가 되어 있었다.

"브루스!" 내가 수화하는 것을 잊어버리고 큰 소리로 불렀다. "너 어디 갔다 오는 거야? 왜 이렇게 늦었어?"

"에에에에아아흐흐흐이이에에오오오(eeeeaahhhhiieeooo)!" 브루스가 뭐라고 대답하기도 전에 린이 울부짖는 소리를 내면서 절도 있고 압도적인 수화로 말을 했다.

"무슨 말이에요? 무슨 말이에요?"

나는 갑자기 린의 기분이 어떤 것일지, 지난 수년간 우리가 이야기를 주고받을 때마다 아이가 무엇을 느꼈을지 깨달았다. "브루스 더러워, 신발 더러워. 무슨 일이 있었니?" 나는 재빨리 린에게 수화를 했다. 린의 캐묻는 듯한 표정은 즉시 사라졌다. 그 때 이후로 린은 누구든지 수화를 함께 하지 않고는 말을 하지 못하게 했다. 만일 누군가가 전화에 대고 말을 하는 것이 보이면, 즉시 "무슨 말이에요? 무슨 말이에요?"하고 수화를 하면서 알고자 했다. 스타 킹의 한 교사가 우리에게 청각장애아들은 다른 사람들이 하는 말을 항상 알려고 해서는 안된다는 것을 배워야 한다고 충고를 한 적이 있었다. 린은 그걸 배우려 하지 않았다. 너무 오랫동안 소외되어 있었던 것이다.

4월에 린은 케이크에 꽂힌 5개의 촛불을 껐고 우리의 손은 그 아이에게 "생일 축하합니다!!"를 불러주었다. 생후 처음으로 린은 그 말의 의미를 이해했다. 비록 모국어 능력이 두 살 수준 정도였지만 린은 불과 수개월 동안 괄목할 만한 진전을 보이고 있었다. 상당히 빠른 속도였기 때문에 우리는 새로운 언어를 배우는 데에 열중했고, 그 때문에 학교에서의 일과에 관해서 생각해 볼 겨를이 없었다.

"댁에서 린에게 수화를 하시나요?" 린의 생일이 지난 몇 주일 후 린의 담임교사가 물었다.

"그렇답니다." 루이즈가 사무적으로 대답했다. 우리는 사실을 감추어야 할 필요를 느끼지 못했다.

"그래요. 제 학급에서는 그걸 용납할 수가 없어요!" 그녀는 경멸의 눈빛을 노골적으로 드러냈다. 우리가 구화중심 교육이라는 신념을 버렸다는 사실에 분노하고 상심했던 것이다.

우리는 수 주일 동안 그 문제를 모른 체했다. 스타 킹에서는 극소수의 아이들만이 수화를 배우고 있었고, 그렇기 때문에 린이 학교에서는 수화를 사용할 수 없을 거라고 생각했다. 그러나 린의 학급을 방문했을 때 우리는 이상한 일을 벌어지고 있음을 알아차렸다. 일종의 자가형 수화가 아무도 눈치 채지 못한 사이에 교실 안에서 발달하고 있었던 것이다. 어떻게 된 셈인지 이 엉성한 제스처를 사용하는 것이 수화사용에 따라 붙던 낙인을 동반하지 않는 듯했다. 교사는 아이들을 휴식 시간에 나가 놀 수 있도록 준비시키고 있었다.

"자, 이제 나가서 놀 시간이에요." 그녀가 말했다. 무표정한 얼굴들이 그녀를 바라보았다.

"나가서 놀 시간이에요." 그녀는 다시 한번 말했는데, 이번에는 일어서서 문을 가리켰다. 아이들은 반복해서 보았던 이 제스처의 의미를 금방 파악하고 선생님에게 시선을 고정한 채 일어서기 시작했다.

"내보내줄 때까지 문 앞에서 기다리세요." 그녀가 말했다. 말과 동시에 그녀는 인식하지 못한 채, 손이 펴지며 손바닥을 밖으로 향하게 하여

"정지"할 것을 요구하는 제스처를 해 보였다. 아이들은 머리를 끄덕이며 문 쪽으로 나아갔다.

"에릭! 재킷 어디 있니?" 교사가 물었다. 에릭의 얼굴이 굳어지며 이맛살이 찌푸려졌다.

"재킷, 재킷." 교사는 단어에 힘을 주며 천천히 말했다. 그러나 그의 놀란 표정은 사라지지 않았다.

"네 재킷이 어디 있지?" 교사가 반복했다. 그러나 이번에는 그녀의 손바닥이 위쪽을 향해 펴져 있었다. 그건 그녀가 "어디?" 라고 물을 때마다 자신도 모르게 사용하는 자가형 수화인 셈이었다. 에릭의 얼굴에 바로 이해하겠다는 표정이 떠올랐고 섬광처럼 빛나는 눈빛이 가까이 걸려있는 자기 옷으로 향하였다.

"그래, 가서 옷을 입어라." 교사가 말하고 그의 재킷을 가리켰다. 만면에 미소를 짓고 옷걸이 쪽으로 달려가서 에릭은 자기 재킷을 입었다.

우리는 아이들이 운동장으로 달려가 놀고 싶어 조바심을 내면서 문 앞에 줄을 서는 것을 지켜보았다. 나이에 비해 키도 크고 근육도 제법 붙은 남자애 하나가 앞으로 밀치고 나가서 맨 앞자리를 차지하고 섰다. 그보다 작은 남자아이 둘이 두 번째 자리를 놓고 몸싸움을 하고 있었다. 맨 앞의 우두머리격인 남자아이가 자기 자신의 어깨에 손을 대고 그 두 아이들 중 하나를 가리키자 그 아이가 그 제스처를 연이어 빠른 동작으로 두세 번 따라했다. "얘와 난 친구다. 우리는 함께 뭉친다."라고 말하는 것 같았다. 나머지 한 아이는 줄 끝으로 물러났다. 그러나 그 아이는 가는 길에 맨 앞의 두 아이에게 손가락을 튕겨 총을 쏘는 시늉을 해보였다. 그건 "나는 네가 미워."라는 뜻임을 우리는 수화시간에 배워 알고 있었다. 그렇게 그들이 주고받은 전체 대화 시간은 불과 수초에 불과했다.

"애들이 왜 저렇게 자기 어깨를 건드리는지 모르겠어요." 교사가 우리들에게 말을 하면서 애들이 나갈 수 있도록 문을 열어주었다. "무슨 의미가 있을 리 없죠. 그저 서로 흉내 내고 싶어 하는 거겠죠."

우리는 혹시 린이 학교에서 수화를 하더라도 아무도 알아차리지 못할 거라고 생각했지만, 어느 날 오후 전화가 울렸고 그건 블랜차드 부인에게서 온 전화였다. 블랜차드 부인은 린과 같은 학급에 있는 아이 엄마로 역시 수화를 배우고 있는 남자아이의 엄마였다.

"제가 오늘 학교에 갔었는데요, 아무래도 무슨 일이 있는지 아셔야 할 것 같아서 전화를 했어요. 린이 교실에서 수화를 사용했다고 벌을 받더군요."

우리는 분노를 느꼈지만 속수무책이었다. 아이들은 교사가 "세 마리의 곰" 동화를 들려주는 것을 지켜보고 있었다. 봉제 동물 인형과 사람 인형 하나가 동화를 실감나게 도와주는 보조자료로 사용되고 있어서 아이들도 이해를 하고 있는 것 같았다.

"에릭, 아기 곰이 어디 있어요?" 교사가 물었다. 에릭은 당황하여 말 없이 앉아 있었다.

"린, 엄마 곰은 어디 있어요?" 린은 주위를 둘러보았으나 가리키거나 달리 대답을 하지 않았다.

"누가 나에게 아빠 곰을 보여줄 수 있나요?" 다시 의문이 담긴 눈길들. 그리고 침묵. 그 세 마디 말 즉 아기(baby), 엄마(mama), 아빠(papa)가 입술 위에서는 똑같아 보인다는 생각이 선생님에게는 떠오르지 않았던 것이다. 그 때 린이 벌떡 일어서서 중간 크기의 곰을 가리켰다.

"엄마 곰!" 린은 열심히 수화를 했다. 교사는 그 애를 꾸짖었고, 다음 수업시간 내내 양손을 깔고 앉아있게 했다는 것이었다.

루이즈와 나는 그날 밤 이 새로운 상황에 관해 이야기를 나누었다. 우리의 농인 친구들에게서 수화를 사용한다는 이유로 그런 벌을 받는 다는 이야기들을 들은 적이 있었다.

"스타 킹에서 그런 짓이야 하지 않을 테지." 우리는 그때마다 자신 있게 말하곤 했었다. 우리는 린이 이런 취급을 당하도록 허용할 수는 없었다. 그러나 구화주의자의 견지에서는 이런 벌도 합당한 일이었다. 일상적인 활동들에 관해 반복해서 말하면서 보내는 시간들, 청력훈련놀이들, 제스처 사용 제한, 리듬 연습 등, 그 모든 것들은 청각장애아들이 "정상적"이 되도록 돕는 데 필요한 노력의 일부인 것이다.

그러나 우리에게는 이러한 노력들이 승산이 없어 보이기 시작했다. 우리는 린이 다니는 구화학교 출신의 열여섯 살짜리 소년이 진학했다는 농인 학급이 있는 고등학교를 방문했다. 그 소년은 제 이름 석자마저 말하지도 쓰지도 못하더라는 것이다. 담당교사는 그 소년이 지적 발달 장애아임이 틀림없다고 말했다. 어느 누구도 수화를 사용하여 그 아이의 침묵의 세계로 들어가려고 시도해본 적이 없었던 것이다. 우리가 본 또 다른 한 여고생은 또래의 정상아들 틈에서 기를 쓰고 노력해서 훌륭하게 성공을 거두고 있었다. 그 소녀는 구화 프로그램을 거치면서 수화도 역시 배웠다는 것이었다. 그녀의 농인 부모는 처음부터 수화로 그녀와 의사소통을 했다. 우리는 학교에서 그 소녀에게 통역자를 붙여주지 않는 이유가 궁금했다. 그렇게 하면 수업 중에 진행상황을 그 애가 그저 짐작으로 알아맞히지 않아도 될 텐데 말이다.

곧 우리는 수화를 통해 린의 입술읽기 능력이 획기적으로 향상되었음을 알게 되었다. 제 이름을 지화로 표현하는 법을 배운 후 얼마 지나지 않아 린은 우리가 손을 사용하지 않고 입으로만 "린"이라고 말할 때 우리 혀의 미세한 움직임을 입술읽기로 읽어낼 수 있게 되있다. 약간의 연습으로 그걸 입술읽기하게 되자 이내 새로운 낱말들의 입모양을 만들어냈다. 심지어는 소리를 내서 그것들을 말하려고 하기까지 했다. 수화와 구화를 동시에 하는 것이 주는 이익이 이제 우리들에게 분명해지고 있는 판국에 수화에 대한 담임교사의 그러한 태도는 린이 스타 킹에 계속 다니는 것을 불편하게 만들 것이다. 우리는 다른 어떤 대안을 강구해야 할 것이었다.

그러나 어떤 선택의 여지가 우리에게 있겠는가? 또 다른 학교를 찾아봐? 새크라멘토에서는 안 될 일이었다. 모든 학교가 구화 중심 방식을 채택하고 있으니 말이다. 린을 주립기숙학교로 떠나보내? 그걸 고려하기에는 우리 린은 아직 나이가 너무 어렸다. 게다가 기숙학교에서조차 하급반에서는 구화방식으로만 수업을 했다. 다른 곳으로 이사를 간다? 초등학교 교실에서 수화를 사용하는 학교는 캘리포니아 주 전역에서 딱 두 군데뿐이었다. 우리는 공립학교에서 청각장애아들에게 수화를 가르치는 것을 실제로 법률이 금지하고 있는 일부 주들을 알고 있었다. 나는 가족을 전부 데리고 새 직장을 찾아 떠나서 이주에 따라다니는 그 모든 적응과정을 또 겪게 하고 싶지는 않았다.

다른 문제들도 있었다. 스타 킹에서 사귄 린의 농인 친구들을 어떻게 할 것인가? 구화중심 방식이 성공한 예로 우리에게 소개되었던 오클라호마와 코비나의 아이들처럼 그 중 일부는 그저 난청아들이었다. 그들은 구화로 의사소통을 하게 될 것이다. 비록 구어체 영어의 미묘함은 영원히 모르겠지만 말이다.

그러나 스타 킹의 많은 아이들은 심각한 중증의 청각장애를 지니고 있었다. 그 애들 중 80에서 90퍼센트는 구어와 입술읽기에만 국한된 교육을 계속 받는다면 아마 영원히 충분한 의사소통을 해보지 못할 것이다. 그 아이들은 린과 같이 거칠고 왜곡된 소리만을 듣게 될 것이다. 최고 성능의 보청기를 사용한다고 해도 말이다.

수화를 배우기 시작한 다른 학부모들과 함께 우리는 수화를 사용하는 여름학교 개강과 가을에 수화를 사용하는 학급을 증설해 달라고 요청했다. 서서히 우리 학구 내에서 수화에 대한 장벽이 무너지기 시작했다. 그 해 여름 린이 여섯 명의 다른 아이들과 함께 처음으로 수화를 하는 교사에게 배우게 되었고, 이 일은 린에게는 믿기지 않는 일이었을 것이 틀림없다. 그저 입만 움직이던 어른들의 세계가 천천히 변모하고 있었다. 첫 주가 끝날 무렵 린은 자기 급우들의 이름을 전부 지화로 표현할 수 있었다. 린은 매일 학교에서 있었던 일을 우리에게 말해주었다.

"척 아파. 집에 있어." 그 애는 그렇게 말했다.

"에릭, 휴가."

"내일은 아이스크림."

그리고 그 해 가을 린은 다른 학교에 다니는 다섯 아이들과 함께 수화와 구화를 함께 사용하는 학급에 들어갔다. 산후안 연합 학구에서 스타 킹의 순수한 구화적 환경을 오염시키지 않기 위해서 총체적 의사소통 방식을 사용하는 유치부 학급을 분리하여 새로 만든 것이다.

스타 킹 특수학교로부터, 존 트레이시 클리닉으로부터, 언어치료사들로부터 그리고 가지각색의 전문인들로부터 우리는 단 하나의 명백한 메시지를 받았다. 즉, '언어는 곧 구화이다.'가 바로 그것이다. 린이 수화를 시작했을 때 우리는 언어가 구화와 같은 것이 아님을 깨달았다. 언어는 마음 속 깊은 곳에 있다. 그것은 문장들을 꾸며내고 생각에 생명을 불어넣기 위한 규칙이자 상징물이다. 언어는 구화를 통해서도 표현되며 동시에 수화를 통해서도 표현될 수 있다.

린은 신속하게 두 언어 사용자가 되어가고 있었지만 기계적인 암기 방식에 의해서가 아니었다. 어린아이들은 어른들을 그저 흉내 냄으로써가 아니라 그들의 모국어를 자연발생적인 과정을 통해서 배우는 것이다. 그들은 모국어사용자(말하는 사람이거나 손을 사용하는 사람이건 간에)를 경청하고 지켜보며 제 나름의 어린이 문법을 형성하고 어른들에게는 이상하게 들리는 말을 하거나 수화를 하면서 처음 보거나 듣는 문장들을 해석할 수 있게 되면서 성장해가는 것이다.

처음 우리가 린에게 수화를 가르친 방법은 입술읽기와 말하기를 가르치던 때와 다름이 없었다. 즉, '암기 위주'의 방식이었다. 수화 한 단어를 보여주고 질문을 하나 하고 제대로 기억하고 있는지 알아본다. 그러나 이제 린은 우리가 보여주는 두세 단어로 구성된 문장을 단순히 흉내내기만 하는 것이 아니었다. 우리가 사용한 분명한 일련의 수화들을 그대로 따라하는 것이 아니라 수십 가지로 변형을 하면서, 문자 그대로 장난을 하곤 하는 것이었다.

"음식을 주셔서 감사합니다." 우리는 식사 때마다 수화로 간단한 기도를 했다.

"음식 감사." "감사합니다. 음식." 린이 하는 수화였다.

"왜 우리가 하는 대로 따라하지 않고 제멋대로 하는 걸까?" 우리 중 누군가가 묻곤 했다. 우리는 뭔가 잘못되었을 지도 모른다고 걱정했다. 린이 영어식 어순에 맞게 단어들을 문장으로 짜맞추지 못할 수도 있다고 걱정했다.

우리는 모르고 있었지만 그 아이는 우리가 보여주는 대로 수화를 따라하고 있었다. 다만 모든 아이들이 말을 처음 배울 때 하는 방법 그대로 하고 있었을 뿐이었다. 서서히 우리는 린을 가르치는 문제에 있어서만큼은 형식을 덜 따지게 되었다. 우리는 그저 기회만 있으면 수화를 했다. 그러자 린의 표현들이 증가하면서 어순도 바로 잡히기 시작하는 것을 알아차릴 수 있었다.

"음식을 주셔서 감사합니다."

"우유를 주셔서 감사합니다."

"고기를 주셔서 감사합니다."

늦가을 저녁, 우리가 식사를 하려고 자리에 앉자 린이 싱긋 웃으며 쳐다보았다. "음식과 학교에 보내 주셔서 감사합니다." 그 말들이 그 애의 손가락 끝에서 자신 있게 매끄러운 리듬을 타고 나타났다. 아홉 단어! 전에 보지 못했던 문장이었다. 우리가 가르친 적이 없는 문장이었다. 그냥 자연스러운 일이었다. 지난 십 개월 동안 우리는 농인들의 모국어를 더듬더듬 때로는 정확하지 못한 대로 사용했다. 그러한 단편적인 수화들을 보고 린은 우리말의 문법을 발견하고 자신의 언어를 수화로 구성하기 시작했던 것이다.

린이 수화를 하기 시작하고 시간이 흐름에 따라 우리가 린을 받아들이는 데도 여러 단계를 거쳐야 한다는 것을 알게 되었다. 첫 단계는 린을 우리와 똑같게 만들겠다는 구화 옹호론자들의 망상을 버리는 것이었다.

다음에는 린이 자신의 모국어를 습득하도록 돕기 시작하는 일이었다. 그건 우리들이 린의 언어를 배워야 한다는 것을 의미했다. 어려우면서도 한편으로 즐거운 임무인 수화를 배우는 일은 수용의 두 번째 단계였다. 이는 "우리는 더 이상 너의 청각장애를 장애라고 느끼지 않는단다."라고 린에게 말하는 것과 같았다.

그러나 린을 받아들인다는 것은 그 아이의 언어로 의사소통을 하는 것만을 의미하지는 않았다. 그 아이가 언젠가 우리의 언어를 배워서 이중 언어 사용자가 되기를 바라는 것 이상의 의미가 있었다. 장차 그 아이의 세계가 될 것이 틀림없는 세계, 즉 농인들의 세계에 적극적으로 참여한다는 것을 의미했다. 우리는 빌과 버니 화이트가 아니었더라면 그 단계에 들어설 수 없었을 것이다. 그들은 우리의 손을 잡고 더디기는 하지만 확실하게 농인들의 세계로 우리를 인도해주었다. 우리 딸 린이 항상 머물게 될 그 세계에서 우리는 항상 국외자, 아웃사이더처럼 느껴지곤 했다. 그러나 빌과 버니는 청인 부모와 농인 자녀들의 간격을 메워주는 이해의 가교를 놓아주었다.

내가 빌과 버니 화이트 부부를 처음 만난 것은 1970년 12월의 일이었다. 나는 그 해 여름에 만났던 오클랜드의 어느 농인 부부에게 전화를 하고 싶었다. 우리는 그들 부부와 농인인 두 아들을 크리스마스 파티에 초대하고 싶었다. 나는 그들이 비교적 소수의 농인들만 소유하고 있던 TTY[16]를 소유하고 있다는 것을 알고 있었다. 우리 집에서 가장 가까운

---

16) TTY : teletypewriter. 전화와 타자기를 결합한 형태의 농인용 전화기이다.

TTY는 화이트 부부가 갖고 있었다.

　우리는 많은 농인 부부들이 이 장비를 마련하지 않는 이유가 궁금했는데, 이 장비의 절대 수량이 부족하다는 것을 나중에 알게 되었다. 이 장치는 웨스턴 유니온 전신전화회사 및 군소 전화회사들 그리고 기타 단체들의 기증에 의해 구할 수 있었는데, 설치하여 가정용으로 사용하려면 수백 달러가 필요했다. TTY가 설치되어 있다 하더라도 상대방에게도 이 장비가 있어야 양 측이 통화할 수 있었으므로 통화 대상도 극히 제한될 수밖에 없었다. 소방서도, 경찰서도, 병원도, 정비공장도, 약국도, 심지어는 전화회사까지도 통화대상이 될 수 없었다. 농인들을 위하여 소리를 증폭하려는 알렉산더 그레이엄 벨의 노력에 의해서 생겨난 하나의 부가 장치로 인해 청각장애인들이 더욱 소외를 겪게 된 셈이었다. 빌 화이트는 자신의 TTY를 이용하여 주 전역의 캘리포니아 주 농인 협회의 다른 임원들과 연락을 하고 있었다.

　나는 어느 추운 일요일 오후에 그의 집으로 차를 몰고 갔다. 나는 현관에서 문을 두드리고 어떻게 수화를 할지 생각하며 기다렸다. "안녕하세요? 톰 스프래들리라고 합니다. 선생님의 TTY로 전화를 할 수 있을지 해서요." 수화가 어색하게 이루어지기는 했지만 어쨌든 내 사정을 설명할 수 있었다.

　오십대 초반의 온화한 인상의 빌은 또렷하고 이해하기 쉬운 음성으로 말했다. "그럼요. 어서 들어오세요." 그가 말하는 것을 보고 나는 그 정확한 발음에 깜짝 놀랐다. 나중에 우리는 빌과 버니 모두 말하기를 배운 훨씬 후인 십대 초반에 수막염으로 청력을 잃었다는 것을 알게 되었다. 그들은 일반인들과 퍽 흡사하게 말을 했으므로 농인이라는 사실이 의심스러울 정도였다. 그들 내외는 서로 수화를 하면서 줄곧 말을 했다. 전화를 사용하기 전에 30분 정도 이야기를 나누었는데, 그들은 나에게 쉴 새 없이 질문을 던졌다. 수화를 한 지는 얼마나 됐느냐? 누구에게 배웠느냐? 당신의 딸이 태어날 때부터 귀가 멀었느냐? 그 수화를 어디서 배웠느냐? 딸이 그 수화를 이해하냐?

나는 전화를 걸어 텔레타이프로 전할 말을 보내고 답신을 받았고, 집으로 돌아왔다. 집으로 돌아가려고 할 때, 버니가 "언젠가 댁의 따님을 한번 만나고 싶어요."라고 말했다. 나는 루이즈에게 화이트씨 부부에 관해 이야기해 주었다.

그 후 수 주일 동안 빌과 버니와 맺게 된 우정은 더욱 견고해졌다. 우리가 린을 화이트 부부에게 처음 소개했던 때가 기억난다. 린은 우리가 수화를 하는 것을 지켜보다가 궁금해 하는 표정을 지었다. 또한 동시에 이 낯선 사람들에 대한 경계심도 표정에 들어있었다. 우리는 그들 부부가 청각장애라는 사실에 대해서는 한마디도 하지 않았다. 그들이 미소를 지어보이자 린은 버니 화이트에게 한 발 다가섰다.

"나도 농인이란다." 버니가 일일이 개별적인 낱말을 수화로 표현하지 않고 관용적인 수화 표현을 사용해서 말했다. 그녀 왼손의 검지손가락이 자신의 귀를 건드리고 나서 입의 한쪽 가장자리를 건드려 "농인"임을 표현했다. 동시에 그녀의 오른손이 Y자 모양을 해서 자신과 린 사이를 왔다 갔다 하면서 허공에서 수초 동안 "나와 같이"라는 표현과 "농인"을 의미하는 단어를 만들어 보였다. 그녀의 상냥한 미소는 "농인이라고 해서 잘못된 일은 하나도 없단다."라고 말하는 것 같았다. 린의 얼굴에 믿을 수 없다는 표정이 번졌다. 그 애는 눈을 크게 뜨고 캐묻는 표정으로 엄마를 바라보았다.

"나처럼 농인이에요(deaf like me)?" 린이 수화를 했다. 그 애의 오른손 두 번째 손가락이 특히 힘차게 자기 가슴을 찌르는 시늉을 했다. 루이즈가 미소를 지으며 고개를 끄덕였다.

"역시 농인?" 린이 묻는 투로 빌 화이트를 가리키고 버니를 보았다. 그녀가 린의 질문에 대한 답을 하고 있었기 때문이었다.

"그렇단다." 그녀가 수화로 대답을 했고 우리 모두는 웃었다. "그 분은 네 오빠 브루스보다 몇 살 더 먹었을 때 농인이 되셨단다."

그 때 이후로 린은 어떤 강력한 자석에 이끌리듯이 빌과 버니에게 끌리는 것 같았다. 그들이 불쑥 들르면 린은 모든 일을 제쳐두고 그들에게 질문을 퍼붓고 자기가 학교에서 했던 일들을 일일이 설명하곤 했다. 그들이 하는 수화 동작을 하나도 놓치지 않고 지켜보다가 그들이 방문할 때마다 새로운 표현을 하나씩 배우곤 하는 것이었다. 린의 얼굴은 새로운 광채로 빛나고 눈빛은 결코 시들지 않는 발견의 기쁨을 외쳐 알리는 것 같았다. "나처럼 농인! 나처럼 농인!"이라는 말은 구화 위주 방식이 린에게 숨겨온 또 다른 낱말이었다. "아이에게 그 애가 농인이라고 말하지 마시오." "아이를 농인처럼 대하지 마시오. 그러면 농인으로 행동하기 시작할 겁니다." 그런 식의 조언들을 얼마나 자주 듣거나 〈볼타 리뷰〉에서 읽었던가? 그러나 일단 우리들 사이에 수화가 흐르기 시작하자 우리는 그 비밀을 끝내기로 결심했다. 처음에는 그저 "농인"을 나타내는 수화를 대수롭지 않게 사용했다. 린이 그 표현을 배우고 나서 듣는다는 것과 청각장애 간의 차이가 떠오르기 시작하자 우리에게 질문들을 퍼부어댔다. "나는 왜 농인이에요?" "오빠는 농인이에요?" "내가 자라면 엄마나 아빠처럼 듣게 되나요?"

가끔 린은 화를 냈다. 발을 구르면서 격한 감정을 나타내며 수화를 하기도 했다. "농인이 되기 싫어! 나는 듣고 싶어요."

우리는 린에게 솔직하게 모든 것을 수화로 설명했다. "너는 농인이란다. 아무도 그걸 바꾸지 못해요. 그러나 우리는 너를 사랑해. 농인이라도 상관없어요." 린이 필요로 하는 것이 우리의 말과 사랑만은 아니라는 것을 우리는 알았다. 처음에는 우리가 린에게 소리의 세계에서 살기 위해 필요한 모든 것을 제공할 수 없다는 사실을 인정하기가 고통스러웠다. 린에게 필요한 것은 자신과 같은 문제에 부딪혔지만 성공적으로 해결한 사람들의 모습이었다. 여섯 살의 나이에도 그 아이는 자신이 농인이라는 독특한 시각으로 세상을 보기 시작했다. 우리는 같은 시각으로 볼 수가 없었다. 그러나 빌과 버니 부부, 그리고 다른 농인들은 그렇게 할 수 있었다. 오직 농인들만이 린에게 필요한 것들을 제공할 수 있다는 사실을 우리는 서서히 받아들였다. 즉, 그 아이가 유년기의 중요한 단계들을 잘 지나갈 수 있도록 도와주고, 의미 있는 삶으로 통하는 길을 가르쳐주는 일이 바로 그것이었다.

버니와 빌은 두 사람이 갈로뎃 대학교에 재학 중일 때 만났다. 그들은 결혼했고 대학을 졸업하기 전에 빌은 인쇄업을 시작했다. 그들 각자의 가정에서 빌과 버니는 우리 가족이 경험한 것과는 정반대되는 경험을 했다. 그들 자신은 중증 청각장애임에도 불구하고 그들의 자녀들은 건강한 청력을 가지고 성장했다. 그 아이들은 모두 한 살도 되기 전에 말을 하기 시작했지만 그들이 처음 하게 된 말은 입술뿐만 아니라 손가락으로부터 나왔던 것이다. 그들은 수화와 구화에 유창한 이중 언어 사용자들이 되었다. 50세의 나이에 빌은 새크라멘토 캘리포니아 주립대학교에서 심리학 석사

과정을 이수하고 있었다.

린의 여섯 번째 생일 두 달 전 2월의 어느 비 오는 날 저녁, 그러니까 린이 모국어를 찾은 지 일 년 남짓하던 때, 린이 잔에 남은 우유를 마저 마시고 주의를 끌기 위해 소리를 지르고는, 손으로 부드러운 곡선을 그리며 말했다. "이것 좀 보세요. 내게 좋은 생각이 났어요. 우리 가서 화이트 부인을 만나요."

린은 한 단어 한 단어 똑똑하게 수화로 말했다. 얼굴 전체에 열성적인 기대감이 드러나 있었다. "외투를 입고." 그 아이의 수화가 물 흐르듯이 부드럽게 흘러 짤막한 무언극으로 변해 상상속의 옷을 집어 들어 어깨에 걸치는 동작을 해 보이는 것이었다.

"문을 열고." 린이 수화를 했다. 그때 밖을 내다보더니 린이 놀라는 표정을 지었다.

"비! 우산을 가져와!" 그 애의 수화가 힘차게 이어졌다. 브루스와 루이즈 그리고 나, 우리 셋은 황홀한 침묵 속에서 눈으로 경청했다. 상상의 우산이 린의 머리 위로 펼쳐진다. 비를 잘 피하기 위해 우산의 중심을 바로 잡는다.

그 후 일분쯤 무언극이 계속되는 동안 우리는 그 아이의 작은 손이 허공에 뚜렷하게 그려내는 그림들을 쫓아가며 감상했다.

비가 내리는 가운데 걸어가서 우산을 접고 차에 올라탄다. 점화키를 돌리고 와이퍼가 쉿쉿 소리를 내며 움직인다. 화이트 씨 댁을 향해 출발!

"정지! 붉은 신호등!" 린이 수화로 말하고는, 잠시 기다렸다.

"푸른색! 이젠 가도 좋아." 약간 경사진 곳을 올라간다. 다리를 건넌다. "다리." 린이 수화를 했다. 미끄러지듯 회전을 하고, 두 번 더 회전을 하고, 한 번 더 멈추어 선다. 엔진이 꺼진다. 차문을 연다. 비를 맞지 않게 머리를 손으로 가리고, 화이트 부인의 집으로 달려간다.

"똑. 똑. 똑." 린이 자기 손바닥을 두드린다. 전통적인 수화표현이다. 잠시 멈추는 동작. 기대 섞인 기다림. 문이 열린다. 불과 수 초 동안의 일이었지만 우리가 아직 식탁에 앉아 있다는 생각이 거의 들지 않을 정도였다.

"놀랐죠?" 린이 버니 아줌마에게 수화로 말한다. 그리고는 달려가서 그녀를 껴안는다. 린이 드디어 이야기를 멈추었다. 스스로 퍽 흡족해 하면서 우리들을 보았다. 마치 "뭘 기다리고 있는 거예요?"라고 말하는 것처럼.

| 제 20 장 |

할머니는 너와 이야기 하려고
수화언어를 배우신 거야

할머니는 너와 이야기 하려고
수화언어를 배우신 거야

1974년 2월.

우리가 타고 있는 보잉 737기가 할리우드 버뱅크 공항의 활주로를 달리자 제트 엔진의 쇠 긁는 듯한 소리가 더욱 커졌다. 비행기가 속도를 내기 시작하자 그 요란스러운 포효가 더욱 커지면서 좌석까지 흔들렸다.

나는 앞줄 창문가에 앉은 브루스를 보고 미소 지었다. 그는 세 좌석을 다 차지하고 있었는데, 승객이 많지 않아 우리 가족을 위한 전용기처럼 되고 말았다. 브루스가 기쁜 웃음으로 내 미소에 답하고 머리를 돌려 물러나는 활주로들의 불빛들을 쳐다보았다. 불빛들이 늦은 오후 햇살을 뒤로 하고 시속 180마일의 속도로 움직이고 있었다.

여덟 살이 된 린은 내 왼쪽에 앉아 매끈한 활주로에서 전해지는 모든 진동을 다 기록이라도 하려는 듯 얼굴을 타원형 창문에 바싹 붙이고 있었다. 오른쪽에 앉아있던 루이즈가 내 팔을 잡았다. 바퀴들이 지면에서 떠오르고 비행기의 기수가 위로 올라갔다. 땅이 우리 아래로 쏜살같이 멀어지고 있었다. 300피트쯤에서 비행기가 샌프란시스코와 새크라멘토를 향해 서서히 고도를 잡자 린이 앉아 있는 창문 밖으로 은빛 날개가 모습을 드러냈다. 루이즈가 손을 약간 흔들어 린의 시선을 붙잡았다.

"무섭니?" 루이즈가 자연스럽게 미끄러지는 동작으로 수화를 했다. 브루스는 고개를 뒤로 돌려 엄마와 린의 대화를 지켜보았다.

"아뇨." 린이 엄지와 마주보는 두 손가락을 힘차게 부딪히게 했다. 자신의 느낌을 그렇게 강조하고 나서 린은 시선을 돌려 우리 밑으로 점점 작아지는 자동차와 건물들을 바라보았다.

린이 처음으로 "사랑해요."라고 수화로 말했던 1969년 12월의 그 밤으로부터 어느덧 4년여의 세월이 흘렀다. 십 년처럼 여겨지는 시간이었다. 린은 수화로 말을 할 때마다 입으로도 말을 했다. 린이 아직 우리 가족이 아닌 다른 사람들도 이해할 만큼 분명하게 말할 수는 없었지만 수화가 우리 모두에게 제 2의 언어, 즉 우리가 평생 배워야할 언어가 되어 있었다.

공항의 서쪽 경계로부터 머지않은 곳에 발할라 공동묘지가 있었다. 비행기가 다시 몸체를 기울이며 비행을 하자 린의 어깨 너머로 줄지어 서 있는 작은 묘지 비석들이 보였다. 연이어 서 있는 무덤들의 선이 마치 검은 리본처럼 잔디밭과 나무들 사이를 구불구불 지나가는 도로 때문에 끊어지곤 했다. 나는 몸을 앞으로 숙이고 린의 무릎에 손을 댔다.

"저기가 오늘 할머니가 묻히신 곳이야." 그 말들이 내 손에서 수화로 나왔고 동시에 나는 입으로도 그 말들을 했다. 나는 창문 밖으로 펼쳐지는 풍경을 가리켰다.

"저기 저 아래?" 린이 수화로 되물었다. 나는 머리와 오른손 주먹으로 동시에 "그래."하고 답해 주었다. 린의 두 눈이 커다랗게 물기를 머금었다.

"정말?" 린은 또렷한 목소리로 말하면서 동시에 검지로 입술에서부터 우아하게 아치 모양을 그려보였다. 그 말을 혀끝에서 밀어내는 것처럼 보이는 자연스러운 손짓이었다. 린은 한 시간 전에 가족과 친지들과 함께 꽃으로 덮인 회색의 관 옆에 서 있었던 바로 그 지점을 창문에 코를 대고 내려다보았다. 공동묘지는 이제 우표속에 그려진 작은 화환처럼 보였다.

"저기 공동묘지가 있군." 내가 루이즈에게 말했다. 그녀는 몸을 앞으로 내밀고 얼핏 스쳐보는 듯했다. 오후의 마지막 햇살이 키 큰 나무들의 모습을 바꾸어 놓고 있었다. 마치 의장병들처럼 긴 그림자들이 공동묘지의 서쪽 경계를 따라 꼼짝하지 않고 서 있었다. 그 장면은 마치 누군가 카메라의 셔터를 누른 것처럼 이내 사라졌다. 저 멀리 태평양의 수평선에 걸린 태양이 왼쪽 날개에서 눈부시게 반사되었다. 나는 아직도 얼굴을 창문에 붙이고 있는 린을 바라보았다.

나는 어머니가 자신과 린 사이에 놓여있던 침묵의 장벽을 처음으로 깨뜨렸던 때가 기억난다. 어머니는 멈칫멈칫하며 양손으로 주먹을 쥐고 오른손의 첫째와 둘째 손가락을 교차시켜 턱으로부터 앞으로 움직이면서 한 손가락으로 린을 가리키는 동작을 했다. "잘 지냈니?"

린의 얼굴은 더할 나위 없는 기쁨으로 활짝 밝아졌다. 할머니가 수화를 한다! 린은 손을 들어 엄지손가락을 가슴에 댔다. 작은 손가락들이 움직이며 "저 잘 있었어요."라는 대답을 만들어냈다.

"할머니가 수화를 해요! 할머니가 수화를 해요!" 주말 내내 린은 루이즈와 나에게 몇 번이고 되풀이해서 말했다. 벅차오르는 기쁨으로 과장된 동작의 수화를 하면서 말이다. 할머니와의 의사소통은 린에게 자기가 인정을 받고 있다는 깊은 인식을 심어주었다.

"할머니가 귀가 안 들려요?" 린이 한 번은 이렇게 물었다.

"아니야. 할머니는 너와 이야기하려고 수화를 배우신 거야."

린은 엄마가 그렇게 대답하자, 마치 할머니에게 "고맙습니다."라고 말할 수 있는 방법이 무얼까 하고 연구하고 있는 것처럼 오랫동안 조용히 앉아 있었다. 어머니는 60대의 나이에도 불구하고 수화 교실에 등록하시고 신실하게 열심히 참석하셨다. 관절염으로 손과 팔의 통증이 심하셨기 때문에 우리가 생각하는 것보다 훨씬 더 어려운 일이었을 것이다. 실력이 늘면서 자신감이 생기신 어머니는 린과 수화로 대화를 하는 데에서 스무 명의 다른 어떤 손주와의 대화보다 더 큰 기쁨을 얻으시는 것 같았다.

"아아앙아버어지이." 콧소리가 많이 섞인 린의 음성이 나를 다시 현재로 돌아오게 했다.

"응. 뭐?" 나는 왼손을 펴고 손바닥을 가로질러 손가락 하나를 두드렸다.

린은 시선을 돌려 잠시 동안 창밖을 내다보았다. 그 애가 다시 얼굴을 돌렸을 때는 슬픔이 아이의 눈을 가득 채우고 있었다. "할머니, 아직도 죽어 있어?" 그 애의 양손이 사려 깊은 동작으로 그 질문을 쓸어내듯 그려냈다.

"그래." 마지못해 내가 대답했다. 오른손을 주먹 쥐고 천천히 앞뒤로 흔들었다.

"왜 할머니 죽어?" 그 애의 표정이 손에서 미끄러져 나오는 낱말들과 마찬가지로 분명하게 묻고 있었다. 그건 우리 모두의 마음속에 해결되지 않고 남아있는 의문과 같은 것이었다.

"우리 모두가 언젠가는 죽는단다." 내가 수화로 말했다. 린은 꼼짝하지 않고 앉아서 브루스 옆의 빈 좌석을 바라보고 있었다.

"할머니가 보고 싶을 거야." 그 애가 마침내 말했다. 수화의 동작들이 아이의 손에서부터 슬프게 굴러 떨어지며 "보고 싶을 거예요."라는 말로 표현된 깊은 실망감을 강조해 주었다.

　나는 린의 이해를 도울 수 있는 말들을 더듬어 찾았다. 린에게 할머니의 손은 언제나 침묵하는 손이었다. 그래서 할머니는 의사소통이 되지 않는 다른 모든 일반인들 중 하나였다. 적어도 할머니가 수화를 배우기 전까지는 그랬다. 그럼에도 불구하고 할머니는 조용한 입술에서 나오는 말들을 짐작으로 알아들어야 하는 수고를 하지 않아도 좋은, 자기 자신의 언어로 쉽게 의사를 교환할 수 있는 몇 안 되는 분들 중 하나였다.

　"오래 전에 내가 아직 어릴 때 할아버지가 돌아가셨는데," 나는 설명하기 시작했다. "할머니는 나에게 할아버지가 하나님과 함께 살러 가셨다고 말해 주셨지."

　린은 머리를 끄덕였다. 잠시 후 다시 수화를 했다.

　"하나님은 수화를 할까?" 린은 수화를 할 수 있느냐는 대목에서 손을 든 채 한참 머뭇거렸다. 양손을 번갈아 올렸다 내렸다 하면서 길게 미끄러지는 동작을 해 보이는 것이었다. 마치 "하나님이 수화를 한다면 이렇게 할 거에요."라고 말하려는 것처럼 말이다. 나는 대답하기 위해 손을 들었다. 그러나 내 양손이 미처 대답하기 전에 린이 스스로 자신의 질문에 답했다. "응, 물론, 할 수 있지요."

　우리는 어두워지는 하늘과 저 멀리 아래서 나타나기 시작한 무수한 별빛들을 창문을 통해 내다보았다. 그때 화제를 바꾸자는 듯 린이 몸을 돌리고 물었다. "샌프란시스코는 얼마나 멀어?" 왼손을 단단하게 주먹으로 쥐어 부드럽게 돌리면서 조그만 원을 만들었다. "한 300마일쯤. 이제 30분만 있으면 도착할 거야." 내가 대답했다.

　아무 말 없이 우리 대화를 지켜보던 브루스가 마침내 말했다. "샌프란시스코에서 비행기를 갈아타나요?" 그는 린을 위해서 수화를 하면서 물었다.

"아니야." 루이즈가 수화를 하면서 대답했다. "사람들을 내려주고 태우기 위해서 잠시 멈췄다 가는 거야."

각 좌석 줄을 내려다보고 있는 '금연'등이 깜박거렸다. 순항 고도에 도달해 비행기가 고도를 낮추는 것이 느껴졌다. 브루스와 린은 각기 창 쪽으로 돌아앉았다. 창밖으로 사방에서 캘리포니아 시골의 불빛들이 반짝이고 있었다. 루이즈와 나는 의자 등을 눕히고 편한 자세로 다리를 펴고 누웠다.

린이 내 팔을 잡아당겼다. "비행기. 이 비행기 이름이 있어요?" 린이 양손의 두 손가락들을 힘차게 부딪쳐 특히 "이름"을 강조하면서 물었다.

"보잉 7-2-7." 내가 지화로 대답했다.

"나 내일 학교 가?" 린이 화제를 바꾸어 물었다.

"그래, 아침에." 스타 킹 특수학교와 지난 2년 동안에 일어난 변화들이 생각났다. 수화 사용을 금지하던 그 오랜 제약이 마침내 해제되어 이제 청각장애아들이 아무 거리낌 없이 자신의 언어로 서로 이야기할 수 있게 되었다. 교사들은 수화를 배우기 시작했고 린이 수화를 사용하기 위해 다른 학교에 가지 않아도 되게 되었다.

비행기가 약간 흔들리기 시작했다. 나는 위를 쳐다보았다. 기장이 비행기가 잠시 난기류를 통과할 뿐 걱정할 일은 없다고 방송했다. 잠시 후 약간 흔들리던 움직임이 변하여 기체가 요동치며 덜커덩거리기까지 했다.

"무슨 일이예요?" 린이 주위를 살펴보며 물었다.

"난기류." 내가 수화로 답했다. "기장은 곧 지나갈 거라고 했단다." 린은 싱긋 웃고 다시 창문에 붙어 앉아 강한 진동을 즐겼다.

우리가 탄 비행기는 계곡에 어둠이 짙게 깔린 후에 새크라멘토 공항에 도착했다. 우리는 집에 도착하자마자 바로 잠자리에 들었다.

"할머니 아직도 죽어?" 다음날 저녁 식사 후 린이 물었다. 우리는 죽음에 관해서 죽음 이후의 삶에 관해서 그리고 지난 며칠 동안의 사건들에 관해서 이야기를 나누었다.

"우리 화이트 부인 만나러 갈 수 있어요?" 오랫동안 조용하던 린이 물었다. 린의 "다른 할머니"인 화이트 부인이 아직 살아있음을 확인하고 싶은 듯했다. 자기에게 수화로 이야기하자고 기다리고 있을 그 할머니…… 우리는 우르르 몰려 가 차를 타고 빌과 버니 화이트의 집으로 향했다. 나는 우리의 농인 친구인 두 분에게 새삼 고마움을 느꼈다.

"우리 할머니가 죽었어요." 우리가 그 집 거실로 들어서자마자 린이 버니에게 수화로 이야기했다. "하나님과 살려고 갔어요. 돌아오지 못한대요." 빌과 이야기를 하면서도 나는 곁눈질로 린과 버니의 대화를 엿보지 않을 수 없었다.

"할머니가 되어주길 원하니?" 버니가 우아한 수화동작으로 물었다. 대답은 하지 않고 린이 두 팔을 벌려 버니를 껴안고 오랫동안 안겨 있었다.

열여덟 달이 지난 1975년 8월에 우리는 야영을 하러 갔다. 우리는 빨간 야영 트레일러에 타고 50번 국도에 올라 도심을 벗어났다. 그 날은 그늘에서도 분명히 40도가 넘었을 정도로 매우 더운 날이었다. 그러나 시에라 산맥으로 접어들자 산골 도로 한 굽이를 돌아 올라갈 때마다 기온이 일도씩 떨어지는 것 같았다. 사흘 동안 우리는 타호 호수의 서안에서 야영을 하면서 학교가 시작되기 전 짧은 휴가를 즐겼다. 우리는 노동절 주말 교통정체가 시작되기 전인 금요일에 집으로 출발할 계획을 하고 있었다.

"우리 지금 집에 가?" 린이 브루스와 함께 짐을 정리하는 것을 거들면서 물었다.

"그래." 브루스가 수화로 답했다. "그러나 카지노에 들러 빌 아저씨와 버니 아줌마를 만날 거야." 브루스는 린이 창안한 수화인 슬롯머신의 레버를 앞뒤로 당기는 동작을 사용했다. 린은 더할 나위 없이 좋아했다. 린은 하도 빨리 손을 움직였으므로 우리 누구도 이해할 수 없는 말을 하면서 엄마에게 달려갔다. 브루스가 한 말을 엄마에게서 확인하고자 했던 것이다.

"그래, 그래, 그래." 루이즈가 말했다. "사하라 타호 카지노에서 그분들과 저녁을 같이 먹기로 했단다." 그 후 내내 린은 우리 모두에게 어서 어서 짐을 싣고 떠나자고 계속 채근을 하는 것이었다.

카지노 호텔의 거대한 연회장에서 우리는 6인용 식탁에 앉아서 두 시간 동안 저녁을 먹으면서 수화하고, 말하고, 웃으며 시간을 보냈다. 나는 더 이상 주위 사람들의 시선에 신경을 쓰지 않게 되었다. 린은 크고 신속한 동작으로 야영지에서 있었던 일들을 버니와 빌에게 설명했다. 브루스의 수화는 마치 자신이 농인인 것처럼 능숙했다. 저녁을 끝내고 우리는 사하라 타호를 한번 구경하기로 결정했다. 집으로 향하기 전에 거대한 카지노를 걸어서 통과해보자는 것이었다.

거대한 동굴과 같은 로비의 한쪽 끝에는 게임기들이 설치되어 있는 코너와 어린이 놀이방이 있었다. 그곳은 부모들이 슬롯머신과 룰렛을 하거나 술을 한 잔 할 동안 아이들이 놀 수 있게 만들어 놓은 곳이었다. 우리는 슬롯머신이 줄지어 있는 작은 방으로 들어갔다. 나는 환전기에서 25센트짜리 두 개를 칩과 바꾼 후 린과 브루스에게 사람들이 도박을 할 때 돈을 따기보다는 잃는 경우가 더 많다고 설명하고 슬롯머신 앞에 서서 열 개의 니켈 칩을 슬롯머신에 넣기 시작했다. 우리 일행 모두가 구경하기 위해 나를 둘러싸고 모여들었다. 첫 번째 니켈 칩을 넣자 오렌지 하나, 배 하나, 자두 하나가 화면에 떴다. 린이 그 각각의 이름을 수화로 말했다. 두 번째도 별로 나아진 것이 없었다. 세 번째 시도에서 니켈들이 쨍그랑 소리를 내며 기계에서 나왔다. 나는 더 이상 행운을 시험하지 않기로 하고 자리에서 일어났다.

우리는 구불구불 비좁은 통로를 따라 어린이 놀이방으로 갔다. 화이트 부부와의 짧은 해후를 간단히 끝내고 싶지 않아서였다. 내가 린에게 25센트짜리 동전 하나를 주었다. 린은 신이 나서 환전기로 달려가서 25센트 주화를 밀어 넣고 손잡이를 돌리고는 흥겨워 제자리에서 펄쩍펄쩍 뛰었다. "내가 땄어. 내가 땄어!" 린은 반은 농담으로, 반은 진짜로 25센트 주화 하나보다 다섯 개의 니켈 칩이 더 값나간다고 믿는 표정으로 수화를 했다. 우리는 스크린 앞에서 자동차 시합으로 벌이는 브루스와 린을 남겨두고 잠시 자리를 떴다. 거대한 조명으로 환한 카지노로 돌아와서 우리는 입구 근처에 서서 그 분주함과 소란스러움을 지켜보고 있었다. 린이 나타나서 내 팔을 잡아끌기 시작한 것은 5분쯤 지나서였다.

"농인 남자애 둘!" 린이 어린이 놀이방을 향해 급하게 손가락질 하며, 나에게 따라오라는 손짓을 계속 했다.

"린에게 잠시 가보고 올게." 나는 루이즈에게 조용히 말했다. 그녀와 버니와 빌은 근처의 다른 사람들이 하는 룰렛 게임의 결과에 흠뻑 빠져 있었다.

일곱 살에서 열네 살 정도의 아이들 십여 명이 게임을 하고 있거나 다른 아이들이 게임하는 것을 구경하고 있었다. 브루스도 예닐곱 되는 남자아이들 속에 끼어 놀고 있었다. 두 눈은 커다란 스크린에 고정되어 있었는데 화면에서는 네 개의 밝은 색을 띤 깜박거리는 점들이 움직이고 있었고 그들은 게임기 앞에 앉은 두 소년을 응원하며 고함을 질러대고 있었다. 아이들 중 누가 농인지 알아맞히기란 불가능했다. 린이 내 손을 잡아끌면서 주근깨투성이의 얼굴을 한 남자아이를 가리켰다. 그는 린보다 십여 센티쯤 더 커보였고, 나이는 최소한 한 살은 더 들어보였다.

"저 애는 수화 할 줄 아니?" 내가 린에게 물었다.

"아뇨, 배운 적 없대요." 이제 그 소년이 린과 내가 함께 서 있는 것을 보고 달려왔다.

"우리 아버지." 린이 수화를 하면서 똑똑하고 분명하게 입모양을 만들었다. 그런 후에 린은 당연하다는 듯이 나를 손으로 가리켰다. 소년은 미소를 지어보였으나 아무 말도 하지 않았다.

"이름이 뭐니?" 나는 천천히 그리고 분명하게 말하면서 동시에 수화를 했다. 소년의 얼굴에는 당혹감, 난처함, 말을 해보려는 노력 같은 표정들이 순차적으로 나타났다.

"오오오오오호오오아아아디디디느느아아아(oooohooooaaadddnnahhh)!" 그 애는 입술을 비틀어 가며 소리를 냈다. 인간의 음성이라기보다는 오히려 동물의 울부짖는 소리 같은 코에서 나오는 소리 때문에 주변의 다른 아이들과 지나가던 사람들이 호기심 어린 시선으로 우리를 힐끔거렸다.

"너 수화를 이해할 수 있니?" 내가 더 똑똑하게 말하고 더 천천히 손을 움직이려고 애를 쓰며 물었다.

"아아아아에에에이이느느느흐(aaaahhhaaeeeinnnnnh)."

나는 뱃속 깊은 곳에서 당기는 듯한 공복감을 느꼈다. 지난 4년 동안은 한 번도 느껴본 적이 없는 무력감이 다시 올라왔다. 그 아이는 악수를 하자는 게 분명하게 손을 내밀었다. 내가 마주 손을 내밀자 그가 양손으로 내 손을 움켜잡고 나를 게임장으로부터 다른 곳으로 데려가려는 듯 끌어당기기 시작했다. 그렇게 그 아이는 자기가 가고 싶은 곳으로 나를 계속 끌어당기고 손가락질하며 점점 더 큰 소리로 떠들었다.

"프파아아아에르르르(ffaaaeerrr)! 프파아아아에르르르(ffaaaeerrr)! 프파아아아에르르르(ffaaaeerrr)!" 그의 커다란 코맹맹이 소리로 하여 나는 이전 어느 때보다 내가 사람들의 눈에 잘 띠는 존재가 되고 있다고 느꼈다.

나는 그 아이를 내 쪽으로 다시 끌어당기고 브루스를 가리켰다. 브루스는 그 때 자동차 경주게임의 조정석 하나를 차지하고 있었다. 그 농인 소년은 내 손을 놓고 브루스에게 달려가서 그의 주의를 끌고자 팔을 부여잡았다. 열에 들뜬 그 아이는 브루스의 행동을 흉내 냈다. 짧고 서툰 동작으로 상상 속의 핸들을 앞뒤로 돌리면서 아이의 시선이 브루스와 나 사이를 쏜살같이 오고갔다. 소년은 자기도 그 게임을 할 수 있다고 나에게 말하고 싶어 하는 것 같았다. 브루스가 게임에 져서 다른 소년에게 넘겨주고 린과 내가 서 있는 곳으로 왔다. 그 뒤에 농인 소년도 따라왔.

"이 애가 말이나 수화를 할 수 있니?" 내가 브루스에게 물었다.

"아버지라는 말을 하려고 하는 것 같아요." 브루스가 린을 위해 수화를 하면서 대답했다.

"이 아이는 수화를 몰라요. 손짓은 많이 하지만 말이에요." 그 농인 소년은 우리를 지켜보더니 어색하게 가리키는 동작을 하고 이어서 팔을 위아래로 움직였다. 전혀 아무런 의미가 없는 동작이었다. 아이는 그 동작을 되풀이하고 나서 팔을 앞뒤로, 위아래로 휘둘렀다. 몇 번이고 되풀이해서. 그렇게 해야 우리가 이해하리라고 믿고 있는 듯했다. 분노한 허망스러운 표정이 그 얼굴에 가득했다. 나는 도무지 알 수 없는 수수께끼에 대한 해답을 찾는 사람처럼 브루스와 린을 차례로 바라보았다. 내 뱃속 깊이 텅 비어버린 듯한 그 느낌이 점점 더 강해졌다. 그 소년이 제스처를 해보이는 동안 그의 얼굴이 변해서 얼핏 아무렇게나 짓는 표정으로 찌푸려지기도 했다.

나는 잠시 주변을 살폈다. 브루스 나이 또래의 또 다른 남자 아이 하나가 눈에 들어왔다. 그 아이는 3미터쯤 거리를 두고 서서 지켜보고 있었다.

"당신, 농인?" 그 소년이 수화로 말을 걸어와 나는 깜짝 놀랐다.

"아니야." 그가 다가올 때 나는 수화를 했다. "내 딸이 농인이란다." 나는 린을 가리켰다. 린은 아직도 그 이상한 불가사의 즉, 수화도 못하고 말도 하지 못하는 농인 소년과 대화하는 방법을 알아내려고 애를 쓰고 있었다.

"제가 그녀에게 말을 걸었어요." 소년은 웃으며 수화로 말을 했다. "저도 농인이에요."

"이 아이가 누군지 아니?" 나는 주근깨투성이 얼굴을 한 소년을 가리키며 물었다. 그 소년은 여전히 브루스에게 뭔가 말하려고 기를 쓰고 손짓을 해대고 있었다. "아뇨. 정말 슬픈 일이에요. 이 아이는 구화학교에 다니는데 나도 다녔던 학교에요. 나 역시 대화를 할 수 없었죠." 그는 미국 수화의 관용 표현들을 사용하여 유창하게 수화를 했다.

루이즈와 빌과 버니가 합류해서 우리 모두는 나이가 좀 더 많은 농인 소년에게 우리들을 소개했다. 그 아이는 기뻐했고 그렇게 많은 수의 어른과 아이들이 이런 곳에서 수화를 하고 있다는 데에 가슴이 벅차오르는 것 같았다. 우리가 알게 된 바로는 그 소년은 열 두 살이었고, 캘리포니아의 리버사이드에 있는 주립 농 학교에 다니고 있었고 이름은 존이라고 했다. 그는 여덟 살 때 일반 주립학교에 입학했지만 전혀 의사소통을 할 수 없었던 것을 회상하며 자기가 다녔던 학교들과 선생님들에 관하여 이야기해 주었다.

"너의 학교 교사이신 슈미트 씨를 아니?" 빌이 물었다.

"그분은 우리 인쇄기술 담당 선생님이신데요!" 존이 열띤 동작으로 신속하게 수화를 할 때 그의 두 눈에서는 빛이 났다.

"그는 내 오랜 친구 중 하나지. 우리는 갈로뎃 대학을 같이 다녔거든." 우리는 5분정도 이야기를 나누었다. 주로 빌과 존이 화제를 이끌어갔는데 그들의 손은 종종 내가 이해하지 못할 수화표현도 사용해가면서 분주하게 허공을 가르며 날랐다. 나는 즉석에서 생겨나는 유대감을 감지할 수 있었다. 쉰네 살의 어른과 열두 살 소년이 만난 지 불과 5분밖에 되지 않으면서도 필생의 지기라도 된 듯 그 심오한 의미를 감지했다. 그건 마치 그들의 얼굴 표정과 몸짓들이 손에서 흘러나오는 수화의 일부가 되어버리기라도 한 것 같았다. 수화로 이루어지는 의사소통행위 바로 그것이 그들의 손가락 끝에서 나오는 낱말 이상의 어떤 것을 말하는 것 같았다.

이름을 알 수 없는 농인 소년은 조용히 서서 빌과 존을 지켜보고 있었다. 그때 빌이 그를 향해 수화를 하면서 동시에 말도 했다.

"네 이름이 뭐니?"

잠시 동안 마치 호텔 전체가, 애들이 게임을 하는 소음이, 멀리 떨어진 곳으로부터 들려오는 슬롯머신의 철커덩 땡그렁 하는 소리들이, 그리고 카지노장에서 들려오는 웃음소리들이 모두 다 증발해 버린 것 같았다. 거기 우리는 청각장애에 에워싸여 서 있었다. 귀 밝은 애들의 부모인 빌과 버니, 그리고 청각장애의 언어를 천천히 배우고 있는 루이즈와 내가, 그리고 태어날 때부터 청각장애아인 린과 열두 살짜리 소년 존, 그렇게 우리 모두의 시선은 그 이름 없는 소년에게 집중되어 있었다.

침묵. 고통스러운 당혹의 표정이 그 아이의 멍한 얼굴에 퍼져나갔다. 내 목구멍에 덩어리 같은 것이 생기는 것을 느낄 수 있었다. 나는 뭔가를 하고 싶었다. 뭐라도 해주고 싶었다. 그러나 우리 모두는 침묵 속에서 그 적황색 융단 위에 얼어붙어버린 것 같았다. 그의 셔츠 아래 감추어져 삐죽이 내밀고 있는 것은 그의 몸에 착 달라붙어 있는 값비싼 보청기 몸체로 눈에 보이지 않는 멜빵으로 착용되어 있었다. 전선들이 목을 타고 올라가서 귀에 꼭 끼는 리시버로 연결되어 있었다.

희미해지기 시작했던 기억들이 내 마음속에서 화산처럼 엄청난 힘으로 폭발했다. 보청기. 청력훈련기. 뜀뛰기! 달리기! 넘어지기! 쓰레기통 두드리기! 바람과 린의 손가락질. 린의 찡그린 얼굴. 좌절에서 비롯된 울음과 울부짖음. 체험책을 찾으러 달려가기. 손가락으로 가리키기. 질문. 한 장 한 장 넘기는 그림들. 몇 시간이고 계속되는 반복훈련. 공. 사발. 스푼. 흑인 할머니의 슬픈 얼굴. "우리 샐리가 언제 말을 할까요?" "인내해야 합니다." "누구에게나 어느 정도의 잠재 청력은 있습니다." 언젠가. 언젠가. 언젠가 린은 말을 할 것이다……

거대한 분노의 물결이 나를 엄습했다. 그리고 이 이름 없는 연노란색 머리의 주근깨 소년에 대한 슬픔과 무력감이 뒤섞인 착잡함에 사로잡혔다.

왜? 왜? 청각장애 그것만으로도 견디기 어려운 장애이거늘 언어 없는 청각장애라니!!

내가 손을 내밀자 소년은 마치 "제발 저를 이해해 주세요."라고 말하는 것처럼 내 손을 잡고 호들갑스럽게 흔들었다. 그리고는 근처에 서 있는 여섯 명의 무리를 가리켰다.

"저 사람들이 아이의 부모인가 봐요." 내가 다른 이들에게 수화로 알렸다. 우리는 묵묵히 그 사람들 쪽으로 걸어갔다. 존이 앞장서서 달려갔다. 그 사람들 중 하나가 존의 어깨에 팔을 걸치는 것으로 보아 그의 아버지임이 분명했다.

"안녕하세요?" 나는 말과 수화를 동시에 하면서 나를 소개하고 존에게 머리를 끄덕여주었다. "우리는 방금 존과 이야기를 했는데요, 저희 딸." 나는 엄마의 손을 잡고 있는 린을 보고 머리를 끄덕했다. "린도 소리를 듣지 못한답니다." 우리는 이내 존의 부모가 그 다른 농인 소년의 부모와 조부모들을 방금 만났다는 것을 알게 되었다. 그들은 아이의 이름이 마크라고 알려주었다.

"우리는 약 4년 전에 존을 리버사이드 농 학교로 보내기로 결정했죠." 존의 아버지가 왜 자신의 아들이 기숙학교에 갔는지를 설명해야 할 필요가 있다는 듯이 머뭇거리며 말했다. "아이가 많이 발전하고 있어서 우리는 매우 만족하고 있답니다. 하지만 집에 없어서 보고 싶을 때가 많죠. 그래도 존은 대화를 나눌 수 있는 친구가 있어서 기숙학교를 훨씬 더 좋아합니다." 존의 어머니가 말하기 시작하자 루이즈가 그들의 말을 수화로 통역했다. 빌과 버니, 린과 존이 이해할 수 있도록 하기 위해서였다.

"우린 수화를 배울 시간이 없었을 뿐이에요." 그녀가 말했다. "존이 우리 말을 이해하지 못하면 천천히 지화를 하기는 해요. 존은 주립 농 학교로 간 후 입술읽기를 썩 잘하게 됐어요." 아버지의 팔이 그 어깨 위에 놓아진 채로 존은 시선을 루이즈의 얼굴과 손에 집중시키고 단 한 번도 눈을 딴 데로 돌리지 않았다. 마크의 조부모들은 정중하게 경청하고 있었다. 존의 아버지가 초조하게 몸을 추스르며 호텔 앞쪽을 바라보았다.

"이젠 정말 가봐야겠어요." 존의 어머니가 서둘러 덧붙여 말했다. "모두 다 반가웠어요."

그들은 다른 곳으로 걸어갔다. 마크의 아버지도 떠나려는 것처럼 몸을 추스렸지만 그 부인과 마크의 조부모들은 미동도 하지 않고 서 있었다. "어디서 오셨어요?" 루이즈가 물었다. 존과 부모가 떠나자 생기기 시작한 긴장상태를 그렇게 해서 깨뜨린 것이었다.

"로스앤젤레스에서요." 마크의 어머니가 다정하면서도 경계하는 태도로 미소를 지으며 말했다.

"마크는 4년 째 존 트레이시 클리닉에서 운영하는 학교에 다니고 있어요." 그녀가 말했다. "저희는 3년 전에 학교 가까운 곳으로 이사를 했답니다."

그때 빌이 말했다. 그의 말들은 청각장애인다운, 그러나 분명하게 알아들을 수 있는 음조로 전해졌다. 그는 연민의 정을 지니고 솔직하게 말했다. "저는 존과 즐겁게 이야기를 나누었어요. 존과는 대화하는 데에 전혀 문제가 없었거든요. 그러나 댁의 아드님, 마크라고 했던가요? 네 그렇죠. 마크와는 전혀 대화를 할 수가 없어요. 혹시 수화를 배울 생각을 해보신 적이 있으신가요?"

마크의 어머니는 눈을 내리깔았다. 그녀의 윗입술이 파르르 떨리고 있었고 얼굴은 벌겋게 달아올랐다. 눈물을 억제하고 있음이 분명했다. 그녀가 갈라지는 음성으로 말했다. "수화를 배울 생각은 해 본적이 있어요." 그녀가 시인했다. "수화를 가르치는 곳에 대해 알아보기까지 했었죠. 우리는 많은 압력을 받고 있는 셈이에요. 학교의 친구들은 모두다 구화옹호론자에요. 그들은 줄곧 우리더러 인내하며 계속 노력하라고 격려해 줘요. 저는 옳은 길을 가르쳐 달라고 주님께 계속 기도하고 있답니다. 저, 수화 배우는데 오래 걸리나요?" 그녀는 루이즈를 보았다.

"글쎄요, 저희도 아직 배우고 있는 중이라고 해야겠죠. 5년이 지났지만요. 하지만 린과 대화하는 정도는 많은 시간이 걸리지 않았어요. 정말 금방 가능해졌어요." "마크는 벙어리가 아니야." 할머니가 대화에 끼어들었다. 그녀의 음성은 나직했지만 힘이 있었다. "우리 아이는 실제로 매우 머리가 좋은 아이라우. 그러나 우린 아이와 대화를 하지 못해요. 우리가 수화를 권유한 적도 있었죠. 마크는 정말 수화를 필요로 한다고 생각해요."

우리는 몇 분 더 거기서 머물며 대화를 했다. 남부 캘리포니아 지역에 있는 농 학교와 수화학급들에 관한 정보들을 그들에게 보내주기로 약속했다. 작별을 고하고 그들이 함께 호텔 현관을 향해 걸어갈 때 마크가 우리를 향해 손을 흔들었다. 무슨 일이 있었는지조차 전혀 알지 못한 채 공허한 표정이 아직까지 그의 얼굴에 남아있었다.

우리는 무거운 마음으로 다른 아이들이 놀고 있는 게임기 옆을 지나 걸었다. 사람들을 유혹하는 슬롯머신 옆을 지났다. 여러 가지 확률게임들을 하고 있는 사람들로 가득 찬 카지노로 통하는 문을 지나 계속 걸었다. 우리는 마크와 존, 그리고 지금도 구화중심 교육방식의 허망한 약속에 이끌리는 수많은 부모들에 관하여 이야기하며 주차장으로 걸어갔다.

"안녕히 주무세요." 화이트 부부와 헤어지며 우리가 말했다. 유난히 생각에 골몰하고 있다 싶던 린이 갑자기 빌과 버니를 향해 돌아서서 질문 하나를 수화로 던졌다.

"마크도 나처럼 농인이에요?" 그 애의 양손이 조용히 내려가고 얼굴에는 알겠다는 표정이 드리워졌다. 그들 부부 중 누구도 답을 하기 전에 린은 돌아서서 우리를 따라왔다.

| 에필로그 |

린 스프래들리 씀

 아버지가 〈Deaf like Me(오지 않는 버스를 기다리는 아이)〉를 집필하기 시작하신 건 내가 일곱 살 되던 해였다. 아버지가 하루 종일 타자기 앞에 앉아 있던 것이 기억난다. 책상 위에는 사방에 종이들이 널브러져 있었다. 아버지는 가끔 화를 내시면서 타자기에서 종이를 빼 휴지통에 던지셨다. 나는 아버지가 무슨 일을 하고 있는지 알고 싶었다. 우리는 아직 대화하는 방법을 배워가는 중이었고, 그래서 서로 서툴렀음에도 불구하고 아버지는 우리 가족의 이야기를 쓰고 있는 중이라는 것을 열심히 설명해 주셨다. 그때는 그 일이 그렇게 중요해 보이지 않았다.
 내가 열한 살이 되어 5학년이 되었을 때 아버지와 짐 삼촌이 책을 다 쓰셨다. 그 해에 나는 학교 친구들을 통해 버클리에 있는 캘리포니아 농학교에 관해 알게 되었다. 우리는 그 학교를 그저 버클리라고 불렀다. 모든 아이들이 그게 무슨 뜻인지 알았다. 그 학교는 새크라멘토의 우리집에서 160킬로미터 떨어진 곳에 있는 기숙학교였다. 그곳에는 500명 이상의 농인 학생들이 재학 중이었고 교사와 상담교사들 중 일부도 농인들이었다. 축구팀도 있고 클럽과 댄스장도 갖추어져 있었다. 게다가 누구나 다 수화를 사용했었다.

나는 버클리에 가고 싶었다. 부모님은 내가 집을 떠나 멀리 있는 학교에 가는 것을 원치 않으셨다. 그분들은 내가 집에 있으면서 가까운 학교의 일반학급에 다니기를 원하셨다. 그러나 나는 쉽게 의사소통을 할 수 있는 선생님과 친구들을 더 많이 갖고 싶었다. 영어와 수학은 이해하기 어려웠고 집 근처에는 함께 놀 수 있는 또래의 농인 친구가 없었다. 브루스 오빠는 친구들이 많이 있었다. 가끔 좌절을 느낀 나는 화를 내고 분노를 터뜨리기도 했다.

그 당시 우리 학교는 청각장애아 프로그램을 실시하기 위해 갈로뎃 대학교 졸업생인 린다 레이먼드를 고용했다. 린다는 농인으로 내 기분을 이해해주었다. 그녀는 내가 버클리로 가야한다고 부모님을 설득하도록 도와주었다.

열두 살인 1977년 9월에 버클리 학교의 6학년으로 전학했다. 헤디 스턴이란 분이 나의 새로운 선생님이 되었다. 그녀와 그녀의 남편은 둘 다 갈로뎃 대학교 출신이었다. 헤디 선생님은 우리가 공부에 매진하기를 원하셨고 많은 부담에도 불구하고 우리 모두는 선생님을 사랑했다. 그녀는 드라마틱한 손짓과 풍부한 표정으로 우리가 무엇이든지 이해할 수 있도록 도와주었다. 나는 일반 학교에 다니는 것은 이곳에 비하면 지루하기 짝이 없는 곳이라고 생각한다.

1978년 4월 어느 날 저녁 헤디 선생님은 차를 몰고 월든 서점으로 갔다. 그녀는 임신 중이었고 육아용 책을 몇 권 사고자 했다. 「Deaf like Me」

라는 제목의 책이 그녀의 시선을 사로잡았다. 육아용 책들과 같은 서가에 꽂혀 있었던 것이다. 그녀는 책을 꺼내 읽어보고 깜짝 놀랐다. 바로 나에 관한 이야기였기 때문이다. 그녀는 책값을 지불하고 집으로 가서 읽기 시작했다. 너무 흥분한 나머지 육아 책에 대해서는 까맣게 잊어버렸다. 심지어 저녁 설거지까지 잊어버렸다고 했다.

다음날 헤디 선생님은 나와 반 친구들을 깜짝 놀라게 하셨다. 그 새 책을 우리에게 보여준 것이다. 나는 책의 제목과 하단에 쓰여 있는 아버지와 짐 삼촌의 이름을 읽을 수 있었다. 친구들은 몹시 신기해했다. 헤디 선생님이 그 책이 나에 관한 이야기라고 설명하자 애들은 왜 자기들에 관해서는 책을 쓴 사람이 없는지 궁금해했다. 그러더니 나와 같은 반 친구라는 사실을 자랑스러워했다. 나도 역시 자랑스러웠다.

「Deaf like Me」는 아직 우리들이 혼자 힘으로 읽기에는 너무 어려웠다. 헤디 선생님은 집에서 매일 밤 한 장씩 다시 읽고 다음날 우리에게 내용을 설명해 주시고 나서 그 부분을 읽어주셨다. 우리는 모두 꼼짝하지 않고 앉아서 선생님이 읽어주는 것을 바라보았다. 만약 누군가 방해를 하면 우리는 화를 내곤 했다. 우리는 선생님이 이야기를 중단하는 것을 원치 않았다. 이건 그저 나 자신만의 이야기가 아닌 우리 모두의 이야기였다. 우리가 가장 좋아한 부분은 내가 매주 토요일마다 노란색 스쿨버스를 기다리는 대목이었다. 신기하게도 그런 경험이 우리 모두에게 있었던 것이다! 오지 않은 그 버스를 말이다. 애들은 이 대목에서 모두 웃었다. 나는 쑥스러웠지만 같이 웃었다.

친구들 중에도 나처럼 수화가 금지된 학교에 다닌 경험이 있는 아이들이 있었다. 우리는 그것이 고통스러운 일임을 이야기했다. 지금은 수화를 배워서 이렇게 쉽게 토론을 할 수 있어서 운이 좋다고 생각했다. 「Deaf like Me」가 청각장애아로서 성장하는 것이 어떤 감정을 갖게 하는지 사람들에게 이해시키는데 도움이 되리라고 모두 생각했다. 사람들은 청각장애아가 멍청하지 않다는 것을 알게 될 것이다. 귀가 들리지 않는 아이들도 귀가 들리는 아이들 못지않게 영리하고 똑똑하다. 수화를 사용하여 청각장애아들은 무슨 일이든지 할 수 있는 것이다.

나는 이 책을 통해서 많은 것을 배웠다. 내가 기억하지는 못하지만 많은 일들이 나에게 일어났다. 부모님께서 내가 청각장애라는 사실을 처음 아시고 슬프고 두렵고 혼란스러움을 느꼈다는 사실을 나는 모르고 있었다. 이제 나는 그분들의 기분이 어떠했을지를 이해한다. 부모님은 내가 정상아이기를 원했다. 부모님은 나와 의사소통하는 방법을 알지 못했다. 게다가 부모님을 도와야 할 사람들이 청각장애에 관해 사실이 아닌 이야기들을 해 주기까지 한 것이다. 나는 부모님께서 수화를 배우신 것이 정말 기쁘다!

이제 나는 열아홉 살이다(1985년 1월). 6월에 나는 새롭게 프리몬트에 자리 잡은 캘리포니아 농 학교를 졸업하게 될 것이다(1980년에 버클리에서 이곳으로 학교가 이사했다). 내가 버클리 학교에 입학했을 때 커다란 기숙사에서 세 명의 다른 아이들과 한 방을 쓰는 것에 익숙해지기 어려웠던 기억이 난다. 지금은 여러 명의 소녀들과 캠퍼스 아파트를 함께 쓰고 있다. 우리는 함께 식사 계획을 짜고 식품을 사기 위해 장도 보러 다닌다. 상담 선생님들이 우리에게 중요한 독립생활 기술을 가르쳐 주었다. 나는 졸업 후에 풀타임으로 일할 수 있는 곳에 취업하기를 바라고 있다.

캘리포니아 농 학교는 참 좋은 학교다. 선생님과 직원들이 매우 훌륭하다. 나는 많은 친구들을 사귀었고 그들과 헤어지는 것이 아쉬울 것이다.

나는 여기에서 경험한 모든 것을 결코 잊지 않을 것이다. 선생님들 역시 잊지 못할 것이다.

지난 달 2주간의 휴가로 집에 갈 수 있어서 기뻤다. 엄마와 함께 크리스마스 장보기를 한 것도 재미있었다. 오빠도 집에 와있었다. 오빠는 바다 사람이다. 몇 년 전에는 나에게 윈드 서핑 하는 법을 가르쳐 주었다. 우리는 많은 비밀을 공유하고 있다.

크리스마스가 지나고 춥고 안개가 낀 어느 날 나는 「Deaf like Me」를 책장에서 꺼냈다. 고양이 푸키가 벽난로 앞에 있는 따뜻한 벽돌 위에서 자고 있었다. 나는 헤디 선생님의 수업시간에 이 책을 마지막 보았던 때를 회상했다. 표지에 아버지 이름과 함께 인쇄된 짐 삼촌의 이름이 보였다. 삼촌이 돌아가셔서 슬프다. 아버지와 삼촌이 함께 쓴 이 이야기는 언제까지나 우리 곁에 남으리라. 나는 책을 펼치고 학교 버스를 기다리는 부분을 다시 읽고 혼자 웃었다. 여러분도 그러기를 바란다.